JN426056

새로운 인간발달

강봉규 저

태영출판사

머리말

본서는 인간발달에 관한 개론서이기 때문에 특정의 영역이나 학설에 기울어지거나 개인의 특수한 견해를 강조하는 일 등은 극히 피하고 인간발달의 제 문제를 공정하게 서술하고자 노력하였다.

이 책은 크게 세 부분으로 나뉘어져 있는 바, 제1부는 인간발달에 관한 총론적 내용을 서술했고, 제2부는 신생아기, 영아기, 유아기, 아동기, 성인 · 중년기, 노년기 등 발달 단계별 각론적 내용을 서술하였으며, 끝으로 제3부는 행동발달에 관한 여러 학자들의 주요 학설들을 개관하고 있다.

E. H. Erikson 이래로 인간의 발달을 평생에 걸쳐 파악하려는 시도는, 범세계적인 인구의 고령화 현상과 더불어 중년기나 노년기의 심리적 적응 등 인간의 생활주기(life cycle) 전체를 통틀어서 그 심리학적 발달을 연구하기 위한 접근법으로써 크게 각광을 받게 되었으며 제2부는 이러한 흐름에 충실을 기하고자 한 시도에서 구성되었고 특히 인간 발달이 구체적 이해를 돕기 위해 정상인의 행동발달만을 다루지 않고, 발달장애나 행동장애 등 이상행동의 발달에 관해서도 서술하여 보았다.

본서를 공부함에 있어서, 인간발달에 관한 연구를 목적으로 하는 독자는 제1부와 제3부를 필수적으로 읽어야 할 것이며, 단순히 인간발달을 입문적 소양을 갖추는 데 뜻이 있는 독자의 경우엔 제1부와 제2부에 한하여 읽어도 무방할 것이다.

그리고 본서는 핵심적인 내용을 선정 요약하는 서술방식을 택함으로써 독자의 학습 능률을 기하는데 도움이 되도록 노력하였다.

끝으로 어려운 여건에서 본서의 출판을 기꺼이 수락해 주신 태영출판사의 김현태 사장님과 편집과 교정을 맡아 주신 오세복 상무님께 깊이 감사를 드리는 바이다.

2014. 09.

저자 씀

차 례

제1부 총 론

제 3 부 발달이론

제 1 부

총　　　론

제1장

발달의 개념

1. 인간발달의 의미와 과제
2. 발달연구의 계보와 발달의 개념

1. 인간발달의 의미와 과제

1) 인간발달의 의미

발달은 연령이 증가함에 따라 나타나는 신체적, 심리적 변화라 할 수 있다. 발달 심리학적 관점에서 발달은 수태에서 사망까지의 전 생애에 걸쳐 일어나는 모든 변화의 양상과 과정을 의미한다. 발달적 변화의 과정에는 신체, 운동기능, 지능, 사고, 언어, 성격, 사회성, 정서, 도덕성 등 인간의 모든 특성들이 포함된다.

종래에는 흔히 아동기와 청년기의 발달은 긍정적인 변화인 반면 중년기 이후부터 노년기의 발달은 쇠퇴로 인한 부정적 변화라는 생각이 지배적이었다. 그러나 최근에 밝혀진 연구결과들에 따르면 노년기에도 분석, 통합, 추론, 문제해결 능력 등 여러 영역에서 긍정적인 발달이 지속되고 있는 것으로 나타났다. 따라서 인간의 발달적 변화를 시기에 따라 긍정적이거나 부정적으로 변화한다고 생각하는 단순한 증가와 감퇴의 도식은 발달 과정을 제대로 보여주지 못하는 것이다.

발달과 밀접하게 관련되는 개념으로써 성장(growth)과 성숙(maturation)을 들 수 있다. 성장은 한때 주로 신체적 특성의 긍정적인 변화를 뜻하는 개념으로 받아들여져 왔으나, 근래에 와서 발달과 같은 개념으로 사용된다.

인간발달의 연구대상이 되는 인간행동을 이해하기 위해서는, 두 가지 측면으로부터의 분석이 필요하다. 하나의 측면은, 횡단적인 측면으로서, 어느 시점에 있어서의 개체가 어떠한 발달단계에 도달하여, 어떠한 특징을 나타내는가 또한 개체의 여러 가지 기능 · 구조 간에 어떠한 관련이 있는가를 고찰하는 일이다. 다른 하나의 측면은 종단적 측면이다. 이것은 개체의 변화를 시간 경과에 따라서 고찰하는 일이다. 이들 두 가지 측면의 기능적 관련과 그 사이에 존재하는 일반적 법칙을 찾아 내고자 하는 것이 인간발달 연구이다.

인간발달 연구는 추구하는 문제에 따라서 개체 발생적 연구와 계통 발생적 연구의 두 가지로 나누어진다. 전자는, 사람이 태어나서 아동 · 청년을 지나 성인, 다시 노년에 이르기까지의 행동을 연구하는 것이며 후자는, 아메바로부터 유인원에 이르기까지의 행동이나, 미개인으로부터 문명인에 이르기까지의 행동발달을 추구하는 것과 같은 계통 발생적 연구를 행한다.

2) 인간발달 연구의 내용과 과제

(1) 발달연구의 내용과 영역

인간발달 연구는 인간이 태어나서 노년기에 이르기까지의 발달 과정 및 단계에 따라 신체발달, 운동발달, 언어발달, 정서발달, 사회성 발달, 지적 발달, 도덕성 발달, 흥미발달, 성격발달 등을 주요 내용으로 다루며 발달단계에 따라 다음과 같이 구분되고 있다.

1 아동심리학(Child Psychology)

이것은 발달연구 중에서도 아주 오래 전부터 연구되어 왔으며, 또 사람들은 이에 대한 관심이 많다. 이 영역을 다시 영아기, 유아기, 학동기 등의 심리학으로 분류되고 있다.

2 청년심리학(Psychology of Adolescence)

청년기를 일반적으로 아동과 성인과의 단순한 과도기라고 생각되어 사람들의 관심이 적었기 때문에 아동심리학보다 늦게 발달하였다.

3 성인심리학(Adult Psychology)

성인발달에 관한 심리학적 연구가 별로 이루어지지 않다가 C. G. Jung(1933)과 E. H. Erikson(1950) 등의 연구 이후 특히 1960년대 이후 극적으로 진전되었다.

4 노년심리학(Psychology of Senescence)

최근에 이르러 이 영역의 연구가 왕성해졌다고 하지만 아직 다른 영역의 연구에 비하여 뒤늦은 감이 없지 않아 앞으로의 발전이 기대된다고 하겠다.

(2) 발달연구의 과제

발달연구는, 연령에 따라 성숙요인과 환경요인에 따라 변화되는 개체의 행동을 발달적 견지에서 과학적으로 규명하여 그 발달과정이나 각 연령별 행동특징을 기술 · 설명하는 일이 기본적 과제이다.

인간을 발달적으로 이해하기 위해서는 인간을 현재, 즉 생활환경의 횡적 · 공간적 존재임과 동시에 출생에서 노년에 이르기까지의 종적 발달이란 역사적 · 시간적 존재임을 알아야 한다.

인간의 심리를 이해하려는 경우에는 한 인간의 종적 관계와 횡적 관계가 교차하는 시간적 · 공간적 현실 존재로서 발달적인 시각에서 파악할 필요가 있다. 발달연구는 이와 같이 인간의 발달과정에 내재하는 법칙을 탐구하는 일이 궁극적 과제이기도 하다.

2. 발달연구의 계보와 발달의 개념

1) 인간발달 연구의 발전계보

(1) 아동발달 연구

아동연구는 프랑스의 J. J. Rousseau(1712~1772)에게서 그 기원을 찾아볼 수 있다. 그는 그의 저서 「에밀」(Emile ou de L'education, 1762)을 통하여 "아동은 어른의 축소물이다."란 종래의 아동관을 비판하고 아동과 어른간에는 본질적인 차이가 있음을 강조하였다.

'아동의 발견자'인 Rousseau의 영향을 받은 J. H. Pestalozzi(1746~1827)는 1774년에 자기 자식에 대한 관찰기록(출판은 그의 사후인 1828년에 이루어짐)을 한 바 있다.

독일의 의사이었던 D. Tiedemann(1748~1803)은 한 아동을 생후 약 2년 반 동안 관찰한 기록을 정리하여 1787년에 「아동의 정신발달에 관한 관찰」(Beobahtungen über die Entwicklung der Seelenfahigkeiten bei Kinder)이란 주제하에 간행한 바, 이것이 아동심리학에 있어서 최초의 문헌이란 뜻에서 Tiedmann을 '아동심리학의 시조'라 일컫기도 한다.

19세기에 들어가서는 B. Sigismund가 「아동의 세계」(Kind und Welt, 1856), A. Kusmaul가 「신생아의 정신생활에 관한 고찰」(Untersuchungen über das Seelenleben des neugeboren Menshen, 1859) 등이 연이어서 간행되어 오다가 드디어, W. T. Preyer(1842~1897)에 의해 「아동의 정신」(Die Seele des Kinds, 1882)이 간행된 바, 이 때 비로소 근대과학으로서의 아동심리학이 정립된 것이다. 이 저서는 아동심리학의 최초의 체계적인 개론서로 평가되고 있다.

이와 같이 독일이 중심이었던 아동심리학은 독일 유학생이었던 미국인 Stanley Hall에 의해서 미국에서 새로운 장을 열게 된다.

Hall은 아동발달의 연구법으로서 질문지법을 사용하여 조직적으로 방대한 자료를 모아 다면적으로 발달현상을 고찰하였다. 그는 1882년에 「아동의 도덕적 및 종교적 교육」(The Moral and Religious Training Children)을 간행하고 그 다음 해에 보스톤시의 초등학교 신입생 아동을 대상으로 한 조사를 바탕으로 하여, 「신입학 아동의 정신내용」(The Contents of Children's Mind on Entering School, 1883)을 간행한 것을 비롯하여 아동연구에 큰 역할을 담당하였기에 미국에 있어서의 '아동발달연구의 아버지'라고도 불리어지고 있다. 크라크 대학총장이 된 후에 「The American Journal of Psychology」를 1887년에, 「The Journal of Genetic Psychology」를 1891년에 창간하였고, 1893년에는 전국아동연구협회(National Association for Child

Study)를 조직하였다.

한편 독일에서는 '폭주설'로 유명한 W. Stern이 그의 3세 어린이의 언어 발달을 관찰하고 기록해서 1907년에 「아동의 언어」, 1914년에 「유아심리」 등을 발간하여 아동발달 연구의 발전에 크게 영향을 주었다.

스위스의 Piaget는 제네바대학의 아동연구소에서 아동의 사고와 언어의 발달과정에 관해서 획기적인 연구를 하여 아동연구에 새로운 장을 열어 주었고, 1935년 이후의 아동발달 연구는 S. Freud의 영향을 받아 새로운 전기를 이룩하게 되었다.

1980년대에는 Piaget 이론에 근거하여 수, 과학, 능력, 개념발달, 기억발달 등 인지발달에 관한 연구가 많이 이루어지고 있으며, 1990년대에는 사회인지이론, 맥락주의(인간생태학), 애착이론, 기질이론 등을 중심으로 많은 연구가 이루어졌으며, 특히 연구내용면에서 아동의 사회적 능력, 사회적 행동, 또래관계, 부모-자녀 관계 등 부모 행동의 양방적 관계에 대한 탐색과 놀이치료, 아동보육, 청소년의 비행관련 연구 그리고 연구설계 유형으로는 단순상관 연구, 중다변인 연구, 질적 분석 방법 연구가 많이 이루어졌다. 2000년대에 접어들어서는 Vyogtsky이론과 맥락주의를 배경으로 한 연구가 증가하고 있다.

(2) 청년발달 연구

지금은 역사적인 저서로 취급되고 있지만, Hall은 1904년에 「청년기-그의 심리학 및 생리학, 인류학, 사회학, 성, 범죄, 종교 및 교육에 대한 관계」(Adolescence : It's Psychology and it's relation to Physiology, Anthropology, Sociology, Sex, Crime, Religion and Education, 2vols, 1904)를 간행하여 청년발달 연구의 역사의 한 페이지를 장식하였다.

유럽 지역에서 청년발달 연구를 처음으로 시도한 사람은, 프랑스의 J. G. Compayré(1843~1931)로서 Hall에 자극받아 「청년기」(L'Adolescence, 1909)를 간행하였으며, 독일에서는 E. Spranger(1882~1963)가 「청년기의 심리」(Psychologie des Jugendalters, 1924)를, W. Stern(1871~1938)이 「성숙기의 시작」(Anfänge der Reifezit,

1925)을, Charlotte Bühler(1893~1971)가 「청년의 정신생활」(Das Seelenleben des Jugendlichen, 1921)을 각각 간행하여 청년발달 연구에 크게 공헌하였다.

한편 미국에서는, L. S. Hollingworth(1886~1936)가 그의 저서 「청년심리학」(The Physiology of the Adolescent, 1928)에서 청년기발달이론과 적응의 문제를 다루고 있다.

Hollingworth 여사는 Hall의 청년기이론(발생적 심리학)을 공격하여 모든 청년에게 불가피하게 일어나는 질풍노도성을 부정하고 문화인류학적 입장에서 발달의 점진성 · 연속성을 지지하고 나섰다.

한편 E. B. Hurlock(1898~1984)는 그의 저서 「청년기의 발달」(Adolescent Development, 1949)에서 청년의 적응문제를 다루면서 풍부한 연구 자료하에 다면적으로 청년의 심리를 논하고 있다. 그리하여 청년기를 문자 그대로 아동과 어른의 중간 시대(between age)임을 역설하고 있다.

그 밖에 문화인류학자 M. Mead(1901~1978)의 저서인 「사모아의 사춘기」(Coming of Age in Samoa, 1928), R. Benedict(1887~1948)의 저서인 「문화적 조건하의 연속과 비연속」(Continuities and Discontinuities in Cultural Conditioning, 1938), S. Freud의 딸인 A. Freud(1895~1976)의 저서인 「자아와 방어」(The Ego and the Mechanism of Defence, 1936) 등은 청년발달 연구와 발전에 획기적인 시사를 준 것으로 유명하다.

2000년 이후 최근에 이르러선 청년발달 연구의 양이 크게 증가하면서 새로운 전문학회가 출현하고, 청년기에 관련된 학회지나 논문, 저서의 수 등이 증가하는 추세를 보이고 있다. 특히 1960년대 말과 1970년대 초에 청년에 대한 사회적 관심이 고조되어 연구의 활성화에 자극을 준 이래(과거엔 인생 초기 경험의 중요성에 대한 신념 때문에 유아기나 아동기에 관심이 집중되어 왔었다. 청년기에 대한 부정적인 고정관념 때문에 청년기 연구가 미비했었다). 2000년 이후로는 전생애발달심리학, 전생애사회학, 내분비학, 스트레스와 그에 대한 대처, 인지발달 등과 같은 분야의 연구자들이 청년연구에 관심을 갖게 되면서 청년발달 연구의 경험적 지식 형성에 크게 기여하고 있다.

(3) 성인발달 연구

성인발달의 연구에 관심이 높아진 것은 Jung(1933), Bühler(1935), Havighurst(1948), Erikson(1950) 등에 의해서 생애발달론이나 성인발달론이 대두되면서부터이다. Jung은 Freud와는 대조적으로 인생 후반의 발달에 주목하고 당시의 청소년 중심의 발달관과는 다른 생애발달관을 제시하였다. 즉, 인생 후반의 내면화과정을 쇠퇴로 보지 않고 성장으로 보는 획기적인 관점이었다. 그래서 Jung을 성인발달 연구의 출발점으로 보는 연구자가 적지 않다.

Bühler는 인생을 발달단계란 관점에서 분석한 최초의 사람으로 알려져 있다. 그녀는 400명의 전기나 자서전을 토대로 인생을 5단계로 나누어 독자적인 생애발달론을 전개하였다. Jung이나 Bühler가 1930년대에 생애발달론의 기초를 마련한 것이라 한다면, 오늘날의 생애발달론에 직접적인 영향을 미친 것은 1940년대 이후의 Havighurst(1948)와 Erikson(1950)의 연구라 할 수 있다. 즉, Havighurst의 발달과업(development task)이론과 Erikson의 심리사회적 발달단계설이 성인발달 연구에 대한 관심을 급속히 높이는 계기가 된 것이다.

성인발달 연구는 1990년대 이후 노화(aging) 연구와 더불어 급속히 증가하고 있으며 그 배경은 '인구의 고령화', '고령화의 영향으로 성인기 또는 노년기에 대한 이해의 필요성'이 높아진 탓이라 하겠다.

(4) 노인발달 연구

노인, 노화(aging)와 관련된 근대적 연구는 1835년 세계 최초의 노년학자인 벨지움의 Quetlelt의 논문「인간의 본질과 그 능력의 발달」이래 생물학, 심리학, 사회과학 전반으로 확대되어 나갔다. 경제발전과 더불어 근대화, 도시화되면서 유럽은 19세기 말엽, 미국은 1930년대부터 노인문제가 개인 혹은 가족이 해결할 수 없는 사회문제로 대두되기 시작하였다. 이후 1945년 미국노년학회, 1950년 국제노년학회가 창립되면서 노인과 관련된 학문적 연구들이 체계적으로 발전하게 되었다.

우리나라에서 노인, 노화에 관한 학문적 연구는 1970년 후반을 본격적인 출발점으로 보고 있다. 이 시기는 우리 사회가 산업화되면서 노인의 사회적, 가정적 권위가 낮아지고 평균수명의 연장으로 노인인구가 증가하는 시점으로 노인문제에 대한 사회적 관심이 싹트기 시작하였다. 1980년대는 노인관련 연구가 본격적으로 시작되어 성장과 발전을 이룩한 시기다. 1981년에 노인복지법과 경로헌장이 제정되면서 노인에 대한 사회적 관심과 지원의 법적 근거가 마련되었고, 1982년 UN의 '세계 노인의 해' 선포를 계기로 국내에서도 노인관련 학술세미나가 대대적으로 개최되었다.

2000년대에는 노인인구가 급증하면서 노인, 노화에 관한 사회적 인식과 관심도 높아지고, 노인복지법의 개정, 노인복지 서비스 및 정책의 확충 등 국가 및 사회차원의 지원체계가 구축되었고, 노인, 노화관련 학문적 연구도 성숙기를 맞이하게 되었다.

2) 발달의 개념

발달(development)의 개념은 어원적으로는, 잠재하고 있는 본질(가능성)이 차츰 그 모습을 드러내는 현상을 뜻하는 것이지만 발달에 관한 생각은 학자에 따라 다르기도 하다.

(1) Hollingworth의 정의

L. S. Hollingworth는 그의 저서인 「심적 성장과 쇠퇴」(Mental Growth and Decline, 1992)에서 "발달이란 개인의 생활사의 여러 가지 변화를 의미하는 것이며 발달의 궁극적 목표는 죽음이다. 발육과 쇠퇴가 포함된다."라고 진술하고 있다.

그녀의 발달관은 이와 같이 인간의 탄생으로부터 노년기, 다시 인간의 죽음에 이르기까지 인생의 전 과정에 걸친 여러 가지 변화를 발달의 대상으로 삼고 있다.

(2) Koffka의 정의

K. Koffka는 저서인 「정신발달원론」(The Growth of the Mind, 1982)에서 발달에는 학습(learning)과 성장(growth)의 두 가지 형이 있음을 지적하고, "생활체나 그 기관이 양적으로는 증대하고, 구조적으로는 정밀화되고, 기능적으로는 유능화되는" 현상을 발달이라고 정의하고 있다.

이 정의에서는 발달을 적극적 · 상승적인 것으로 파악하고 있는데, Hollingworth와 같이 쇠퇴현상도 포함시킨다면, 양적 감소, 구조의 단순화, 기능의 무능화 현상도 발달이라는 소극적인 정의도 가능하다고 보겠다.

(3) Werner의 정의

독일의 발달심리학자 H. Werner는 저서 「정신발달의 비교심리학」(Comparative Psychology of Mental Development, 1978)에서, 발달의 본질을 '분화'(Differenzierung)와 '중심화'(Zentralisierung)의 진행이라고 보고 있다. 즉, 발달은 전체적 미분화의 상태에서 차차 분화하며 동시에 중심화(계층적 통합)하는 과정이라고 말하고 있다. 그리하여 특히 심성의 발생적 단계를 규정하는 입장에서 ① 복합적－분리적, ② 미분절(일체적)－분절, ③ 불확정－확정, ④ 경화－연화, ⑤ 가변적－고정적이라는 5개의 대비개념을 사용하고 있는 바, 이 대비개념도 미분화에서 분화에로의 방향을 취한다고 진술하고 있다. 이러한 Werner의 발달관은 어떤 의미에선 Koffka의 '구조의 변화'의 내용을 다루고 있다고 볼 수 있다.

(4) Hurlock의 정의

E. B. Hurlock은 그의 저서인 「아동발달」(Child Development, 1984)에서, 발달에 대해서, 크기의 변화(changes in size), 비율의 변화(changes in proportion), 새로운 특징의 획득(acquisition of new features), 낡은 특징의 소실(disappearence of feature) 등으로

나누고 이들이 서로 작용해서 일어나는 과정을 발달이라고 하였다. 발달에는 본질적으로 서로 다른 두 가지의 과정이 있는 바, 이 과정은 모든 연령층에서 항상 동시에 일어난다. 즉, 진화(새로운 특성의 발달)와 퇴화(낡은 특성의 소실)이다. 초기엔 진화가 우세하지만 후기에는 퇴화가 우세하게 된다.

따라서 Hurlock의 정의는 발달을 전 생애의 계속적인 변화라는 관점에서 진술한 것이라고 하겠다.

(5) 성장과 발달

E. B. Hurlock(1984)에 의하면 "성장은 크기의 증대(increase in size)를 의미하고 일정한 시기가 되면 멈추나 발달은 질서정연하고 일관성 있는 형태의 진보적인 변화의 연속으로서 전 생애의 주기를 통해 일어나는 계속적인 변화"라고 하였다. L. D. Crow(1997)는 "성장은 특별한 측면이나 부분적인 측면에 있어서의 변화를 내포하고 발달은 전체적인 측면에 있어서의 변화의 전망(the perspective of changes)을 뜻한다고 하였으며, 또한 성장이라는 용어는 성숙(maturation)에 사용되며 발달은 환경적 영향 또는 학습에 의해서 일어나는 변화에 사용된다."고 말하였다.

그러나 최근에는 성장을 이와 같이 좁은 의미로 한정치 않고 넓은 의미의 발달과 동의어로 사용하기도 한다.

(6) 성숙과 학습

성장 · 발달의 일반적 원리는 성숙(maturation)과 학습(learning)이다. A. Gesell(1986)은 내적 성장을 성숙으로 보고 "신경계통의 성장은 그 자체의 내적인 패턴에 따라 이루어진다."고 하였다.

성숙이란 비교적 훈련이나 경험과는 관계없이 계통적 · 규칙적으로 진행되어 가는 성장과정이라 할 수 있다. 즉, 성숙은 수정난에서부터 시작하여 출생과 더불어 계속되며 성장을 거듭함에 따라 노쇠하여 죽음에 이르게 될 때까지의 변화과정을 의미한다. 이에 비해 학습이란 일반적으로 경험의 결과에 의한 행동 또는 변용을 말한다.

E. R. Hilgard(1998)는 "학습이란 실험실에서든 자유로운 환경에서든 훈련에 의해서 어떤 행동이 생기며, 또 훈련과정을 통해서 행동이 변화하는 과정"이라고 하였다.

제 2 장

발달의 연구방법과 규정요인

1. 인간발달의 연구방법
2. 발달의 규정요인과 원리

1. 인간발달의 연구방법

1) 인간발달 연구방법의 유형

인간의 발달을 연구하고자 할 때 직면하게 되는 큰 어려움의 하나는 모든 연령 수준, 모든 행동양식에 적절한 연구방법이 없다는 것이다. 자기의 생각을 말로서 표현할 수 없는 유아를 연구하는 경우와, 언어가 충분히 발달되어 있는 아동을 연구하는 경우는 전혀 다른 방법을 사용할 필요가 있다. 또한, 글을 읽을 수 있는 사람과 읽을 수 없는 사람을 연구하기 위해서 다른 방법을 사용할 필요가 있다.

이와 같이 인간발달 연구는 여러 가지 방법(의학, 사회학, 실험심리학 등에서 사용되는 방법까지 포함하여)을 필요로 한다고 하겠다.

(1) 실태 조사적 연구법

이 방법은 문제 영역을 중심으로 인간의 의식, 태도 등 행동현상을 있는 그대로 파악하여 그 생태를 밝혀 보려는 연구법으로서 현상의 기술을 목적으로 하기 때문에 인간행동에 관한 설명이나 예언은 제공해 주지 못한다. 이 방법에서는 질문지 조사법이 가장 많이 사용되고 있으며, 조사대상자의 표집에 따른 오차문제, 조사 항목의 구성 문제, 수집된 자료에 대한 통계치의 심리학적 해석이나 의미부여에 유의하지 않으면 안 된다.

이 방법은 다른 연구법에 비해 가장 많이 사용되고 있다.

(2) 법칙 탐구적 연구법

실태조사로부터 얻어진 실태상이나 심리현상을 구성하고 있는 요인이나 요인

상호간의 관련성을 분석하여 사실간의 일반적 관계, 즉 법칙이나 구조를 발견할 것을 목적으로 하거나, 또는 실태조사에서 도출된 가설의 검증을 행함으로써 현상을 설명하고자 하는 연구법이다.

분석방법의 대부분은, 양적 분석에 따른 요인분석법이나 분산분석법 등이지만 수치의 처리방법에는 그 나름의 문제와 위험성이 따른다. 또한, 실태조사의 경우와 같이 수치가 갖는 의미에 유의하지 않으면 안 된다.

(3) 투사-해석적 연구법

피조사자의 내성적 자기보고에 의존하는 질문지법에서는 대상자의 주관성이 개입될 가능성이 있기 때문에, 이를 배제하기 위해 연구의 목적이나 취지를 대상자에게 알리지 않은 상태에서 애매한 자극자료를 주어서 반응을 얻어 내는 투사법을 사용하는 연구법이다.

이 방법에서는, Rorschach Test법, TAT법, 문장완성법(SCT) 등을 사용한다. 반응을 해석하는 연구자의 분석능력이나 욕구나 자극의 타당성 등이 문제될 수 있다.

(4) 임상 면접적 연구법

심리현상의 기술은 연구자의 관찰에 의해 이루어지는 경우가 많으나 과학성이 문제될 때가 있다.

그러나 과학성을 지나치게 추구하는 나머지 눈앞에 벌어지고 있는 인간의 1회성적 행동현상에 관한 물음에 답할 수 있는 자료를 제공하지 못하는 수도 많다.

그래서 한 사람 개개인 퍼스낼리티를 개개의 구체적 상황에 비추어서 파악하려는 방법이 또한 필요한 것이다. 따라서 이 방법은 G. W. Allport의 개성 기술적 과학(idiographic science)의 입장에 놓인 연구법인 것이다.

이 방법에서는 현상학적 방법이나 임상적 면접법(정신분석학적 방법을 포함) 등이 사용된다.

즉, 인간이 갖는 전형성을 대상으로 하여 면접에 의해서 언어반응뿐만 아니라 표정 · 음성 · 몸놀림 등도 읽을 수 있으며, 인간의 생활공간이나 내적 측면이나 의견까지지도 파악할 수가 있다. 그러나 피면접자의 자기분석 수준의 문제 등 아직도 해결하지 못한 점도 많다.

2) 횡단적 연구와 종단적 연구

인간의 행동발달의 설명과 예측에 공헌할 수 있는 연구란, 인간의 행동을 통상적으로 반복 되풀이하여 관찰함으로써 얻어진 연구일 것이다. 이러한 시간적 계속의 방법에는 ① 동일개인을 장기간에 걸쳐서 연구해 나가는 경우(종단적 방법, longitudinal method)와 ② 대상을 달리 바꾸어 가면서 다른 연령 단계별로 횡단적 방법으로 자료수집이 이루어져 왔다. 발달연구의 당면과제는, 개체간의 공통적 일반법칙을 발견한다기보다도 개인의 독자적인 발달과정을 환경조건과의 상호작용의 관점에서 검토하는 일이다. 이를 위해서는 종단적 방법이 가장 효과적인 방법이라 할 수 있다.

(1) 횡단적 연구법

이 방법은 서로 다른 연령군에게 비교 가능한 도구에 의해서 조사 또는 측정을 통해 얻어진 각 연령군의 대표치를 가지고, 발달 현상을 파악하고자 하는 평균적 · 규준적 방법이다.

1 이점

① 단 시간 내에 많은 대상자로부터 자료를 수집할 수 있어서 시간 · 경비 · 노력의 부담이 적다.

② 발달수준, 발달의 표준형 또는 일반적 경향을 알아보는 데 유효하다.

③ 예비적 가설의 검토에 도움이 된다.

④ 조사 · 측정방법의 타당성 검토가 쉽다.

2 문제점

① 발달의 문화적, 환경적 요인이나 배경을 제외하거나 고려하지 않는다.

② 이 방법은 발달과정을 정확히 나타내기보다는 개략적으로 나타낼 뿐이다.

③ 각 연령군의 등질성 확보가 어렵다.

④ 발달의 연속성이나 안전성을 구명하기가 어렵다.

⑤ 발달적 변화의 규정 조건을 밝히기가 어렵다.

(2) 종단적 연구법

이 방법은 행동의 시간적 변화과정을 명확히 하기 위해, 동일의 피험자에 대하여, 일정한 시간 간격을 두고 반복적 · 계속적으로 조사 · 측정하여 심리현상의 제측면을 추적하고자 하는 방법이다.

1 이점

① 동일개인의 성장과 발달과정 또는 개인차의 모습을 알 수가 있다.

② 발달의 환경변인이나 조건의 분석과 개체(성숙요인)와 환경(경험요인)과의 상호작용의 규명에 유효하다.

③ 행동특성의 안정성, 변동성을 검토할 수 있다.

④ 질적 자료도 쉽게 얻을 수 있다.

2 문제점

① 시간 · 경비 · 노력의 부담이 크다.

② 피보험자를 구하기가 힘들며 구하더라도 협력을 얻기가 어렵다. 또한 표본이 잘못될 수도 있다.

③ 동일조사 · 측정에 따른 반복성의 효과가 일어나기가 쉽다.

④ 피험자의 주거이전 등으로 최초의 표본을 유지하기가 힘들어 계속 연구의 지장을 초래하기 쉽다.

⑤ 연구계획의 변경에 대응하기가 힘들다.

3) 격리법과 쌍생아 통제법

인간을 연구하는 경우에는 결정적인 방법론적 어려움이 있다. 그것은 동물연구에서는 매우 신뢰성이 있으며 효과적인 방법이 된다고 할지라도 인간에게 적용하면 경우에 따라서는 심리적인 손상이 피험자에게서 생기기 때문이다. 실제적인 관점에서나, 과학적인 관점에서나, 인간의 발달이 어느 정도 자발적으로 일어나며, 동시에 인간의 경험에 어느 정도 좌우되는 것인가 하는 점을 명백히 밝히는 일이 중요하다.

동물의 유전적 소질에 관한 연구에서는 동물에게 학습의 기회를 주지 않을 수 있다. 또한 피험동물을 다른 동종의 동물로부터 분리시켜, 종 특유의 활동을 하는 기회를 주지 않기 위해 일정한 사육상자 속에 가두어 둘 수도 있다. 이 때 종 특유의 행동특성이 나타나면 이 특성은 유전적 특성이라고 결론짓는다.

격리법은 인간을 피험체로 하는 경우에도 적용될 수 있지만 사용함에 있어서 곤란의 경우에 직면하는 경우가 많다. 그것은 이와 같은 연구에 유아를 동원하기 위한 부모의 동의를 구할 수 없는 실제적인 어려움이 있는가 하면 또한 피험체이었던 유아가 다시 '정상'으로 돌아가기에 앞서서 심리적 손상을 입을 수도 있어서 격리는 아이 자신에게도 바람직하지가 않지만 부모나 다른 사람들이 대체로 크게 반대하기 때문이다.

성숙과 학습의 문제를 연구하는 다른 방법의 하나는 쌍생아 통제법이다. 일란성 쌍생아는 신체적으로나 심리적으로나 유사하다는 가정하에 임상가들은 쌍생아의 한쪽 갑에겐 여러 가지 기능의 학습훈련을 가하고, 쌍생아 을에게는 어떤 훈련도 시키지 않는 방법을 취한다. 일정 시간이 지난 후, 쌍생아 갑의 훈련결과를 쌍생아 을의 성적과 비교한다. 격리법의 경우와 마찬가지로 적당한 수의 일란성 쌍생아를 구하기엔 실제적인 어려움이 따른다.

이와 같은 실험에서는 학습의 기회를 박탈당하는 사실만으로도 아동이 심리적으로 결정적인 손상을 받을 것이 예상된다. 즉, 한쪽의 쌍생아가 다른 쪽보다 우수하다는 느낌을 가짐에 따라 학습경험을 제공받지 못하였던 쌍생아는 상대적으로 심리적 상실을 입을 것으로 생각된다. 따라서 이와 같은 연구에 참가해도 좋다는 부모는 별로 없을 것이다.

격리법이나 쌍생아 통제법에 비해 보다 많이 사용되고 있다는 점에서는 대집단에 의한 발달적 연구 쪽이 더 실제적이라 하겠다. 이 발달적 연구의 기본적 원리는, 집단에 있어서, 인종적 · 사회경제적 · 종교적 · 지적 · 물리적 조건 등을 고려하여 환경적 요인을 통제한다면, 환경적 영향은 제거될 수 있다는 점이다.

따라서 이와 같은 방법을 취하면 집단적으로 찾아볼 수 있는 발달의 형으로 나타나는 유사성은 '자연의 작품'으로 볼 수 있다는 것이다. 여러 가지로 많은 학습기회나 경험을 가졌던 아동이 세부적으로는 다르다고 할지라도 기본적으로는 유사한 행동을 나타낼 때에는 임상가들은 이 행동은 학습만으로 이루어진 것이 아니고, 유전적 특성이 부분적으로 싹튼 것으로 풀이한다.

2. 발달의 규정과 원리

1) 유전적 요인

(1) 염색체

개체가 단세포로부터 수십억 개의 세포로 구성되는 성인으로 발달하는 과정은 대단히 복잡하다. 두 개의 살아있는 생식세포, 즉 정자와 난자의 결합인 임신으로부터 새로운 개체가 발생한다. 남성 및 여성의 생식세포를 배우자(gamete)라 하고 이들이 결합하고 있는 단세포를 접합자(zygote)라 한다. 난자와 정자는 각각 염색체를 갖고 있고 이 염색체에는 유전인자가 있어 유전을 결정하는 것이다.

최근의 유전인자의 작용에 관한 연구에 의하면 각 개의 유전인자는 요약해서 DNA라고 일컫는 핵산으로 구성된 하나의 큰 분자이다. DNA분자의 원자들은 복잡한 이중의 나선상으로 길게 꿰어 있다. 이와 같이 나선형으로 나열된 원자의 정확한 순서는 복사 또는 단백질 분자의 형성을 지배하는 주요한 기호로써 작용하고 있다. 인간의 수정란은 최근의 연구결과에 의하면 46개의 염색체가 있다고 밝혀졌다.

(2) 성의 결정

수정란은 양친으로부터 염색체를 반씩 받아들이기 때문에 동성의 어버이의 특징을 더 많이 유전받는다고 할 수 없다. 성의 특징은 남성의 생식세포에 의하여 결정된다. 어머니의 성 결정 염색체는 동일한 것으로 X염색체라 하고, 성숙한 남성 생식세포는 X염색체, 혹은 Y염색체를 포함할 수 있다. X염색체를 갖고 있는 정자가 난자에 수정되면 딸이 되고, Y염색체를 갖는 정자가 난자에 수정되면 아들이 된다.

(3) 유전인자

하나의 유기체가 한 특성을 지배하는 두 개의 다른 유전인자를 갖고 있을 때, 이를 이형접합자라 하고, 두 개의 유전인자가 같을 때에는 동형접합자라 한다. 과학자와 농부는 잡종강세, 즉 혼종이 순종보다 더 인내력과 다산성이 있는 경향을 알고 있다. 일반적으로 유기체가 동일한 유전인자를 갖는 것보다 다른 2개의 유전인자를 가져야 좋다고 한다.

우성, 열성의 유전인자는 가족간의 유사성과 차이를 나타내게 하는 유전의 효과를 설명하는 데 도움이 된다. 어린이가 다만 흑발의 유전인자를 받았을 때에는 양친이 개체에 준 유전인자는 같은 효과를 나타낸다. 예를 들면 검은 머리, 노란 머리와 같이 각각 다른 특징을 결정하는 유전인자를 어린이가 받았을 때, 그 중에서 하나의 유전인자만이 어린이에 나타나서 검은 머리가 되기도 하고, 때에 따라서는 노란 머리가 나오기도 한다. 이를 우성이라 하고, 나타나지 않은 유전인자를 열성이라 한다. 유전인자가 우성일 때는 어떠한 유전인자와 결합하든 그 특성을 나타낸다. 이와 반대로 열성의 유전인자가 나타나자면 그와 똑같은 열성의 유전인자와 결합되어야 한다.

(4) 생득설

유전설을 생득설(nativism) 또는 선천설이라고 부르는데, 발달을 규정하는 원동력은 개체 내에 있다고 보는 입장이다. 즉, 생득설은 유전론을 발달의 본질의 설명에 이용하고 있다. 이 설에 의하면 모든 인간의 심적 특성은 부모로부터 유전되고 있다는 것이다. 이런 입장에서 사람들은 보통 가계연구나 쌍생아 연구를 통해 유전의 힘을 입증하고 있다.

1 Goddard의 Kallikak 가계연구

H. H. Goddard는 "the Kallikak family(1974)"란 연구에서 생득설의 입장을 취하고 있다. Martin Kallikak는 맨 처음 저능한 여자(a feebleminded girl)와 결혼하였고 그 후 정상적 여자와 재혼하였었는데, 정상적인 부인과의 사이에서 태어난 496명의 자손 중 2명을 제외하고 나머지 자손이 모두 정상이었으며 변호사, 의사, 공무원, 교수, 대학총장 등 명사가 많았으나, 저능한 부인과의 사이에서 난 아이들 및 그 자손 488명 중에는 정상적인 자가 겨우 46명, 저능한 자가 143명, 사생아가 36명, 매음여인이 33명, 알코올 중독자가 24명, 간질자가 3명, 횡사자가 82명, 취업을 한 자가 8명, 불명 292명이라는 그야말로 비참한 모습을 보여 주었다.

2 Max Juke 가계와 Edwards 가계

R. L. Dugdale의 "The Jukes (1979)", A. H. Estabrook의 "The Jukes in 1915" (1966) 등의 연구보고서에 의하면, Max Juke 가계는 범죄와 비행 또는 질병 내지 악덕한 자손들만으로 이루어져 있어서 미국에 있는 열등가계의 대표적 예로 손꼽히고 있으며, A. E. Winship의 "Jukes-Edward : a study in education and heredity(1990)"란 연구보고서에 의하면 Jonathan Edwards 가계는 교사, 목사, 과학자, 그리고 정치인 등 우수한 자손이 많아 미국에 있어서 우수가계의 표본이 되어 있다.

3 Galton의 우수가계 연구

F. Galton의 "Hereditary genuius(1869)"란 연구보고서에 의하면 영국의 저명인사 332가족(부 : 98명, 형제 : 114명, 자 : 129명)을 대상으로 한 연구에서 우연히 성공할 수 있는 기대 수보다 이들은 1200배 이상의 더 많은 성공률이나 우수성을 보여주고 있다는 점에서 저명인사의 가계는 유전되고 있다고 결론짓고 있다.

4 Holzinger의 쌍생아 연구

K. J. Holzinger는 H. H. Newman과 F. N. Freeman의 공동연구인 "Twins : a study of heredity and environment(1967)"에서 일란성 쌍생아는 이란성 쌍생아에 비해 심신양면에 있어서 더 유사하다는 점을 밝히고 있다.

그리고 신체적 · 정신적 특질에 대한 K. J. Holzinger 등의 연구결과를 표시하면 〈표 2-1〉과 같다.

표 2-1 쌍생아 형제의 심신의 유사도(상관계수)

심신의 특질	일란성	이란성
신장	.93	.65
체중	.92	.63

심신의 특질	일란성	이란성
두부의 중량	.91	.58
지능연령	.86	.60
지능지수	.88	.63
학력검사	.89	.70
정서검사	.56	.37
운동속도검사	.69	.38

2) 환경적 요인

(1) 환경의 의미

인간의 발달을 규정하는 것은 위에서 말한 유전적 요인만이 아니라, 콩을 비옥한 밭에 심을 때와 메마른 땅에 뿌릴 때와를 비교하면 쉽게 알 수 있듯이, 우리 성장 · 발달에 있어서 우리를 둘러싼 환경의 영향이란 매우 중요함을 알 수가 있는 것이다.

O. S. English(2008)의 심리학사전에서는 "유기체에 영향을 미칠 가능성을 지니고 있는 외적 조건과 요인의 총합"이라고 되어 있으며, M. Bloom(1994)은 "개인에게 부닥치는 조건, 힘 및 외적 자극"이라고 하며 역시 외적 조건의 전체를 환경이라는 개념 속에 포함시키고 있다.

이와 같은 환경의 정의에서 볼 수 있듯이 환경은 단순히 물리적인 조건만을 의미하지는 않는다. 흔히는 환경이라는 개념 속에 물리적인 조건만을 포함시키는 것이 일반적인 방법이지만, 실상 발달적인 견지에서 생각해 보면 오히려 물리적인 조건 자체보다도 그것이 심리적인 조건으로 작용하는 것이 더욱 중요하다고 할 것이다.

(2) 환경의 유형

1 구조적 환경과 과정환경

환경을 물리적 측면과 심리적 측면으로 양분하는 것이 일반적인 분류방법이긴 하나 심리적 측면에 해당하는 변인과 물리적 측면의 일부변인을 구조환경(structure environment)으로 개념화할 수 있다. 구조환경이란 개인에게 작용하는 외적 조건과 자극이 일정한 규칙에 의하여 조직되어 체제화되어 있는 구조적 상태를 의미한다. 이와 더불어 순전히 심리적 환경이라고 볼 수 있는 과정환경(process environment)을 생각할 수 있으며, 그것은 외적 자극과 조건 및 조직화된 체제가 개인과의 상호작용 하에서 일어나는 분위기 또는 풍토라고 규정할 수 있다.

2 지리적 환경과 행동적 환경

전자는 개인을 둘러싸고 있는 물리적 공간 및 그 안에 있고 모든 사물이나 사태를 말하는 것이며, 후자는 개인에 있어 의식되고 체험되는 환경을 말한다. 행동적 환경은, 지리적 환경에 의존되어 있기 때문에 지리적 환경은 직접적으로는 우리의 행동을 규정하는 것은 아니지만 간접적인 원인이 되는 것이다.

행동적 환경은 우리의 의식에 관계하고 있으며 우리들을 움직이게 하는 힘을 갖고 있다. 즉, 행동적 환경을 구성하는 사물은 우리들의 요구에 대응하고 있으며, 우리의 마음을 그쪽으로 쏠리게 한다든가, 멀리하게 하는 심리적인 힘을 갖고 있다. K. Lewin(1966)은 이러한 환경의 힘을 유인성(valence)이란 개념으로 나타내고 있다.

3 자연적 환경과 인간적 환경

자연적 환경은, 물질적 환경은 물론 동식물 등 인간 이외의 모든 생물을 포함하는 환경으로서 자연과학의 대상이 되는 세계이다.

이에 대한 인간 환경이란, 개인은 물론 개인에 의해 구성되는 집단, 사회, 국가 등을 말한다.

넓은 뜻으로는, 문화적 환경도 일종의 인적 환경이다.

4 가정환경, 학교환경 및 사회환경

가정환경에 있어서는 가정의 사회 경제적 지위, 가족구성, 문화적 상태, 가치 지향성, 부모와 자녀의 관계 등이 주요변인으로 생각될 수 있고, 학교환경은 교육과정, 학급분위기, 교사－학생간의 인간관계, 학생상호간의 관계 등이 고려되며, 사회환경으로서도 제도적 · 문화적 · 정치적 · 경제적 · 제변인 등을 생각할 수 있다.

(3) 경험설

경험설(empirism)은 개인의 발달이란 외부에서 주어진 감화영향에 의한다고 주장하는 입장이다. 원래, 이 설은 인식론으로서 J. Locke(1632~1704)에 의해 주창되어 발전되어 온 것이지만, 발달론적으로는 환경론을 채용하고 있다. 즉, 생득설이 주장하는 바처럼 발달의 가능성은 개체의 내부에 있다고 하더라도, 환경을 달리하면 많고 적고간에 발달모습이 다르게 나타나는 사실이 존재하기 때문에 개인의 발달은, 여태까지 받은 모든 외적 영향의 결과라고 주장한다. 늑대소녀(1920, Amala와 Kamala의 예)와 Aveyron의 야생아(1795, J. Itard의 연구) 또는 맹모삼천지설은 경험설에 입각한 주장이기도 하다.

이 밖에 B. Bernstein(1988)의 사회계층에 따르는 지적 발달의 차이에 관한 연구나, L. Bender(1997)의 모성실조가 정신질환의 병인적 요인이 된다는 연구 또는 교사의 신경질적인 성격이나 정서적 불안정의 경향이 학생들의 학업성취는 물론 그들의 퍼스낼리티에 부정적인 영향을 미친다는 M. L. Cogan(1988)이나 H. B. Leed(1991) 등의 연구도 경험설에 바탕을 둔 연구라 하겠다.

특히 소련의 새 유전학자 T. D. Lysenko는 환경조건을 변화시킴으로써 품종을 개량하는 연구를 통해 환경만능론을 주창하기에 이르렀으며, K. Lewin의 장설에 입각한 B=f(P · E) 이론 또한 환경론적 요인의 절대성을 강조하는 입장이기도 하다.

3) 유전과 환경의 관계

(1) 폭주설

유전 대 환경의 대립을 극복하려는 시도는 W. Stern(1871~1938)에 의하여 이루어졌는데, 그의 폭주설(Die Konvergenztheorie)은 대략 다음과 같다.

"정신적 발달은 단순히 출생하면서부터의 성질이 서서히 나타나는 것만도 아니며, 또 외계로부터의 영향을 받아들여 이에 대한 반응을 함으로써만도 아니다. 즉, 이것은 내적 성질과 외계와의 폭주의 결과로 생기는 것"이다.

(2) Woodworth의 이론

R. S. Woodworth는 「Dynamic Psychology」(1968)에서 유전을 사각형의 저변으로 보고, 환경을 그 높이로 보아 한 개인의 발달이란 결국 그 저변과 높이로 이루어지는 사각형의 면적이라고 보았으며, 저변이 없어도 사각형을 이루지 못하며, 높이가 없어도 역시 마찬가지여서, 환경과 유전 중에서 어느 것이 보다 중요하다고 할 성질의 것이 아니라고 말하였다. 이 관계를 도표로 그리면 다음과 같다.

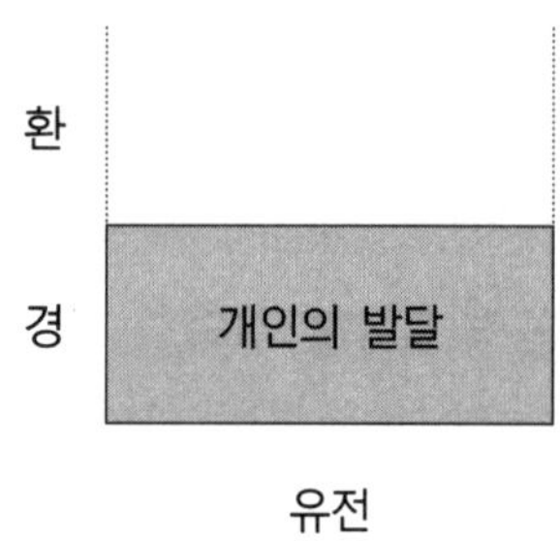

[그림 2-1] 유전과 환경

따라서 일정한 저변(유전)을 가지고 나온 우리는 높이(환경)를 되도록 높게 함으로써 이 사각형(발달하는 개인)의 면적을 크게 할 수 있을 것이다. 유전은 매우 좋으나 환경이 안 좋은 사람의 발달과 유전은 그다지 좋지 못하나 환경이 매우 좋은 사람의 발달과 비교하여 보면 여러 가지 경우가 성립될 수 있는 것이다. 이것을 도표로 그리면 [그림 2-2]와 같다.

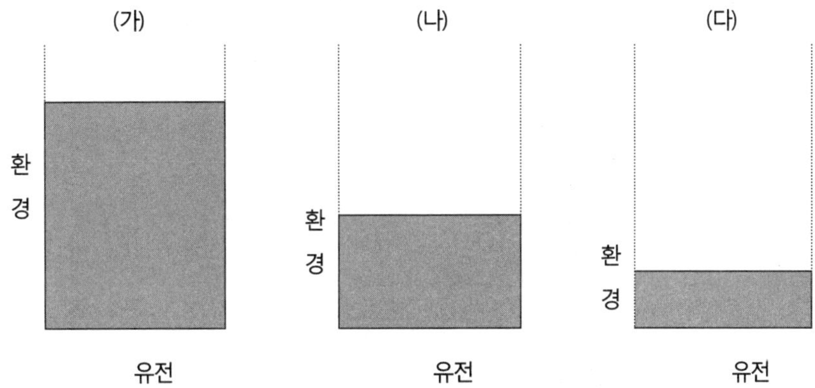

[그림 2-2] 같은 유전에 다른 환경

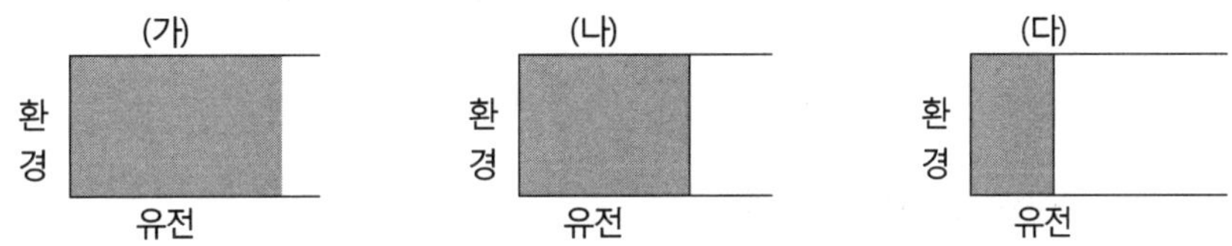

[그림 2-3] 같은 환경에 다른 유전

(3) Jensen의 이론

A. R. Jensen은 그의 저서 「IQ유전과 교육」(1998)에서 발달을 규정하는 이론으로써 환경역치설(environmental threshold value theory)을 들고 있다.

그림 [2-4]에서와 같이 그에 의하면 환경은 역치요인으로 작용하는 것이라서 각각의 형질의 현실화를 앞두고, 이에 필요한 환경요인의 질이나 양은 다르며 각각의 형질은 고유한 역치를 일정수준하에 갖고 있다고 말하고 있다. 즉, 인간의 심신의 형질에 따라서 유전에 미치는 환경요인의 영향이 미치는 정도가 다르다는 사실을 밝히고 있다.

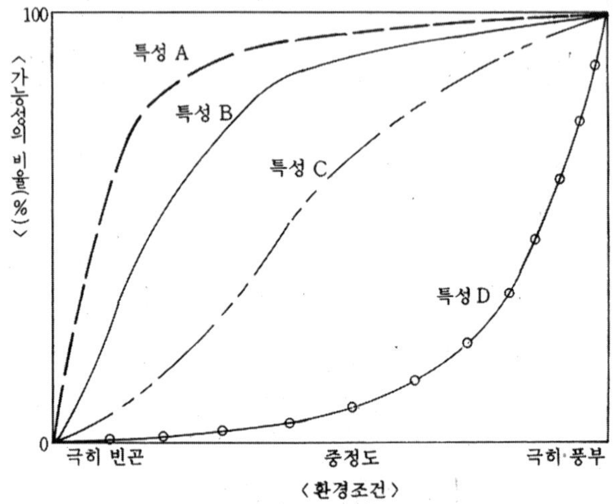

[그림 2-4] 유전적 가능성과 질적 환경조건

(4) Gottschaldt의 이론

독일의 K. Gottschaldt는 그의 저서 「성격연구의 방법론」(1992)에서, 어떤 기능의 발달에 있어서 어디까지가 유전의 힘을 입은 것이고, 어디까지가 환경의 영향을 받고 있는가의 양적 관계를 밝히려는 새로운 시도를 하였다. 그에 의하면 성격을, 지적 상층과 내부 감정적 근저층으로 이루어져 있다고 보고, 쌍생아의 연구에서 지적 상층은 환경의 영향을 쉽게 받지만, 기분 · 정서 · 충동 등의 근저층은 유전의 영향을 받기 쉽다고 주장하고 있다. 그는 이란성 쌍생아 형제간의 차의 평균과 일란성 쌍생아 형제간의 차의 평균의 비로서, 그 기능에 있어서의 유전의 힘과 환경의 힘의 비율을 구하였다. 그 결과는 〈표 2-2〉와 같다.

표 2-2

유전대 환경의 비율

영 역		유전 : 환경
상 층		2.6 : 1
근저층	감정사고	2.0~3.1 : 1
	감정피유발성	4.7 : 1
	충동	6.3 : 1
	근본적 기분	12.3 : 1

4) 생리적 · 기관적 요인

(1) 내분비선 기능

내분비선은 발달과정에 영향을 미치는 중요한 생물학적 조직의 하나이다. 내분비선은 분비물을 혈관에 보급하는 관은 없으나, 직접 혈액 속으로 들어가게 되어 있다. 내분비선에서 분비되는 화학물질을 호르몬(hormone)이라고 한다. 이 물질은 신체 발달과 기능에 큰 영향을 미치고 있다.

내분비선은 조정작용을 한다. 이 분비물은 발달뿐 아니라 여러 가지 생리적 작용을 일으키게 하고, 활동을 중지시키기도 하며, 촉진 또는 지연시키는 역할도 하고 있다. 각 개인의 신체적 성숙이 일찍되느냐, 혹은 늦게 되느냐는 여러 내분비선의 결합에 의하여 결정되는 것이다.

호르몬이 발달에 영향을 주는 또 하나의 측면은 신진대사에 미치는 효과를 통제하는 것이다. 골격, 근육 및 신경조직의 성장은 내분비선에 의하여 통제되는 신진대사 과정에서 비롯되는 것이다. 만일 혈액 내에 당분이 과다하게 공급되면 어떤 내분비선 계통에서는 인슐린(insulin)이라는 호르몬이 분비하여 당분의 신진대사를 도와 혈액을 정상적인 화학상태로 환원시키게 한다. 신체를 일정한 상태로 유지시키려는 이와 같은 경향을 W. B. Cannon(1962)은 동질정체(homeostasis)라고 불렀으며, 여기에는 내분비선은 물론 신경계통과 기타의 생리적 기제가 참여하고 있다.

평형상태를 유지하기 위하여 여러 내분비선은 서로 복잡한 조정을 하고 있다. 한 계통의 내분비선의 작용이 지연되면 다른 계통의 내분비선은 기능을 촉진시키기 위하여 호르몬을 분비시키고, 또 과다한 것이 있으면 기능을 지연시키기 위한 호르몬을 분비시키는 것이다. 한 계통의 내분비선을 제거한다든지 여기에 상해가 생기면 전계통에 이상이 오는 것이다.

내분비선 계통을 주로 통제하고 있는 곳은 시상하부라는 대뇌의 하부에 있는바, 여러 신체적 기능의 통제와 관계된다. 내분비선 계통에서 인간의 성숙과정에 가장 큰 영향을 주는 것으로는 뇌하수체, 갑상선, 부신선, 성선을 들 수 있다.

1 갑상선

갑상선에서 분비되는 티록신(Thyroxine)은 신체의 신진대사 기능을 조정하고 성장과 일반적 활동성을 통제하는 기능을 나타내며, 부갑상선 내분기능의 감퇴는 흥분성과 신경질 경향 및 거부경향(negativism)을 높이며 과잉분비는 권태, 근육이완 및 흥미의 결여현상이 나타난다고 한다.

목의 인후골 양쪽에 위치하고 있는 갑상선은 '티록신'이라는 호르몬을 분비한다. 뇌하수체와 밀접히 관련하여 갑상선은 신진대사에 영향을 주며, 신체적 성장을 조절하고 있다. 갑상선이 과도하게 분비되면 일반 활동성이 높아지고, 적게 분비되면 운동이 완만하게 된다.

갑상선은 신경계통의 구조와 기능, 특히 지능 발달에 커다란 영향을 미치고 있다.

어려서 갑상선의 결핍이 오면 기형 · 백치라고 하는 병에 걸리게 된다. 이와 같이 지능수준이 떨어지는 것은 뇌의 신경조직의 불완전한 발달에서 오는 것이다. 대뇌피질의 성장이 빠른 생후 2개월경에 갑상선 결핍증이 오면, 지능수준이 떨어지는 결과를 가져오는데, 이러한 증상은 적절한 호르몬 치료를 하면 정상적인 지능을 되찾게 되는 것이다.

2 뇌하수체

뇌하수체는 대뇌의 하부에 위치하고 있어 신체적 발달에 직접 관련되는 주요한 내분비선이다. 뇌하수체는 성장과 유지에 관련하여 여러 가지 기능을 하는 호르몬을 분비시킨다. 뇌하수체 성장 호르몬은 아동기의 정상적인 신체발달에 절대 필요한 것이다. 이 호르몬은 골격, 근육, 여러 내장기관의 성장을 조종하는 기능을 하고 있다. 이 호르몬을 분비하는 내분비선의 기능에 이상이 있으면 난장이, 거인, 말단거대증과 같은 신체적 기형으로 나타난다.

뇌하수체의 조절 호르몬은 성적인 발달을 통제하는 내분비선이 갑자기 활발해지는 청년기가 되어야 분비되기 시작한다. 뇌하수체에서 때에 맞추어 호르몬을 분비하지 못하면 성발육이 지연되는 반면, 너무 일찍이 분비되면 어린이라 할지라도 성적인 특징이 나타나게 되는 원인이 된다.

한편 뇌하수체 호르몬의 과잉분비는 적극성과 공격성을 증대시키며 과소분비는 그 반대 현상을 나타낸다.

3 부신선

신장의 상단에 위치한 두 개의 부신선은 두 부분으로 되어 있는데, 그 내부는 부신수질로, 그 외부는 부신피질로 구성되어 있다. 부신수질은 신경계통이 직접 지배하고 있어 위급할 때는 아드레날린과 놀아드레날린 호르몬을 분비시켜 긴급사태에 적응하는 것을 돕고 있다.

발달에서 가장 중요한 것은 부신피질의 기능으로 여기에서는 성숙에 영향을 주는 여러 가지 호르몬을 분비하고 있다. 그 중에서도 안드로겐(androgen)이라는 호르몬은 성인의 성적 특징의 발달을 조정하고 있다. 청년기 직전에 분비되기 시작하는 부신피질의 이와 같은 호르몬은 역시 여드름이 나오는 것과 관계가 깊다. 부신 호르몬은 이 시기에 활발히 그 기능을 하기 시작하는 성선의 안드로겐과 함께 그와 같은 변화를 일으키게 한다.

부신피질의 기능이 지나치면 남성으로서의 특징이 더욱 뚜렷해지며, 신체적 활동이 증가된다. 남성화증이라고 하는 이런 증세는 여성에게도 나타나는데, 수염이 나는 여성이 그러한 예로서, 부신피질의 기능 과다에서 오는 결과로 알려지고 있다.

4 성선

성선은 남성이나 여성에 있어서 두 가지 목적을 가지고 있다. 그 첫째는 신체발달과 행동에 영향을 주는 성호르몬을 분비하는 것이고, 둘째는 생식세포(정자, 난자)를 생산하는 일이다. 이와 같은 기능은, 남성은 고환에서, 여성은 난소에서 이루어지고 있다.

성선은 유아시에도 소량의 호르몬을 혈액에 분비시키고 있으나, 성적인 성숙이 시작되는 청년기 초까지는 큰 영향을 미치지 못한다.

고환에 분비되는 남성 호르몬을 정소 안드로겐(androgen)이라 하는데, 이 호르몬의 작용으로 청년기 남성의 특징의 발달에 큰 영향을 미치고 있다. 이 호르몬은 남성 생식기관의 성숙을 촉진시킬 뿐 아니라, 성욕과 정력적이며 공격적인 행동을 일으키는 기능을 하고 있다.

거세에 의한 남성 호르몬의 결핍이 오면 발달에 상당한 변화를 가져 오는데, 어려서 거세하면 성욕을 잃고, 목소리가 어린 아이들 같이 고음으로 남아 있다. 이와 같은 증세는 남성 호르몬을 주입하면 사라지는데, 생식력은 회복되지 않는다.

여성은 두 가지의 호르몬을 분비하는데, 그 첫째가 에스트로겐(estrogen)이라고 하는 것으로, 생식기관과 임신에 관련되는 부위의 발달을 촉진시키는 것이다. 둘째로는 프로게스테론이라는 것으로, 태아의 생명을 지탱하는 자궁의 조직을 준비시키는 것이다.

(2) 신경계 기능

자율신경계의 반응의 회복이 현저하게 늦은 사람은 정서적 불안정이나 신경질 경향이 높아진다고 하며, 자율신경계에 대한 중추신경계의 통제를 절단하면 경우에 따라서는 보다 적응된 행동을 하는 수도 있으나 활동성의 증가나 무관심, 적극성의 결여 같은 퍼스낼리티의 변화를 초래하게 된다. 또 대뇌피질부에 손상이 오면 그 부위에 해당하는 감각이나 지적 기능이 약화되며 운동기능을 비롯한 그 밖의 인성장애를 가져오게 된다. 최근 뇌전두엽 절제술(lobotomy)에 의한 절단술의 발달은 각종 정신질환자의 치료를 위한 수술이 성행하고 있으며 그 결과 불안이 제거되고 마음이 편안해지는 반면 믿음성과 사고성이 약화되는 경향이 나타나고 있다. 이러한 결과로 미루어 대뇌피질부의 전두엽은 자기통제력, 신중성, 활동성과 관계가 깊으며 원시적 충동이나 감정적 반응은 간뇌 특히 시상하부(hypothalamus)와 깊은 관계가 있는 것으로 밝혀지고 있다. 또한 시상하부의 통제를 받는 부교감신경계의 긴장도가 높은 사람은 정서적인 흥분성과 활동성이 약한 반면 인내심이 강하고 쉽게 피로하지 않으나 교감신경계의 긴장도가 높은 사람은 이와 반대되는 체질이 나타난다고 한다.

5) 발달의 원리

(1) 발달의 형

동물이나 인간을 막론하고 모든 동물은 그 종 특유의 발달의 형에 따라서 발달한다. 태생기에 있어서는 월별로 어떤 특성이 나타나는 발달의 계열이 있다. 이와 같은 질서적인 발달의 형은 출생 후에 있어서도 인정된다. 그러나 태생기보다는 출생 후 쪽이 개인의 발달의 속도에 변동이 많이 일어난다.

일정한 나이에 이른 아동의 발달적인 연구에 의하면, 행동발달까지도 한 개의 형에 따르고 있음을 알 수 있으며, 이 형은 경험에 의한 영향을 거의 받지 않음을 시사하고 있다.

A. Gesell(1979)은 이와 같은 연구에서 다음과 같은 결론을 얻고 있다. 전혀 똑같은 두 사람은 존재하지 않지만, 모든 정상적인 아동들은, 자기의 종족이나 문화집단에 독특한 성장의 형이 있다고 하더라도 그것은 기본적인 발달의 형의

변형에 지나지 않는다. 종족에서 찾아볼 수 있는 발달의 계열은 확립된 자연의 질서인 것이다.

출생 전후의 신체적 발달에는 규칙적이며 예견적인 형이 있다는 많은 실증적인 자료를 찾아볼 수 있다. 즉, 신체발달은 머리 부분에서 발달하기 시작하여 다리 부분으로 전개함이나, 중추신경부터 발달하기 시작하여 말초신경 부분으로 전개되는 형을 찾아볼 수 있다.

치아의 발달에도 신체적 발달의 예견적인 형이 있다. 하악치는 상악치보다 먼저 돋아나는 법이며, 보통, 최초로 돋아난 유치가 제일 먼저 영구치와 교대하게 된다.

사춘기의 신체적인 변화에 관한 연구에 의하면, 성기의 발달과 제2차 성징의 발현도 일정의 계열에 따라 생긴다(H. R. Stolz, 1991). 지능의 종단적 연구에 의하면, 정신적 발달의 형은 신체적 발달의 형과 같이 예견될 수 있다고 한다.

출생부터 5세까지의 아동에 관한 A. Gesell(1984) 발달적인 연구에 의하면 모든 아동들에게 공통적이고 일반적인 행동상의 형을 찾아볼 수 있었다고 한다. 이 형의 개요는 다음과 같다.

① 4주에서 16주까지에는, 유아는 안구운동의 근육 통제가 가능하다.

② 16주에서 18주까지에는, 물건 쪽으로 손을 뻗칠 수 있다.

③ 28주에서 40주까지에는, 앉기도 하고 물건을 잡고 움직일 수 있다.

④ 40주에서 52주까지에는, 똑바로 설 수 있고 물건을 끌어당길 수 있다.

⑤ 제2년째에는 걷기 시작하여 소유권의 감각이 싹트며, 장이나 방광의 통제가 가능하다.

⑥ 제3년째에는 말을 사고의 도구로서 사용하게 되며, 자기의 환경에 대한 이해가 시작된다.

⑦ 제4년째에는 많은 질문을 하여 개념화가 이루어지고 가정의 일상생활은 혼자서 영위된다.

⑧ 제5년째에는 신체운동면의 통제가 이루어지고, 연합놀이가 가능하고, 자기 확신이 생긴다.

이외에 발달의 특수영역도 예견적인 형을 취할 수 있다. 즉 운동발달, 정서적 행동, 언어, 사회적 행동, 학업 등 여러 가지 면에 있어서의 발달의 형을 찾아볼 수 있다.

위에서 언급된 발달의 형에 있어서 '기본적인 발달의 형'만을 일컬어 발달의 원리라고 부르게 된다.

(2) 일반적 유사성의 원리

모든 인간은 유사한 발달의 형에 입각해서 다음 단계로 옮겨 간다. 가령, 유아는 걷기에 앞서서, 똑바로 서게 되며, 네모를 그리기 이전에 원을 그리게 된다. 이 순서가 거꾸로 되는 일은 결코 없다. 그리고 일반적인 형은 발달이 속도에 따른 개인차 현상은 나타나지 않는다. 조산아는 1년쯤은 발달이 늦은 것처럼 보이지만, 일단, 만기산아의 기준에 도달한 뒤에는 만기산아와 똑같은 형에 따라 발달의 속도가 거의 같게 발달된다(A. Gesell, 1984).

조산아가 출생 전이나 출산 중에 손상 받은 경우에 한해서 발달의 정상적 계열은 변화되기 쉬우나(L. Alm, 1993), 그렇지 않은 경우에는, 지적으로 뛰어난 아이나 열등한 아이라도 보통의 아이들과 같은 발달이 이루어진다. 그러나 지적으로 뛰어난 아이는 지적으로 열등한 아이에 비하여 발달의 속도가 빠르다(F. L. Goodenough, 1991).

(3) 연속성의 원리

발달은 수태의 순간부터 죽을 때까지 연속적인 과정이다. 또, 어떤 때에는 완만하게 어떤 때에는 급속도로 발달이 다른 속도로 이루어지고 있다.

발달이 연속적이기 때문에, 어떤 단계에서 일어난 현상은 다음의 단계에 영향을 줄 수 있다고 말할 수 있게 된다.

가정에 있어서의 정서적인 긴장은, 유아의 인성발달에 영향을 줄 수 있다. 즉, 어떤 종류의 퍼스낼리티 장해로서 작용할 것으로 생각될 수 있다. 이것은 아동의 후기의 가정환경에 스트레스나 긴장이 비교적 사라진 경우에 있어서도 초기의

정서적 긴장의 영향이 남아 있을 수 있음을 시사하는 것이다. 예컨대, 부모가 이혼한 경우에 흔히 찾아볼 수 있다. 또, 조기에 있어서 자기에 대한 또는 타인과의 관계에 대한 불건전한 태도는 완전히 씻어 버릴 수 없는 것이다. 이러한 태도는 중년, 노년이 되어서도 개인의 인생관에 반영되기 마련이다.

(4) 분화 통합성의 원리

운동반응의 경우처럼, 정신적인 반응의 경우에도 일반적인 활동이 특수적인 활동에 선행한다. 출산 전에는 태아는 신체 전체를 움직일 수는 있어도 특수한 반응은 할 수가 없다.

출생 후의 초기에 있어서도 마찬가지이다. 유아는 손을 뻗치는 특수한 반응을 할 수 있기 전에 팔을 흔드는 일반적인 운동이 관찰된다.

즉, 미분화된 전신운동(mass action)으로부터 특수한 부분의 특수운동(specific action)으로 분화되어지는 것이다.

이와 같이 미성숙한 구조로부터 특정한 구조와 기능을 가진 새로운 기관이 발생하는 과정으로 발생학(embryology)의 입장에선 분화(differentiation)라고 한다. 행동의 발달에 있어서 처음은 내부적인 분절의 빈약한 전신운동으로부터 보다 명백하고 세련된 행동으로 분화하여 간다.

이 때, 분화란 분열을 의미하는 것이 아니고 전체로서 통합(integration)되는 과정이다. 즉, 분화작용과 통합작용을 하는 가운데 발달이 이루어지며 이와 같이 하여 행동은 체제화 · 구조화된다. 그러므로 발달은 통합적 분화과정에 대한 체제화 · 구조화의 과정이라고 할 수 있다.

독일의 심리학자인 H. Werner(1981)도 정신발달의 본질은 정신현상과 기능이 점차로 분화하고 중심적 통합을 하는 것이라도 하였다. 즉, 이 분화와 중심적 통합은 복합적인 것으로부터 단편적인 것으로, 융합적인 것으로부터 분절적인 것으로, 불명료한 것으로부터 명료한 것으로, 불확정한 것으로부터 확정적인 것으로 진행하는 과정이라 보았다.

(5) 발달속도차의 원리

발달속도에는 개인차가 있다. 성숙에 달하는 연령 수준에는 개인차가 작용한다. 즉, 다른 아이들에 비해 성숙이 빠른 아이들이 있는가 하면, 한 아이의 경우에도 어떤 특징은 다른 부분보다 더 빨리 성숙하는 경우가 있다. 그뿐 아니라 한 아이의 한 가지 특징도 다른 속도로 성숙하는 경우가 많다.

남녀간에는 신체적 성장의 발달속도에 차이가 있는데 일반적으로 여아가 남아보다 빨리 성장한다. 여아는 발달상 낳자마자 한 2주가 빠르고 학교생활을 시작할 정도면 1년, 그리고 사춘기에 다다랐을 때는 거의 2년이 신체적 성장에 있어서 앞선다.

분만 당시에 얻어지는 합병증만 보더라도 여아보다 남아가 훨씬 많으며, 아동기에 전염병으로 죽는 비율도 남아가 많고 방사선이나 기타 독물에 의한 성장의 저해도 더 많이 받는다. 그리고 평균수명도 남자가 짧은 것은 잘 알려진 사실이다. 애기를 수태할 당시에 남녀의 비는 125 : 100인데 분만 당시의 남녀의 비는 102 : 100, 그리고 일반인에 있어서 남녀의 비율이 거의 100 : 100이거나 혹은 남자가 적은 경우를 보더라도 남자가 실제적으로 태중이나 분만 당시 혹은 아동기에 많이 도태되는 것을 알 수 있다.

대부분의 신체적 · 정신적 특성의 발달은 연속적이지만, 어른 수준에 도달하기 위해서는 발달의 속도가 서로 다르다.

심장, 간장, 소화기관의 성장은 아동기에는 느리지만, 청년기 초기에서는 급속도로 이루어진다.

개개의 신체적 · 정신적 특성의 발달속도에 변동이 생기면 많은 적응상의 문제가 생긴다. 지적인 발달이 신체적 · 사회적 · 정서적 발달에 비하여 조숙한, 즉 소위 "지적으로는 뛰어나지만 다른 면에 있어선 미숙한" 아이는, 동일 연령층의 아이들이나 나이 많은 아이들과 원만한 관계를 이룩하기가 곤란한 경우가 많다.

한편, 신체의 어떤 부분이 다른 부분보다 빨리 성숙하게 되는 경우에는 특히 청년 전기에는 자기의식이 강하게 작용하는 계기가 되기도 한다(R. B. Cattell, 1997).

(6) 상관성의 원리

어떤 특성이 성숙하는 단계에선, 다른 특성이 성숙하는 단계에 영향을 미친다. A. Gesell(1994)은 발달의 상관성의 중요함을 강조하고 있는데, 그에 의하면 "성장의 소산은 직물에 있어서 날올과 씨올의 관계와 같다."

신체적 발달과 정신적 발달간의 상관은 특히 뚜렷하다. 신체의 형태는 취학 레디네스에 관계가 있지만, 이것은 정신적 발달과 신체적 발달간에 상관이 있기 때문이다.

성적 성숙과 흥미 또는 행동의 형간에도 명확한 관계가 있다. 그 결과 조숙한 자는 동일 연령층의 미숙자에 비하여 신체적인 면 뿐만 아니라 정신적 발달과 행동적 발달의 면에 있어서도 다른 점이 많다.

천재아를 중년까지 추적 연구한 L. M. Terman(1979)의 결론에 의하면, "바람직한 특성은 동시에 생기는 경향이 있다. 지능과 신체의 건강도 또는 정서적 안정성 사이에는 부적(負的) 상관은 없다." 또한 개체는 일정한 환경 속에서 성장하고 발달하는 것이어서 그 발달은 환경의 변화와 불가분의 관계에 있다. 예를 들면 집안에서만 키운 아이는 사회성이 발달하지 못하는 경향이 있다.

(7) 방향 · 순서 · 계열성의 원리

발달에는 일정한 순서가 있다. 즉, 모든 어린이는 앉기 시작한 후에 설 수 있으며, 동사를 써서 말하기 전에 명사를 사용하여 말한다. 원을 그리다가 점차 사각형을 그릴 수 있게 된다. 즉, 시간의 흐름과 같이 발달은 거꾸로 될 수 없는 과정인 것이다. 발달이 진행되는 순서 또는 방향에는 세 가지 기본적인 법칙이 있다.

첫째, 머리(頭)-다리(尾)의 방향(cephalo-caudal direction : head-foot)으로서 예를 들어 태아는 아랫부분보다 먼저 머리의 발달이 진행되며 또한 팔이 손보다 먼저 발달한다. 즉, 머리 부분에서 다리 부분으로 발달이 진행되어 감을 말한다.

둘째, 근처－원처의 방향(proximo distal direction) 또는 중추에서 말초의 방향으로 이동하는 것으로 신경계통에 있어서도 예를 들면 대뇌 등이 먼저 발달하고 점차로 말초신경이 늦게 발달하는 것이다.

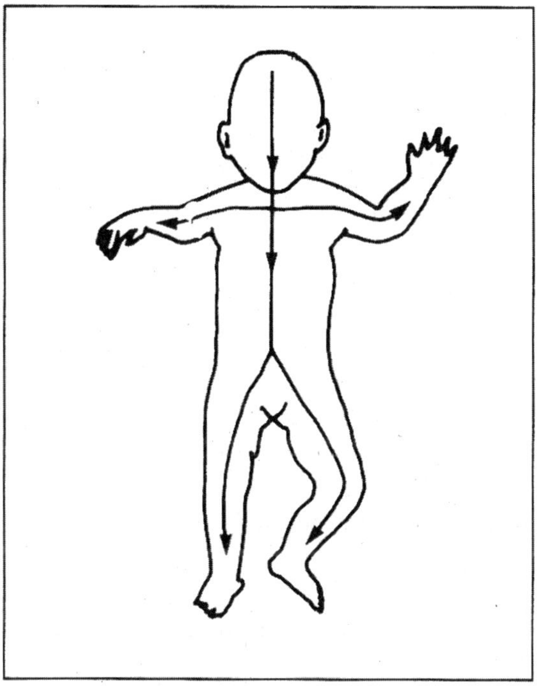

[그림 2-5] 발달방향의 원리

셋째, 전신운동에서 특수운동(mass-specific direction)의 방향으로서 큰 근육에서부터 작은 근육으로 발달해 가는 것이다. 어린이에게 처음으로 나타나는 반응은 대부분 전신반응이며 신체의 큰 부분을 움직이는 전체적 · 미분화적인 운동인 것이다.

(8) 성숙과 학습의 상호작용의 원리

출생 후의 성숙과 학습은 밀접한 관계를 가지고 있다. 한쪽이 다른 쪽에 영향을 주고 있다. 성장과 운동(기술) 사이에는 높은 상관관계가 있음은, 신체의 전체적인 발달에 따라서 성장되어 온 신체 각 부분을 원만하게 사용할 수 있는 능력이 생겼음을 시사하는 것이다. 이와 같이 발달은 유전적 소질만으로 이루어지는 것이 아니고 이런 소질과 환경의 사회적·문화적인 요인간의 상호작용에 좌우되는 것이다.

즉, 발달단계의 특징은 성숙과 학습이라는 두 가지 요인간의 상호작용의 결과로 형성된다. 여기서, 성숙이란 말은 성장의 결과로 나타나는 변화를 지칭하는 것이며, 학습은 주로 후천적 경험의 결과로 나타나는 변화를 뜻한다.

(9) 가소성의 원리

인간은 근본적으로 미완성적 존재로서 풍부한 가소성(plasticity)을 가졌다. 인간은 자연의 모태에서 출생한 대로는 미완성의 존재이고, 문화의 모태 안에서 완성되어 간다.

A. Portmann(1982)은 신생아의 생물학적인 초기 양상을 연구하고 "인간은 동물에 비하면 미완성의 존재로서 태어난다."고 하였다.

다른 동물들은 그들이 살아야 할 자연환경에 꼭 맞도록 육체적 기관들과 기능들이 특수하게 전문화 내지 완성되어 나타나기 때문에 환경에 대한 반응으로서의 행동의 도식도 기계적으로 결정되어 있다. 그래서 다른 동물들은 본능에 따라서 기계적으로 결정되어 있다. 그래서 다른 동물들은 본능에 따라서 기계적으로 움직이면서 살아갈 수 있는 반면에 인간은 미약한 본능만을 가졌으며 문화적인 규범에 따라서 능동적으로 선택할 수밖에 없다. 따라서 인간은 스스로의 힘으로 자기의 발달 목표를 설정하고 그 성취를 위해 노력하며 조정할 수 있는 유일한 존재이다.

이렇게 함으로써 각 유기체의 구조와 기능은 최고의 가능성을 향해 성장과 발달을 계속한다.

인간발달은 이 가소성을 어떻게 발휘하는가에 따라서 그 수준과 질이 좌우된다.

제3장

발달단계와 과업

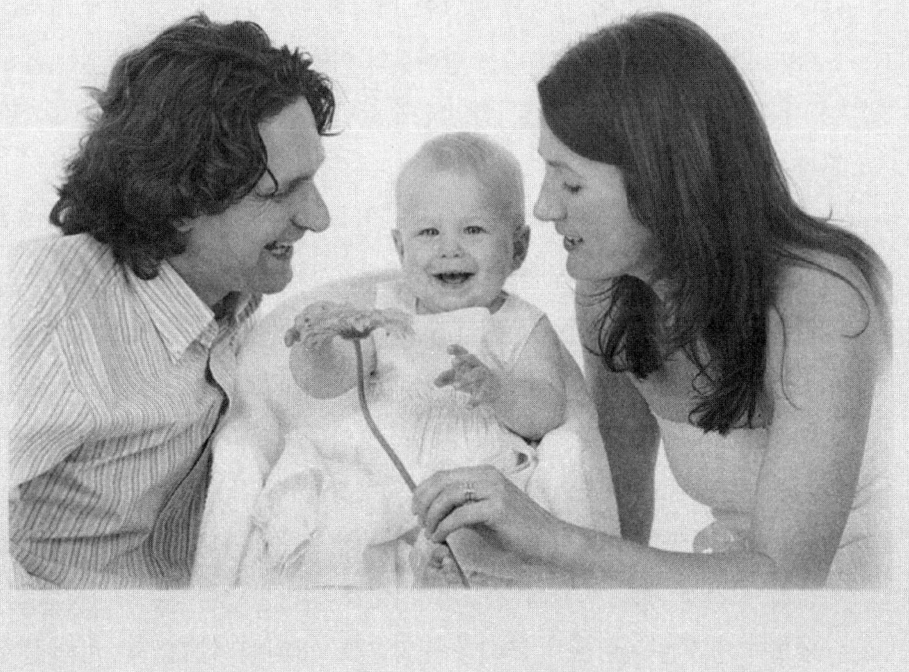

1. 발달의 단계
2. 발달과업

1. 발달의 단계

발달은 앞에서 언급한 바와 같이 연속적인 과정이지만 발달의 속도는 일정하지 않다. 즉, 어느 시기에 가서는 발달이 대단히 빠르고 어느 시기에 가서는 몹시 느리다. 그리고 한 단계에서 다음 단계로의 이행에 명확한 구별이 있는 것도 아니며 서서히 나타나는 까닭으로 엄밀하게 발달단계에 선을 그어 구분하기란 매우 곤란한 일이다.

자라나는 어린이를 관찰하여 보면 한 살 두 살 나이를 먹어 감에 따라서 신체 및 정신이 변화해 가는 모습을 볼 수 있다. 2세 짜리에게는 2세에 알맞는, 6세 짜리에게는 6세에 알맞는 발달단계가 있는 것을 알 수 있다. 예를 들어 2세 밖에 되지 않은 어린이에게 문자를 쓰게 한다든지 읽히게 한다는 것은 무모한 짓이나 6세 짜리에게는 그것이 가능한 것으로 보아 확실히 성숙으로서의 발달단계를 인정할 수 있다. 이러한 점에서 개체의 성장을 몇몇 발달단계로 나누어 볼 수 있다. 발달이 양적 변화일 뿐만 아니라 질적 변화이기도 한 점에서 발달단계는 단순한 시간적 경과 이상의 중요한 의미가 있다는 것이다.

옛날에 공자는 논어에서 15세를 지학(志學), 30세를 입지(立志), 40세를 불혹(不惑), 50세를 지천명(知天命), 60세를 이순(耳順)의 시기로 구분하였고, 원시사회에서 흔히 행해졌던 성년식(成年式) 할례(割禮, circumcision) 등의 의식에 따라 집단생활에서의 위치가 바꾸어졌던 예도 있다. 최근에 와서 많은 학자들 간에 발달단계 구분의 문제는 하나의 흥미 있는 과제가 되고 있으며 그 관점에 있어서도 약간의 차이가 있다.

사회제도상의 구분에 있어서 대표적인 것은 학교제도에 의한 분류로 유치원 이전 · 유치원 시대 · 초등학교 시대 · 중학교 시대 · 고등학교 시대 · 대학교 시대 등의 6단계로 구분할 수가 있다. 즉, 출생해서 4세까지를 유치원 이전이라 하고,

4세부터 6세까지를 유치원 시대라 하고, 6세에서 12세까지를 초등학교 시대라 하고, 12세부터 15세까지를 중학교 시대라 하고, 15세부터 18세까지를 고등학교 시대라 하고, 18세부터 22세까지를 대학교 시대라고 할 수 있다.

Freud의 성격발달 단계, Piaget의 인지발달 단계, Kohlberg의 도덕발달 단계 등은 제3부에서 논하고자 한다.

1) Hurlock의 단계 구분

E. B. Hurlock(1983)은 일생을 다음과 같이 10단계로 나누고 있다.

① **출생 전기** : 임신에서 출생까지
② **신생아기** : 출생 후 2주간
③ **유아기** : 2주에서 2세까지
④ **아동 초기** : 2세에서 6세까지
⑤ **아동 후기** : 6세에서 10~12세까지
⑥ **사춘기** : 10~12세에서 14세까지
⑦ **청년 초기** : 14세에서 16~17세까지
⑧ **청년 후기** : 16~17세에서 21세까지
⑨ **성년기** : 21세에서 60세까지
⑩ **노년기** : 60세에서 죽음까지

2) Thompson의 단계 구분

G. G. Thompson(1992)은 아동발달 단계를 다음과 같이 9단계로 구분하고 있다.

① **수정난기** : 임신에서 2주까지
② **배아기** : 2주에서 6주까지
③ **태아기** : 6주에서 출생시까지
④ **신생아기** : 출생 후 2주간

⑤ 유아기 : 2주에서 2세까지

⑥ 학령전 아동기 : 2세에서 6세까지

⑦ 초등학교 아동 전기 : 6세에서 9세까지

⑧ 초등학교 아동 후기 : 9세에서 12세까지

⑨ 중학교 아동기 : 12세에서 15세까지

3) Feldman의 단계 구분

S. Feldman(1981)은 사람의 일생을 각 연령 단계마다 고유하고 특징적인 발달 경향에 따라 다음과 같이 13기로 나누고 있다.

① 배아기 : 수정에서 2개월까지 인간형태가 생긴다.

② 태아기 : 2개월에서 출산 전까지 운동력이 생긴다.

③ 유아 1기 : 출생 후 머리를 가누고 눈을 돌리는 훈련이 이루어진다.

④ 유아 2기 : 손을 뻗어 원하는 물건을 만지게 된다.

⑤ 유아 3기 : 1년이 되면 혼자 서서 걷게 된다.

⑥ 아동 1기 : 2~5세 사이에는 부모와 잘 어울리고 부모를 본받으며 사회화 제1기이다.

⑦ 아동 2기 : 학동기로서 사회화 제2기에 해당되며 동년배의 아동과 잘 어울리고 활동 세계가 가정과 바깥 세계로 나누어진다.

⑧ 청년 1기 : 사춘기, 즉 준성인 사회화 제3기로서 자기를 성인으로 보고 성인으로서 활동한다.

⑨ 청년 2기 : 개성화되기 시작한다.

⑩ 성년 1기 : 자기능력의 실현과 책임이 실현된다.

⑪ 성년 2기 : 중년에 해당되며 자기평가와 자기반성이 많아진다.

⑫ 노년 1기 : 은퇴기로서 외적 관심을 포기하고 새로운 가정화가 형성된다.

⑬ 노년 2기 : 고별의 시기로서 노쇠해지면 어린 아이같이 되고 죽음을 준비한다.

4) Bühler의 단계 구분

C. Bühler는 그의 저서 「Kindheit und Jugend」(1971)에서 개체의 정신 구조 및 전체의 변화를 파악하고 주관과 객관의 전환에 대한 단계를 구분하였다.

① **신변생활시대**(미분화시대) : 출생부터 3세까지
② **상상생활시대**(주관화) : 4세부터 7세까지
③ **지식생활시대**(객관화) : 8세부터 13세까지
④ **정신생활시대**(주관화) : 14세부터 24세까지
⑤ **사회생활시대**(객관화) : 25세 이후

5) Strats의 단계 구분

C. H. Strats(1992)는 신체발달 과정에는, 체중의 증가에 비하여 신장이 특별히 자라는 시기(신장기)와, 신장의 자람에 비하여 체중의 증가가 눈부신 시기(충실기)가 있다고 보고, 발달과정에는 이 두 개의 시기가 번갈아 가면서 일어나는 현상에 주목하며 발단단계를 다음과 같이 구분하고 있다.

① 유아기 : 0~1세

② 중성아동기
- 제1충실기 : 2~4세
- 제1신장기 : 5~7세

③ 양성아동기
- 제2충실기
  - 남 8~12세
  - 여 8~10세
- 제2신장기
  - 남 13~16세
  - 여 11~14세
- 제3충실기
  - 남 17~18세
  - 여 15~16세

④ 성숙기
- 남 19~20세
- 여 17~20세

6) Kroh의 단계 구분

O. Kroh(1990)는 반항기의 현상에 주목하고, 정상적인 발달과정에 있어서는 반항 현상은 두 번 나타난다고 말하고 있다. 이 두 번의 반항 현상의 시기를 전후해서 발달단계를 다음과 같이 세 가지로 구별하고 있다.

▣ Kroh의 발달단계 ▣

제1단계(유아기 : 출생~3 · 4세) – 의식내용 수용의 준비기, 준비행동, 자기중심적
제1위상 – 반사행동(출생에서 5~8주까지)
제2위상 – 외계에 대한 적극적 행동(1세경까지)
제3위상 – 유희중심(1세부터 3~4세경까지)

……………………………………**제1반항기**……………………………………

제2단계(도야가능기 : 3 · 4~12 · 13세) – 의식내용의 습득기, 현실주의적 경향, 기능 분화, 흥미 생활
제1위상 – 상상 실재론적 경향(3~4세부터 7 · 8세까지)
제2위상 – 소박적 실재론적 경향(7~8세부터 9세까지)
제3위상 – 비판적 실재론적 경향(10세에서 12~13세까지)

……………………………………**제2반항기**……………………………………

제3단계(성숙기 : 13~16 · 17세) – 자기형성 및 정신적 독립, 이념지향, 자아관심
제1위상 – 현실에서 도피, 불안, 부정(13세부터)
제2위상 – 건설에의 충동, 자아주장(13~15세)
제3위상 – 가치추구, 주객긍정(16~17세부터)

2. 발달과업

1) 발달과업의 개념

발달과업(developmental task)이란 특정한 발달단계에서 개인이 배우지 않으면 안 되는 여러 가지의 과제, 즉 발달의 과제를 뜻하는 것으로서, 이는 개인으로 하여금 사회에 있어서 건전한 성장·발달을 지향할 과업인 것이다.

다시 말하면 발달과업은 개인의 생애에 있어서 일정한 시기 혹은 그 이전에 나타나는 제 과제로서 그 과제를 훌륭하게 성취하면 개인은 행복하게 되며 그 후의 과세도 성공하지만, 실패하거나 기회를 놓치면 그 개인은 불행해지며 또한 사회에서 승인을 받지 못하며 그 후의 과제의 달성도 곤란해지게 된다.

R. J. Havighurst는 각 발달단계에서 반드시 획득해야 하며, 만약 획득하지 못하면 그 단계는 물론 그 이후의 단계에서도 적응에 장애가 되는 행동 특징이라고 정의하고 있다.

2) 발달과업의 내용

발달과업은 각 발달단계에 놓여 있는 인간에 대한 교육적 입장에서 하나의 과제로 설정한 것이다. 발달과업은, 전 인류에 있어서의 보편적·절대적인 것은 아니며, 사회나 문화의 차이에 따라 그 내용은 다르다. 그러나 보통 그 내용은 ① 신체적 성숙이나 건강에 관한 과업, ② 사회적 요청에 역점을 둔 과업, ③ 개인의 퍼스낼리티, 자아, 요구 등에 관해서 일어나는 과업 등의 세 부분으로 나누어진다.

일반적으로 신체적 성숙이나 건강에 관한 과업에 대해서는 사회적·문화적 영향은 적지만 개인에 대한 사회적 요청에 관한 과업에 대해선 그 영향이 크다. 또한 문화적 변동이 심한 사회에 있어선 발달과업에 대한 신구 세대간에 차이가 생기기 쉽고 신세대에 있어서는 구세대의 낡은 과업은 그 중요성이 감퇴되며, 새로운 과업이 부가되어 시대에 합치되는 새로운 발달과업이 설정되는 수가 많다.

3) Havighurst의 발달과업

Havighurst가 설정한 발달과업의 리스트는 〈표 3-1〉과 같다.

표 3-1 발달과업 리스트

발달단계	발 달 과 업
영유아기	① 걸음걸이 배우기 ② 언어 배우기 ③ 배설행위 통제 배우기 ④ 선 · 악의 구분과 양심의 학습
아동기	① 운동경기에 필요한 신체적 기능의 학습 ② 동무와 사귀기를 배우기 ③ 성적 역할을 학습하기 ④ 독 · 서 · 산의 기초기능의 학습 ⑤ 일상생활에 필요한 개념의 학습 ⑥ 양심, 도덕성, 가치척도의 발달
청년기	① 이성간의 성숙한 관계 유지하기 ② 정서적 · 인격적 독립 ③ 직업선택과 준비 및 경제적 독립 ④ 결혼과 가정생활 준비 ⑤ 시민으로서의 자질 함양과 지적 기능의 학습 ⑥ 사회적으로 책임 있는 행동을 수행하는 일 ⑦ 가치관과 윤리적 체제의 확립
성인 초기	① 배우자를 선정할 줄 알기 ② 결혼 후 배우자와의 동거생활 배우는 일 ③ 육아에 대한 기본적 지식 · 기능의 학습

발달단계	발 달 과 업
	④ 가정 관리에 관한 기본적 지식 · 기능의 학습 ⑤ 직업 가지기 ⑥ 마음에 맞는 사교적 집단에의 참여 ⑦ 시민으로서의 사회적 책임의 감당
중년기	① 성인으로서 사회적 책임의 수행 및 생계유지에 필요한 경제적 표준의 확립과 유지 ② 10대 자녀들의 뒷바라지 ③ 성인다운 여가활동의 발달 ④ 배우자와의 친애로운 관계 유지 ⑤ 다가올 중년기의 생리적 변화를 인정하고 이에 적응하기 ⑥ 연로한 부모를 보살피는 과업에 대한 적응
노년기	① 줄어드는 체력과 건강에 적응하는 일 ② 은퇴(정년퇴직)와 경제적인 수입의 감소에 적응하는 일 ③ 배우자의 사망에 적응하는 일 ④ 자기의 동년배와 친밀한 관계 유지

제 2 부

각　　론

제 4 장

신생아기의 발달

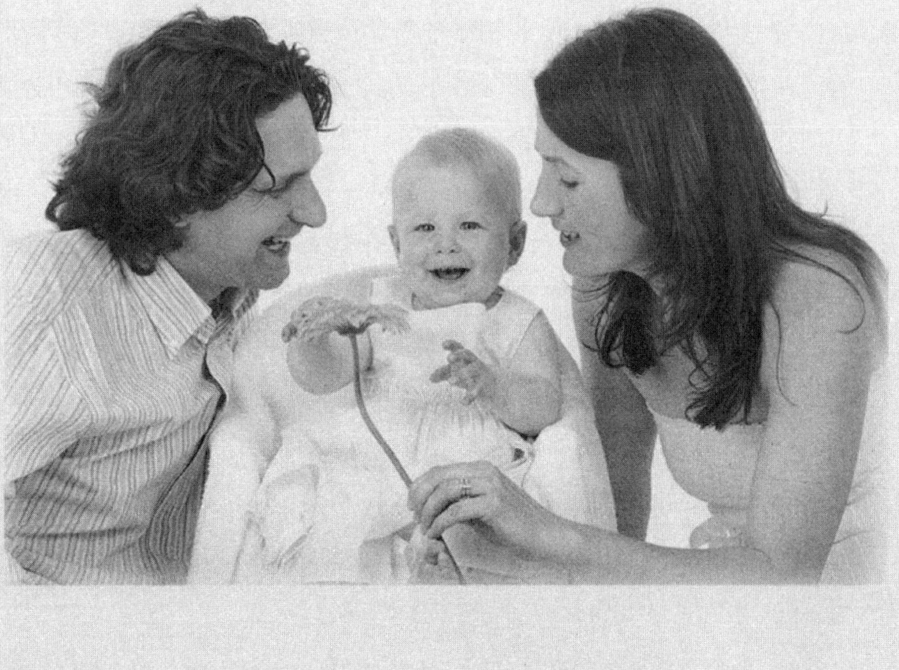

1. 신체적 발달
2. 운동발달
3. 감각기관의 발달
4. 신생아기의 심리적 육아환경
5. 발달장애

생명의 시작은 남성의 정자와 여성의 난자가 결합하는 과정, 즉 수정의 순간부터 시작된다.

정자나 난자는 모두 23개의 염색체 중 하나는 성염색체이고(X염색체와 Y염색체), 난자는 모두 X염색체를 가지고 있으나 정자의 반은 X염색체, 반은 Y염색체를 갖는다. 수정될 당시 X염색체를 가지고 있는 정자와 난자가 결합되면 태아는 여자(XX)이고, Y염색체를 가진 정자와 난자가 결합될 때에는 성염색체 XY가 됨으로써 남성의 태아가 된다.

수정된 난은 수정 후 2주일 이내에 자궁의 벽에 부착해서 모태로부터 영양공급을 받기 시작하며 태반이 형성된다. 수정 후 약 3주에서 8주 사이는 배아기(embryo)라고 하며 이 기간 중에 급속도의 성장을 보여서 이 때 많은 신체기관의 발달이 시작된다. 8주 이후부터 40주까지를 태아기(foetus)라고 부르고 이미 배아기에서 시작된 기관이나 신체적인 구조가 점점 더 커지고 좀더 정교하게 되며, 이들이 5~6개월이 되면 기관과 기관이 연결되어 7개월 이후가 되면 태아가 태반에 의존하지 않아도 생존이 가능할 만큼 발달이 된다. 태아는 태아기부터 조금씩 움직이기 시작하여 7~8주가 되면 전체적인 반사운동을 보이는데 꿈틀거리는 동작은 임신 7~8개월 중에 가장 빈번하게 느껴지고 커갈수록 줄어든다. 태아의 운동은 자신의 반사적인 운동이기도 하지만 외부로부터의 자극, 예컨대 큰 소리나 어머니의 정서적인 상태에 따라 영향을 받아서 어머니가 공포나 불안을 느끼면 태아도 동시에 과잉활동을 보이는 수가 많다.

태아기에 이상이 있으면 모든 발달에 지장을 초래하는데 그 이유는 태아기가 일생 중 가장 활발히 성장하는 시기로서 이 왕성한 성장시기에 어떤 위험성에 부딪히게 되면 그 성장하는 부위가 가장 타격을 받기 때문에 조그마한 상처에도 그 영향이 크다. 태아기가 정신건강과도 밀접한 관계가 있는 것은 태아기에서 출생 후 1~2년까지 다른 기관도 그렇지만 특히 중추신경계통, 즉 뇌의 발달이 다른 기관보다 가장 활발하기 때문이다.

신생아기는 출생 직후부터 1개월까지를 의미한다. 이 시기는 모체의 자궁 내에서 의존하여 생활하다가 출생 후 새로운 환경에서의 신생아의 발달은 출생 전

발달의 계속이라 볼 수 있으며 출산은 임신 후 280일에 이루어지거나 개인차가 심하고 신생아의 발달 정도도 일정치 않다. 또한 이 시기는 행동발달의 출발점으로 이 때까지는 태내 환경만이 자극요인이 되었으나 출생과 더불어 심리적으로 독립된 존재가 되며 환경자극 영향을 받아 발달한다.

1. 신체적 발달

1) 신체의 크기

(1) 신장과 체중

출생시는 머리는 크고 동체(trunk)는 길며, 하지는 비교적 짧고, 팔은 다리보다 길다. 사지는 동체보다 빨리 자라고 머리는 가장 서서히 자란다. 신생아의 신장과 체중은 성(sex)과 인종에 따라 다소 차이가 있지만 평균신장은 50~52cm이며, 체중은 3.4kg으로 남자가 여자보다 약간 우세하며 또한 초산부보다 경산부가 약간 우세한 경향이 있다.

신생아의 신체 비율을 보면 신장은 어른의 1/3~1/4이다. 신생아는 특히 눈 위의 면적과 얼굴과의 불균형이 가장 심하고 두위는 흉위보다 크며 가슴과 배가 크다. 또 엉덩이는 작고 수족이 짧다. 신체의 형과 균형의 변화를 C. H. Strats는 [그림 4-1]과 같이 나타내고 있다.

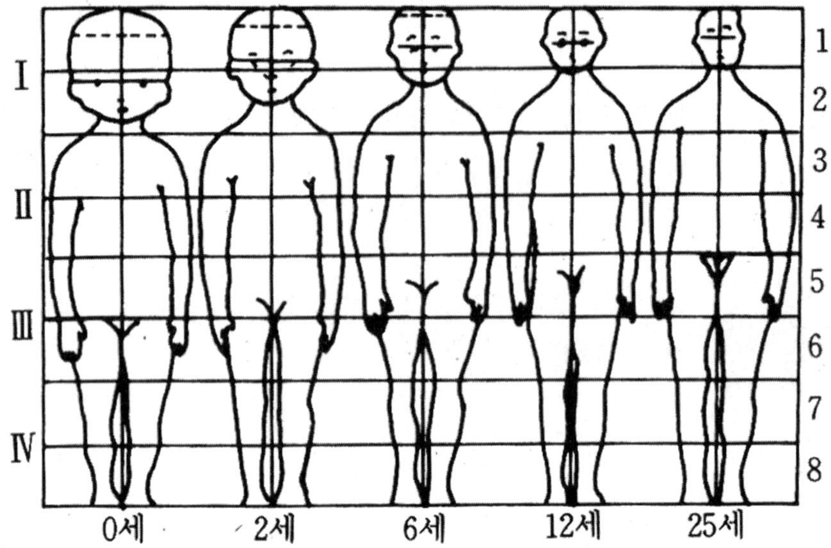

[그림 4-1] 출생에서 성인까지의 신체적 균형

(2) 머리

머리의 성장은 뇌의 발달과 밀접한 관계를 가지고 있다. 머리 둘레는 33~35.6cm이며, 키의 약 1/4에 해당하며 성인의 1/2 정도이다. 두부는 뇌 부위와 안면 부위로 나눌 수 있는데 신생아기는 안면 1에 대해 뇌 부위가 8의 비율이다. 안면은 연령이 증가함에 따라 상하악골의 발육, 유치, 영구치 등에 의해 발육이 왕성해진다. 신생아는 두개골 상호 간의 봉합이 불충분하므로 두부정중선 전후에 2개의 부드러운 부위가 있다. 전방에 있는 것을 대천문(anterior fontanel), 후방에 있는 것을 소천문(posterior fontanel)이라고 한다. 전자는 생후 10개월경까지 점차 증대되고 그 후 축소되어 생후 16~18개월경에 밀폐되며, 후자는 생후 6~8주에 완전히 밀폐된다.

또한 전측두천문(anterior lateral fontanel)은 생후 6개월~1년 사이에 밀폐되고 후측두천문(posterior lateral fontanel)은 생후 12~18개월 사이에 밀폐된다. 눈은 성인의 반이며 눈물은 생후 2개월 동안 누선에서 배설되지 않는다.

2) 뇌와 신경계

체중에 대한 뇌의 비율은 출생시에 가장 무겁다. 신생아의 뇌는 두개강의 97%의 용적을 차지하며 수분함량이 많아 매우 부드럽다. 출생시 뇌의 무게는 350gm이며 성인은 1,350gm이다. 운동 · 감각신경의 발달은 두미방향(cephalo caudle law)에 의해 발달한다.

운동 · 감각신경은 중추신경계의 뇌간(brainstem), 후뇌원피질(archipallium), 신피질(neopallium)에 의해 조절되는데 신생아기에는 뇌간의 수준에서 기능을 한다. 후뇌원피질도 약간 작용을 하는데, 즉 기본정서와 일부 원시적인 운동 및 감각 조절을 맡아 본다. 척수뇌간 및 대뇌반구의 발달수준에 따라 신경단위(neuron)의 myeline 합성과 성숙은 신경기능의 발달과 분화에 연관성이 있으며 또한 정상적인 신경반사와 정신 · 정서 및 운동발달을 나타나게 한다.

다음은 신생아기에 나타나는 정상 신경반사이다.

(1) 모로반사(Moro reflex)

급격히 가해진 자극으로 인하여 근육이 수축하면서 아기는 등을 벌리고 마치 무엇을 포옹할 것 같은 모양으로 손바닥과 손가락을 펴면서 양 팔을 벌리는 반사이다. 생후 3~4개월이면 완전히 소실되며 일생 동안 다시 나타나지 않는 반사이다. 특히 출생시 뇌손상 또는 두개 내 이상이 있으면 모로반사가 나타나지 않는다.

(2) 목강직반사(tonic neck reflex)

안정상태(supine position)에 있는 신생아의 머리를 한쪽으로 돌리면 돌린 쪽의 굴근(flexor)의 긴장이 사라져서 팔과 다리를 펴고 반대쪽의 굴근은 긴장을 유지하여 구부린 상태를 나타내는 반사이다. 신생아 초기에는 이 반사는 완전하지 않으며 신생아 말기에 잘 나타난다. 그러나 영아기 후기에서도 이 반사가 계속 나타날 경우에는 운동장애가 있음을 말한다.

(3) 파악반사(grasping reflex)

손에 잡힌 것을 꽉 쥐어서 놓지 않는 반사이며 쥐는 힘이 매우 강하다. 발바닥을 후방에서 전방 쪽으로 자극하면 발가락을 앞으로 오므린다. 이 반사는 3~4개월이면 완전히 소실된다.

(4) 바빈스키반사(Babinski reflex)

발바닥 외면을 후방에서 전방 쪽으로 가볍게 자극을 가하면 발가락을 부채 모양으로 쫙 펴거나 구부리는 반사를 의미한다. 이 반사는 2~3개월 후에 소실된다.

(5) 근원반사(rooting reflex), 흡인반사(sucking reflex), 연하반사(swallowing reflex)

근원반사는 입 부근에 부드러운 자극을 주면 자극 있는 쪽으로 입을 벌리는 반사이며, 흡인반사는 입에 닿는 것은 무엇이든지 빠는 반사운동이며, 연하반사는 삼키는 반사운동이다. 이들은 신생아가 젖을 빠는데 중요한 반사들이다.

(6) 수영반사(swimming reflex)

생후 첫 1주일에 존재한다. 아기의 배부분을 수평으로 받쳐 주면 아기는 팔과 다리를 교대로 움직이며 입으로 숨을 쉰다. 마치 수영하는 모습과 같이 움직인다.

(7) 영속적 반사

신생아는 위의 반사 이외에 동공반사(빛에 의해 동공이 작아진다), 하품, 구토, 딸꾹질 등 많은 반사운동을 보인다.

(8) 걷기반사(walking reflex)

팔을 잡고 발을 바닥에 닿도록 해 주면 발을 마치 걷는 것처럼 교대로 들어올린다.

3) 호흡계

자궁 내 생활에서 자궁 외의 생활로의 전환에 있어서 가장 큰 변화를 갖는 것은 호흡계이다. 태생기에도 호흡운동은 있었지만, 첫울음에 의해 공기가 처음으로 폐까지 들어가서 비로소 산소의 독립적 섭취가 가능하고 동시에 폐순환도 시작된다.

(1) 코

신생아는 코의 연골이 대단히 부드럽고 비강은 좁다. 때문에 호흡이나 포유의 곤란을 일으키기 쉽다.

(2) 인두

연골이 몹시 연하고 성인에 비해 후두부가 상위에 있다. 또한 기관 및 기관지의 내경이 신생아에 있어서는 비교적 넓고 폐와 기관의 용적 비율이 성인은 200 : 1인데 신생아는 20 : 1이다.

(3) 흉부

출생시의 흉부(chest)는 원상이며 성장함에 따라서 횡경이 전후경보다 길어진다.

출생시의 흉위는 두위보다 1.25cm 정도 작으나 그 후 점차 두부보다 더 커진다. 신생아의 호흡은 비교적 얕고 약간 불규칙한 호흡을 하며 횡경막과 복벽근육을 사용하며, 흉식호흡은 거의 없다. 호흡수는 1분에 40~50회이다.

2. 운동발달

1) 신생아의 운동 경향

신생아의 운동 경향은 다음과 같다.

① 운동 횟수는 아침에 가장 활발하여 정오에 가장 적고 만복시보다 공복시에 운동량이 많다.

② 운동량은 명암과 관계가 깊은데, 즉 미광에서는 운동량이 많고 밝은 광선에서는 적다.

③ 옷을 두껍게 입혔을 때보다 얇게 입혔을 때 운동량은 많다.

④ 수면시에는 활동시보다 1/9 정도 운동량이 감소한다.

⑤ 남아가 여아보다 더 활동적이다.

2) 전신운동

신생아의 운동은 전신운동과 신체 어느 특정 부위의 활동으로 분류할 수 있는 바, 전신운동은 출생 후 10일 동안 가장 활발한데 이는 신경 근육 계통의 불완전한 발달로 미분화되었기 때문에 신체 전체가 산발적으로 움직인다.

이러한 운동은 극소자극에 대해 신체 전체가 반응을 하기 때문에 신생아는 에너지 소모가 많아 빨리 피로가 온다.

3) 특수운동

신체 각 부분의 특수운동은 다음과 같다.

(1) 얼굴과 입의 반응

입을 열고 다물며 촉각자극을 주면 입술을 빠는 반응(rooting reflex)을 보이며, 또한 미각자극에 의해서도 젖빠는 반응(sucking reflex)을 보인다. 기침, 하품을 하며 뱉기도 하고 상을 찡그리며 반사적 미소(생후 1주)를 나타낸다. 각종 감각자극을 줄 때, 운동을 방해할 때에는 울기도 하고 자발적으로 울기도 한다. 또한 연하운동이 가능하여 구토반응을 나타내며 딸꾹질, 재채기도 한다. 입 주위에서 가장 예민한 반응부위는 윗입술, 아랫입술, 볼 순서이다.

(2) 머리운동

해롭고 아픈 자극으로부터 고개를 돌리는 운동반응이 있다. 특히 엎드려 놓거나 코를 잡거나 눈을 덮을 때, 울 때에 머리운동을 볼 수 있다.

(3) 팔의 반응

손바닥에 자극을 주면 손을 오므리며 파악반사(grasping reflex)를 볼 수 있다. 급격한 자극에 대해서는 팔을 벌리는 반응(Moro reflex)을 보인다. 자발적으로 움직이기도 한다.

(4) 발과 다리의 반응

슬개건반사(knee jerk reflex)가 있고 한쪽 다리나 팔을 자극하면 다른 쪽의 다리를 늘려서 그 자극물을 차버리는데 이를 보호반사(protective reflex)라 한다. 발바닥을 자극하면 바빈스키반사(Barbinski reflex)가 나타난다.

(5) 눈의 반응

자극에 의해 눈을 보호하려는 눈의 개폐운동이 있으며 또한 동공반응이 잘 이루어져 눈꺼풀과 안구가 율동적으로 움직인다.

(6) 신체반응

배에 자극을 주면 몸을 움찔하는 반응을 보인다. 또한 등을 뒤로 젖히기도 하고 뒤틀고 꿈틀거리는 반응을 할 수 있다.

(7) 생식기관

하체에 자극을 주면 고환이 수축하며 자발적으로 음경이 발기하기도 한다.

(8) 협동반응

쉬거나 수면시에는 다리와 팔을 구부리고 주먹은 턱밑에 있다. 울 때는 머리를 뒤로 젖히고 다리를 뻗치며 등이 활모양으로 휘어 근수축의 자세를 보인다.

한쪽 옆구리를 손으로 찌르면 그쪽이 오목하게 굽어지고 그쪽 다리는 뻗치고 반대쪽 다리는 굽힌다. 이 반사를 등뼈반사(back bone reflex)라 한다. 신생아를 바로 세운 자세로 붙잡고 발바닥을 땅에 닫게 해 주면 마치 걷는 듯한 운동을 나타낸다(stepping response). 배뇨시에는 몸을 쭉 뻗거나 약간 떤다. 급격하고 강한 자극을 받았을 때에도 반사가 나타난다.

신생아는 포유시 외에는 대부분, 즉 1일 15~20시간 잠을 자고 매번 두 시간 간격으로 잠깐 했다가 또 잔다. 신생아는 초기에는 전신운동을 보이지만 점차적으로 부분운동을 한다. 이는 신경계통의 발달이 미성숙하여 중심적 통일이 불완전하고 또 자극과 행동이 직접 결부되어 의식적인 조정이 불가능하기 때문이다.

3. 감각기관의 발달

1) 감각기관 발달의 의의

신생아의 지적 기능의 발달은 주로 지각기능이 분화 발달하는 과정이고 점차적으로 기억, 상상, 언어, 사고 등의 기능으로 발달하고 재체제화되어 가는 초기단계의 과정이라고 할 수 있다. 신생아의 지각은 주로 감각기관을 통해서 대상의 성질을 인지하고 또한 반응한다. 이 때문에 신생아의 지각은 감각지각(sense perception)의 초기단계이며 감각자극으로써 환경을 직접적으로 인지할 수 있게 되는 발달단계이다. 이러한 점에서 신생아의 감각기관의 발달은 매우 중요한 의미를 갖는다.

2) 감각기관의 발달

신생아의 감각은 유전적 영향과 환경, 즉 전강상태와 자극요인 등에 따라서 발달에 개인차가 심하다. 특히 신생아는 약한 자극에 대해서는 반응하지 않는 경향이 있고 강렬하고 갑작스러운 자극이나 고통을 주는 자극에 민감한 반응을 나타낸다.

(1) 시각발달

눈의 구조, 신경근육의 기능은 출생 직후에는 미숙하나 출생 후 2일이 되면 신생아는 동공반사(pupillary reflex)가 잘 이루어진다. Gesell은 신생아가 24시간이 지나면 눈꺼풀과 안구가 율동적으로 움직인다고 하였다.

시각발달의 측정은 시각자극에 따라 눈꺼풀이나 목의 움직임, 눈동자의 고정 및 추적을 관찰하는 것과 자극에 대한 반응으로써 일어나는 혈액순환, 호흡의 변화, 심장박동, 신체의 움직임, 울음 등으로 가능하다. 대부분 출생 직후에는 사시경향이 있으나 점차적으로 눈의 협동작용이 잘 이루어지며, 출생 후 7~8주가 되면 협동과 집중작용이 완전하게 된다. 생후 15일이 되면 색채식별이 가능하며 특히 흰색, 황색, 녹색, 적색, 청색의 순으로 반응을 보인다. 색채식별은 여아가 남아보다 더 잘한다고 하는데 이는 남아의 색맹에 기인한다고 생각할 수 있다. 신생아의 시각발달을 세분하여 보면 다음과 같다.

① 안구진탕(nystagmus), 즉 생후 12시간 이내에 눈동자가 상하 좌우로 왔다갔다 하는 반응을 보인다.

② 눈꺼풀의 개폐운동은 의식적으로 가능하고 특히 다른 감각기관을 통한 자극으로도 나타나며 또한 두 눈이 동시에 반응하기도 하지만 자극된 눈이 더욱 강하게 반응을 나타낸다.

③ 동공은 졸릴 때나 밝은 광선에서 작아지며, 반대로 깨어 있을 때나 자극 광선이 약해지면 커진다.

④ 수면시에는 동공의 위치가 위쪽에 위치하고 초점이 없는 것은 성인과 같다.

⑤ 신생아 초기에는 두 눈의 협동작용이 잘 이루어지지 않아서 사시 경향을 나타내며 특히 졸릴 때나 피로시에 더욱 현저하게 나타난다.

⑥ 시각자극에 따라 눈을 돌리고 움직이며 물체를 따라가는 추적운동(생후 4주)이 가능해진다.

⑦ 사물의 형태를 식별하는 것은 대체로 가능하지 못하나 색채식별은 생후 15일경이면 가능하고 푸른색은 신생아의 보호색으로서 의미를 갖는다.

⑧ 신생아에 있어서는 눈물은 잘 나오지 않으나 특히 눈, 코를 자극받았을 때는 눈물이 나온다.

(2) 청각발달

출생 직후에는 귓속에 양수 등 점액질이 있기 때문에 청각기관은 양호하나 반응은 잘 나타나지 않는다. 그러나 양수가 제거되고 잔설(debris)이 중이에서 없어지면 청력은 출생 후 수일 내에 예민해진다. 신생아에게 높은 소리나 강한 소리 또는 약하게 변화시켜 보면 신생아는 강한 반응을 보인다. 즉, 신체의 운동이 증가하고 맥박과 호흡이 빨라진다. 이러한 반응은 신생아가 소리의 강약에 차이를 느낄 수 있다는 것을 의미한다. 그리고 지속적인 자극음은 신생아의 활동을 억제하는 경향이 있고 급격한 자극음은 운동을 유발하는 데 효과가 있다. 즉, 어머니의 자장가는 지속적인 음의 자극으로 잠을 자게 하는 효과를 가져다 준다. 일반적으로 신생아는 4주가 되면 어머니의 음성을 식별할 수 있다.

(3) 미각발달

신생아는 냄새에 의해 쾌와 불쾌를 느낄 수 있지만 맛의 차이에 대한 식별은 생후 2주일 후에야 성인과 같은 적극적인 반응을 보인다. 즉, 신생아에게 단 것을 먹이면 입맛을 다시고 빨아 먹으나, 쓰거나 신 것을 먹이면 내뱉고 얼굴을 찡그리며 호흡이나 순환이 불규칙하게 된다. E. Shirley(1992)는 연구결과에서 출생 후 2주 내의 14명의 신생아의 혀에 산성이나 쓴 것을 접촉시키면 머리를 흔들거나 안색이 변하고 우는 반응을 볼 수 있었고, 단 것을 접촉시켰을 때 12명의 얼굴에 반응이 나타남을 볼 수 있었다고 한다.

(4) 후각발달

후각은 출생 직후에는 미각과 같이 발달이 완전치는 못하나 그 후 차차 발달하게 된다. 그러나 신생아에게 자극적인 냄새, 즉 초산, 암모니아 등으로 코를 자극시키면 반응을 나타낸다. 특히 신생아는 젖냄새를 맡을 수 있다.

(5) 촉각발달

출생시 신생아에게는 촉각, 특히 온도감각과 통각 등이 발달되어 있다. 촉각은 출생시 가장 잘 발달된 특수감각으로서 입술, 혀, 이마 등에서 잘 나타난다. 통각은 출생 직후에는 발달되어 있지 않다가 3일 후부터는 빠르게 발달한다. 통각에 대한 감수성은 여아가 남아보다 더 민감하며 신체부위의 통각반응은 하체보다 머리(입술, 속눈썹, 이마) 부분에 더욱 민감하고 적극적인 반응을 나타낸다. 온도 감각은 신생아가 차가운, 혹은 뜨거운 자극에 의해서 민감하게 반응하는 것으로 관찰할 수 있다. 특히 우유의 온도가 너무 차거나 뜨거울 때 호흡과 맥박이 일정치 않으면서 우는 신체반응을 나타낸다.

신생아는 출생 직후부터 감각적 탐지를 통해서 자신의 환경과 접촉을 시작한다. 그리고 이러한 감각적 경험을 통하여 사물을 판단할 수 있으며 또한 적응능력이 발달한다. 만일 신생아에서 감각기관의 장애가 있을 때에는 지적 발달의 지연을 초래하는 중요인자가 된다.

4. 신생아기의 심리적 육아환경

1) 신체적 피부 접촉의 중요성

신생아의 새로운 세계에서의 가장 중요한 요소는 이제 그가 분리되어 나온 어머니이다. 아기가 어머니에 의해서 외부세계에 잘 적응하며 건강한 감정과 따뜻하고 평안한 환경을 가진다면 가장 바람직한 신생아 환경이다. 인간이나 동물에 있어서 접촉(touch)한다는 것은 관계를 형성하는 데 있어서 가장 중요한 역할을 한다.

태아는 자궁 내 생활 동안 그의 어머니로부터 모든 욕구를 충족할 수 있는 관계에서 안락하게 의존하면서 보호를 받았다. 그러나 출생이란 신생아에게 좌절이고 위협적이다. 왜냐하면 그가 알고 있던 생리적 · 감정적 평안상태로부터 새로운 경험의 세계로 분리되어 나왔기 때문이다. 신생아가 계속적으로 우는 것은 신체적 · 정서적 긴장을 해소하기 위해서 따뜻한 모성애적 간호를 요구하는 것이며, 즉 신체적 · 심리적 분리감으로 어머니와 계속적인 접촉을 못하고 있어 불안감으로 인해 초래하는 것이라고 할 수 있다.

어머니나 대리 어머니는 아기를 포근하게 안아 줌으로써 그가 갈망하는 접촉을 만족할 수 있도록 하여 분리감을 해소하고 평안함을 회복시킬 수가 있는 것이다.

2) 심리적 안정감과 신뢰감의 조성

신생아는 피동적이고 무력한 개체이다. 신생아는 태아기에 가졌던 안정감을 가질 수 있도록 도와주어야 한다. 안정감은 신생아에게 미지의 세계에 대한 무력감을 극복하게 해 주고 두려움과 분노를 경감시켜 주며 고통을 해소시켜 주어 빠른 성장 · 발달을 도와 준다. 신생아의 여러 가지 욕구에 대한 즉각적인 반응과 만족을 주는 것은 신생아의 신뢰감을 촉진시켜 준다. 만족스러운 경험이 연속되면 그의 요구와 두려움은 진정되며 또한 자신에게 만족을 주는 사람에 대한 기쁨과 신뢰감의 싹이 튼다.

이러한 관계 유지는 타인과 밀접한 관계를 형성할 수 있는 사회화 과정의 가장 중요한 출발점이 된다. 인간생활의 가장 중요한 상호신뢰와 애정이 이 시기에 결핍되면 타인 또는 그 자신에게까지도 안정감 · 신뢰감을 형성하는 기초를 갖지 못하게 되며 사회화 과정은 더욱 어려워진다.

즉, 어머니와 신생아의 첫 번째 관계 형성은 신생아의 성격을 좌우하며 또한 신생아의 안정감과 신뢰감의 발달은 좋은 대인관계 형성의 기틀을 마련한다.

5. 발달장애

1) 수정시 요인

(1) 염색체 이상

염색체 이상은 발달장애로서 염색체 수의 이상으로 결정되는 것이다. 가장 대표적인 예로서 Down syndrome을 들 수 있다. 이 증후는 1866년 Langdon Down에 의해서 명명되었으며, 그 후에는 Mongolism 또는 Mongoloid idiocy라고 불리운 것으로 염색체 수의 변화로 결정되는 가장 빈번하고 의미있는 발달장애이다. 임상적인 형태는, 머리는 작고 둥글고, 눈과 눈 사이는 멀리 떨어져 있고, 목은 짧고, 피부는 거칠며, 목소리는 낮고 쉰 듯해서 갑상선 기능저하증과 대단히 비슷하다. 걸음을 늦게 배우며 말은 보통 4세 때부터 배우게 되고 지능지수는 40~60 정도이다. 보통 빈도는 C. E. Benda의 연구에 의하면 1 : 250의 출생비율을 나타낸다고 한다.

임부의 나이가 서른다섯 이후가 되어서 첫애기를 낳는 경우에는 여러 가지 위험성이 따르게 되는데 우선 분만이 길고 힘들어지며 사산할 경우가 많고 기타 다운증후군이나 다른 정신지체아를 낳는 경우가 젊은 임부보다 훨씬 많은 것으로 알려져 있다. 예를 들어 정신박약의 일종인 다운증후군은 초산부의 나이가 20~30세일 경우 천 명 중에 한 명이나 초산부의 나이가 40세 이상이 되면 100명 중에 하나, 45세일 경우에 45명 중에 하나로 알려져 있다. 또한 20세 이하 청소년기에 임신했을 경우에도 분만시의 합병증이나 사산이 많아지고, 나이가 적으면 적을수록 문제의 위험성은 더 높아진다.

(2) 성염색체 이상

성염색체의 수의 편차로 결정되는 근본적 장애로 다음 것들이 있다.

1 Klinefelter syndrome

이 증후군은 고환형성 부전증(Hodenhypoplasie)으로 제2차 성징과 더불어 나타나며 남성의 유방 돌출이 크고, 거세된 것 같이 키가 크며 골반의 둘레가 넓고 다리의 길이가 길며 털도 여자같이 적게 나 있다. 이 성염색체의 공식은 XXY(경우에 따라서는 XXXY)로 표시되며 빈도는 R. Lempp의 연구결과에 의하면 1000명 중 1~3명 꼴로 나타난다.

이들은 정신적으로 활기가 없으며 생식불능증이 빈번하며 수동적이고 지능도 정상 이하가 많다.

2 Ullich–Turner syndrome

이것은 한쪽 부모의 X염색체가 다른 쪽 부모의 X염색체와 결합하지 않아서 염색체 수식으로 XO를 형성한다. 따라서 여자에게만 해당한다.

이 증후는, 항상 키가 작으며 충동적이고 심신발달이 유치한 장애현상을 나타내고 있다. 이 증후의 발생빈도는 1 : 5000이다.

3 Triple X syndrome

이 증후는 초여성적이며, 성기능이 미발달하고 불임증을 나타내며, 정신박약자가 많다.

2) 임신 초기 요인

(1) 과잉구토증

임신구토가 아동에게 손상을 줄 수 있는 외인성 기질 요인으로 문제가 된다는 것은 R. Mey와 R. Holbein의 연구에 의해서이다. 물론 임신구토가 기형아의 원인이 되는 경우는 비교적 드물지만 뇌세포의 이동제지의 원인이 될 수는 있다.

(2) 어머니의 바이러스병

가장 전형적인 예는 Gregg syndrome으로서 정신지체, 소두증, 백내장을 수반한 소안구증, 내이(內耳)의 난청현상, 귀머거리 내지 심장기형을 수반할 수 있다. 빈도는 병든 어머니의 12% 정도이다.

풍진(German measles)은 임부에게는 별로 큰 문제가 되지 않는 감기 같은 병으로 나타나지만, 태아에게는 큰 영향을 미쳐서 풍진 바이러스가 태반에 들어가 태아에게 감염이 되면 여러 가지 심각한 문제를 일으킨다. 가장 흔한 것 중의 하나는 귀머거리이고 기타 심장기형, 백내장, 정신박약 등이 있을 수 있으며, 유아자폐증도 풍진을 앓았던 어머니가 낳은 아이들에게 훨씬 더 많은 것으로 알려졌다. 풍진을 앓았던 어머니가 낳은 아이들이 모두 이런 기형을 갖는 것은 아니며 그 중에 몇 %에 지나지 않지만 심각한 문제성이 따르므로 첫 임신 3개월 동안에 특히 주의해야 할 것이다. 풍진은 풍진 면역주사가 있으므로 어린시절에 풍진 면역을 받아두는 것이 좋다. 특히 여아의 경우에 그러하며, 어린시절에 풍진 면역주사를 맞지 않은 성인여자들은 적어도 임신 3개월 이전에 맞는 것이 좋다.

(3) 약물중독

별로 해가 없는 것으로 알려졌던 수면제며 진정제인 콘테간(손상물질, Thalidomide)으로 인하여 수많은 아동들이 손상을 받은 사실은 [그림 4-2]와 같이 약물로 인하여 어떻게 기형이 생길 수 있는가를 보여주고 있다.

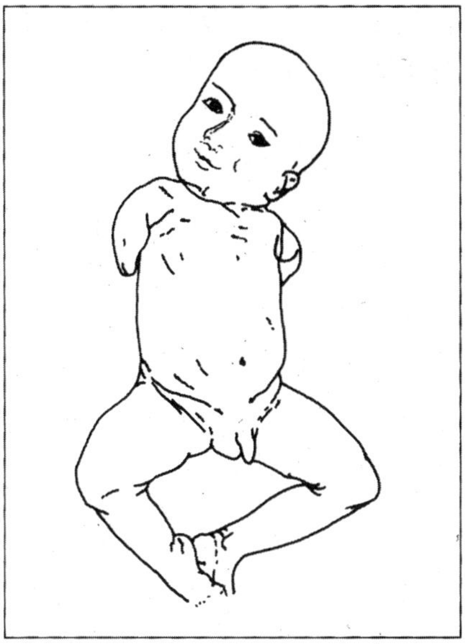

[그림 4-2] Thalidomide의 작용으로 인한 전형적인 신생아 기형

(4) 방사선

이는 원자탄 폭발 후 히로시마에서 나타난 기형률을 통하여 잘 알려진 사실이다. X-선도 마찬가지여서 H. Verse에 의하면, 임신이 된 것을 알고 있는 경우에 하복부의 X-선 진단 지시는 엄격히 통제되어야 한다는 것이다.

(5) 기타 요인

임신 중 출혈, 양수과다증과 같은 호르몬의 조정 이상, 유산시도 등은 기형아를 유발할 수 있다.

3) 태아기 요인

태아기의 외인성 손상을 유발하는 직접적인 요인은 다음과 같다.

(1) 임부의 정서적 상태와 스트레스

임부의 정서상태는 어머니의 내분비 조절에 영향을 미쳐서 이것이 태아에게 옮겨져 영향을 받는 것이라고 할 수 있다. 잘 알려진 소견을 보면 심한 스트레스와 정서적 불안 속에 있는 경우에 태아의 심박동과 운동량이 증가하고 이것이 오래 지속될 경우 태아의 운동은 지속적으로 정상보다 심해지는 경향이 있다. 임부가 지속적으로 긴장하고 불안한 경우 이들은 분만에 여러 가지 합병증을 일으키며, 애기가 태어났을 때 자주 울고 신경질적이며 행동상 다루기 힘든 경우가 많고, 특히 어머니 자신이 어떤 정신적 혹은 정서적 장애를 가지고 있는 경우나 임신에 대하여 부정적인 생각을 가진 경우에는 정상 임부에 비해서 입덧이 심하고 자연유산이나 난산을 하기 쉽다.

(2) 동물 기생체증에 의한 감염

O. Thalharmmer의 연구에 의하면 오스트리아에서는 살아서 출생하는 아동 중 6%가 동물 기생체증인 toxoplasmosis병에 감염되어 있다고 한다. 전염은 보통 개나 고양이, 토끼 같은 가축을 통해서 감염된다. 감염시기에 따라서 출생 때 아동에게 급성뇌염이나 망막의 변화(망막염, 수두증, 뇌수석회화)와 정신박약을 수반하는 결함상태가 나타난다.

진단은 출생 후 특정 혈청검사(예: Sabin-Feldman검사)로 알 수 있다.

(3) 매독

매독균은 태반을 통해서 자궁 속의 태아에게 전염되는데 일반적으로, 초기 전염은 보통 살아서 태어나지 못한다. 어머니의 매독은 태아에게 1/4 확률로 감염이 되는데 이것이 유산의 원인이 되기도 하며 만일 태어난다 해도 정신박약이나 기타 신체적인 기형을 갖게 된다. 따라서 임부는 임신 전에 매독이 없다는 것을 확인해야 하고 치료를 받아야 되며 임신 중이라도 초기에 발견하여 치료하면 태아가 보호되는 것으로 알려져 있다. 후기 전염은 피부변화, 코감기, 중이염, 매독성 골증을 수반하게 된다. 치료가 불완전하며 특히 난청, 수두증 및 정신박약으로 나타나는 수가 많다.

(4) 어머니의 중독성 손상

임신 중의 연탄가스나 수면제 등으로 아동의 손상이 초래된다. 중독과 비슷하게 심한 빈혈도 영향을 크게 미친다.

(5) 신장병

신장병, 특히 이것이 급간(Eklampsie)으로 발전하면 아동에게 위험하다. 이 병은 신장의 기능정지나 기능저하로 어머니의 신체가 중독을 일으키는 경우를 말한다.

I. Gavaller와 그의 동료들의 연구에 의하면 급간아동 중 23.9%가 신경정신적 손상, 특히 정신박약과 간질을 나타낸다고 한다.

(6) 임부의 영양상태

임부의 영양상태는 근본적으로 중요한데 영양실조나 부족은 주로 태아의 중추신경계의 발달에 나쁜 영향을 미친다. 영양결핍이 있는 경우에 뇌세포와 이를 지지하는 여러 가지 형태구조에 큰 문제가 된다. 영양의 부족은 특히 임신 마지막 3달에 큰 영향을 미치고 출산 후 태아가 죽을 가능성도 많으며 살아도 지적 능력 발달에 크게 영향을 미치는 것 같다. 또한 출산시 무게도 적다.

4) 출생시 요인

신생아의 출생 손상에 관한 자세한 개요는 P. Schwartz의 연구에서 볼 수 있다.

출생과정은 아동에게 부담이 되는데, 이는 커다란 압박 차이에서 오는 진통수축과 또 이 진통수축 동안에 매번 혈액공급이 차단되기 때문이다.

아동 두개골의 뚜렷한 기형을 초래하는 압박 부담인 외상은 흔히 출생시 뇌손상 가능성이 지적되고 있다.

겸자분만은 D. Müller와 A. Treiber의 연구에 의하면 뇌손상이 정신박약의 직접적인 원인이 되고 있음을 시사받을 수 있으며, 제왕절개 역시 손상을 야기할 수도 있다고 한다.

특히 조산은 위험하다. 외견상 문제없이 진행된 출산에도 심한 뇌손상이 나타난다. J. Marti에 의하면 미숙아의 중추신경계는 성숙아보다 훨씬 덜 보호되어 있다. 이는 두개골 내의 연화성과 강한 변위 때문에 압력 이상이 크게 작용하기 때문이다. 조산아의 압력 이상은 성숙아보다 크며, 혈관은 쉽게 상처받기 쉽고 출혈경향도 혈전체계가 성숙되어 있는 성숙아보다 높다.

제 5 장

영아기의 발달

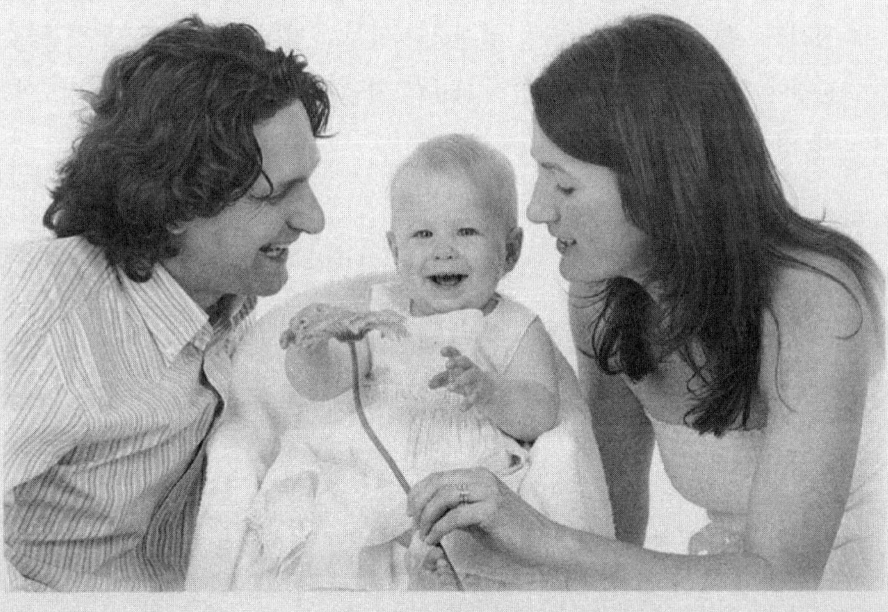

1. 신체적 발달
2. 행동발달 이정표
3. 운동발달
4. 지적 발달
5. 정서 · 사회성의 발달
6. 발달장애

출생 후 1개월부터 18개월까지를 영아기라고 한다. 이 시기는 걷지 못하고 말하지 못하는 것이 특징이며 주로 전반기에는 감각기관이 현저하게 발달하고 후반기에는 지능의 발달이 뚜렷하게 나타난다.

운동능력의 발달로 인하여 자신의 신체를 조정할 수 있고 또한 성인의 도움으로부터 점차 독립하여 가는 능력이 형성되는 시기이다. 수유(feeding)와 이유(weaning)의 방법 여하는 영아의 발달에 지대한 영향을 미친다.

이 시기는 인간의 어느 시기보다 발달 속도가 가장 빠르며, 즉 신체적 · 지적 · 정서적 · 성격적 발달이 가장 현저하고 왕성한 때이다. 이러한 발달 등은 새로운 환경에 적응해 가면서 발달하기 때문에 자극요인에 따라서 발달의 정도에 개인차가 형성된다.

1. 신체적 발달

1) 신체의 크기

(1) 신장과 체중

일반적으로 영아의 평균신장은 1년 내에 약 50%가 증가하는데, 즉 처음 6개월 동안은 1개월에 2.54cm, 정도 증가하여 15~17cm 커지고 그 후는 1개월에 1.2cm 정도 증가하여 약 7cm 커진다. 출생 후 1년이 되면 출생시 신장의 1.5배가 된다. 신장은 남아가 여아보다 발육이 좋다. 한국 소아의 발육 표준치(2006)에 의하면 1개월 영아 중 남아는 57.0cm, 여아는 56.2cm이며, 6개월 남아는 69.2cm, 여아는 67.4cm이며, 12개월 남아는 77.8cm, 여아는 76.2cm이다.

신장은 체중에 비해 환경의 영향을 적게 받으나 정상보다 심하게 신장발육이

나쁠 때는 뇌하수체 혹은 갑상선 등의 장애 유무를 파악해야 한다.

정상 영아에서는 처음 1년 동안 체중의 증가비율이 매우 빠르다. 영아는 출생 후 6개월 동안은 매주일 5~7oz(150~210gm)씩의 체중 증가가 있으나 출생 후 6개월부터 18개월까지는 매주일마다 3~5oz(90gm~150gm)씩 증가한다. 즉, 월령이 증가함에 따라 점차 감소한다.

영아 1개월 체중은 남아 5.17kg 여아 4.87kg이며, 6개월이 되면 남아 8.45kg, 여아 7.88kg, 12개월 말에는 남아 10.26kg, 여아 9.49kg이 된다. 남아는 여아보다 체중의 발육이 좋으며 여아의 체중은 신장, 흉위, 두위의 증가보다 더욱 빠르다. 체중 증가는 생후 3~4개월에 출생시 체중의 2배가 된다. 초기 체중의 급증은 식욕의 증가로 지방의 축적에 기인하며 생후 6~9개월부터는 왕성한 식욕은 점차 소실되는 경향이 있으며 또한 지방의 축적 대신에 근육과 골격을 형성하는 데 열량이 사용되며 점차적으로 아기는 활동적으로 된다. 특히 영아의 체중은 영양과 질병에 대해 민감하게 반응하며, 즉 영아가 체중이 증가되지 않는 경우는 영양결핍이나 질병에 대한 일시적 현상이라고 할 수 있다.

(2) 두부

출생시의 뇌중량이 약 350gm(성인의 약 1/4)이던 것이 생후 9개월이 되면 성인의 약 1/2이 되고 1년 후에는 약 3/5, 1년 반에 약 7/10이 된다. 영아기에는 대뇌의 발달보다 소뇌의 발달이 현저하여 운동발달이 활발하다. 그리고 뇌는 지적 활동의 중심이 될 뿐만 아니라 모든 정신기능의 중심이 되므로 영아기의 뇌의 발달은 매우 중요한 것이다.

출생시 두위는 흉위에 비해 1.5cm 크며, 1개월에는 두위가 남아 38.1cm, 흉위는 38.6cm, 여아는 두위 37.4cm, 흉위 37.8cm를 나타낸다. 3~4개월이 되면 두위 42.0cm, 흉위 43.0cm로 흉위가 약간 크며 그 후 계속하여 흉위가 커진다. 흉위와 두위는 생후 처음 6개월 동안 가장 활발한 증가를 보이는데, 즉 6개월엔 두위 43.6cm, 흉위 44.6cm, 12개월 뒤엔 두위 46.5cm, 흉위 47.2cm로 증가한다. 두개골의 후천문은 영아기 2개월(6~8주)째에 닫히게 되어 만져지지 않는다.

2) 골격과 근육

(1) 흉부

흉위는 위에서 언급한 것처럼 생후 3~4개월쯤 되면 두부둘레와 비슷하며 그 후에는 정상적으로 두위보다 커진다.

폐는 흉곽 내의 다른 기관들보다 빨리 그 크기가 확장되며 그 때문에 호흡수는 30회/1분 정도로 감소한다. 심장도 그 크기는 증가하나 흉곽의 증가에 비해 저조하며, 맥박은 80~160회/1분으로 아직 불안정하고 외부 환경의 영향을 잘 받는다. 혈압은 85/60mmHg이나 측정하기가 어렵다.

(2) 복부

복부근육의 발달은 미숙하여 영아의 배는 불룩 튀어나와 있다. 간은 촉지할 수 있고 신장의 기능은 출생시에는 오히려 감소되나 점차 그 기능이 회복되어 생후 6~7개월 이후에는 거의 발달된 기능을 갖는다.

(3) 피부와 머리털

피부는 점차적으로 윤활작용을 하는 피지를 많이 분비하게 되며 신생아 시기에 있었던 피부낙설 혹은 피부가 벗겨지는 경향은 사라진다. 영아의 피부는 유연하나 외부자극에 의해 대부분 적응해 간다. 땀샘은 생후 1~2개월부터 그 기능이 활발해져 체온조절에 기여한다. 솜털은 생후 1년이 지나는 동안에 모두 소실되며 그리고 머리털도 새로 난다. 머리털이 빠지는 시기나 양상은 개인 차이가 있다. 새 머리털은 일정한 규격으로 솜털처럼 자라난다.

(4) 골격

신장은 골격의 발달에 의존하며 특히 척추와 긴뼈의 성장에 의해 결정된다. 골격의 발달은 배의 크기 · 수 · 구성에서의 변화를 의미한다. 영아의 골격은 연골 상태가 대부분이며 점차적으로 청년기까지 장골이 가장 늦게 화골화가 되어진다. 생후 1년 동안에 화골화된 족근골은 2~4개, 수근골(hand & wrist)은 0~2개가 된다. 화골화(calcification)는 여아가 남아보다 빠른 편이며 개인차도 심하고 뼈의 종류에 따라서 다르다. 즉 손과 손목뼈는 다른 부위의 뼈보다 일찍 화골화되며 1세 때에는 거의 성인과 비슷하다.

다리뼈는 완만한 속도로 화골화된다. 뼈의 모양을 X-ray로 찍어 봄으로써(연골은 보이지 않고 성골만 보인다.) 뼈의 성숙도 혹은 뼈의 연령을 추정할 수 있다. 뼈의 수는 출생시 270개로부터 14세경에는 350개로 증가하고 그 후로는 감소하여 성인이 되면 약 206개가 된다. 골격발달에 있어서 특히 수족근골의 화골화 작용은 전신 골격발달의 지표적인 가치가 된다.

유치(milk teeth) 발육은 영아의 화골화 작용을 나타낸다. 치아의 생성은 태아기에서부터 형성되며 치아의 발생은 출생 후 6~8개월에 나는 것이 정상이다. 뼈와 같이 치아도 여아가 빠르다.

(5) 근육

근육섬유 수는 출생시 성인이 가지고 있는 것을 다 가지고 있다. 그러나 조직의 섬유수의 크기나 길이는 작다. 근육발달의 방향은 두미법칙에 의존하여 머리부분의 근육에서 꼬리부분의 근육으로 그 섬유수의 크기와 길이, 기능이 발달한다.

영아는 1세까지 골격근이 완전한 기능을 할 수 있을 만큼 발달하지 못하기 때문에 신체활동에 피로를 빨리 느끼고 또한 회복도 쉽게 된다. 또한 근육의 종류에 따라서 성장속도가 다르며 근육의 신체비율은 남아가 여아보다 크다.

2. 행동발달 이정표

발달의 이해는 이론에서 출발하는 것보다 직접적인 관찰과 통계에 의해 어떤 행동이 어느 시기에 일어나는가, 즉 행동발달의 이정표와 행동발달의 상세한 정보가 필요하다. 행동발달은 편의상 대운동(gross motor), 섬세운동(fine motor), 언어(language) 그리고 대인관계(socialemotional)로 나누어 본다(표 5-1 참조).

표 5-1

정상 행동발달표

연령	운동 (motor behavior)	섬세운동 (fine motor behavior)	언어 (language)	대인 및 사회적 행동 (personal and social behavior)
4주 이전	엎어 놓으면 머리를 든다.	종소리나 움직이는 물체에 순간적으로 반응한다.	말이 아닌 짧은 외마디 소리를 낸다.	안아주면 조용해진다.
4주	목 경직반사가 있다. 손은 주먹을 쥔 상태이다.	움직이는 물체를 중앙선까지 따라가며 본다.	정식으로 발성을 시작한다.	얼굴을 빤히 쳐다본다. 말소리에 반응한다.
16주	엎어 놓으면 머리를 90°로 쳐든다. 머리를 가눈다. 반듯이 누워 있는다.	천천히 움직이는 물체를 중앙선까지 따라가며 본다.	큰 소리로 웃는다.	자의에 따라 미소짓는다. 낯선 환경을 알아차린다.
28주	앞으로 기울이고 앉는다. 세우면 다리로 어설프게 선다.	한 손으로 장난감을 잡는다. 다른 손으로 장난감을 옮겨 쥔다. 장난감을 흔든다.	울 때 '…마…마…' 소리를 낸다.	발을 입에 가져간다. 장난감을 꼭 잡고 놓지 않는다.
40주	혼자 잘 앉는다. 기어 다닌다. 붙잡고 일어선다.	2개의 장난감을 쥐고 맞부딪혀 소리를 낸다. 작은 물체를 엄지와 집게손가락으로 집는다.	'엄마' 비슷한 소리를 의미 있게 사용한다. 이름이나 별명을 부르면 반응한다. 말소리를 흉내낸다.	'짝짝꿍', '까꿍'에 반응한다. 우유병을 쥐고 혼자 먹고 과자도 쥐고 먹는다.

연령	운동 (motor behavior)	섬세운동 (fine motor behavior)	언어 (language)	대인 및 사회적 행동 (personal and social behavior)
52주	잠깐 동안 혼자 선다. 한 손으로 잡고 걷는다.	엄지와 집게손가락으로 정확히 물체를 집는다.	'엄마'라는 단어를 확실히 발음한다. 달라고 하면 장난감을 준다.	옷을 입힐 때 협조적인 몸자세를 취한다.
15개월	혼자 걷는다. 계단을 기어 올라간다.	크레용으로 선을 그리는 시늉을 한다.	3~5개의 단어를 적절히 사용한다.	원하는 것을 가리키거나 소리를 낸다. 공을 던진다.
18개월	혼자 잘 걷는다. 한 손 잡고 층계를 걸어 올라간다. 서랍을 연다.	2개의 입방체를 쌓는다. 자의로 종이 위에 마구 그린다.	자기 이름과 그 외에 몇 가지 단어를 말한다. 그림을 보고 이야기하는 흉내를 낸다.	흘리면서 혼자 먹는다. 오줌 싸고 알려 준다. 컵으로 물을 마신다.

3. 운동발달

1) 운동발달의 원리와 방향

영아의 운동발달은 중추신경계, 골격, 근육의 성숙 정도에 따라 영향을 받는다. 운동발달의 속도는 개인차가 있으며 발달의 전개는 시간적·계통적으로 일정한 순서가 있다. 미분화의 전체운동에서 분화적 특수운동으로 발달하며, 분화(differentiation)적 특수운동이란 분화, 협응(coordination), 중심화(centralization)가 성립하여 상호간에 통일된 관련·종속의 관계가 발생하게 되는 것을 의미한다. 운동발달의 방향은 다음과 같다.

(1) 두미의 방향

눈운동, 머리운동, 목의 운동, 눈과 손의 협동운동이 먼저 발달되며 상반신, 하반신운동, 다리운동은 제일 늦게 발달한다.

(2) 근처-원처의 방향

신체의 중앙 부분부터 먼저 발달하고 가까운 부분, 팔이나 다리 등의 말초 부분으로 발달한다.

(3) 전체-부분의 방향

신체의 큰 근육이 먼저 발달하고 작은 근육이 점차 발달한다. 최초 미분화의 전체운동으로부터 점차로 분화하여 특수화한 부분운동으로 이행한다.

2) 이동운동

이동(locomotion)이란 생물체가 자기의 몸의 위치를 스스로 움직여 옮기는 현상을 의미한다. 영아가 1개월이 되면 엎드려서 고개를 쳐들 수 있지만 부축해 주지 않으면 머리를 떨어뜨리는 경우가 많다. 2개월이 되면 머리를 30° 정도로 들며 4개월이 되면 머리를 옆으로 돌릴 수 있게 되고 엎치게도 된다. 5~6개월이 되면 머리와 고개의 운동은 자유롭게 할 수 있다. 앉는 자세는 3~4개월에 몸을 받쳐 주었을 때 가능하며, 9개월 때에는 도움을 받지 않고도 혼자 앉아 있을 수 있다. 영아의 최초의 이동운동은 배를 밑으로 대고 누워서 회전을 한다. 3개월부터는 발로 방바닥을 차고 몸이 머리 쪽으로 이동해 간다. 5개월이 되면 엎드리는 운동을 취할 수 있고 8~9개월이 되면 배를 바닥에 대고 기는 운동(crawling)을 하는데 이 때는 아직 손과 팔·다리의 근육 등 신체 각 부위의 발달이 신체를 지탱할 정도로 발달되어 있지 못하다. 그러나 10개월이 되면 배를 바닥에 대지 않고 손과 발로 기는 운동(creeping)이 이루어진다. 이 단계는 개인차가 심하며 어떤 영아는 중간 단계를 거치지 않고 직접 기는(creeping) 경우가 있다. 보행의 발달을 보면 10개월 이후가 되면 물체를 잡고 설 수 있고 또한 물체를 잡고 걷기(cruising)도 한다. 12개월 때에는 잠깐 동안 혹은 오랫동안 서 있을 수 있고 도와주면 걸을 수 있다(그림 5-1). 미국의 C. K. Mead의 연구에 의하면 미국의 정상 영아 보행 시작은 남아가 14개월, 여아가 13개월이라고 하였다. 일반적으로 여아가 남아보다 보행시작이 빠른 편이다.

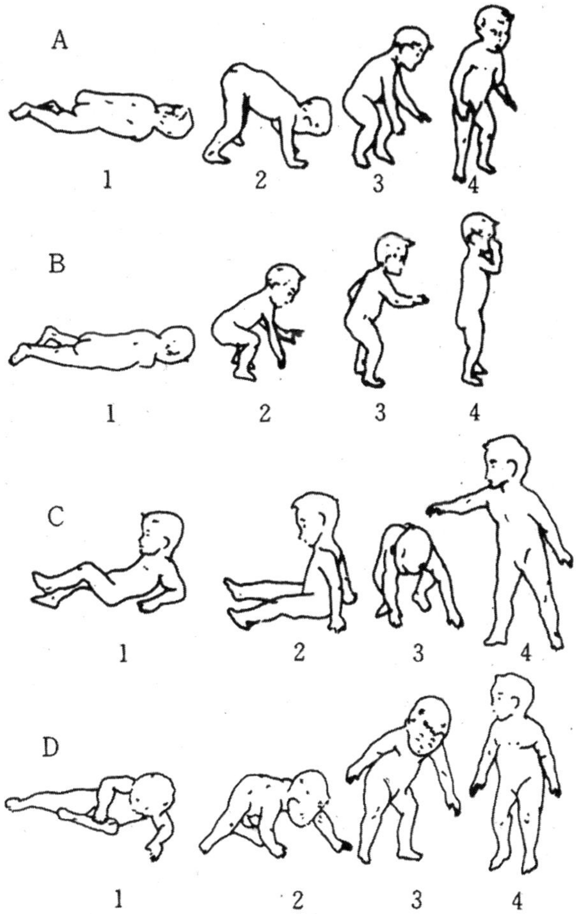

[그림 5-1] 4명의 다른 유형의 아기가 엎드린 자세에서 서 있는 자세로 발달해 가는 모습

3) 조작운동

손과 팔은 물체를 쥐거나 조작하는 데 있어서 가장 중요한 부위이다. 영아의 손과 팔의 운동은 눈의 발달과 관련이 있으며 서로 상호 협응되어야 물체를 잡을 수 있게 된다. 손과 팔의 운동은 도달(reaching), 파악(prehension), 조정(manipulation) 및 손가락 운동으로 발달한다.

팔이나 손의 운동으로서는 신생아기에 이미 파악반사(grasping reflex)가 있지만 자신의 의도적 파악으로서는 생후 5개월 이후에는 시각적 · 공간적 지각이 발달하고 엄지손가락을 쓸 수 있고 몸과 손과 팔이 협응하여 손을 물체 쪽으로 뻗어 잡으려고 한다. 그러나 정확히 파악할 수 있는 시기는 7~10개월이다.

K. Halverson의 조작운동 기능의 발달과정에서 보면, 즉 16주에는 손을 뻗쳐 물체에 가까이 가나 도달하지 못하며, 20주에는 물체에 손이 도달하거나 스치며, 24주가 되면 물체를 손바닥으로 잡을 수 있게 되며, 특히 24주에서 30주까지는 손으로 물체를 파악하는 운동이 발달한다. 36주가 되면 모든 손가락을 이용하여 비교적 정확하게 물체를 잡을 수 있으며, 1세가 되면 3개 혹은 4개의 손가락 끝으로 물체를 정확하게 잡을 수 있다.

4. 지적 발달

1) 일반적 경향

J. Piaget는 지적 행동이 환경에 대한 적응이라고 보고 이 적응은 동화(assimilation)와 조정(accomodation)이라는 과정을 통해서 형성된다고 하였다. 여기

서 동화과정이란 새로운 환경의 자극을 친숙한 것으로 여기고 친숙하지 못한 것은 그의 환경에 맞도록 적응하여 과거에 친숙했던 것처럼 반응하는 것이다. 조정과정이란 동화과정과는 반대작용으로 이미 전부터 가지고 있던 개념을 새로운 지각 내용에 맞추어 변경시켜서 지니게 되는 것을 의미한다.

분산적이고 전체 반사운동으로 시작한 영아의 행동은 2~3개월 후부터는 외부의 환경에 대하여 지적 능력이 발달하며, 즉 환경의 자극을 수용하고 반응하며 이해하는 것으로 행동한다. 2~3개월 된 영아는 어머니의 목소리와 우유병을 인식한다. 4개월이 되면 지적 능력이 더욱 발달하여 낯선 사람을 구별하고 반응한다. 6개월이 되면 어머니의 얼굴, 유방, 장난감 등에 대한 기억이 점점 분화 · 발달한다. 8~9개월부터는 언어의 기억과 손 운동의 기억 사이에 상호 통일적인 역동관계를 형성하여 아기다운 재롱을 부린다. 특히 지적 발달이 미숙한 정신박약아는 재롱 등 지적 행동이 거의 없다(10개월 이후부터는 간단한 문제를 해결할 수 있으며 문제해결을 위한 지적 행동의 싹이 튼다).

2) 시각과 지각의 발달

시각적인 지적 발달은 지능발달에 중요한 역할을 한다. 지능발달은 인간의 감각발달을 기반으로 하고 있기 때문이다. 시각의 발달을 보면 신생아 시절에는 막연한 명암의 변별 정도이지만, 2개월쯤 되면 물건의 '모양'을 명료하게 지각하게 되고, 3개월이 되면 신경세포의 유수화(myelinization)로 물체를 볼 수 있는 기능이 발달하여 눈이 목적물을 응시하고 눈앞에서 움직이는 장난감을 보거나 자신의 손을 본다.

4~6개월이 되면 시각과 손과 팔의 운동이 협응되고 눈으로 보이는 사물을 파악한다. 또한 소리가 나는 쪽으로 눈을 돌려 찾는다.

6개월에서 10개월이 되면 멀리 떨어진 사람과 사물에 대하여 주의를 집중하고 사소한 일에도 주의를 집중할 줄 안다. 10개월에서 12개월이 되면 분별력이 발달하기 시작하고 보이지 않는 것도 찾아낼 수 있다.

인간의 감각 중, 미각 · 후각 · 촉각 등의 소위 '근(近)감각'은 신생아기 시절에 성숙되는 부분이 많으나 시각이나 청각 등의 '원감각'은 영아기에 들어서면서는 비교적 서서히 시간을 갖고 성숙해 간다.

3) 인지기능의 발달

생명을 유지하고 자기의 주어진 환경에 보다 잘 적응하기 위해서는 환경으로부터의 자극이나 정보를 선택적으로 수용하고 그것을 적절히 처리해 나가는 일이 필요하다. 이것을 '인지기능'이라 부른다.

시각의 발달은 손놀림의 조작적 기능발달의 도움을 받아서 5~6개월쯤 된 영아에게는 '보이는 것'에 대해 손을 뻗쳐 '잡으려고 하는' 등 감각과 신체운동의 협응에 따라 목적적 행동이 나타나게 된다. 이것은 지능의 싹트기인 것이다. 그 후의 반년간 손의 조작과 보행 등 이동능력의 발달이 이루어지면서 영아는 자기 주변의 흥미를 끄는 대상에 접근하여 잡기도 하고 입에 집어 넣거나 던지는 등 자유스런 탐색행동을 활발히 행하면서 지능을 발달시켜 간다.

이와 같이 영아기의 특징 중 하나는 감각과 운동의 협응을 통한 지적 행위의 되풀이인데, 이른바 감각운동적 지능의 시기에 해당되는 것이다.

4) 언어의 발달

언어란 이해할 수 있어야 하고 정확하게 단어를 발음해야 하며, 단어와 목적물이 관련이 있어야 하는 것이다. 이와 같은 사실로 비추어 볼 때, 영아의 대부분은 전 언어의 형식을 취하고 있다. 전 언어의 형식이란 언어가 충분히 발달되기 전에 의사전달이나 언어의 연습형식으로서 나타나는 행동을 의미하며, 즉 울음, 옹알이, 몸짓 등이 있다.

(1) 울음(crying)

출생 후부터 3주까지는 반사적인 소리와 유치한 몸짓을 하지만, 3주 이후부터는 최초의 울음과는 성격이 다른 생리적 · 정서적 상태를 알려주는 도구로서 표현한다.

(2) 옹알이(babbling)

3~4개월이 되면 혼자 소리로 옹알거리며 여러 가지 모양의 음성이 표현되며 주로 모음이다.

5~6개월부터는 옹아리다운 것이 나타나 제법 옹알거리며 음마음마, 마마, 나나 등의 의미 있는 옹알이를 하며 자신의 귀로 들으면서 활동을 계속한다.

8개월이 되면 옹알이는 그 절정에 이른다.

9~11개월이 되면 성인들이 말하듯 중얼거리며 엄마, 빠빠, 다다 등 의미 있는 말을 한다. 특히 환경에 예민해지고 성인의 억양을 모방하는 능력이 생긴다. 발성놀이를 즐기고 bye bye 짝짝꿍 놀이를 즐긴다.

12개월이 되면 영아는 자신이 자발적으로 표현할 옹알이의 모방을 통하여 소리의 결합능력이 형성되며, 상황에 따라 단어를 모아 의미 있는 말로 타인에게 전달한다. 대체적으로 3단어 정도 정확하게 말할 수 있다. 그 말은 주로 맘마, 엄마, 아빠 등과 같은 명사를 사용하며, 자신의 이름을 안다. 이 시기는 걷는 것에 대한 흥미 때문에 말 배우는 것이 느리다. 언어 발달의 개인차는 심하며, 지능이 높은 아기는 4개월 가량 빠르며, 언어 발달은 여아가 남아보다 월등하다.

(3) 몸짓말(gesture language)

옹알이와 함께 자신의 감정을 몸짓으로 보충한다. 예를 들면 손을 벌리고 웃는 것은 안아 달라는 의사 표시이며, '잉'하면서 그릇을 밀어 내는 것은 먹기 싫다는 의사 표시이다. 월령이 증가함에 따라 몸짓은 다양해지며, 어른들은 어느 정도 아이의 뜻을 이해한다. 영아는 언어로서 의사소통을 완전히 못하지만, 대신에 타인의 말을 이해하는 것이 먼저 발달한다. 즉, 타인의 안면표정, 음성, 몸짓에 의해 그 말뜻을 짐작한다. 만일 영아의 울음이나 몸짓말을 주위 사람들이 너무 잘 들어주는 경우에는 언어발달의 지연요인이 될 수 있으므로 어머니나 그 보호자는 매번 말로서 응답을 하여 언어발달을 촉진시킬 수 있도록 해야 한다.

5. 정서 · 사회성의 발달

1) 정서의 분화

미분화적이어서 자극에 대한 막연한 흥분밖에 나타낼 줄 모르던 신생아도 3주째쯤 되면 정서가 분화되기 시작한다. 먼저 불쾌의 상태를 나타내기 시작하며 영아기에 접어들면서 정서는 급속히 분화되어 간다.

영국의 아동연구학자인 K. M. B. Bridges 이론에 의하면, 출생시의 정서는 흥분(excitement)뿐이며, 생후 3개월이 되면 불쾌(distress)와 만족(delight)으로 분화된다. 그리고 12개월이 되면 만족, 즉 쾌정서에서 분화된 애정(affection)과 의기양양(elation)이 나타난다고 한다.

(1) 공포(fear)

공포반응은 놀라는 표정이나 행동으로 표출되며 대부분 운다. 모로(Moro)반사에서 볼 수 있다. 공포를 일으키는 요인은 갑자기 영아를 이동시켰을 때, 큰 소리를 질렀을 때 막 잠이 들려고 하거나 깨려고 할 때에 자극을 주면 반응을 나타낸다.

(2) 분노(anger)

분노반응은 신체운동의 자유를 구속하고 방해당했을 때 나타난다. 영아는 손, 팔, 다리를 격심하게 움직이고 입을 벌리거나 우는데, 처음에는 소리를 내어 울지를 못한다. 분노는 불쾌자극이나 압력을 극복하려는 반응이라 할 수 있다.

(3) 애정(affection)

애정반응은 조용히 만져 주거나 부드럽게 흔들어 줄 때, 평안히 안아 줄 때, 무엇인가를 입으로 빨게 할 때에 나타나는 반응으로 미소를 짓거나 큰 소리로 웃으며 팔과 다리를 움직인다.

영아의 정서는 외적 자극이나 신체적 특성에 의한 운동현상으로 표현된다고 할 수 있나. 족, 정서적 행동이 주요한 특성은 신체적 및 지적, 사회적 행동의 특성과 밀접한 관계를 갖는데, 이는 정서의 발달단계를 보면 잘 나타나 있다. 신생아기에는 신체적으로 갑자기 변화한 환경에 적응해야 하며, 사회적 의식은 거의 없는 상태이므로 정서적으로 조정이 안 되어 원시적 · 반사적 수준에서 정서반응을 한다. 그러나 영아가 1개월이 되면 정서반응이 어떤 특정 요구에 따라 달라지며, 막연하게나마 웃을 수 있다. 3개월이 되면 사람의 얼굴을 보고 미소 짓거나 웃게 되는데(social smile) 이는 사회적인 관계에 대한 적응이라고 볼 수 있다. 7~8개월에는 낯선 사람을 구별하여 자기 가족에게는 애정을 나타내는 반면 그 외의 사람은 그 얼굴을 구별하여 무서워하게 된다. 이를 외인 불안증(stranger anxiety)이라 한다. 이때쯤 되면 어머니로부터 떨어지는 것을 싫어하고 어머니가 그로부터 떠나지 못한다. 가능한 어머니 옆으로 쫓아가는 행동을 보이고 있고, 전체적으로 어머니 곁에 머물러 있고, 어머니와의 거리를 좁히고 가능한 오랫동안 같이 있으려 한다.

그러나 점차 월령이 증가함에 따라 낯선 사람을 두려워하지 않는 정서적 태도가 형성된다. 이러한 사실로 비추어 볼 때, 정서는 어떤 사태에서 파악되는 자극이나 생각이 신체적 반응과 연합되어 형성 · 발달한다고 할 수 있다. 영아의 바람직한 정서 발달을 위해서는 안정된 환경과 자극 사태가 주어져야 한다. 분노정서가 반복될 시에는 영아는 불신감을 갖게 되고 불안한 정서로 발달한다. 욕구가 충족되고 신체적 상태가 좋을 때에는 욕구충족 대상에게 애정과 신뢰감을 표시하며 안정감을 갖는다.

(4) 애착(attachment)

애착행동(attachment behavior)이란 어머니와의 애착을 증가시키는 행동으로서 애착이란 미숙한 개체가 그의 생존에 필요한 어머니 혹은 다른 성인에게 가까이 있음으로써 그 생존의 안전을 꾀하려는 다분히 생물학적 현상이라고 할 수 있다. 말하자면 모르는 사람이 나타났을 때 울고 무서워함으로써 어머니 곁에 있게 되고 또 어머니가 떠나려 할 때 울고 따라감으로써 어머니로 하여금 머물게 하려는 행동이 애착의 행동이며, 실은 웃음도 일종의 애착행위로 볼 수가 있는데, 긍정적으로 웃고 재미있게 함으로써 어머니를 자기 곁에 오래 머물게 하는 기능을 가지고 있다고 하겠다. 이런, 애착행동을 통하여 어머니와의 애착이 이루어지고 애착을 통해 영아는 어머니와 공생적 관계(symbiotic relation)를 이루게 되고, 어머니는 항상 자기를 도와주며 위험으로부터 구제해 주고 자기에게 필요한 영양을 공급해 준다. 이러한 어머니로부터의 보호와 사랑, 접촉 등을 통하여 영아는 기본적인 신뢰감(basic trust)과 기본적인 안정감(basic security)을 얻게 된다.

2) 상호 일체적 모자관계와 사회성 발달

영아는 일반적으로 그의 생활 전부를 어머니에게 의존하고 있다. 그러나 단순한 수동적인 존재는 아니다. 어머니의 특정 행동을 기대하면서 적극적으로 행동해 나가는 것이다. 영아기의 초기에는 울음, 미소, 몸짓 등의 신호행동이 주로 나타나지만 이동능력이 몸에 배면서부터는 어머니에의 보다 적극적인 접근행동이 보이기 시작하며 또 이 때에는 낯가리기도 나타난다.

영아와 어머니 사이에는 이러한 애착관계를 매개로 하여 "정서적인 상호 일체적 관계"가 형성되는 바, 이것은 영아가 최초로 경험하는 대인 관계이며 사회성이 싹튼 것이라 하겠다.

한 살 때부터는 상호 일체적인 모자관계 중에서 모친에 대한 절대적인 '기본적 신뢰감'을 갖게 된다. 다른 사람에 대한 신뢰감은 인간관계를 형성하는 초석이기 때문에 유아기에 들어가면서 아버지나 형제 등의 가족에게, 또는 이웃 사람 등에 이것을 '일반화'시켜 나가게 된다. 아동기 이후가 되면 교사나 친구 등의 관계에, 다시 청년기 이후에는 사회에 있어서의 일반적 인간관계로 일반화시켜 나가게 된다. 이러한 과정을 거쳐서 인간의 퍼스낼리티나 사회성은 차츰 발달해 나가는 것이다.

인간의 발달에 있어서 이렇게 중요한 의미를 갖는 영아기의 상호 일체적 모자관계의 형성에 있어선 모친이 수유나 배설의 뒷바라지 등 영아의 생리적 욕구를 충족시켜 주는 일이 가장 중요한 것이며 이러한 상호작용을 배제하고 사회성 발달을 논할 수는 없는 것이다. 이와 더불어 피부접촉이나 사회적 접촉(애무, 이야기, 미소짓기, 영아의 반응에의 응답, 환경자극의 풍부)을 충분히 베푸는 일도 영아의 사회성 발달에 있어선 불가결의 중요한 요인으로 작용한다.

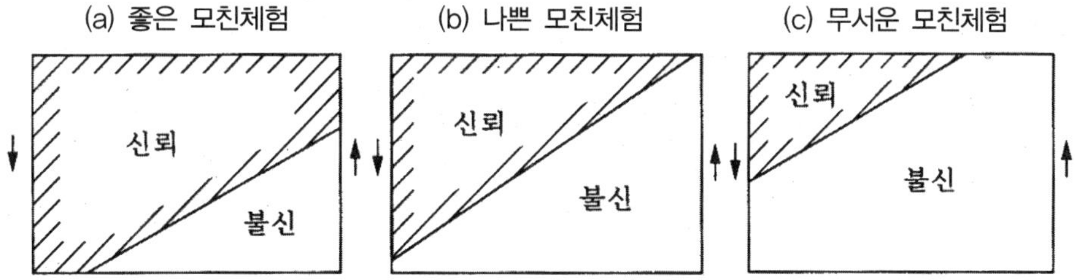

[그림 5-2] 좋은 모친체험과 나쁜 모친체험

6. 발달장애

1) 선천적 · 유전적 요인

실제 임신과정이 완전히 정상적이고 출산시에도 아무런 이상이 없다고 하더라도, 영아가 출생 후 처음에는 정상적으로 발달하다가 몇 개월 지나면서 차츰 발달지체나 발달균열, 발달퇴행으로 되는 수가 있는 바, 이러한 경우는 물질교대(metabolism)나 유전성 질병을 의심할 수 있다.

(1) 물질대사 장애

1 Phenylketonuria syndrome

이것은 유전성 발달장애의 현저한 예로서 선천성 정신박약(백치)이다. 직접적인 원인은 아미노산 물질대사의 장애 탓이다. 보기에는 건강하나 일반적으로 흰 피부와 밝은 색의 금발과 파란 눈을 가지고 있다.

이는 어두운 색깔의 피부와 신체색소에 필요한 멜라닌 색소가 물질대사 장애 때문에 전혀 또는 불충분하게 생산되었기 때문이며, 유전인자의 전달은 열성이고 유전될 확률은 1 : 10,000~1 : 30,000으로 추정되고 있다.

2 Niemann-Pick syndrome

이 역시 물질교대의 장애에 기인된 정신박약이며, 뇌척수에 퇴적을 야기하는 증후로서 Gaucher syndrome과 비슷하다.

3 Tay-Sachs syndrome

이것은 유아 흑내장 치매증으로 불리우며 생후 5개월부터 8개월 사이에 시작되어 영양장애, 의욕 저하를 보여주며, 때로는 강직성 경련을 수반하며 망막이 변질되어 벚꽃색을 띠고 있는 것이 특징이다.

(2) 두개골 발달장애

1 소두증(microcephaly)

이것은 출생 때의 뇌손상으로 인해 뇌성장의 지체와 결함이 생겨서 소두증으로 되며 정신박약이 된다. 반대로 뇌가 이상할 정도로 큰 대두증(macrocephaly)은 백치가 아니면 우수한 지능을 갖기도 한다.

2 수두증(hydrocephalus)

이것은 뇌척수액의 증가가 원인이 된다. 액은 양적으로 증가하고 있기 때문에 두개골의 내면을 눌러서 뇌막의 위축을 가져오며 극단적인 경우에는 정신박약을 수반한다. 또 다른 유형으로는 비정상적으로 뇌액이 많아 생기는 과다분비 수두증이 있다.

(3) 내분비선 발달장애

갑상선 기능감퇴증(hypothyrea)은 영아기에 현저하게 작용하며 생후 1~2개월에는 심신의 발달장애나 일반활동의 충동수준을 저하시킨다. 보통 피부가 건조하고 변비증 경향이 있으며, 심한 경우에는 난장이가 되는데 특히 골격 성장의 장애가 특징적이다. 그리고 심한 난청과 정신박약을 수반한다.

2) 심리적 요인

접촉 가능성의 장애는 영아를 돌보는 사람이 계속 바뀌거나, 정도는 약한 편이지만 어머니가 직업을 가져서 조모가 돌보는 경우도 포함된다.

수용소(탁아소) 환경에서 오는 결과상태를 'hospitalism'(시설증)이라 하는데, 이는 수용 환경의 결과에서 생기는 정서적 위축이다. 즉, 이것은 영아의 정신적 · 정서적 및 신체적 발달장애를 초래할 수 있다. 이러한 영아들은 늦게서야 웃는 것을 배우거나 영 배우지 못하는 수도 있으며, 무표정, 무감각하게 되고, '머리를 끄떡이는'(체머리 흔드는) 것과 같은 상동적(常同的, stereotypical) 운동을 나타내는 경향이 있다.

이러한 현상은 영아가 스스로 외부자극을 만들어서 율동적 움직임과 접촉으로 자기의 감각적 체험욕구를 스스로 만족시켜서 생기는 것이다. 이러한 'hospitalism'의 결과, 영아들은 흔히 욕구가 좌절되는 느낌이 커지는데, 가벼운 정도 또는 심한 기관의 손상을 나타내기도 한다. 이러한 기관 손상은 다시 이러한 상동적 · 율동적 운동형을 형성시킬 수 있다.

보호감과 무조건 수용된다는 느낌 및 영아가 이 세상에서 규칙적으로 만나게 되는 사람들과의 긍정적인 접촉 수용감과 같은 기본 욕구가 결여되거나 정서적 박탈(emotional deprivation)이 심하면, 이는 심리적 노이로제의 발달의 중요한 요인이 되며, 영아의 노이로제의 주 증상은 식욕부진, 구토, 변비, 오줌싸개, 경련성 발작, 수면장애 등이다. 이 외에 노이로제의 일반 장애로는 과민성, 주의집중 장애, 흥분적 감정발작이 있다. 심리적 요인에 의한 노이로제는 발달장애가 아니라 행동장애의 하나이다.

3) 외인성 기질적 요인

(1) 접종에 의한 손상

접종결과로 나타나는 손상은 뇌손상의 결과와 대등하게 취급되기도 하지만 특수한 손상형태를 야기시킨다.

접종손상으로서는 다만 종두 후의 병발증(complication)만이 문제된다. 영아기의 기타 다른 모든 예방접종, 예컨대 소아마비, 디프테리아, 성홍열, 백일해 접종에서는 이와 같은 손상결과를 걱정할 필요는 없다.

종두 후 뇌의 병발증의 빈도는 K. Berger의 통계에 따르면 오스트리아에서는 생후 1년 안에 접종으로 약 9,000명 중 1명이 사망하고 있다.

(2) 간질

전형적인 영아기 간질형은 BNS－경련(Blitz-Nick-Salaam-Krampf)으로 전진성 소발작, 또는 악성 소아경련이라고도 명명되는 것이다. 주 증상은 형태, 즉 몸 전체에서 나타나는 빠른 경련, 몸과 사지 및 동체를 앞으로 굽히며 끄덕이는 경련 그리고 앞으로 천천히 굽히는 긴장성 경련 등이다.

이 세 가지 형태는 모두가 짧게 계속되고 가볍게 놀라는 인상을 주며 또 반복될 때는 독특한 습관으로 생각한 나머지 간질발작이라고 인식되지 않는데 문제가 심각하다. 심지어 영아기 '경풍(기)'은 아무것도 아니며 영아기 때는 누구나 가볍게 경련을 일으키기 쉬운 것이고, 이것은 나중에 모두 없어진다고 생각하는 점이다. 바로 이 간질형태는 적시에 치료하지 않으면 정신적 황폐, 곧 치매와 정신박약을 초래하기 쉽다. 특히 소발작이 누적되면 자라면서 대발작으로 진행될 수도 있다.

제6장

유아기의 발달

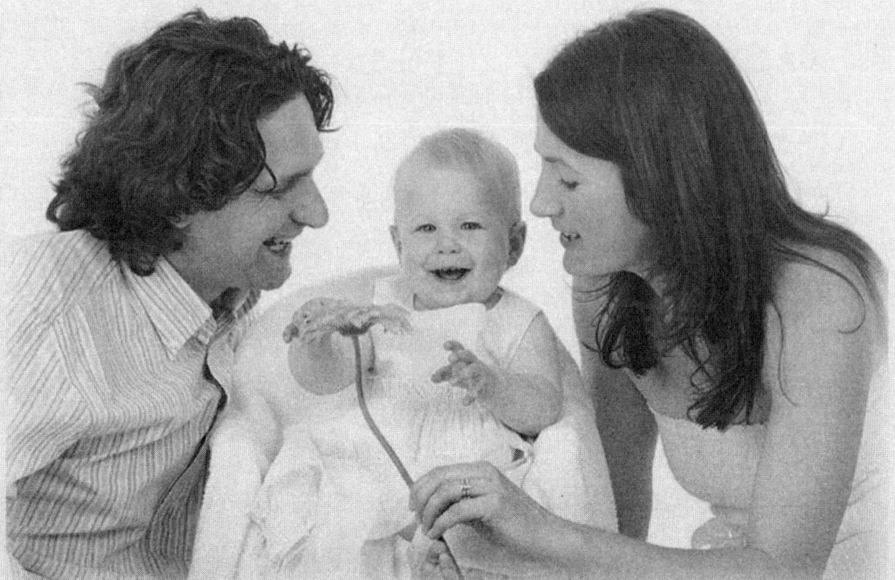

1. 신체 및 운동발달
2. 지적 발달
3. 정서 및 사회성 발달
4. 발달 및 행동장애

1. 신체 및 운동발달

1) 신체발달

(1) 신장 · 체중의 발육

유아기의 신체적 발육은 영아기에 이어서 현저하며, 6세 때는 생후 한 살 때의 체중의 약 두 배가 되고 신장은 약 1.5배가 된다. 신장은 탄생시의 약 2배쯤 되는 것이 일반적이다.

(2) 뇌발달

신생아의 뇌의 중량은 체중의 10%쯤인데 그것은 성인의 뇌의 중량의 약 25% 정도이다. 그런데 H. Vierordt의 연구에 의하면 [그림 6-1]과 같이 4~5세 때는 성인의 약 80%, 6세 때에는 약 90%에 이른다.

(3) 신체의 발육에 영향을 주는 조건

유아기에 있어서 신체의 발육을 저해하거나 또는 촉진시키는 조건으로는 다음과 같은 것이 있다. 그 하나는 ① 선천적 소질이지만, 이것은 ② 영양, ③ 운동, ④ 휴식이나 수면 등에 의해서 제한된다. 다시 ⑤ 질병에 의해 방해되고, 그 밖에 ⑥ 사회환경(도시와 농촌), ⑦ 민족(의식주 생활의 차이), ⑧ 계층(빈부의 차), ⑨ 시대의 영향, 계절의 영향, 기후, 정신적 부담 등을 들 수 있다.

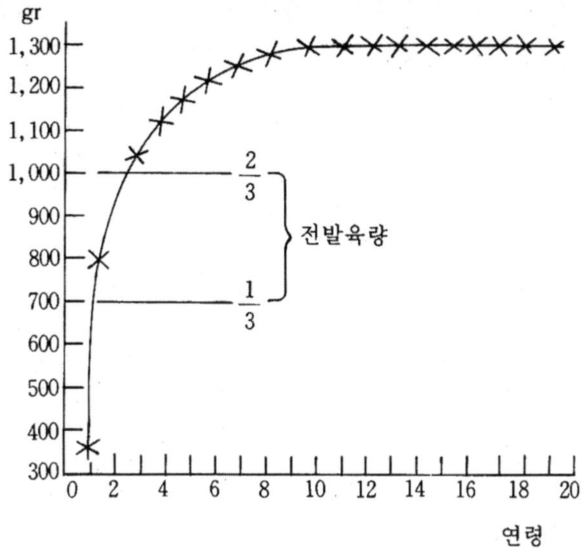

[그림 6-1] 두뇌 무게의 발육

2) 운동발달

(1) 유아기 운동의 특징

유아기에 접어들면서부터는 시청각과 손발 운동의 협응동작과 어느 정도 목적적 · 능동적으로 운동할 수 있는 유아 운동이 발달되고, 운동감각 · 위치감각 · 자세감각 등이 발달되면서 여러 가지 협응동작이 가능하게 된다.

(2) 손가락 동작의 발달

일반적으로 유아기의 운동발달은 ① 전신운동에 바탕을 둔 보행의 발달, ② 달리기, 뛰기, 나무에 오르기, 미끄럼타기, 세발자전거타기 등, ③ 손가락 끝의 세부적 · 기교적 운동 등의 발달이 현저하다.

그 중 손가락 끝의 세부적 동작의 발달은 전신운동에 비해 늦게 발달된다. 두 살 때는 적목놀이가 가능하고, 공을 아무렇게나 던질 수가 있고, 세 살이 되면 수직선을 그릴 수 있고 가위질이나 젓가락질이 가능하다. 네 살 때에는 원이나 사각형을 그리거나 단추 끼우기와 풀기가 가능하고 팬티나 블라우스를 혼자 입고 벗을 수 있다.

(3) 가정 및 유치원에서의 운동지도

운동의 정확성, 확실성, 속도, 순발력, 민첩성을 기르면서 또한 판단력, 관찰력, 인내심, 주의집중력, 과제집착력, 관찰의 섬세성 등 지적 능력을 계발 · 촉진할 수 있는 작업놀이에는 크레파스나 연필에 의한 자유화 그리기, 기하학적 도형 그리기와 형태학습, 색종이접기 놀이와 가위질 놀이, 허리띠 매듭짓기와 풀기, 옷의 단추 끼우기와 풀기, 나무토막 쌓기 놀이, 찰흙으로 물건 만들기 놀이 등이 있다.

2. 지적발달

1) 언어발달

유아기엔 1어문에서 2어문으로, 다시 3어문에서 다어문(多語文)으로 등 차츰 장문으로 발달해 간다. 기본적인 품사도 거의 다 나타난다. 사용되는 어휘수는 1세에는 몇 개에 지나지 않으나, 2세에는 80어, 3세에는 150어, 4세에는 300어, 5세에는 약 500어, 6세에는 800어 정도로 증가한다.

3세경에는 이야기에 필요한 기초적인 문법이 습득되는 시기이며, 유아기 후반에는 일상생활에 필요한 회화능력이 크게 발달된다.

처음에는 사물의 이름 등 명사부터 습득되고, 동사 · 형용사가 그 다음에 그리고 두 살 반 이후에는 접속사나 조사 등을 사용하게 된다.

유아의 언어발달에 영향을 주는 주요 조건으로서는 ① 지능, ② 신체적 결함(특히 시청각과 발성기관의 장애), ③ 성(대체로 여아가 남아보다 빠르다), ④ 정서적 적응, ⑤ 사회 · 경제적 환경(직업 등), ⑥ 교우(독자, 쌍생아 등) 등을 들 수 있다.

2) 지각의 발달과 미분화성

영아기에 기본적인 지각기능은 성립되어 있지만, 유아기에 들어서면 그 발달은 현저하다. 예컨대, 도형 변별력의 경우 형의 변별은 4세 때에 이미 성인 수준에 거의 도달되고 이어서 크기의 변별, 최후에 방향의 변별 순으로 발달되며, 6세 경에는 어느 것이나 성인수준에 도달하게 된다.

그러나 유아기 지각의 특징은 아동이나 성인과는 달라서 '미분화성'이 엿보인다. 이른바 상모적 지각(相貌的 知覺, physiognomic perception)이다.

이것은 사물을 사물로서, 동물을 동물로서 객관적으로 파악하지 못하고, 사물은 활동하는 것, 용모를 지니고 있는 것, 살아 있는 것으로 주관적 · 정서적 · 표면적으로 그것을 파악하는 유아의 지각적 특징을 H. Werner는 상모적 지각이라 칭하였다.

3) 전조작적 사고

Piaget는 사고발달의 제1단계인 '감각운동적 지능기'(0~2세)에 이어서 제2단계로서 유아기를 '전조작적 사고기'(2~7 · 8세)라 말하면서 다시 4세경을 경계로 전반을 '전개념적 사고기', 후반을 '직관적 사고기'로 구분하고 있다.

(1) 전개념적 사고

이 시기의 유아에 있어선 객관적 개념이 갖고 있는 일반적 내용과 개별적 요소간의 관계가 불명료하며, 언어가 개념으로서의 기능을 다하지 못하는 전개념적 사고의 단계에 놓여 있다. 즉 '개'라는 말은 반드시 '개' 일반으로 사용되지는 않고 어떤 특정의 개 또는 산양 등 개를 닮은 모든 것에 대해 '개'라고 부른다.

(2) 직관적 사고

4세를 넘기면서 개념형성이 발달해 가지만 아직 사고는 논리적 수준까지는 이르지 못하고 있다. 이 시기의 사고의 특징은 언어보다는 이미지를 수단으로 하여 이루어지는 경향이 강하며, 사고가 지각과 미분화 상태에 있기 때문에 지각 경험에 의해서 영향을 받기가 쉽다.

이러한 직관적 사고의 특징은 이 시기의 유아에게는 '보존개념'(concept of conservation)이 결여되어 있는 점에 잘 나타나고 있다.

직관적 사고기에 있는 유아는 사물의 본질적 특징이 변화하지 않는 경우에도 그 외관이나 형상만의 변화에 의해서 본질까지 변화하였다고 생각하며, 논리적 사고 또는 가역적 사고(可逆的 思考, reversibility)는 미발달 상태에 있다.

(3) 자기 중심적 사고와 유아의 세계관

유아기 사고의 미분화성은 Piaget가 말하는 자기 중심성(egocentrism)으로 대표된다. 유아는 객관적 사실과 주관이 미분화되어 다른 사람의 관점을 이해할 수가 없으며, 자기 주변의 세계는 모두 자기를 위해서 존재하는 것처럼 행동한다. 자기 중심성이란 이기성(selfish)이란 말이 아니다. 자타의 구별이 잘 이해되면서, 사회성이 분화되어 간다. 유아의 자기 중심성은 다음과 같은 외계에 대한 특유의 인식(세계관)을 갖고 있다.

1 물활론(animism)

무생물을 포함해서 모든 사물은 인간과 똑같이 살아 있으며 의식을 갖고 있다고 생각하는 경향으로, 범신론이라고도 말한다.

2 실재론(realism)

꿈이나 머리 속의 공상적 · 주관적 생각이 객관적으로 실재한다고 생각하는 경향으로서, 주관과 객관의 미분화를 나타내는 것이다.

3 인공론(artificialism)

외계의 자연현상이나 사물은 모두 인간에 의해서 만들어진 것으로 생각하는 경향이다.

이와 같은 자기 중심성은 다른 사람과의 사회적 상호작용을 거듭하는 가운데 차츰 감소하여 7~8세경에는 거의 사라지게 된다.

4) 호기심과 흥미

유아의 인지발달을 촉진하는 한 측면은 그들을 둘러싸고 있는 외계의 사물이나 현상에 대한 호기심 · 탐구심 · 흥미이다. 3~4세경부터, 유아는 여러 가지 사물이나 현상에 대해서 흥미와 관심을 갖고, '무엇?', '왜?', '어떻게?' 등의 의문이 많아지며, 질문의 횟수가 증가한다. 이 시기는 '질문기'라고도 불리운다. 주변의 어른들은 유아의 질문을 방치하지 말고 적절한 응답이나 설명을 해 줌으로써 유아의 지식이나 이해력 또는 사고력을 발달시켜 주는 마음가짐이 필요하다.

5) 지적 발달의 조건

가정이나 유치원에서 유아들의 지적 발달을 촉진시키기 위한 교육적 지도 조건은 다음과 같다.

① 유아교육에 있어서 중요한 것은 자연이나 사회 속의 사물이나 현상을 잘 관찰 · 비교시키며, 그것을 언어와 결합시키는 일이다. 이른바 직관교수법은 유아교육의 기초인 것이다.

② 유아기 때부터 생각하는 힘, 생각하는 자세를 연령에 알맞게 기르는 일이다. 또한 호기심, 이상한 의문을 품게 하며, 질문하거나 자기 스스로 문제를 풀어 나가는 힘을 기른다.

③ 손가락의 활동을 연습시킨다. 그림그리기, 점토세공(粘土細工), 종이 오려내기, 색종이접기 등을 연습시키면서 기본적인 형태나 색채의 지식을 기르는 것이 중요하다.

④ 집 밖의 활동을 장려한다. 체력은 물론 의지력, 특히 주의집중력, 인내력, 지구력 등을 기르는 일은 지적 발달에 큰 도움을 준다.

⑤ 주의집중력은 기억을 확실히 하는데 효과가 있다. 이 밖에 반복연습은 기억력의 발달에 중요하다.

⑤ 되도록 칭찬을 해 주거나 안아 줌으로써 정서적 안정감을 부여하고, 행동상의 실수를 질책으로 다스리지 않는 부모의 부드러운 태도가 요구된다.

3. 정서 및 사회성 발달

1) 발달의 위험성

이 시기의 위험성은 부모의 부부관계가 원만치 않을 경우, 또는 편모슬하라든가 결손가정의 경우 유아들이 남녀관계에 대하여 부정적인 관념을 갖거나 또는 정상적 오이디푸스 콤플렉스(Oedipus complex)가 잘 해소되지 않음으로써 성에 대한 편견이나 불안이 이루어지고, 성장 후의 남녀관계에 영향을 미칠 수 있다. 또 이 시기에 중요한 생활경험을 하지 않고 집에서만 기른다든지 또래친구와 접촉이 없다든지 한정된 경험만을 쌓음으로써 심리 · 사회적인 결핍증, 문화실조증 등을 일으킬 수 있다. 특히 우리 나라의 경우 과잉보호와 과잉통제의 형태로서, 유아들을 밖에 나가 놀지 못하게 하고 또래 친구와의 접촉을 못하게 함으로써 사회성이 결여되는 경우가 있겠고, 이것은 또한 자녀의 수가 적은 핵가족에서는 극히 위험한 양육태도라고 할 수 있다.

최근 많이 생기는 유아원이나 유치원의 기능도 자녀의 수가 적어짐으로써 형제자매와의 접촉이 없는 상황에서 또래집단과 접촉을 하게 함으로써 사회성을 기른다는 중요한 목적이 있다고 하겠다.

문화실조는 특히 경제적으로나 사회적으로 빈곤한 환경에서 자라난 아이들에게 많을 수가 있는데, 이들이 지능이 낮고 문제성이 높은 것은 이 시기에 사회적 생활경험과 부모로부터의 자극, 경험들이 부족하기 때문에 오는 것으로 생각된다.

2) 정서발달

유아기의 정서는 영아기에 비해 더욱 분화·발달되고, 유아의 정신생활의 중심을 이루고 있다. 정서는 조기에 많은 종류로 분화되나 4~5세경에는 성인과 같은 정도로 복잡한 정서로 분화하게 된다. 즉 좋다, 예쁘다, 재미있다, 고맙다 또는 선악의 정서 등이 그것이다. E. B. Hurlock은 유아기 정서의 특징으로서 ① 일과성, ② 강렬성, ③ 빈발성, ④ 정서표출의 개성화, ⑤ 정서표출 감축의 곤란성 등을 들고 있다.

(1) 공포 정서

G. Watson은 큰소리, 암흑 등은 유아에 있어선 생리적 공포이며 특히 공포, 분노, 애정을 생득적 정서로 그 대상이 확실한 것은 후천적 공포로 나누고 있다. 그러나 G. W. Lowton은 공포의 습득은 불유쾌한 경험이나 이전에 형성된 공포심의 습성화(조건화) 또는 타인의 모방에 의해서 일어난다고 말하고 있다.

공포심은 일면으로는 위험에서 자기를 보호하기 위해서 필요한 정서이지만 부당한 공포심이나 병적인 공포심은 유아의 발달에 해가 된다.

(2) 분노 정서

분노심은 요구가 충족되지 못하거나, 자유가 구속되거나 자기 몸에 상처를 스스로 입혔을 때 생기는 정서이다.

유아의 분노심은 놀잇감 싸움, 배변이나 옷 입히기를 강제로 할 때, 흥미있는 활동이 방해될 때 생기기 쉽다. 분노심 표출은 울거나 뒹굴거나 하면서 직접적으로 표출된다. 세 살이 지나면서 난폭한 말을 구사하거나 표출하는 경향이 있지만 유아기에는 일반적으로 분노가 적다.

(3) 애정 정서

애정은 영아기엔 모자관계의 애정이나 장난감에 대한 애정에서 시작하여 유아기에는 널리 사회적인, 지적인 대상에까지 발전한다. 즉, 친구에 대한 애정, 친절한 사람에 대한 애정, 아기에 대한 애정, 예쁜 물건이나 새로운 것에 대한 애정 등이다.

유아의 애정은 안거나 뽀뽀하는 등으로 표출한다. 애정이 감도는 가정에서 자라는 일이 중요하지만 과보호는 독립심이나 자주성이 없는 의지가 약한 아이로 기르기가 쉽다.

(4) 질투 정서

유아의 질투는 자기에게 주어질 것이라고 기대한 애정이 자기에게 주어지지 않고 타인에게 주어졌을 때, 준 사람과 주어진 사람에 대한 분노의 정서반응이다. 유아는 어머니의 애정 상실로 인하여 질투를 나타낸다. 이 때의 경쟁자에게는 분노가 나타나고 애정대상자에게는 공포와 주의 획득기제를 나타낸다. 특히 유아는 부모의 애정을 동생과 나누어 받기를 싫어하는 자기 중심적 사고를 가지므로 질투심을 갖는 것은 성장 · 발달과정에서 볼 때 정상이라고 할 수 있다.

유아가 동생에게 취하는 분노정서 혹은 공격적 행동은 친밀하면서도 미워하는 양가성을 갖는다. 즉, 동생을 귀여워하면서도 은근히 괴롭힌다. 상대를 때리거나 놀리기도 한다. 어머니의 주의획득을 위해서 퇴행현상이 나타나는데 침을 흘리거나, 오줌을 싸고, 손가락을 빨거나, 말을 더듬고 어리광이 심해지고 밥을 안 먹는 등의 현상을 보인다.

질투 정서는 대체로 남아보다 여아가 심하고 지능이 우월한 아이에게 더 많으며 가족수가 많은 가정의 유아일수록 질투심은 적다. 이러한 질투현상이 빈번히 나타나고 정도가 심하면 성격발달에 나쁜 영향을 주게 되므로 부모와 가족들은 유아에게 공평한 대우를 해 주고, 지나친 개인 경쟁을 유발시키지 말고, 특히 질투를 갖는 유아와 놀아줌으로써 욕구불만을 해소하도록 도와주어야 한다.

(5) 어리광 정서

어리광은 3~4세경까지 주로 생기지만, 5세 이후에도 남아 있을 때는 유아를 질책하는 방법이 나쁘기 때문이다. 독자, 막내동이 등 익애 또는 맹목적인 사랑의 분위기에서 자란 아이가 어리광이 더 심하다.

3) 성격의 기초 형성과 사회성 발달

(1) 자아의 싹틈

[1] 모자분리

유아기에 들어서서는 여태까지의 일체적인 모자관계에 변화가 생긴다. 운동능력의 발달과 행동범위의 확대에 따라 유아의 심성에는 부모에 의존하지 않고 무엇이건 스스로 할 수 있다고 믿거나 그런 일을 즐기는 기분, 즉 '자존심', '자립심'이 싹트게 된다. 이것이 '모자분리'의 경향이며, 인간발달에 있어서 극히 중요한 의미를 갖는 것이다.

2 제1반항기

유아기가 되면 부모 측에서는 기본적인 생활습관의 학습지도가 개시되지만 이것은 유아의 행동에 통제를 가하는 계기가 된다. 이러한 통제는 유아에 있어선 싹이 돋아난 자존심이나 자립심에 대한 부정 · 억제이기 때문에 유아는 여러 가지 행동을 통해 반항을 하게 된다. 이 시기는 일반적으로 O. Kroh가 명명한 제1반항기로 불리운다. 3세 전후에 가장 심하며 제1반항기의 출현은 유아의 자아가 싹이 트고 있음을 의미하는 것이다. 따라서 이것은 발달에 있어서 정상적인 하나의 과정인 것이다. 이것을 적절히 경험한다는 것은 자아의 발달에 있어서 중요한 의미가 있다.

이러한 반항적 현상 혹은 거부증은 1세 반부터 시작되어 3~4세에 정점에 이른다. 반항적 현상은 외면적으로는 순종성이 없어지고 고집과 억지를 부리지만, 내면적으로는 자아의식이 발달되고 자립심이 형성되기 시작한다. 유아의 반항적 현상의 심리적 특징은 유아의 운동능력 발달로 신체활동이 많아지고 이에 따라 욕구 충족을 스스로 자주적으로 하고자 함이며, 또한 자립심의 발휘라고 할 수 있다.

유아의 반항적 태도가 성격형성에 미치는 영향을 보면 다음과 같다. 즉, 유아는 자기 행동이 질책 또는 칭찬을 받음으로써 행동의 선악과 환경의 의미를 이해하게 되어 사회적 인식이 점차로 형성되기 시작하고, 사회적 행동의 기초를 형성하게 된다. 그리고 또 이 시기는 타인에 대한 저항적 수단만으로는 자기의 욕구가 충족될 수 없음을 이해하게 되어, 점차로 자기 중심성을 탈피하여 행동이 사회화되어 가며, 또한 타인의 처지에 대하여 반발함으로써 자기의지를 관철하려고 하는 의지력이 형성되면서 유아의 자주성을 발달시킨다. 특히 유아의 반항적 태도에 대한 지도는 그의 성격형성에 지대한 영향을 미치므로, 부모는 유아의 행동표준을 성인에 두고 성인의 축소물로 다루어서는 안 되며 또는 너무 방임적이어서도 안 된다.

(2) 가족과의 관계

1 부모의 태도

유아의 사회성 발달에 있어서 부모의 태도는 큰 영향을 준다. 자녀를 대하는 태도는 익애 · 방임 · 엄격 · 과보호 · 모순 · 불일치 등의 유형에 따라 유아의 성격이나 행동에 변화를 초래하게 되며, 유아들은 특히 부모의 행동을 동일시 대상으로 삼아 성 역할을 학습한다는 점에서 중요한 의미가 있다.

① **모성애의 상실**(maternal deprivation) : 어머니의 양육이 정상에서 이탈 혹은 왜곡된 형태를 의미한다. 특히 이는 모성애의 상실이 있었던 시기, 계속된 기간, 모성애 상실이 있었던 기간의 사회 · 문화적 환경, 부모 대행자와 역할 모델의 유무에 따라 성격발달에 미치는 영향이 지대하다

② **수용소 양육**(institutionalization) : 어머니가 있는 가정 분위기와는 달리 고아원이나 병원, 육아시설 등의 수용소에서는 유아에게 주는 감각적 자극이 빈곤하고 감정적 자극들도 결핍되어 있으며, 사회적 접촉도 적고 언어나 행동을 학습할 수 있는 기회도 적다. 특히 언어발달의 지연은 어머니가 주는 칭찬이 부족하고 또 사회적 접촉 기회가 적은 결과라고 할 수 있다. 오랫동안 시설에 수용된 유아는 운동발달에 지연을 초래하며, 대인관계에서도 사회적으로 무감동하고 애정에 굶주려 의존하려 들고, 눈치를 잘 살피고 사회적인 센스가 부족하고, 대인 접촉에 적극성이나 신뢰감을 지니지 못한다고 지적되고 있다.

③ **모친 이별** : 어머니의 사망, 이혼, 별거, 또는 장기간 질병으로 어머니와 떨어져 있는 경우를 의미하며, 이는 이별기간에 따라 미치는 영향이 다르다.

㉠ **단기 이별**－처음에는 타인의 접근을 거절하며 울고 발버둥치며, 어머니를 요구한다. 그러나 요구에 반응이 없고 타인의 보호가 없을시에는 무감동해지고, 대인관심을 상실하며 우울증에 빠지게 된다. 또한 생리적 반응으로 거식증 · 과식증이 나타나고 이 상태가 더욱 지속되면, 내성적 성격과 신체쇠약이 나타난다. 그러나 다른 대리모친이 있을 경우에는 어머니

를 찾으려는 요구를 단념하고, 대리모친에게 애착을 가지게 되나, 이것마저 없을 경우에는 대인관계의 애정적 요구를 억압하고 정서적 부적응을 초래한다.

㉡ **장기 이별**—특히 모자관계가 좋다가 어떤 이유로 장기간의 이별이 될 때 애정표현을 잘 못하고 정상적인 애정관계 형성에 부적응을 초래한다. 그러나 애정관계가 원만한 대리모친이 있을 때에는 별 영향이 없다.

㉢ **왜곡 모친**—어머니 하고 같이 있으나 어머니의 성격이 건전하지 못하여 유아에게 적대적이고 거절적이며, 또는 과잉보호적이거나, 사랑과 적대의 상반된 반응을 동시에 나타낸다거나, 변덕스럽다거나 하는 경우를 왜곡 모친이라고 한다. 이러한 유아는 빈번하고 강한 정서자극으로 인하여 정신분열증 · 신경증 · 우울증 경향이 높다.

[2] 형제관계

형제관계는 부모와 자식간의 '종적' 인간관계로부터 친구와의 '횡적'인 관계에 적응해 나가기 위한 교두보 역할을 하는 것이다. 형제 수가 증가함에 따라 가정내의 대인관계는 다양화되고, 직접적인 대인관계를 학습하는 기회에 그치지 않고 모방대상(modeling)에 의한 간접적인 학습의 기회도 증가하게 된다(그림 6-2 참조). 형제간의 놀이, 싸움, 경쟁 등을 통해 양보, 협조성, 자기주장 등 유아의 사회성이나 성격의 발달이 촉진되는 면이 크다.

(3) 놀이와 교우관계

[1] 혼자놀이

유아기는 하루의 태반을 놀이로 보낸다. 즉, 생활 그 자체가 놀이이다. 3세경까지는 생활의 장은 거의 가정이다. 놀이의 상대도 부모나 가족뿐이어서 혼자놀이 중심의 시기이다. 이러한 놀이를 통해 유아의 신체나 운동능력, 지각, 지능, 정서 등이 발달해 간다.

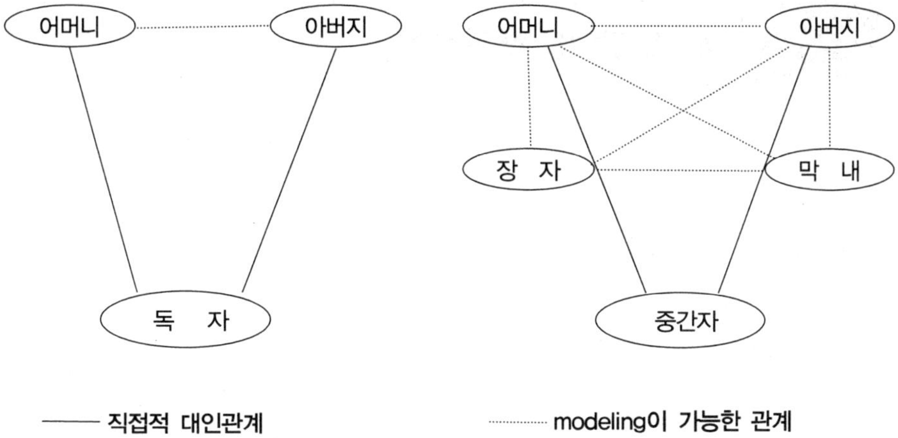

[그림 6-2] 형제의 유무와 대인관계의 다양성

2 집단놀이와 사회성 발달

3세경을 지나면서 생활의 장은 가정에서 이웃까지 확대되며, 같은 또래의 놀이 친구를 적극적으로 찾아 나서게 되며, '연합놀이' 또는 '협동놀이' 등의 상호교섭적인 놀이가 발달하게 된다. 특히 협동놀이를 통해 사회생활의 기본인 규칙의 준수 또는 집단 내 역할분담의 중요성을 학습하게 되고 리더십이 갖는 의미도 체험하게 된다.

(4) 거짓말하는 어린이

유아의 거짓말에는 ① 상상적인 것과 ② 자기 방어적인 것이 있다. 상상적인 거짓말은 참 거짓말이 아니기 때문에 꾸짖지 말고 사실을 가르칠 필요가 있다. 유아는 간혹 자기 마음 가운데, 상상한 것과 실제로 있었던 것과의 구별이 확실하지 않을 때가 있기 때문에 염려될 것은 없다.

그러나 행위를 비난하거나 야단칠 때는 자기를 방어하기 위해서 거짓말을 하게 된다. 따라서 가정이나 유치원에서는 그 분위기가 비밀이 없는 또한 실수가 수용되는 친애관계가 조성될 필요가 있다.

4. 발달 및 행동장애

1) 유전적 · 선천적 요인

(1) Heller성 유아치매증

T. Heller가 1998년에 보고한 유아성 치매는 보통 3세, 4세에 나타나며 특징적 증후상(像)으로는 정신박약 과정이 서서히 나타난다는 점이다. 이 증후가 나타나기 전까지는 별로 이상하지 않다가, 갑자기 불안해하고, 환각(hallucination) 경향이 있으며 언어가 빈곤해져서 결국은 말을 못하게 된다. 치료효과는 작아서 결국 완전하게 접촉을 상실하고 백치가 되는 것이 특징이다.

(2) 과운동증후군

Heller성 치매와 함께 이 시기에 나타나는 과운동증후군(hyperkinetic syndrome)은 정상적 발달을 하다가 서서히 또는 갑작스런 변화를 나타낸다. 이 증후군은 강렬한 기분의 동요를 수반하는 심한 운동흥분을 나타내는 것이 특징이다.

이와는 정반대로 이상하리만큼 조용하고 활발하지 못한 아이를 무운동증후군(hypokinetic syndrome)으로 부르며 무표정, 무관심, 멍청하게 앉아 있는 무력형으로서 유아 정신분열증의 하나이다.

2) 외인성 기질적 요인

(1) 뇌염

뇌염(encephalitis)은 뇌손상이 일어나는 질병으로서, 바이러스성 뇌염에 기인

된다.

임상적 증후는 고열이 나고, 의식의 장애가 생기고 몽롱한 상태에서 혼수(coma) 상태에 이르며, 위장장애와 근육통과 같은 일반적 장애가 번갈아 나타난다.

(2) 실어증

실어증(aphasia)은 뇌손상이 언어가 학습된 후에 나타나서 언어장애를 초래한 것으로, 운동성 실어증(motoric aphasia)과 감각성 실어증(sensoric aphasia)으로 구별될 수 있는데, 전자는 발성기관은 장애가 없는데도 생각한 바를 말하지 못하는 운동성 언어형성 장애를 말하고, 후자는 듣게 된 단어를 이해 또는 연상을 하지 못하는 무능력을 말한다.

(3) 사고에 의한 뇌손상

교통사고 등 사고에 의한 두개골 외상의 경우 의식혼탁과 방향감각 장애를 수반하는 바, 급성 외인성 정신증후군은 외상 후에 뚜렷한 주의력 장애와 욕구 저하, 정서의 변화를 나타내는 정신이상을 나타낸다. 유아의 경우에는 성인의 경우에서 볼 수 있는 심한 흥분성과 폭발성은 별로 나타나지 않으나 정서변화가 심하다.

(4) 소발작

소발작(petit mal)의 형태는 2세에서 3세 사이에 시작되며, 발작형태는 흔히 벼락에 맞은 것 같이 쓰러졌다가 그 후 곧 다시 완전하게 행동할 수 있게 되는 것이 특징이다. 발작하는 동안에 갑작스런 근육이완, 즉 운동감각 상실적인 인상을 나타낸다. 후에 이 발작은 약해지거나 또는 소발작의 한 형태인 Absence로 바뀐다. 정신적으로 활발하고 비교적 정상적인 행동양식을 나타낸다.

Absence의 경우엔 5초 내지 15초 동안 대단히 짧은 의식장애일 뿐이기 때문에 당사자인 아동조차도 거의 알 수 없고 아동 옆에 있었던 성인들도 모를 정도이다. 다만 뇌파검사에 의해서만 진단이 가능하다.

3) 심리적 요인

(1) 자폐증

유아기의 자폐증(autism)은 하나의 행동장애로서 여태까지는 선천적 요인 또는 뇌손상적 · 기질적 요인에 의해 생긴다고 생각해 왔으나, 근래에 와서는 핵가족 등 환경적 · 심리적인 원인에 주로 기인된 접촉장애로 인식되고 있다. 이 증후를 가진 아동은 또래의 유아들에 비하여 현저하게 외부환경에 대해 전혀 주의를 기울이지 않을 뿐만 아니라, 어머니에게 안아 달라고 조르는 것과 같은 활기 있는 흥미도 보이지 않으며, 경우에 따라서는 어머니와 다른 사람들과의 신체접촉, 특히 애정어린 접촉을 피한다. 보통 언어장애가 수반되며, 집안에서 혼자 시간을 보내는 수가 많으며 정신박약과의 구별도 대단히 어렵다. 특징이 있다면 정신박약과는 달리 3세 이후 어느 날 갑자기 정상적으로 말을 할 수 있게 되는 점이다. 대체로 자폐증아에게서는 모자간의 접촉행동에 이상이 있고, 어머니의 아동에 대한 괴리감이 있는 태도가 확인되고 있다.

(2) 무언증

언어거부증, 곧 무언증(無言症, mutism)은 기질적이 아니고 정서반응적으로 발생된, 즉 노이로제라는 점을 유의해야 한다. 이것은 흔히 심한 정서적 불안의 결과로 생기는 수가 많다.

그러나 주목할 만한 것은 아동이 말을 할 수 없는 것이 아니라 말을 하지 않으려는 점이다.

무언증은 유아기 자폐증의 부분 증후일 수 있다.

(3) 언어유치증

언어유치증 또는 실문법증(失文法症, agrammatism)이라는 것은 언어발달 장애의 한 형태로 일반적으로 아동에게 언어의 모델이 결여된 데 그 원인이 있다. 그리고 부모가 서투르게 익살스럽게 들리는 아동의 애기말을 지나치게 오랫동안 허용했을 때도 나타난다. 그러나 전형적으로 동생을 보았을 때 아기같이 되려고 하는 퇴행욕구에서도 생길 수 있다.

(4) 눌어증

발음장애인 눌어증(stammering)은 주변환경에서 적절한 언어자극을 받지 못하거나, 극복해야 할 단계에서도 아동의 애기말을 그대로 받아들일 경우에 생기기 쉽다.

유아는 ㅅ, ㄹ, ㄱ 등의 발음을 정확하게 할 수 없다. 만일 아동이 이러한 단계를 극복하지 못할 때 눌어증이라고 하는데, 예후는 좋은 편이다. 가장 빈번한 형태는 사행발음부전(sigmatism)으로, ㅅ발음을 치아 사이에 혀를 내밀어서 발음을 틀리게 만드는 경우다. 이 밖에 '라' 발음장애(rhotacism), '가' 발음장애(gammacism) 등이 있다.

(5) 야뇨증

야뇨증(enuresis nocturna)은 대단히 보편적인 기능적 장애이다. 이는 아동 노이로제의 원형 중의 하나인데, 오줌싸개는 어린 동생의 출생과 더불어 나타나는 빈도가 많고, 이 기간이 오래 지속되는 수도 있다.

오줌싸개는 장자와 차자에서 많이 볼 수 있고 막내와 독자에게서는 드물게 발견된다. 이러한 사례에서는 아동은 다시 어린 영아로 돌아가고자 하는 욕구, 곧 퇴행경향이 명백하다.

(6) 주뇨증

낮에 싸는 주뇨증(enuresis diurua)은 야뇨증에 비하여 비뇨기적 합병증에 의해 생기거나 간질의 압쌍스(absence)에 의해서 생길 수 있으나 주뇨증에서도 야뇨증과 마찬가지로 대부분 심리적 요인이 주요인으로 작용하며, 야뇨증에 비해 더 심한 아동 노이로제의 형태라고 볼 수 있다.

(7) 똥싸게

똥싸개(enkopresis)는 드물지만 일반적으로 아동 노이로제의 한 형태이다. 이러한 아동들은 오줌싸개와는 다른 유형이다. 이들은 보다 적극적이고 공격적이며, 아동이 자주 무서운 아버지 밑에서 얻어맞거나 야단맞을 때, 억압해야 할 공격성을 진정시킬 수 없는 결과로 똥을 싸게 되는 것이다.

(8) 말더듬이

아동의 말더듬이(stutterer)는 1차적 노이로제와 2차적 노이로제로 구별될 수 있다. 전자는 외부영향에 의한 성격구조에 의해 생기는 것이고, 후자는 외부 영향이 뚜렷하지 않은 노이로제이다. 유아의 말더듬이는 원래 부모와 유아관계의 장애에 기초해서 생기는 것이어서, 언어 노이로제의 반응은 뚜렷하게 파악될 수 있다.

말더듬이 유아는 서로 비슷한 점이 많다. 이들은 얌전하고 억압되고 수줍어하는 유아들로서 집단 속에 있을 때는 과장된 행동을 나타낸다. 유아는 놀이 친구나 집단에서 바보 취급을 받고, 성격도 억압되고 있어 이것은 다시 의사소통을 불통하게 하며, 혼자 있을 때에도 억압되어 있고 겁에 질려 있다.

대부분의 말더듬이 유아들은 지배적이고 엄격하게 제한을 하는 아버지를 갖고 있다.

(9) 기관지천식증

기관지천식(asthma bronchiale)은 대부분 체질에 맞지 않는 물질에 대한 과민성, 즉 알레르기에 의해서 생긴다. 이 병의 증후는 아동과 부모 관계의 장애 표시이다.

야뇨증의 유아들이 자기를 적극적으로 표현하고 반응하는 데 비해서 이 기관지천식을 나타내는 유아는 폐쇄적이고 말더듬이의 경우와 같이 아무런 표시를 하지 않는다. 즉, 이러한 유아는 숨을 내쉴 수 없을 정도이다. 흔히 지나치게 보호받고 간섭받은 유아들이 이러한 방법으로 반응하고 또 이 병 때문에 부모의 과잉보호가 악순환되어 더욱 강화되기도 한다.

(10) 신경증적 퇴행행동

흔히 유아들은 그 단계에서 만족을 얻지 못했을 때 고착되어 발달진행이 방해를 받는다. 즉, 이것은 어떤 욕구불만이나 내적 갈등, 또는 일반적인 불만사태를 이전의 발달단계로 소급시켜 돌아가는 퇴행행동이다.

이에 속하는 것으로는 엄지손가락 빨기, 여러 가지 형태의 율동적 흔들거림, 콧구멍 쑤시기, 머리카락 꼬기(trichotillomanie), 손톱 물어뜯기 및 자위행위이다. 이 모든 행위는 유아에게서 무의식적으로 진행되고 환경에 의해 야기될 수 있는 것이다.

(11) 식욕부진증(거식증, canorexia)

식욕부진증이란 먹기를 거절하거나 음식에 대해 까다로운 것을 의미한다. 유아는 영아에 비해 소량의 음식을 먹기 때문에 부모가 식욕부진으로 잘못 오인할 수도 있다. 식욕부진의 일반적 원인은 다음과 같다. 즉, 유아 독립심의 발달로 부모의 요구에 반항하거나, 주의집중 무시에 대한 적개감 표출, 나이 많은 아동의 모방행위로써 나타나기도 한다. 또한 식사시에 지나친 간섭이나 강요를 당했을 때 나타나며, 음식에 대해 흥미가 없을 때, 유아에게 정서적 적응장애가 있을 때(부모의 사랑 결여, 부모 사이의 갈등, 부모와 자식간의 갈등, 형제간의 질투), 좋은 식사습관이 형성되지 못하였을 때 식욕부진(거식증)을 초래한다. 어떠한 질환(결핵, 빈혈, 만성감염 등)이 있을 때에는 빨리 치료해야 하며 기타 여러 가지 요인은 원인을 규명하여 교정해 주어야 할 것이다.

제7장

아동기의 발달

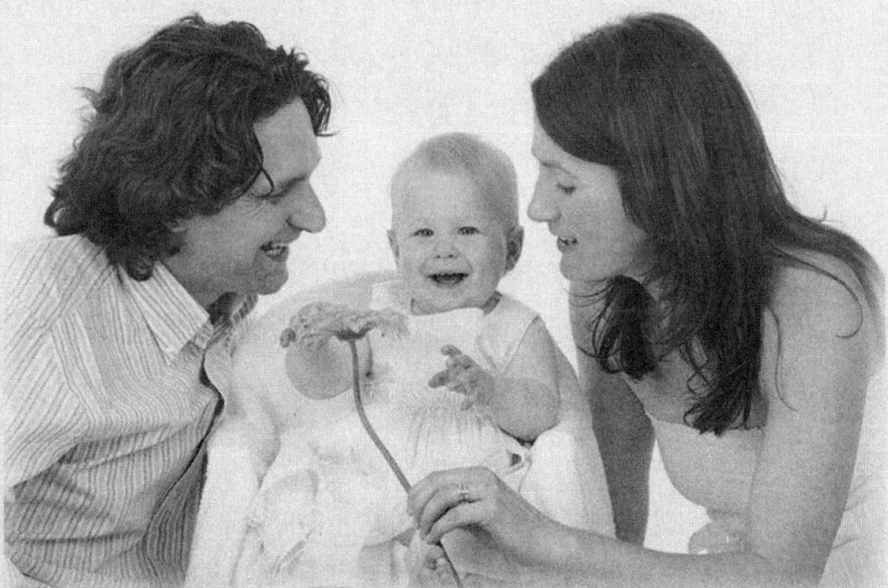

1. 신체적 발달과 운동능력의 발달
2. 지적 발달
3. 정서 발달
4. 사회성 발달
5. 도덕성 발달
6. 발달 및 행동장애

1. 신체적 발달과 운동능력의 발달

아동기는 일반적으로 학교에 입학할 때부터 제2차 성징이 나타나는 시기까지를 일컬으며 학동기라고도 불리운다. 아동기는 발달적 변화가 현저한 유아기와 청년기의 가운데 있어서 비교적 안정된 발달을 갖는 시기이다.

1) 신체적 성장과 발달

아동기는 대체로 신체의 성장 · 발달이 완만하게 진행되는 시기이며, 그 발달 속도는 정상적인 양상을 보이고 신체의 체제가 전체적으로 안정되는 시기이다.

(1) 신체의 크기

학령기 아동의 신체발달을 보면 남아가 평균 6년 동안에 신장이 113cm에서 136cm로 약 23cm쯤 자라며, 1년에 4cm 정도 자라는 셈이다. 보통 학령기 남아의 평균체중은 약 6년 동안 20kg에서 30kg으로 증가하며 약 1년에 1.5~2kg 증가하여 총 10kg 정도의 증가를 보인다. 12세경의 신장은 출생시에 비해서 약 2.8배, 체중은 약 8배가 된다.

흉위는 6세에서 57cm, 11세에는 66cm로 되어 9cm 정도 증가한다. 신장 · 체중 · 흉위는 여아도 남아와 비슷한 성장 속도를 유지하고, 모든 면에서 남아가 약간 우세하나 11세부터는 여아가 더 우세해진다. 이러한 현상은 여아들에게 있어서 급격한 성장률을 수반하는 사춘기의 변화가 남아보다 약 2년쯤 먼저 시작한다는 사실에 기인한다. 따라서 초등학교 5~6학년이 되면 남아보다 더 많은 수의 여아들이 성장 속도가 갑자기 빨라지는 것을 볼 수 있다.

이러한 신체발육 상황은 사회·경제적으로 상류층일수록 발달이 좋고 지능이 좋은 아동들이 일반적으로 성장이 양호하다.

(2) 신체적 비율

아동기의 신체 구조를 보면 머리는 아직도 체격에 비해 큰 편이지만 안면의 면적은 전체 면적의 10%로 줄고 두뇌는 성인의 95% 정도가 된다. 영구치가 생겨나 턱이 더욱 길어지고 신속히 증대되는 부비강의 성장으로 코도 커져 유아기의 귀여운 모습은 사라지고 보기 싫게 된다.

소위 미운 7살이란 말이 있듯이 개구쟁이가 되는데, 신체적 외양이 보기 싫게 되는 이유는 영구치가 나기 시작하여 이가 없기 때문이며 머리털이나 솜털이 억제되고 또한 손질을 하지 않으며, 외모에 무관심하고 청결에 대하여 반항적 태도가 있어 지저분하게 보이기 때문이다. 특히 남아는 여아에 비해 이러한 경향이 더욱 심하다.

(3) 골격과 치아의 발달

초기 학령기까지 대부분의 골화중추(occification center)가 형성된다. X-ray 소견에 의한 골화중추의 크기와 모양에 의해서 뼈의 성숙도를 측정할 수 있다. 사춘기에 이르면 골화중추와 인접된 뼈 사이의 거리가 차츰 좁아져서 특히 골단과 장골(ilium)의 종축(shaft)과의 융합이 나타나게 되어 어떤 뼈에서는 성장이 멈춘다. 때로는 뼈의 성장이 근육의 성장보다 빠를 때가 있는데, 이러한 일은 성장 속도가 빠른 아동에서 볼 수 있다. 이러한 아동에서는 근육통이 밤에 잘 초래되는데, 이는 근육이 새로운 골격의 크기에 미치려고 하는 근육성장기 골통(growing pain)이다.

6살을 전후해서 제1 대구치가 나오며 유치 제2 대구치 뒤에 자리잡는다. 다른 영구치들은 대부분 유치가 난 순서대로 영구치로 교대하여 그 자리에 나온다. 대부분의 아동들은 제2, 제3 대구치를 제외하고 모든 영구치를 갖게 된다.

(4) 기타 신체기관의 발달

신경계의 발달을 보면 6세경에 뇌중량은 성인의 90%에 달하고, 12세경에는 95%에 이르며, 거의 성인의 수준에 달한다. 임파선은 이 시기에 최대의 크기로 증대되어 큰 편도선을 가지고 있다. 생식기관은 별로 발달하지 않아 아동기를 성적 중성기라고도 한다. 심장은 7세 때에 출생시의 4~5배가 되고 12세경에는 7배에 이른다.

출생시의 심장은 체중에 대한 비율이 일생 중 가장 무겁지만 사춘기 직전에는 이 관계가 반대로 되어 가장 가볍다. 폐의 발달은 흉부의 크기와 폐활량으로서 추정할 수 있다. 폐는 10세까지 비교적 완만하게 발달하나 그 후는 급격히 발달한다. 유아의 위는 관상이며 용적이 적으나 학령기는 식사량이 늘고 위 용적도 성인의 약 2/3에 달한다.

2) 운동발달

아동은 이 시기에 일생을 통해 활동하게 될 모든 기초를 다 습득하게 된다. 이러한 운동기능의 발달은 지적 · 정서적 · 사회적 발달을 촉진시킬 뿐만 아니라 성격형성에도 중요한 영향을 준다. 이 시기의 운동기능은 유아기에 비해서 속도, 정확성, 안정성, 호응성, 역량 등이 더욱 발달되고 교묘해진다. 달리기, 던지기, 뛰기 등의 스포츠와 조직적인 놀이에 강한 관심을 가지게 되고 활발한 운동이 전개되고 새로운 운동기능을 배우게 된다.

학령기는 이 시기 전기에 비해서 성숙요인보다 학습요인이 그 발달에 더 큰 영향을 준다고 할 수 있다. 물론 운동발달은 성숙과 학습의 상호작용에 의해서 이루어지는 것이다.

이 시기는 학령전기에서 배운 운동기능을 더욱 발달시키면서 장난감이나 기구를 사용하는 것보다 자신의 신체를 사용하는 것에 더 흥미를 갖는다. 달리기,

줄넘기, 공차기, 던지기, 자전거타기, 산과 들로 다니기, 수영 등 에너지를 발산하는 여러 가지 활동을 즐긴다. 보행능력은 현저하게 발달하여 보행속도는 10세경에는 성인의 90% 수준에 미친다. 전체운동에서의 남녀의 차이는 남아가 우세하나 연령이 증가함에 따라 그 차이는 줄어든다.

팔, 어깨, 손목의 근육통제는 6~12세 사이에 현저하게 발달하여 12세에 이르면 거의 성인의 수준에 달한다. 소근육통제는 대근육통제보다 느린 속도로 발달한다. 예를 들면 글씨쓰기 속도는 초등학교 4학년에 급속하게 발달하여 1학년생의 2.5배를 쓸 수 있고 6학년에서는 3배를 쓸 수 있다.

이 시기의 운동 능력의 발달은 운동의 역량(강도)과 속도의 성장이 기초가 된다. 대체로 운동속도의 발달 경향은 연령에 따라 규칙적인 증가를 보이는데 소리를 듣고 자발적 운동으로 반응시켜 보면 3.5세에 0.5초, 4세에 0.4초, 11.5세에는 0.2초로 반응한다. 운동의 세기도 연령의 증가에 따라 점차 증진된다. 특히 F. Smedley는 악력(grasping power)은 남녀 6세의 악력을 1로 잡으면 12세에는 2, 3배로 발달한다고 보고하였다. 세기의 정도는 아동의 건강상태와 비례하며 신장과 체중에 비례하고 남아가 여아보다 우세한 경향이 있다.

3) 건강과 위생의 지도

이 시기에는 폭음 · 폭식이 많아 복통이나 설사 등이 많으며, 또 놀이가 활발하기 때문에 신체적 부상이 많다. 아동기는 일반적으로 사망률이 가장 낮은 시기이며 일생 중 가장 건강한 시기이다. 따라서 질병에 의한 사망률보다 익사나 교통사고 등 사고에 의한 사망률이 가장 높아 안전지도가 특히 요구되는 시기이기도 하다.

2. 지적 발달

1) 지각 및 시간의식의 발달

지각의 정확성은 나이가 듦에 따라 증가하며 객관적인 인지력이 향상된다. 특히 주의력의 발달에 있어선 주의력의 배분(하나의 동작을 하면서 다른 일에 주의를 던지는)이 발달되고 있다. 또한 주의력의 지속시간이 영아기에 비해 현저하게 발달하게 되며 고학년에 이르면 거의 성인수준에 달하고 있다.

유아기 시절에는 현재와 비현재의 구별 이상의 분화는 불가능하며, 언어능력과 생활공간의 확대에 따라 분화가 진행되지만 3~4세경에는 어제와 오늘을 혼동하는 수가 적지 않다.

아동기에 접어들면서는 과거 · 미래가 분화되기 시작한다. 때와 날짜를 확실히 이해하기 시작하는 것은 8세경부터이며 여기에는 학교 교육이 크게 관계한다. 시간의식의 추상적인 확립은 고학년이 되면서부터이다.

역사의식이 나타나는 것은 3~4학년경이며, 아동 후기에 이르면 시간의식도 복잡해지고 공간적 이해도 높아지면서 역사소설이나 탐정물을 즐기게 된다.

2) 사고력의 발달

언어능력은 문자언어(읽기와 쓰기 능력)의 발달이 현저하며, 읽기는 1학년 1학기 말에, 쓰기는 1학년 2학기 말에 거의 전부 가능해진다. 이 시기는 어휘수의 증가가 심한데, 지적 흥미의 범위와 크기의 비약적인 확대에 비례한다. 그리고 기억이나 주의력의 지속적인 향상과 더불어 표현력이 높아지며 동일 주제에 대한 계속적인 추구도 가능해진다.

아동기에 들어서면 약간은 직관적 사고나 자기 중심성 등의 유아기의 전조작적 사고의 특징이 남아 있다. 그러나 7~8세경에 이르면 구체적 장면에서의 구체적 사물을 통한 '논리적 사고'가 가능해지면서 Piaget가 말하는 구체적 사고기에 들어서게 된다.

따라서 유아기 때는 곤란했던 '보존의 개념'을 획득하게 되고, '가역적 사고'(논리적 사고체계의 기본 인식의 한 측면)가 가능해진다.

아동기 중기 이후가 되면 '지식생활 시대'라고 불리어지는 것처럼, 인과관계나 공간의 위치나 거리에 관한 지리적 관계, 역사적 사건에 대한 시간적 관계 등에 대해서 흥미가 왕성해진다.

11~12세의 아동기 후기에 이르면 청년기 사고의 특징이라 할 수 있는 형식적·조작적 사고의 싹이 돋아나게 된다. 즉, 현실경험과는 모순되는 순수한 가설에서 출발한 것이라도 형식적 조작에 의해 연역적 추리가 가능하게 된다. 따라서 아동기 사고의 특징은 '탈 자기 중심성', 즉 객관적인 사고가 가능하다는데 있다.

3) 기억력의 발달

(1) 기계적 기억과 논리적 기억

E. Brunswik는 기억실험의 결과를, 재료·형태·의미의 세 가지 기준하에 분석·채점하여 6~18세까지의 기억발달을 밝혔다. 재료의 기계적 기억은 11~12세경에 정점에 이르고 그 이후엔 정체된다. 순서나 위치의 기억(형태기억)은 15~16세경에, 의미내용을 논리적으로 기억하는 의미기억은 17~18세경까지 발달한다.

아동기의 기억기능의 발달에 있어서의 특징은 기계적 기억이 왕성하다는 데 있다.

(2) 시각적 기억과 청각적 기억

시각적 기억과 청각적 기억을 처음 발달적으로 연구한 사람은 F. Smedley이다.

숫자 재생의 실험 결과, 8세경까지는 청각적 기억이 뛰어나며 9세경부터는 시각적 기억이 더 발달되고 있음을 밝혔다. 따라서 아동기 중기부터는 음독보다 묵독이 더 바람직하다고 하겠다.

4) 지능 발달의 특징

지능검사에 의해서 일반지능의 연령적 발달을 연구한 것으로는 D. W. Wechsler의 연구가 있는 바, 결과는 [그림 7-1]과 같이 아동기의 일반 지능은 거의 직선적인 발달의 일부를 나타내고 있다.

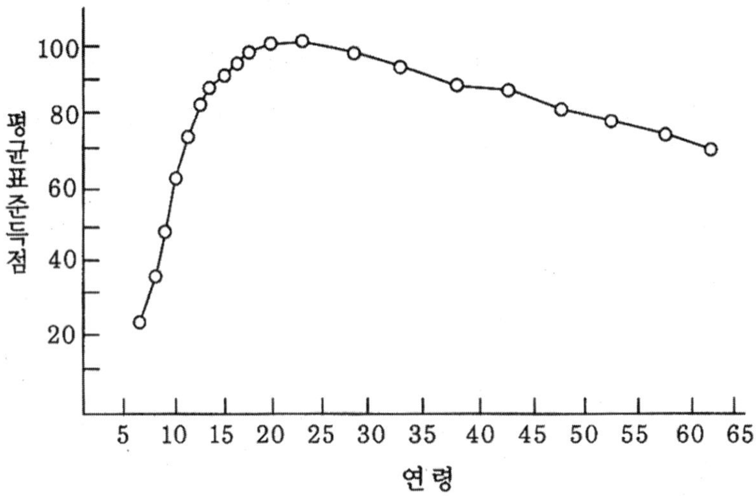

[그림 7-1] 지능의 발달 곡선

5) 호기심의 발달

아동기의 호기심은 그들의 지적 발달에 따라 호기심을 끄는 영역이 넓어지고 따라서 더욱 많은 학습의 동기를 유발시키게 되어 학습과 행동을 능률적으로 하게끔 하는 역할을 한다. 학동기의 호기심의 대상은 주로 자연현상에 관한 객관적인 지식이다.

8세경부터는 독서력의 발달에 따라 직접적인 탐구 또는 질문을 통해서 만족을 얻지 못한 호기심은 독서를 통해서 만족하게 된다.

아동기의 호기심의 경향을 독서 측면에서 볼 수 있는 바와 같이 그의 성장·발달 수준에 따라 호기심의 경향이 다르므로 아동의 학습이나 행동지도에 있어서 이 경향성을 항상 고려해야 한다. 아동들은 특히 정적인 대상물보다는 동적인 영화, TV 등에 호기심을 가지므로 이로 인해 다른 학습이나 그의 성격형성에 영향을 미치는 바가 지대하다.

호기심에 영향을 주는 주요인들은 생활환경, 교우관계, 시간적 조건, 아동의 내적 조건 등에 따라 다르다. 호기심을 지도하는 데 있어서 중시해야 할 내용은, 아동에게 자극이 될 수 있는 환경요소를 정비하여 호기심을 건전하고 다방면으로 가질 수 있도록 적성을 기르고, 지적인 호기심을 가질 수 있도록 지도해야 한다.

3. 정서발달

아동기는 일종의 정서적 충실기이며 안정기이다. 정서면에 있어서도 혼란이나 흥분은 비교적 적다. 활동범위의 확대에 의해서 많은 사람이나 사물과의 접촉경험의 풍부화가 안정화의 원인으로 작용하기 때문이다. 정서를 단순하게 표출하면 주변 친구들이 어린애 같다고 친구로 인정해 주지 않을까 염려되어 감정을 억제하고 통제하는 세련된 감정경향을 나타내는 수가 많다.

이와 같은 정서적 행동은 사회적 행동과 특히 밀접한 관계가 있어서 공포, 분노, 질투, 애정, 동정 등 어느 것이나 이를 사회적 행동으로 볼 수도 있다.

1) 울음 정서

유아는 툭하면 잘 울어대지만 아동기에 접어들면서부터는 통제가 가능하게 된다. Gesell이 지적하고 있는 것처럼 7세가 되면 우는 일은 매우 감소된다. 그리하여 9세가 되면 부당하게 화를 내게 하는 경우 외에는 울지 않는다. 울음을 나타냄에도 성차가 있어 여아 쪽이 남아보다 우는 일이 더 많다. 여성심리 특성의 하나라 하겠다. 정서상의 강도가 그 원인이라 하겠다.

2) 공포 정서

아동기의 공포 요인은 시각적 · 정서적인 대상이나 구체적이고 직접적인 자극에 의한 것보다는 상상적 · 가상적인 것, 비현실적, 초자연적인 것에 대한 공포가 많아진다. 즉, 어두움과 관련된 상상적인 사물, 귀신, 도깨비, 죽음과 사체와 연합된 사물 등과 같은 것에 공포 정서를 유발하고 실패와 조소 혹은 위신에 대한 공포 등을 경험한다. 이는 구체적 현실에서의 공포가 아니라 공포반응이 경미한, 즉 근심 걱정의 형태로 나타난다.

특히 근심은 가족에 관한 것, 학교일에 관한 개인적 · 사회적인 문제, 자기의 건강에 관한 것 등에서 많아진다. 또한 중시해야 할 것은 이 시기의 공포대상이 성인기까지도 그대로 공포를 유발한다는 것이다. 불, 질병, 물에 빠지는 것과 같은 신체적 상해를 두려워하는 것이나 동물을 위험시하여 무서워하는 것, 초자연적인 것의 공포, 암흑이나 홀로 있는 것을 두려워하는 것이 그대로 성인기까지 지속되는 것이다. 성인기의 이와 같은 불안정서는 아동기의 심한 공포 경험에 의한 것이라 할 수 있다.

공포의 표현은 때로는 반대현상을 나타내는데, 즉 반항 · 난폭 · 허세 등이 사실은 공포의 표현일 경우도 있다. 이는 자기의 약점을 감추려는 수단으로서 표현되는 경우도 있다. 공포는 아동의 행동발달에 많은 영향을 미친다. 공포심이 너무 없는 것은 관심과 주의가 부족한 이유이므로 어느 정도의 공포심을 기르고 공포나 위험에 대하여 준비태세를 갖도록 지도해 주어야 한다.

아동의 잘못된 공포반응을 제거하기 위한 지도는 공포의 대상에 대해 잘 설명해 주고, 안정감과 자신감을 높이도록 하며, 공포사태를 직접 처리하는 대처방식을 지도하고 모방법 혹은 공포사태를 유쾌한 경험과 결부시켜 흥미있게 적용하도록 한다. 그리고 일반적으로 흔히 쓰이는 질책 · 조롱 · 무시 등의 방법은 오히려 공포반응을 조장시키기 쉬우므로 바람직하지 못하다.

3) 불안 정서

불안은 미래의 위험을 예상할 때 생기는 약한 공포반응이다. 따라서 불안은 강렬하지 않고 지속적인 기분으로 나타낸다. 아동기는 지적 발달 특히 상상력의 발달과 생활권의 확대에 따라 여러 가지 문제에 대해서 불안이 생긴다.

이 시기의 불안은 주로 부모의 자녀에 대한 기대 과잉에서 오는 갈등과 교사의 전제적 지도에 대한 공포 그리고 가정생활과 학교생활과의 부조화의 영향을 크게 받는다. 심한 불안의식은 문제행동을 일으킬 가능성이 많으므로 빨리 발견하여 해소시킬 수 있는 방법으로 지도해야 한다. 그러나 적당한 불안의식은 아동들의 여러 행동규범에 사회적인 통제를 할 수 있으며, 이는 또한 양심을 형성하는 데 도움이 되므로 적절한 불안지도는 아동의 성장 · 발달에 도움을 줄 수 있다.

4) 분노 정서

이 시기의 분노는 보다 많이 사회적 관계에 관련되어 일어나며 공포보다 훨씬 자주 나타난다. 표출방법도 파괴적 행동표출이 아니고 물건이나 사람에게 향한 행동으로 직접 나타난다. 또한 분노표출은 직접적 신체공격이 아니고 간접적인 방법으로 언어적 공격을 많이 사용한다.

이 시기의 분노 자극 요인은 욕망이 좌절되었을 때, 진행 중인 행동이 방해될 때, 자기의 결점을 들추어 낼 때, 놀림을 받을 때, 꾸중을 들을 때, 타 아동과 불유쾌한 비교를 할 때, 자기의 실수나 어리석음을 알았을 때, 또는 무시당할 때 등이다.

중학년쯤 되면 놀이 과정에서 욕구불만에 기인한 싸움이 빈발한다. 이러한 싸움은 저학년 때에는 신체적 공격이 많지만, 중학년 이후부터는 말싸움이 증가된다. 특히 사회적 명예의 침해가 원인이 되는 수가 많다.

5) 정조

정조(情操, sentiment)란 정신적 · 가치적인 대상에 향하는 세련된 고등감정 반응을 뜻하는 바, 아동기에는 도덕적 정조가 잘 발달되어 있으며, 특히 정의감이 강하다.

정조는 자기가 좋아하고 존경하는 사람이 갖는 가치감을, 그들에 대한 '동일시'로서 받아들이게 되고(접근의 법칙), 또한 자기의 가치체계가 여러 사람들에게 공감과 찬동을 불러일으키는(효과의 법칙) 경우와 같은 환경 속에서 알게 모르게 학습되어 몸에 배게 되는 것이다.

4. 사회성 발달

1) 학급집단과 또래 친구집단

아동기의 큰 특징의 하나는 사회성의 발달이다. 이것은 '학급집단'의 구성원으로서 경험하는 여러 가지 집단활동이나 아동기 중기부터 학교나 지역사회에서 형성되는 '또래 친구집단'에의 참가를 통해서 달성된다. 그러나 저학년에서는 학급이 하나의 집단으로서 형성되어 있지만 아동 상호간의 응집성은 약하고 개인 경쟁적인 관계가 심하여 한 사람 한 사람이 직접 교사와의 관계 속에서 인간관계가 전개되는 데 지나지 않는다.

학급집단이란 학교라는 조직체에 의한 인위적인 집단이며 학생의 자유 의사에 의해서 변경할 수 없는 강제적인 집단이다. 저학년일수록 학급집단은 교사의 힘에 크게 영향을 받으며, 고학년인 경우 교사의 힘보다 아동상호간의 관계가 강화되어 강한 통일적인 집단구조로 발달되어 간다. 학급집단의 구조와 형태의 발달 경향은 다음과 같다.

(1) 다수분리기(고립기)

학교 입학 초기나 학급의 재편성시에 아동이 모두 고립되어 있는 형태로 적당한 대인관계를 맺으려고 집단 내를 탐색하는 시기이기도 하다.

(2) 분단분리기

2~3학년 학생에게서 볼 수 있는 것으로 친한 친구끼리 소집단을 이루나 집단 상호간에는 결합이 없다.

(3) 일부집중기

인기가 있는 자를 중심으로 해서 상호선택의 관계가 거의 없고 한쪽으로 지나치게 치우치는 집단형태를 말한다. 3~4학년에서 볼 수 있다.

(4) 분단결합기

친한 아동끼리 소집단을 형성하고 소집단끼리 결합하고 있는 경우로 가장 바람직한 형태의 학급구조이다.

(5) 통일결합기

한 사람 내지 두세 사람의 지도자가 있어서 학급 전원이 사이좋게 결합되어 있는 형태이다. 5학년 이상에서 볼 수 있다.

이와 같은 학급구조의 발달은 초기에는 주로 지역적 친구결합이던 것이 학급으로서의 독자적 기능의 강화와 함께 친구관계는 동급생 중심으로 발전되어 간다.

2) 교우관계의 발달

교우관계가 아동기 성장 · 발달에 중요성을 갖는 것은 아동에게 직접적 충족을 주는 것뿐만 아니라 보다 넓은 사회에 적응할 수 있는 자질을 형성해 준다는 데 있다. 사회적 지식을 넓혀 주고 성적 자각을 확고히 하고 이에 따라 관심 태도 기술이 세련되며, 집단생활의 주고받는(give and take) 요령을 습득하게 되는 것이다.

아동의 친구선택 및 거부의 조건은 일반적으로 빈번한 접촉의 기회와 동일한 흥미 및 요구가 친구선택의 중요한 조건이 되며 특히, 저학년에 있어서는 집이 근처다, 통학로가 같다, 좌석이 가깝다, 함께 논다, 어머니끼리 친구이다 등의 외부적 · 우연적 이유가 많지만 중학년부터는 이런 이유가 점차 줄어들고 성격적 이유, 즉 친절하다, 명랑하다, 온화하다, 호감이 간다 등의 이유로서 선택하고 또한 동무의 성격을 좋아하거나, 희망 · 목적 · 취미가 동일하다는 등의 내적 · 인격적 이유로서 결합된다.

G. Belden에 의하면 이 시기의 아동은 생활연령 · 정신연령 및 학업성적이 비슷한 아동끼리 상호적인 친구관계를 형성하려 하며, 연령차가 많은 아동, 성적과 지능이 특히 우수하거나 열등한 아동, 적응성이 부족한 아동은 누구에게도 선택을 받지 못하고 고립되기 쉽고, 적응성이 뛰어난 아동에게 매력을 느끼며 상대방보다 정신적으로는 우수하나 학업성적이 떨어지는 아동 또는 상대방보다 정신적으로

는 뒤지나 학업성적이 좋은 아동은 모두 상대방으로부터 거부되는 경향이 있다고 하였다.

아동의 친구결합의 주관적 요인의 발달 경향을 보면, 상호접근의 요인은 학년이 높을수록 감소하고, 동정, 애정의 요인은 약간 상승하지만 대부분 항상적이고 성격이나 흥미일치 등은 연령의 증가에 따라 발달하고 특히 남아에 있어서는 인격적 특성, 존경, 사상의 일치 등이 중요 요인이 될 수 있다. 여아 경우는 각 연령에 따라 동정, 애착의 요인이 중요한 친구 선택요인이 되고 있다.

친구관계의 분리 요인의 발달 경향을 보면, 유기적 반감의 요인은 연령에 따라서 증가하고, 혐오감의 요인은 연령의 증가와 함께 상승하고, 배척작용의 요인은 대체로 고정적이며 폭력싸움의 요인은 연령의 증가에 따라 감소한다. 여아는 남아에 비해 유기적 반감과 혐오감의 감정적 요인이 높은 경향이 있고, 완력 · 싸움 · 언쟁의 요인은 낮은 경향이 있다.

아동의 친구결합 또는 분리의 객관적 요인은 주로 생활연령, 정신연령, 운동능력, 성격적 특성, 가정의 사회 · 경제적 위치 등이며, 대부분 이들 요인이 비슷한 아동끼리 상호 친구관계를 맺는 경향이 있다.

이 시기의 친구관계 내용은 7~8세 경에는 동성 친구하고만 어울려 자기 성에 맞는 놀이를 즐기고 남아는 서로 어울려서 여아를 쫓아 이를 골려주는 행동을 한다. 9~11세까지는 다른 여아와 접촉하는 것 자체에 불안을 느끼거나 이에 특별한 관심을 보이는 모습을 볼 수 있다.

아동의 사회집단에서 아동을 인기 있게 작용하는 요인은, 남아는 그 사회와 문화에서 전형적인 남성유형이라고 생각되는 성격이며, 여아는 전형적인 여성의 성격을 가졌을 때이며, 사회계층 요인도 중요한데 특히 하류계층 아동은 인기나 평판이 좋지 않다. 그 이유는 하류계층 아동은 행동이 공격적 · 호전적이며 건강상태도 불량하고 외모도 단정하지 못하고 불공평한 놀이를 하기 때문에 친구들이 싫어한다.

인기 있는 아동은 또래집단(peer group)으로부터 인정을 받고 있다는 감정이나 안전감을 많이 느끼게 되고, 집단 내의 행동경향의 선도역할을 하게 되며 다른 친구에게 직접·간접으로 작용하여 그 친구를 변화시키고 어떤 행동을 하게끔 할 수도 있다. 이와 같이 또래집단 내에서 인기 있는 아동은 가정 내에서 좋은 대우를 받아왔고 좋은 성격 특징을 가졌을 경우가 많으며, 그리고 집단 내에서 지지를 많이 받을수록 진취적인 지도력이 형성되기 쉽다.

이 시기의 교우관계는 아동의 사회적 행동 발달에 중요한 의의가 있으므로 부모나 교사는 그 요인을 파악하여 적절한 지도를 함으로써 아동을 그들의 집단 내에서 인기 있게 할 수 있고 아울러 바람직한 사회성의 발달을 촉진할 수가 있다.

3) 도당시대

아동 전기에는 자연 발생적인 놀이 집단이나 짝패(同人, clique)를 이루어 놀았으나 아동 후기에 접어들어서는 강한 연대성과 소속감과 폐쇄성을 갖는 또래 친구집단인 '도당'(徒黨)을 형성하게 된다. 소위 도당기(gang age)라 불리우는 것이다. 이 시기가 갖는 특징으로서는 ① 친구와 같이 행동하기를 좋아하며 놀이나 운동경기, 때로는 장난도 공동으로 행한다. ② 친구로부터 승인이나 인정을 받고자 하는 욕구가 강하며, 친구의 의견에 동조하고 친구의 기대에 부합하고자 자기의 역할을 충실히 이행하며, ③ 자기들끼리 통하는 은어나 소지품을 가지며, 우리라는 감정(we-feeling)이나 의식이 강하고 집단의 응집성이 높으며, ④ 외부에 대해서는 강한 폐쇄성과 배타성을 나타내는 수가 많다. ⑤ 또한 집단구성원 상호간에는 '우리의 맹세'와 같은 규칙을 정해 놓고 이에 대한 이행이 철저하며, 리더의 명령은 부모나 교사보다도 더 강할 만큼 통솔·종속 관계가 철저하다.

4) 집단생활과 사회성의 발달

학급이나 도당에서의 집단생활을 경험하는 일은 아동기의 발달에 있어서 극히 중요한 의미를 갖는다. 이러한 횡적 인간관계 속에서 집단을 유지하기 위한 집단

규범의 준수, 상호협력, 욕구의 자기 통제 등 기본적인 사회생활을 영위하기 위한 기술이나 태도가 깊이 학습되어진다고 하겠다. 그러나 도당간의 대립항쟁 등은 경우에 따라서는 비행과 연결될 수도 있다는 점에서 교육지도상 특히 유의할 점도 많다.

5. 도덕성 발달

1) 도덕성 발달의 단계

Piaget는 도덕싱의 빌달단계를 ① 습관의 단계(4세까지), ② 성인의 요구에 합치하는 단계(5~7세), ③ 친구와의 평등관계와 상호작용의 단계(8~9세), ④ 행동의 동기를 이해하는 단계(10~14세), ⑤ 규칙, 원리, 이상을 체계화하는 단계(15세 이후)로 나누고 있는 바, 5세에서 14세까지를 도덕판단의 기준이 생기는 시기로 보고 있다. 바로 이 시기는 아동기가 주로 해당된다.

또한 Piaget의 이론을 더 한층 발전시킨 L. Kohlberg의 이론 [도덕발달의 3수준과 6대 유형 단계설 ; 전 도덕수준 : (① 처벌과 복종에 의한, ② 보상과 쾌락에 의한), 관습 도덕수준 : (③ 승인을 얻고 비난을 피하기 위한, ④ 합법적 권위와 규칙에 의한), 자율적 도덕수준 : (⑤ 약정된 의무와 공인된 법칙에 따른, ⑥ 개인의 양심에 의한 도덕성)]에 있어서는, 타인으로부터 승인이나 인정을 받고 비난을 피하기 위해 규칙을 지키거나 합법적 권위나 정당한 권위자의 지시나 준칙을 지키고자 하는 단계의 도덕성이 곧 아동기에 해당하는 도덕성 수준이다(제11장 제4절 참조 바람).

2) 외적 통제에서 자기 통제로

유아기에는 자기의 욕구의 통제나 선악의 구별이 어느 정도 가능하지만, 이것은 무엇보다 유아에 있어서 신뢰의 대상인 부모나 보육자 등의 어른으로부터 받는 외적 통제에 의한 것이다.

결국 유아기에는 행위 그 자체의 기준을 이해하고 있는 것이 아니라 벌을 회피하고 어른으로부터 보상과 칭찬을 얻기 위해 행위를 구별하는 면이 강하다. 그러나 아동기에 들어서는 외적 통제 대신에 자신에 의한 '자기 통제'가 가능해진다. 이러한 자기 통제의 발달 과정은 다음과 같은 '만족지연 행동' 및 '자기 강화행동'의 발달에 잘 나타나 있다.

(1) 만족지연 행동의 발달

만족지연 행동이란, 장래의 '가치 있는 결과'를 손에 넣기 위해 당면의 욕구를 만족시키는 행동을 억제하는 것이다. W. Mischel가 R. Metzner의 실험에서는, 유아나 저학년에선 지연 후 대보수보다 직후 소보수를 선택했으나, 3~4학년 이후의 아동들은 지연 후 대보수가 우세했음을 시사하고 있다(그림 7-2 참조).

(2) 자기 강화행동의 발달

아동기 중기에는 과거의 경험을 통해 차츰 자기 행동결과에의 기대가 형성되고 그 기대에 입각한 행동의 기준이 설정되게끔 된다. 만약 행동이 그 기준에 부합된 경우엔 정적 강화(자기 칭찬), 부합되지 못한 경우엔 부적 강화(자기 질책)를 자기 자신에게 주게 된다. 이러한 강화는 부모나 교사 등 외부인이 주는 것이 아니라 스스로 주는 것으로 이것을 자기 강화(self reinforcement)라고 말하며, 이후 인간의 동기유발에 중심적 역할을 하게 된다.

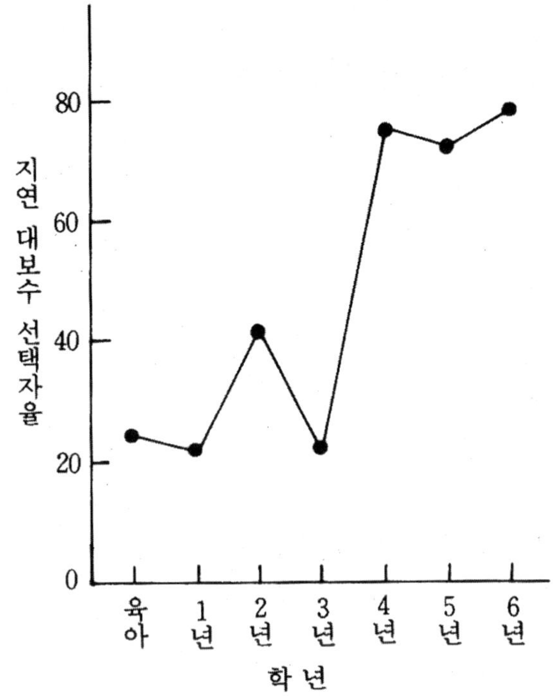

[그림 7-2] 만족지연 행동의 발달

3) 집단의 규범과 도덕성

도당시대에 들어서면, 또래 친구집단에서는 엄격한 상호견제에 의한 "동료간의 행동원리로서 도덕의식"이 발달하게 된다. 특히 또래친구 집단에서는 "모두가 지킨다", "모두가 실행한다"라는 공평과 평등의 원리가 엄격히 실천되고 불공평과 불평등은 최악의 일로 심판하게 된다.

따라서 이 시기의 도덕의식은 스스로의 자각에 의했다기보다는 실제로는 그 집단의 규범이거나 부모나 교사로부터 주어진 경우가 많다. 이와 같이 아동기를 도덕성 발달의 관점에서 본다면 "집단적 도덕, 타율적 · 권위적 도덕"의 단계에 있다고 볼 수 있다. 그 후, 청년기에 들어서면 자기의 내적 가치관이나 양심에 따라서 행위를 검토하는 '자율적 도덕'의 단계로 이행되어 가는 것이다.

6. 발달 및 행동장애

1) 유전적 · 선천적 요인

(1) Morbus Cushing syndrome

이것은 대부분이 종양에 의해서 생긴다. 이 쿠싱 증후군은 쿨티존 치료가 많이 보급됨에 따라 이러한 호르몬 치료의 부작용으로 나타날 수도 있다. 흔히 여아에게 더 많이 나타나는 쿠싱 증후군은 동체의 비만증이 특징이다. 이의 특징은 얼굴색이 대단이 붉고, 뺨에 살이 많이 찌고, 피부는 얇고 민감하며, 청적색의 선이 있다. 보통 왜소와 골다공증(osteoporosis)이 현저한 특징으로 나타난다.

(2) Laurence-Moon-Bardet syndrome

이것은 열성유전병으로 비만과 정신박약 및 성선기능감퇴증(hypogenitalism)과 망막변화, 그리고 다지증(多指症, polydaktylie)이 특징으로 나타난다.

(3) Dystrophia Adiposo Genitalis syndrome

이것은 비만과 왜소증, 성선기능감퇴증의 결합이다.

이상의 비만아들의 특징적 성격은, 쉽게 단념하고 슬프고, 억압을 잘하며, 자기풍자적 경향이 있는 선량함을 나타낸다. 이들은 무엇보다도 이들의 선량함 때문에 조롱감의 대상이 되기도 한다. 어떤 경우에는 이러한 비만증 아동 가운데서 어느 정도의 유아적인 정신발달의 지체를 관찰할 수 있다.

2) 외인성 기질적 요인

(1) 대간질(grand-mal-epilepsy)

모든 종류의 뇌손상과 장애는 간질을 야기시킬 수 있으며 또한 대간질형으로 나타날 수 있다. 대발작 과정은 전형적인 규칙성을 나타낸다. 즉, 대발작은 전조(前兆, aura)로 시작되고 긴장기가 뒤따른다. 그 다음 경련기(clonic stage)가 오며 말기에는 수면으로 끝난다.

(2) 체질형

조발성 청춘(pubertas praecox)으로도 불리우는 이 형태의 원인은 파악할 수 없으며 포괄적으로 나타난다. 성(性) 성숙이 너무 일찍이 시작되어 여아의 경우는 8세에, 남아의 경우는 10세 이전에 시작된다. H. Stutte는 바로 이 조발성 청춘의 형태가 오늘날 자주 진단된다는 것을 강조하고 있다.

(3) 조발성 청춘뇌형

이 형태는 뇌하수체 중추영역에 국소적 뇌변화로 초래된다. 이는 종창에 기인된 것이다.

(4) 독서곤란증(legasthenia)

독서곤란증(legasthenia)은 초등학교 저학년에 주로 나타나는 증후이다. 독서곤란증은 읽고 쓰는데 필요한 추상적 시각인상을 파악하고 유지하는 능력이 없거나 약한 것을 뜻한다. 일반적으로 이 장애는 대단히 심하게 각인되어서 실제로 읽기와 쓰기 학습이 불가능하다. 주로 뇌손상에 기인된 발달장애 현상이다.

(5) 실행증(失行, apraxia)

실행증(失行, apraxia)이란 운동마비나 운동실조 등 운동기능장애 등이 없는데도 불구하고 일정한 행동을 할 수 없는 상태를 말한다. 그림그리기나 나무토막 쌓기 등 구성행위가 안 되는 구성실행(constructive apraxia), 목적하는 바의 행위가 안 되는 기회실행(ideatoric apraxia) 등이 있다. 원인은 신경계 발달의 불완전 탓으로 보고 있고, 지능은 정상이다.

3) 심리적 요인

(1) 입학신경증 및 학교공포증

이것은 학교에 가는 것을 대단히 불안하게 생각하는 신경증 형태이다. 이에 속하는 신경증 형태로는 오줌싸개와 똥싸개 또는 말더듬이나 편두통 등이 있다.

학교공포증은 아동과 부모와의 관계가 근본적으로 장애받은 경우에 나타난다. 이러한 관계장애는 특히 학교불안에서 뚜렷한 것으로, 부모와 특히 어머니와의 분리를 아동이 잘 극복할 수 없기 때문이며, 또 아동이 아직도 어머니와 일치되어 있는 유아단계에 있기 때문에 잠시라도 떨어질 수 없기 때문이다. 그러므로 학교공포증은 아동기 불안신경증의 특수형태로 볼 수 있다.

(2) 강박신경증

아동기 강박신경증은 일반적으로 10세경에 나타난다. R. Lempp의 연구에 의하면 10세는 심한 아동기 강박신경증이 발현되는 시기로서 유일한 아동기 노이로제이다. 원인은 대체로 부모가 아동에게 어려서부터 엄격하게 강요한 도덕적 원칙들과 관련된 부모－아동 관계의 장애에 기인된다. 부모가 강조 지도한 가치척도가 부모의 실제생활과 상치될 때 강박신경증을 유발시킨다. 주 증상은 스스로 병이 났다고 느끼고 괴로워하며 질병획득으로 나타난다.

제8장

청년기의 발달

1. 일반적 경향
2. 신체 및 운동능력 발달
3. 지적 발달
4. 정서 발달
5. 사회성 및 성격의 발달
6. 행동장애

1. 일반적 경향

청년기는 아동기에서 성인기로 이행하는 과도기로 12~13세에서 21~22세까지를 의미한다. 청년기를 일반적으로 청년 전기(13~15세, 중학교 시기), 청년 중기(16~18세, 고등학교 시기), 청년 후기(19~22세, 대학교 시기)로 구분한다. 특히 청년 전기는 사춘기로서 여러 발달이 현저하고 청년 후기에는 비교적 안정된 양상을 나타낸다.

청년기의 가장 큰 특징은 아동이 성인으로 발달하는 과도기라는 데 있으며 이는 아동기에도 성인기에도 속하지 않는 독특한 시기이며, 동시에 양자에 모두 속하는 시기이다. 청년기는 이와 같이 이중의 성격을 갖는 점에 문제가 있다. 때로는 아동으로 때로는 성인으로 대우받고 때로는 어느 편에도 속하지 못하는 시기이기 때문에 청년이라는 말을 주변인(marginal man) 또는 중간인이라고 부르기도 한다. 중간인으로서의 청년은 정신적 · 신체적으로 불안정과 불균형의 심한 긴장이 일어난다.

또한 청년기에 있어서는 정신적으로 자아의식이 확립되어, 환경과 대립하는 새로운 자아에 눈을 뜨게 된다. Spranger는 이 현상을 자아의 발견이라고 하였고, 자아의 발견은 또한 내면적으로 자기 자신을 관찰하는 생활과 연결된다고 하였다. 청년은 고독을 즐기려 하고 그로부터 내성적인 생활이 시작되는 것이다. 결국 이러한 것은 청년으로 하여금 정신적인 주체성을 갖게 하며 이제는 아동이 아니라는 것을 주장하기에 이른다. 또한 Erickson도 청년기를 주체성 대 역할혼미의 단계라고 하였다.

자아가 자각되면 자기 주장의 경향이 나타나고, 부모의 보호로부터 벗어나서 독립 태세를 갖추는데 이러한 독립의 요구를 Hollingworth는 심리적 이유(psychological weaning)라고 했다.

따라서 자아의 자각은 지성의 발달과 함께 객관의 세계와 외계의 권위에 대해서 비판적 · 반항적 · 부정적인 태도가 나타나며 주관이 강화되어 그들 생활의 모든 면에 주관이 침투된다. 급격한 신체적 발달 특히 성적 발달로 인해 심신의 전체적 평형이 깨져서 사소한 자극에 대해서도 강한 반응을 나타내며, 혼돈 속에서 자아가 자각되는 시기이기 때문에 정열적이고 성급해서 매사에 자기를 몰입하려고 한다.

그리고 다른 한편에서는 내면적으로 약동하는 힘에 의해 스포츠, 모험, 예술 등에 열중하게 된다. 자기와 사회와의 마찰은 자아를 각성시키고 청년을 반항케 할 뿐만 아니라 가치를 추구하고 이상을 갖게 한다. 여기에서 현실과 이상과의 모순을 발견하여 한편으로는 극단적인 이상주의자가 되는가 하면 다른 면으로는 현실부정, 현실도피의 경향도 벌인다. 청년이 어떠한 타협점도 찾지 못하게 되면 자기를 부정하든가 사회를 부정하여 불량행동과 범죄를 유발하게 된다.

청년기의 이와 같은 특성 때문에 Rousseau는 제2의 탄생기(newbirth), Bühler는 부정기(negative phase) 혹은 제2반항기, Hall은 질풍노도의 시대(storm and stress period)라고 하였다.

이상과 같이 청년기에 나타나는 여러 가지 문제발생의 근원을 살펴보면 신체적 · 생리적 성숙, 사회환경의 문화적 압력, 가치관과 이상추구 등에 의한 것이라고 할 수 있다. 청년기의 특징이라고 할 수 있는 여러 가지 과도기적 현상인 모순과 혼란, 반항성, 비판성, 내면적 생활의 발견, 자아의식의 고양, 정신적 독립 욕구 등은 성인체제에로 재체제화 · 재조직화되는 과정에서 나타나는 발달현상이라고 말할 수 있다.

2. 신체 및 운동능력 발달

1) 발달의 특징

일반적으로 청년기를 종합적이고 체제적인 면에서 청년 전기(중학교), 청년 중기

(고등학교), 청년 후기(대학교)로 구분하여 다룬다. 특히 청년 전기를 사춘기, 아동기로부터 청년기로 전환해 가는 이행기라 보고 청년 후기를 성인기로 가는 이행기라고 생각한다면 청년 중기는 청년기의 핵심적인 중심기라고 할 수 있으며, 또한 청년 중기는 청년기의 특색이 전형적으로 나타나는 시기라고도 할 수 있다.

발달 특성에 이미 언급했듯이 청년기는 사회적 · 심리적으로 과도기이지만 신체적으로도 과도기임은 분명하다. 청년 전기에 있어서의 신체적 발달의 속도는 아동기의 경우보다 빠르다. 신체의 외형적 발달은 물론 내면적 발달에 있어서도, 운동기능에 있어서도, 또 생식기능에 있어서도 급격한 변화를 보인다. 신체의 이러한 급격한 변화는 정신적 또는 정서적으로 여러 가지 동요와 불안정한 현상을 유발하게 되는 원인이 되고 있는 것이다.

2) 신장 · 체중 · 흉위의 발달

청년기의 신장 · 체중 · 흉위의 발달은 청년 전기인 사춘기부터 급격히 발달이 된다. 남녀 간의 성숙 정도를 보면 청년 전기에는 여자들이 남자들의 신장을 능가하는 발달을 하나 청년 중기가 되면 남자들의 신장이 증가하기 시작하여 계속적으로 여자들보다 큰 경향을 보인다. 이와 같이 신체발달은 대체로 여자가 남자보다 빠르게 나타나고 또한 성숙도 빨리 끝나는 것이 일반적인 경향이다

3) 골격 · 근육의 발달

골격의 발달은 뼈의 크기, 수, 조직 등의 변화를 의미하는 것으로 신장 · 체중 · 흉위 등의 급격한 발달도 실은 골격의 길이, 무게와 근육과 피하지방 조직의 발달에 의존하는 것이며, 골격의 크기는 청년기의 시작과 더불어 동시에 현저하게 발달하며 대체로 20세에 그 발육은 정지한다고 한다.

골격의 발달과정을 보면 여자는 6세까지는 남아에 비해 약 1년 가량 앞서고 8세에서는 1.5년 앞서고 청년 중기까지는 2년 정도 앞서나, 16세에 발달은 절정에

달한다. 한편 남자는 12~13세 이후부터 점차적으로 여자의 발달을 뒤쫓아가 17세경에는 여자와 동일한 정도가 되며 20세경에 그 발달이 정지된다.

청년기의 현저한 특징은 상지와 하지가 급속히 발육하고 여자의 경우는 골반의 폭이 넓어지고 근육과 피하지방 조직이 현저하게 발달되며 살결이 부드럽고 통통해지고 소위 여성다운 체형(feminity)이 형성된다. 또한 과격한 운동을 싫어하고 피하게 되며 이로 인해 여자의 근육은 남자와 비교해서 약화되고 운동능력 또는 운동에 대한 흥미에 있어서도 그 성(性)차가 뚜렷하게 나타난다.

그에 따라 체형도 아동기에는 남녀 간에 신체적 윤곽이 별 차이가 없었던 것이 청년기에 들어서서는 현저한 차이를 나타내는데 남자의 체형은 각선이 직선적이고 허리가 굵고 어깨의 폭이 넓은 것이 특징이며 이와는 반대로 여자는 각선이 완곡하고 허리가 가늘고 어깨의 폭이 좁다.

치아는 12세경까지는 영구치 32개 중 26~27개가 발생하며 특히 청년 전기에 들어서 치아발달의 속도가 빠르고 남자보다 여아가 빠르다. 12~14세에 제2 대구치, 18~25세에 제3 대구치가 발생되며 영구치의 발생은 완료된다. 이 시기에는 턱, 코, 인, 후두가 현저하게 발달하므로 얼굴 형태는 성인과 같은 형상을 나타낸다.

4) 운동기능의 발달

청년기의 급격한 신체발달과 더불어 운동능력의 발달도 현저하게 나타난다. 특히 운동발달은 근육 및 신경계의 발달과 긴밀하게 대응하고 있어 행동의 여러 발달에 밀접한 관계를 가지고 있고 성격발달에 영향을 준다. 즉, 운동신경이 발달되면 활발한 성격을 가지며 모든 일에 자신을 가지고 행동하게 되나 운동능력 발달의 지연은 사회적 부적응이 되기 쉬우며 문제아가 되기 쉽다.

M. C. Jones는 체력 역량검사에서 우수한 점수를 얻는 사람은 명랑하고 인기가 높으며 사회생활, 가정생활에 있어서도 적응을 잘하고 반대로 낮은 점수를 얻는 사람은 긴장감 · 열등감 등으로 불만이 많으며 또한 가정생활과 사회생활에 있어

서도 부적응 행동을 한다고 지적하였다.

운동능력 발달의 일반적 경향을 보면, 여러 종목에 있어서 남자는 여자보다 우수하며, 남자는 청년기까지 비교적 향상적 진보율을 보이며 청년기에 더욱 급격히 발달한다. 여자는 13~14세경에 점차로 정체하는 경향을 보이고 특수기능이 필요한 운동일 때는 특히 남녀의 차이가 뚜렷해진다.

운동능력의 발달에 있어서 남녀 간의 차이가 현저한 요인 중, 신체적 요인으로는 남녀 차이가 다르고, 골격·근육의 조직이 다르며, 구간(軀幹)의 차이, 내장기관의 차이, 여자의 월경 및 월경에 수반되는 신체적인 변화를 들 수 있고, 정신적 요인으로는 신체미에 대한 관심, 사회적 관습으로부터의 제약, 운동능력의 발달에 대한 관심의 차이 등을 들 수 있다.

5) 성적 발달

청년기에 있어서 가장 커다란 변화는 신체변화, 즉 제2차 성적 특성의 발현이다. 청년기에는 2차적 성특징(secondary sexual characteristics), 즉 성기관의 발달이 현저하게 나타난다. 이 시기의 신체발달에 성 성숙 현상을 유발케 하는 것은 내분비선의 작용이며 특히 뇌하수체(pituitary gland)가 중요한 역할을 한다.

뇌하수체의 전엽에서 분비되는 성장 호르몬은, 갑상선을 자극하여 신체의 성장을 촉진한다. 또 같은 전엽에서 성선 자극 호르몬이 나타나 성선 호르몬의 분비를 통해 남녀의 생리적 발육을 촉진시키면서 제2차 성징이 나타나게 된다.

갑상선은 동화작용을 조절하고 있지만 청년기에는 동화속도가 일정하지 않기 때문에 신경이 어지럽거나 흥분하기 쉽다. 여자는 월경개시 전에 이러한 상태가 나타나기 쉽다.

제2차 성징은 남자는 13~14세경에 나타나며 여자는 12~13세경에 나타난다. 따라서 이 시기의 2차 성징의 발달은 각각 남성의식, 여성의식을 높여 준다.

남자의 생식선인 고환은 11~15세경부터 성숙을 시작하여 15~19세 이후에야 완성된 정자와 남성호르몬을 분비한다. 즉, 고환은 15세경 사춘기까지 성숙이

완성되어 가며, 고환에서 분비되는 남성호르몬 작용으로 목소리가 굵어지고, 수염이나 털이 나서 남자답게 되는 동시에 정자를 만들어서 생식을 할 수 있는 자격을 갖게 된다. 그러나 정자는 사춘기를 지나 3~5년이 되어야 가장 활발하게 만들어지고 중년 이후에는 저하되기 시작하나 여자와 달리 70세 이후까지도 쉬지 않고 계속 생산은 된다.

난소는 12세에 성인의 40%, 16~17세경에 50%~60%, 20세까지 완전한 기능으로 발달한다. 난소의 기능이 개선되면 제2차 성징이 나타나고 난소가 위축하면 갱년기를 지나서 노년기로 들어간다. 또 사춘기에 난소를 제거하면 제2차 성징이 나타나지 않는다. 난소의 기능은 종족보존을 위한 난자를 생산하고 여성 특유의 특성을 나타내는 난소 호르몬(estrogen, progesteron)을 분비하게 한다. 즉 2차 성징이란 성호르몬의 분비에 의해서 나타나는 신체모습의 변화와 특징, 즉 남녀의 모습에서 뚜렷하게 차이가 나타나는 것을 말한다.

남자의 경우에 있어서는 치모가 음경 기저부에 솜털모양으로 나서 이것이 착색되고 다음에는 겨드랑이에 털이 나고 윗입술, 팔뚝, 다리, 무릎 등에 검은 털이 발생한다. 목소리가 변성되고, 유방이 증대되며, 수염이 생기고, 가슴, 유방에 털이 생긴다. 이 때 이마도 벗겨지고 앞이마가 넓어진다.

또한 골격 구조와 근육이 단단하고 강인해지며, 피지선(sebaceous glands)의 발달에 의한 피부의 광택, 여드름의 발생, apocrine sweat gland의 발달에 의한 발한과 남성적 체취 등을 들 수 있다.

이상과 같은 여러 가지 2차 성징의 변화는 청년기를 정하는 기준이 되며 청년전기, 즉 사춘기에 성적인 성숙 변화가 가장 심하다. 사춘기에 볼 수 있는 생리적·성적 변화는 다음과 같다.

(1) 초경

청년기를 맞는 여자들에게 신체적으로 가장 충격적인 변화는 초경(menarche)이다. 일반적으로 초경은 공포, 불안, 수치심을 초래하기 쉬우며, 성적 예비지식이 없으면 더욱 심하게 나타난다.

월경(menstruation)은 주기적 내분비기능에 의해 생식기관 전반에 걸쳐 규칙적으로, 일정한 주기를 가지고 반복되는 자궁내막으로부터의 출혈을 말한다. 월경주기는 일반적으로 28일이라고 생각될 수 있지만 환경요인과 개인에 따라 차이가 있으며, 20일 전후로 빠른 사람과 35일 초과되는 늦은 경우도 있다. 여자는 이러한 고유의 월경혈을 가지고 있지만 정신적 충격이나 감정, 주위환경과 생활양식, 영양의 변화, 신병 또는 어떤 종류의 약물 복용 등으로 주기가 변동될 수 있다. 월경지속은 2~8일간이 정상이며 월경이 시작되기 전에 점액성 대하가 증가되어 월경 예정일에는 혈색을 띠게 되고 혈액이 배출된다. 월경 제2~3일에 양이 제일 많고 차차 감소되어 끝난다.

월경혈은 자궁내막에서 배출되는 혈액과 자궁내막의 분비액, 세포성분, 경관점액, 외음부 피지선의 혼합물 등이 혼합되어 독특한 냄새가 나는 암적색이다. 또 섬유소를 용해하는 단백질 용해작용이 있어 응고되지 않는다. 양은 보통 1회에 50~100cc이며 따라서 철분 소실량은 23.5mg/1회 정도라고 한다. 월경이 있을 때는 몸이 무겁고, 머리나 허리, 배가 아프며, 유방이 예민해질 수도 있고 감정적으로 다소 불안해질 수 있다. 이 시기에 초경이 있다고 해서 생식기관이 완전히 발달되었다고 할 수 없으며 또한 초경이 있은 후, 반년 내지 1년간은 대부분 월경이 불규칙하고 이 때는 무배란성 월경이기 때문에 이를 청년불임기(stage of adolescent sterility)라고 한다.

이러한 초경이 시작되는 연령은 보통 14세 전후인데 이는 인종, 기후, 민족, 문화 등에 따라서 차이가 있으며 또한 개인의 영양상태, 건강상태에 따라서도 다르게 나타난다. 즉, 열대지방에서는 12~13세에 초경이 시작되나 반대로 한대지방에서는 16세 이후에 나타나는 경향이 있고, 성적 자극이 심한 도시소녀들은 농촌소녀들에 비해 빠르며 빈곤층보다는 부유층이 빠르다.

여성의 생식기간은 14세 전후의 초경을 중심으로 약 30년간이며 폐경기는 46~50세 전후이다.

(2) 유방의 발달

남자들의 유방발달은 사춘기 동안 약간 발달하고 곧 정지된다. 한편 여자들은 그들의 성적인 발달을 잘 나타낸다. 처음에는 유두가 돌출되고, 유두 주위의 유륜이 융기하여 부풀어 오르기 시작하며 전체적으로 유두 주위 유방이 융기하며, 청년 중기가 되면 유방이 충분히 발육되어 유방이 풍만하게 보인다. 유방의 발육은 개인차가 심하며 유방발육이 빠른 여자는 초경도 빠른 경향이 있다.

(3) 체모의 발생

체모는 사춘기를 전후하여 청년들의 생식기 가장자리, 겨드랑이 및 가슴에서 나기 시작한다. 생식기 주변에 나는 치모(pubic hair)는 겨드랑이 밑에 나오는 것보다 빠르다. 남자들이 털이 많고 또 빨리 자란다. 치모는 유방이 발달된 후에 나타나며 치모가 발달된 후에 또는 초경 후에 겨드랑이 털이 나타난다. 그 후 기타 부위의 체모가 나온다.

(4) 변성

사춘기에 특히 남자는 음성이 변화하기 시작하는데 중학교 2학년에서부터 고등학교 1학년 사이에 현저하게 변한다. 이는 후두(喉頭)의 급속한 성장으로 성대가 굵어져서 아동기의 높은 가락에서 아주 낮고 굵은 소리로 변하는 과정으로서 보통 여자는 남자와 같이 뚜렷하지 않기 때문에 잘 나타나지 않는다. 경우에 따라서는 일시적으로 감기에 걸릴 때 느끼는 불쾌감이 동반되기도 하며 발언 · 낭독 · 응답 등을 싫어하고 의사표현 수단을 언어반응에서 문장반응으로 충족시키려는 경향이 나타난다.

(5) 몽정과 자위행위

남자는 밤에 자면서 야간몽정(nocturnal emission)이 나타나는 것으로 사춘기의 기준으로 삼기도 한다. 이 몽정은 이성과의 성교 없이 정액 비슷한 분비물이 무의식적 · 불수의적으로 나오는 상태이다. 몽정은 흔히 유정, 여성에게서는 성몽이라고도 한다. 불수의적으로 사정되는 몽정은 남자가 사춘기에 이르러 고환에서 발육된 정자가 정액(semen)에 혼합되어 정액낭에 축적되었다가 극치감을 수반하면서 음경의 요도를 통해 밖으로 배출되는 현상을 의미한다. 사춘기 남자들의 야간몽정은 매우 정상적이며 꿈에서 어떤 자극을 받거나, 충만된 방광, 신체적 자극을 주는 잠옷 등에서 일어나며 이는 성 생식기관이 성숙되었다는 징후이며 자연적 생리현상이다. 이는 전 남자의 53%에서 경험된다고 한다.

여성에 있어서는 약 70%에서 성몽을 경험한다고 한다. 여성의 성몽시에는 성 흥분시에 일어나는 bartholin gland에서 액이 분비된다. 여성의 성몽의 90%는 이성애의 꿈을 꿈으로서 유발되는데 이중 1/3은 실지 성교하는 꿈을, 1/3은 애무하는 꿈을, 1/3은 이성을 사랑하는 꿈과 같이 성몽을 한다. 청년기에는 자위가 원인이 되기도 한다.

청년기의 자위행위 현상은 이성과 직접 접촉함이 없이 자기 혼자서 부자유스러운 방법으로 성욕을 만족시키는 방법인데 남녀 공동으로 있는 현상이다.

자위행위는 생리적으로 자라는 성욕의 발현으로서 남자는 15세, 여자는 13세에서 가장 많이 시작된다. 16세까지 남녀의 60%에서, 또 20세까지의 여자는 58%에서, 20세까지의 남자는 97%에서 각각 자위를 경험하게 된다. 남자의 자위행위는 음경을 마찰하는 것이 많고 여자는 정신적으로 하는 것, 성기 전체를 자극하는 것, 외음부, 질, 질 주위를 자극하는 것, 유방과 유두의 자극 등, 그 부위의 방법이 복잡하며 특수한 예에서는 자위에 각종 이물을 쓰는 경우도 많다.

청년기의 사정은 자위행위 이외에도 이성을 상상, 성에 관한 독서, 성을 자극시키는 영화나 TV, 동작, 작업, 차 중에서의 이성과의 접촉자극을 받고 일어나기도 한다.

3. 지적 발달

1) 발달 특징

청년기의 지적 발달은 아동기의 적극적인 발달에 이어서 본격적인 발달을 하게 된다. 그러나 청년 전기에는 과도기적 현상으로 아동기적 행동도 많이 나타나나 청년 중기부터 지적 기능은 논리적 기억의 발달, 추상적 사고의 발달, 이상의 발달, 형식추리의 발달, 문제해결적 사고의 발달, 비판적 사고 등으로 발달하게 된다.

Piaget는 청년기에 있어서의 지적 발달을 형식적 조작기(formal operation stage)라고 하였다. 이는 구체적 사실에 입각한 사고에서 벗어나 추상적으로 생각할 수 있게 된다는 의미이다. 즉, 논리적 사고(思考)가 이룩되는 형식적 조작의 시기이다. 아동 후기만 해도 반성의 힘, 즉 스스로 사고하고 있는 것을 비판적으로 다루는 2차원적 사고가 불가능했으나 이 시기에는 생각하고 있는 자기의 사고를 분석해서 생각하고 평가하고 가능성도 상상해 나간다고 한다. 즉, 이 시기에는 일반적인 법칙을 생각하게 되고 실제 상태에서 사고를 하는 것과 마찬가지로 가설을 추리할 수 있고 구체적인 사물의 도움 없이도 결론을 유도할 수 있게 된다.

청년기의 완전한 지적 발달은 11~15세에 걸친 형식적 조작의 사고가 습득됨으로써 이루어지는 것이라고 할 수 있다. 인간의 지적 발달의 과정은 인간의 적응행동이 보다 효과적으로 되어 가는 과정이라고 할 수 있으며, 청년기의 지적 발달은 그들의 신체적 발달, 정서적 발달, 사회적 발달 등과 상호 역동적인 관계에서 발달해 가는 것이라고 할 수 있다.

2) 지능 및 사고의 발달

청년기는 지능지수로 볼 때 지능의 발달은 아동기와 비슷한 지능 성장 속도를 보이거나 오히려 완만해지는 경향을 보인다. 즉, 지능발달은 청년 전기에 정점에 달했다가 점차적으로 느려져서 청년 후기부터는 퇴행경향을 보인다. 청년기의 지능은 개인차가 그 이전의 어느 시기보다 현저한데 그 이유는 이미 유전 또는 환경에 의하여 지능발달이 거의 완숙되었기 때문이다. 청년기에 남녀 간의 지능 차이는 거의 없으나 지능요인에 따라 남자가 더 높은 지능을 가질 수도 있고 여자가 더 높은 지능을 가질 수도 있다.

(1) 개념적 사고

아동기 후반부터 청년기 초기에 걸쳐서 사고의 전환이 일어나는 바, 개념적 사고는 대상을 분석하여 그 보편적 · 본질적인 특성을 추상해서 논리적으로 바르게 파악하여 만든다. 그 후 다시 추상적 사고가 발달되면서 개개의 사실이나 현상뿐만 아니라 상호 논리적 관계나 법칙성을 파악함에 따라 대상의 본질을 이해하게 된다.

(2) 추상적 추리

순수한 논리적 관계나 추상적 · 구조적인 관계가 파악되면서 이에 따라 형식적 추리가 가능하게 된다. 아동기 후기에도 이런 경향이 엿보이기도 하지만 아직 주관적 · 정서적 경향이 강하기 때문에, 청년기에 들어와서 처음으로 객관적 추리가 가능하게 된다. 그리고 자기의 추론과정이나 논거의 준거를 반성하는 능력도 갖게 된다.

(3) 청년기 사고의 특징

추상적 · 논리적 사고가 발달하게 되면서 과학적 이론에 흥미를 갖게 되고 철학적 의문을 갖고 자아를 탐구하고 사회나 정치문제를 비판적으로 보게 된다. 반면 대부분의 청년은 경험적 · 실증적 기초가 약하기 때문에 일반화 · 추상화하려는 경향은 자칫하면 문제를 흑백 논리적으로 단순화시키기 쉬우며 극단적인 관점에 빠질 정도로 사고의 유연성을 잃기 쉽다.

3) 상상력의 발달

청년기에는 상상력이 매우 풍부하고 끝이 없다. 공상적 이상 동경을 강하게 끌어낸다. 낭만적인 문학을 좋아하게 되고 독서와 각종 흥미 대상을 통해서 상상력의 특색이 나타난다. 아동 후기의 상상적 생활을 즐기는 현상, 즉 행운 · 마술 · 미신 등을 믿는 경향은 청년기에 들어와서 점차로 없어지는 경향이 있으나 바람직한 지도가 없거나 이해가 불충분하면 일생을 통하여 지속된다.

Hall의 연구에 의하면 청년기부터는 아동기에는 무관심하였던 무한, 유구한 세월 및 자기의 생사 후의 문제 등을 생각함에 따라 세계관과 인생관에 눈을 뜨게 된다고 한다. 상상이란 과거의 지각적 경험에 의해서 얻어진 재료를 객관적 제약을 받지 않고 재구성하는 심적 과정이라고 할 수 있다.

상상은 구체적 심상을 내용으로 하여 주관적 비현실적이라는 점에서 사고와 구별되며 현재보다는 미래에 관계된다는 점에서 기억과 구별된다. 또 상상은 많은 지능적인 사색의 하나로 느껴지는 점과 융통성이 풍부하고 모순을 내포한 채 통일할 수 있다는 점에서 일정한 결론에 도달해야 하는 추리와 구별된다. 따라서 상상의 특징은 과거와 현재에 제약되지 않는 신기한 구체적 표상활동에 있다고 할 수 있다.

상상이 어떤 사상을 포함할 때 이를 구상이라고 하고 특히 미래에 대한 욕구에서 나타날 때, 즉 희망과 원만함과 완전한 것을 찾는 상상을 이상(ideal)이라고 한다. 이는 현실의 생활을 지배하고 행동의 강한 동력이 되는 것이다. 이상은 청년들에게 노력의 방향을 제시하며 동시에 현실적 자아와 이상적 자아를 분리시켜 청년들로 하여금 불안과 긴장 속으로 몰아넣는 원인이 되기도 한다.

이와 같이 청년의 이상은 현실과 조화되지 않으면 안 되므로 청년의 지적 고민은 여기에 있다고 하겠다. 즉, 이상에만 치우쳐도 안 되며 현실에만 몰두해서도 안 된다. 이상을 포함하고 있는 현실생활을 향상시키지 않으면 자기를 높일 수 없으며 또한 올바른 성인체제에 들어가서 한 사람의 성인역할을 하기도 어려운 것이다. 인간의 이상과 현실과의 갈등은 일생을 통하여 진행되는 것이며, 청년이 정상적인 사회인이 되려면 그 본질적인 문제를 타당하게 현실화해야 하는 것이다.

4) 기억력의 발달

청년기의 지적 발달은 양적인 발달과 동시에 질적인 발달이기도 하다. 기억은 청각적 기억에서 시각적인 기억으로, 또한 기계적 기억에서 논리적 기억으로 변화한다. 즉, 그들은 시각적 기억발달로 음독에서 묵독으로 변하게 되며, 논리적 기억을 주로 하게 되므로 학습 정도에 따라서 기억력이 결정되며 논리적 수준에 맞는 학습이어야만 기억이 가능해진다.

일반적으로 기계적 기억은 11~14세 사이에 현저한 발달을 한다. 기계적 기억의 정점은 중학교 1~2학년 때이며 그 후부터는 점차적으로 논리적 기억으로 발달한다. 그 발달 상태는 남자는 11~12세, 여자는 10~11세경에 기계적 기억에서 부분적인 논리기억으로 변하게 되고 전체적 논리기억으로 전환하는 시기는 남자는 14~15세, 여자는 13~14세라고 한다. 그리하여 논리적 기억은 그 후에도 계속 발달하여 17세가 되면 정점에 달하게 된다.

5) 객관적 지각의 발달

유아기에 있어서 지배적이었던 주관적 · 상모적 지각이나 아동기에 많이 나타나는 직관적 사고 등은 감각 · 지각 기능의 변화, 정밀화가 촉진되면서 청년기에 접어들어 차차 감소되고 대신에 대상을 정확히 객관적으로 파악하게 되며 또한 지각 내용을 추상화 · 일반화하는 일이 가능하다.

6) 창조적 구상력의 발달

아동기 후반부터 지식이 증대되고 사고력이 발달되고 또한 생활공간이 확대되면서 창조적인 구상력이 급속히 발달하게 된다. 자기의 미래의 꿈을 그리거나 발명 · 발견을 공상한다.

청년기 중기부터는 그것은 예술, 특히 문학적인 창작에로 향하게 된다. 많은 청년이 은밀하게 사랑을 주제로 한 로맨틱한 시나 산문을 지어 보거나 좋아하는 작가나 작품의 문체를 모방한 문장을 쓰기도 한다. 또한 회화나 음악 등에 있어서도 놀라운 성과를 보여주는 것도 나타난다.

7) 회의적 · 허무적 사고

청년기에는 자아나 인생관이 확립되고 정치의식이 발달되지만 일반적으로는 ① 자기의 판단이 최고라고 믿고 타인의 의견에 귀를 잘 기울이지 않으며, ② 현실을 무시하고 유토피아적 · 이데올로기적 사상이나 과격한 사상에 빠져 들기 쉽고, ③ 자기의 내적 세계의 무력함을 느낀 나머지 회의적이거나 허무적인 생각에 빠져들기 쉽다. ④ 합리주의를 추구하면서도 본질을 벗어난 비합리적인 행동을 나타내기도 한다. 이러한 회의적 · 허무적 사고는 청년기 자살의 요인으로도 작용한다.

4. 정서발달

1) 발달 특성

정서는 모든 행동의 기초로서 행동의 표출방법과 방향을 규정하고 모든 정신생활을 지배한다. 청년 전기의 정서적 특성은 지적인 바탕 위에 2차 성적 특징의 발현과 그 충동에 의하여 정서는 성적인 색채를 갖는다. 급격한 신체적 성적 성숙과 더불어 성 의식이 높아짐에 따라 수치심이 강해지고 이성에 주의가 끌리면서도 반발하고 또한 외부에 대하여 허세적인 반항이 커진다.

자아의식이 발달하면서 고독을 원하고 고독에 빠지기 쉽다. 민감한 정서의 움직임으로 외계를 지각함에 있어서도 너무 세부적인 것까지 의식하게 되어 불안과 초조에 빠질 수도 있으며, 이러한 경우 자발적으로 해결하지 못하면 부적응 행동을 유발하기도 한다.

청년 중기에는 청년 전기의 정서가 발달하여 분노 등의 격심한 정서의 직접적인 표출은 억제되고 성적인 것이나 기타의 정서에 있어서도 의식적인 억압작용이 활발하다. 그러나 억압작용에 있어서 자기 혐오의 열등감에 빠져 내면적으로 침울해지고 이로 인하여 정서의 불안정성은 더욱 문제가 된다. 자아의식은 높아지고, 독선적이어서 우월을 과시하려고 하고, 현실을 부정하여 혐오하는 경향이 짙다. 또한 이상을 높이고 이성에 대해 생각하며 낭만적·감상적으로 흐르게 된다.

청년 후기가 되면 이 때도 역시 청년 중기의 질풍노도와 같은 정서를 가지고 있지만 그 표출은 사회적으로 적응시켜 안정을 나타낸다. 이상을 추구하고 현실에 대한 적응에 노력하며 냉정히 자기를 통제할 수 있게 된다. 이성에 대한 사모와 연애의 체험은 정신생활을 더 한층 풍부하게 하는 계기가 된다.

청년기 정서의 일반적 특성은 격정적이며, 일관성이 없고 막연하며 불안정하다. 정서표현도 아동기적인 정서표현이 성인과 같이 내면화되어 가고 아동기보다 영속성을 지니며 의식적으로 억제된 정서는 표현이 변하는데, 즉 분노는 초조감이나 혐오감으로, 공포심은 불안이나 우울로, 기쁨이나 환희가 행복감으로 변한다. 이 시기는 정서를 자극하는 대상도 달라지는데 성의 차이에 따라 달라지고, 기쁨·슬픔·노여움에 민감하게 되고 특히 죽음, 운명, 학교의 실패, 희망의 좌절, 부모와의 알력, 죄의식 등 추상적인 것 등이 많아진다.

2) 정서적 경향

(1) 고민

고민은 청년기의 정서발달 중 가장 중요한 위치를 점하고 있다. 고민의 계기가 되는 것은 불안 · 고독 · 열등감 · 공허감 등이다.

1 불안과 근심

불안정서란 장래 생길지도 모르는 불유쾌한 일에 대하여 미리 생각하여 걱정하는 것이다. 이러한 근심이 불합리하게 필요 이상으로 습성화되어서 두려워할 대상이 희미하게 되고 그저 막연한 근심만을 일삼을 때 현재 생활에 대해 적응이 곤란해진다. 불안정서는 인간만이 갖는 고유한 정서이면서 인간에게 끼치는 해가 크다고 할 수 있는데 불안상태가 오랫동안 계속되면 정신건강을 해치게 된다. 청년기의 불안과 걱정 원인은 다음과 같다.

① **자기의 능력이 부족할 때** : 시험의 실패, 경쟁시험이나 작품 심사에서 낙선되었을 때이다.

② **몸맵시나 태도에 결함이 있을 때** : 복장, 식사시 예법, 말버릇 등에 대하여 친구들로부터 웃음거리가 된다든가 주의를 받게 될 때이다.

③ **타인과 자신이 대립되어 있을 때** : 학교나 사회에서 통하지 않게 되었을 때이다.

④ **개인적 욕구가 환경적 조건에 의하여 만족되지 않을 때** : 가정, 학교, 사회의 간섭, 규정, 제약 때문에 자기의 요구가 통하지 않을 때이다.

⑤ **자신에 대하여 매력이 없다고 느꼈을 때** : 자기의 얼굴이나 모습에서 결함을 발견했을 때이다.

⑥ **성적 동요가 있을 때** : 2차 성징에 대한 근심이나 이성에 대한 관심이 있을 때이다.

⑦ **경험이 없는 행동에 대한 충동을 받았을 때** : 탐험, 처음 찾아갈 때이다.

⑧ 자기의 정신적 동요가 있을 때 : 흥미의 불안정, 직업 · 희망의 동요, 자제력의 부족, 생활 계획의 변경이 있을 때이다.

⑨ 장래에 대한 일신상의 문제를 생각했을 때 : 진학, 취업, 결혼, 사회적 불안이 있을 때이다.

⑩ 성취경험이 없어 불만족할 때 : 실패한 경험을 또 행하게 될 때 등이다.

특히 걱정은 실제적인 원인보다는 상상적인 원인 때문에 유발한다고 보고 있다. 청년기가 되면 걱정이 많아지는데 청년들은 생활영역 모든 곳에서 걱정을 하지만 특히 학교생활과 사회관계, 즉 교우관계와 이성관계 등이 걱정 원인으로 지적되고 있다.

또한 청년들은 자기들의 신체적인 문제에 대해서 많은 걱정을 하고 있으며 이런 신체적 문제에 대한 걱정은 남자보다 여자가 더 크다고 하였다.

2 고독감

청년은 고독을 스스로 바라기도 하는 반면 그것을 비상히 두려워하기도 한다. 그러나 고독은 그 순간에 자아를 통찰하고 자기의 본질을 파악하여 독립한 인간으로서의 자아를 확립하는데 있어서 중요한 체험인 것이다. 청년기의 고독은 인생을 강하게 만드는 계기가 될 수도 있다.

3 열등감

열등감이란 자기를 타인과 비교해서 부족하다고 느끼는 입장에서 위축되는 경향으로서 청년의 고민은 열등감과 관계가 깊다. 열등감을 느끼는 청년이 보상에 대한 시도가 실패하는 경우에는 병적인 열등감(inferiority complex)에 빠지기 쉽다. 그러나 열등감이 재능, 용기, 사회적인 관심과 연결될 때에는 진보, 성공, 발전의 원인이 되는 수가 많다.

4 공허감

자기의 이상과 현실 사이에 괴리 현상이 많다는 것을 느끼면 느낄수록 마음의 공허감, 특히 실존적 공허감에 빠지는 수가 많다.

(2) 애정

애정정서의 반응으로는 자기에게 쾌락을 가져오는 상대에게 접근하려는 상태를 말한다. 여기서 말하는 접근행동은 신체적 접근은 물론 상징적인 접근을 나타내며, 그 애정의 대상과 같이 있기 위한 모든 희생을 아끼지 않으며 그 상대자의 세부적인 면까지 주의하게 된다.

청년기에는 애정을 일으키는 대상이 가정에서 외부환경으로 옮아가 나이가 비슷한 동성 친구들에게 향하다가 얼마 안 있어 나이가 비슷한 이성에 대해서 애정을 느끼기 시작한다. 이와 같이 애정의 대상은 각 연령 단계에 따라 다르다. Hurlock은 이성간의 성적 행동의 변화를 다음과 같이 말하였다.

① 초기 성적 행동의 시기(0~5세)

② 성적 대립의 시기(6~12세)

③ 13세 이후를 성적 혐오의 시기, 이성 기피의 시기라 하였고 이를 동성애의 시기, 이성애의 시기로 구분하였다.

청년기의 애정발달 경향을 보면, 즉 청년 초기에는 성에 대한 강한 호기심이 성에 대한 죄악감과 결부되어 이성을 기피하고 반발하며, 이성을 거부하는 성적 반발의 시기(sex antagonism)라 할 수 있으나 내면적으로는 이성에 대한 애착과 접근을 추구한다. 또한 이 시기는 동성애(homosexuality)의 시대라 불리울 정도로 동성 간에는 애정이 깊다.

청년 중기에는 동성에서 자기와 같은 연령의 이성 전반에 걸쳐 막연한 호기심이나 흥미를 가지며 애정을 나타내는 시기이다. 청년 후기부터는 구체적인 현실의 이성을 대상으로 하여 구애적 행동이 나타난다. 즉, 여자는 동년배의 이성에서 떨어져 연장자의 남자와 애정관계를 가지려는 경향을 나타내며 이 단계의 동년배의 남자들은 애정의 실연을 맛보며 연하의 여자에게 애정이 돌아간다. 정상적인 이성간의 애정관계는 청년 후기에 가서 형성되고 이성애(hetero sexuality)

가 발달한다.

(3) 정조의 발달

Hurlock은 개인이 가지고 있는 이념 이상과 같은 지적인 활동에 수반되는 정서를 정조라고 하였다. 따라서 정조란 여러 정서 가운데서도 가장 분화된 고등한 지적 작용에 수반된 조용하고도 고상한 지적 감정(intellectual feeling)이며 가치감정이다. 정조는 정서와 같이 자아를 혼란하게 하는 격정적인 것이 아니며 정적인 감정상태이다.

개인의 지적 기능이 분화·발달하고 자아의 내면적 생활 특히 이념이 발달함에 따라서 정조는 여러 가지 형태로 나타난다. 또한 정조는 정서와는 달라서 본능과 욕구와의 직접적인 관계도 없고 현저한 신체적 변화도 없으며 격정, 기분과 같은 유기적 감각과도 관계가 없다. 이러한 지적인 가치감정은 청년기의 정서적 성숙에 의해서 형성되며 현저히 발달한다.

정조는 개인의 가치관의 기초가 되며 성격을 형성하는 중요한 인자가 되며 인간생활의 주류를 이루는 가장 지적인 생활감정인 것이다. 따라서 정조는 개인의 생활경험과 교양, 교육 정도에 의해서 점차적으로 형성되므로 개인차가 현저하다. 즉, 정조는 개인마다 누구나 정도의 차이는 있지만 다 가지고 있고 다만 어떠한 정조를 더 많이 가지고 있느냐의 차이가 있을 뿐이다.

정조는 청년기가 되면 정서의 성숙과 지적 발달에 따라 형성되고 발달되는 시기이므로 정조발달이 원활해야 갈등, 퇴행, 도피가 적으며 부적응인 청소년 비행을 예방할 수 있다. 정조의 분류는 다음과 같다.

1 지적 정조(intellectual sentiment)

일명 논리적 정조(logical sentiment)라고도 하며 인지작용에 따른 감정의 총칭이다. 지적 인식은 가능한 감정을 배제하며 객관적인 이성과 냉정을 갖고 있는 것이다. 논리적 판단에 의해 진리 탐구를 하며 허위, 모순, 부정, 오류 등을 피한다.

즉, 진리를 좋아하고 허위를 피하는 감정이며 모순, 의혹에 대해 불만을 느끼고 해결하면 만족을 얻는 정조로서 학습된 교양을 의미한다.

2 윤리적 정조(ethical sentiment)

도덕적 정조라고도 하며 도덕적 · 사회적 행동과 규범을 기준으로 하여 타인 또는 자기의 감정을 평가할 때의 감정을 의미한다. 즉, 자기 또는 다른 사람의 의지나 행위의 선악에 대해서 선을 애호하고 악을 증오하는 감정이다. 도덕적인 사회의 가치와 규범에 따르고 선악의 가치판단에 따라서 일어나는 자부심 · 수치 · 후회 · 정의 등의 감정을 윤리정조라 하며 협의로는 양심과 같은 뜻으로 사용된다.

3 심미적 정조(aesthetical sentiment)

예술적 정조라고도 하며 자연계, 인생 혹은 예술(미술, 음악) 등의 미적 가치를 감상할 때에 일어나는 고상하고 우아한 감정을 의미한다. 인간은 자연계 등을 감상함으로써 인간미, 생활태도 등을 풍부하게 한다. 따라서 인간은 예술을 통해서 미적 정조를 기르고 또한 그것으로 인하여 영원한 예술을 창조할 수 있는 것이다.

4 종교적 정조(religious sentiment)

종교적 정조란 종교적 가치에서 일어나는 감정이다. 즉 인간이 가치 활동에 있어서 사람의 힘이 미약하고 현재의 유한함을 느끼고 불안 의혹에 빠질 때 초인적 위력과 초현세적인 것에 의지하여 안정을 얻을 때의 감정이다. 인생의 고뇌, 염원, 신앙, 귀의, 달관, 도통 등의 감정이다.

5. 사회성 및 성격의 발달

1) 자아의 발견과 확립

(1) 자아의 발견

청년기에 들어서게 되면 청년의 눈은 처음으로 자기의 마음 속의 내면에 향하게 된다. 대상 또는 객체로서의 자기 존재에 관심을 갖게 됨에 따라 E. Spranger는 이를 '자아의 발견'이라 부르고 있다. 이러한 자아의 발견이나 자아의식이 높아짐에 따라 청년 전기에서 중기에 걸쳐서 청년의 생활태도에는 커다란 변화가 생기면서 다음과 같은 특유의 심리와 행동이 나타난다.

① 심리적 이유 및 탈위성화

청년기에 들어오면 급속히 자아의식이 높아지면서 스스로의 힘과 판단 그리고 책임하에 행동하려는 독립의 욕구가 강하게 작용하게 된다. 즉, 여태까지는 부모나 어른의 품 속에 안겨 있던 심리적 의존에서 탈피하려는 기분이 강하게 작용하게 된다. 이를 L. S. Hollingworth는 심리적 이유(離乳, psychological weaning)라고 칭하였다. 이와 비슷한 관점에서 아동기까지는 양친의 충실한 위성으로서 존재하였음을 D. P. Ausubel은 위성화(satellization)라고 부르면서 청년기에 들어서자 자기의 독립된 지위를 획득하고 싶은 욕구 때문에 과거 약 10년간에 걸쳐 유지되어 온 부모의 위성으로서의 지위를 박차고 독립하게 되는 현상을 탈위성화(de-satellization)라 부르고 있다.

② 제2반항기

심리적 이유 내지 탈위성화가 이루어지면서 청년은 독립된 존재로서 행동하고

자 하나 실제 경험이나 생활능력이 부족하고, 현실을 무시한 이상적 · 추상적 사고에 빠지는 수가 많아, 부모나 주변의 어른들은 '어른대접'을 잘해 주지 않는다. 이러한 성인의 태도에 대해서 청년은 억압과 강제 또는 몰이해와 권위주의로 받아들여지면서 반항하거나 비판적으로 자기주장을 내세우는 일이 많아진다. 이를 유아기의 제1반항기에 대해서 C. Bühler는 이를 제2반항기라 칭하였다.

청년의 반항의 특징을 살펴보면, 전기에는 감정적인 반항이 많으나 중기에 이르면 비판적인 반응이 많아진다. 또한 반항이나 비판의 대상은 초기에는 부모나 교사와 같이 주변의 권위자로서의 어른이지만 차츰 사회적 권위나 체제 · 습관에 대한 비판도 나타나게 된다.

청년 후기에 들어서서는 비판은 하지만 부모나 교사 등의 성인의 생활양식을 전면적으로 부정하기보다는 오히려 안정된 입장으로 전락하여 반항기는 끝나게 된다.

3 질풍노도기

청년기는 '이상적인 자아'와 '현실의 자아' 사이에 괴리가 커지면서 갈등과 고민이 많은 시기이다. 따라서 청년은 과민하게 반응하기 쉬우며, 행복의 절정감에 빠진 듯 싶은가 하면 정반대로 비극의 주인공과 같이 느껴지는 수가 많다. 이와 같이 이 시기는 정서적 긴장이 강하고, 불안정하며 희로애락의 표현이 강렬하다. 또한 모순된 극단적인 행동도 잘 나타난다. 이러한 청년기 특유의 동요되는 심리상태를 '질풍노도'라고 일컫는다.

(2) 자아의 확립

1 제2의 탄생

청년 후기는 '자아의 확립'의 시기이다. 이것은 생물학적인 존재(젖먹이)로서의 제1의 탄생에 대해서, 인격적 존재로서의 '인간'의 탄생이며 Hall이 말하는 제2의 탄생기(period of second birth)인 것이다.

2 성인역할의 유예기간

대부분 또는 거의 모든 사회의 어떤 부류의 청소년집단에서는 성인으로서의 사회적 책임이나 의무를 특별히 지연 · 유예시키고 있다. E. H. Erikson은 이 청년기와 성인기의 간격을 심리 · 사회적 유예기간(moratorium)이라 칭했다.

따라서 대학시대는 유예(moratorium)의 시기인 것이다. 즉, 청년으로 하여금 인생을 어떻게 살아갈 것인가를 결정하기 전에 여러 가지 사회적 · 직업적 역할을 탐색하도록 해 주며 이 기간 동안에 여러 가지 사회풍조나 가치관에 접해서 자아가 확립되기를 기대하고 있는 것이다.

3 과도기로서의 청년기

청년기의 여러 가지 심리적인 특징 중 대부분은 청년기가 아동기에서 성인기에의 과도기에 처한 상황에 기인하고 있다. 예컨대, 청년은 사회적으로 승인되고 있는 '어린이 집단'과 '어른 집단'이라는 두 개의 사회집단의 중간에 위치하고 있기 때문에 '중간인'으로 불리우기도 하며, 그 어느 집단에도 속하지 않는 상태에 있기 때문에 K. Lewin은 '주변인'(marginal man)이라 칭하였다. 이러한 사회적 위치로 인해 청년에 있어서는 정서의 불안정성이나 동요성, 주변에 대한 과민성, 득의와 실망 등 부조화적인 행동이 일어나기 쉽다.

(3) 청년기의 자아 정체감

청년기의 발달 과제는 자아 정체감의 획득과 확립이다. 자아 정체감이란 자기 자신이 독자적인 존재라고 하는 자아의식과 사회에서의 역할, 다른 사람과의 연대감, 가치관을 공유한다는 사회의식 등이 포함되어 있으며 '자기 존재증명', '자기 가치', '자기 통일성', '주체성' 등으로 의역되고 있다.

결국 자아 정체감은 결과적으로 생긴 자신감으로써, 이 자신감은 내적 동일감(inner sameness)과 일관성(continuity)을 유지하려는 한 개인의 능력이며 타인이 그에게서 발견하는 동일감 그리고 일관성과 일치할 때 생긴다. 이러한 자아 정체감은 청년기에 접어들면서 크게 확립된다.

청년 전기는 자아에 눈뜨는 '자아탐색 단계'라 부를 수 있다. 이 때에는 ① 자아의식의 발생, ② 불안정감, ③ 수치, ④ 심리적 이유, ⑤ 반항, ⑥ 고독 등이 잘 나타나며, 청년 중기는 '자기 앙양기'(自己昂揚期)로서 자아의 확립에 마음을 쓰게 된다. 이 때에는 ① 자기 과신, ② 절대 지상주의적 경향, ③ 이상주의적 경향, ④ 허영, ⑤ 허무 등이 나타나기 쉽다. 청년 후기는 '자아확충기'로서 "자기를 정립함은 물론, 타인을 이해하고 수용하는 마음의 여유가 생기면서 어느 정도의 안정성 · 조화성이 나타나게 된다"는 것이다. 이 시기에는 ① 대 이성 관계, ② 대 사회적 관계 속에서 자기에 대한 충실함이 새롭게 전개된다.

청년기 자아 정체감과 유형과의 특성은 다음과 같다.

1 정체감 혼미(identity diffusion)

이 상태에 있는 청소년들은 삶의 목표와 가치를 탐색하려는 시도를 보이지 않으며, 자신의 생애를 계획하고 설계하려는 욕구가 부족하며, 관념에 대한 관심이 낮다. 이들 청소년들은 부모와의 애착관계가 없거나 부모로부터 거부당한 것으로 느끼는 경우가 많고, 자아존중감이 낮으며, 흔히 혼돈과 공허감에 빠져 있다. 정체성 혼미는 청년 초기에 가장 보편적이지만 정체성 탐색과정의 가장 낮은 단계에 속하며, 그대로 방치해 두면 부정적 정체성으로 빠져들 위험이 있다.

예 : 당장 좋게 여기는 것만 하면서 순간순간 살고, 자기가 삶을 통해 얻고자 하는 것이 무엇인지 생각해 보는 시간을 갖지 않음.

2 정체감 상실(identity foreclosurd)

충분한 자아정체성의 탐색 없이 지나치게 빨리 정체성 결정을 내린 상태를 지칭한다. 이 지위의 청년들은 정체성 위기를 경험하지 않았으면서 자신의 삶의 목표를 확립하고 몰입한다. 이들은 흔히 부모가 기대하거나 선택한 생애과업을 대안적 기능성의 검토 없이 수용한다. 다른 지위에 비해 사회적 인정의 욕구가 강하고, 자신이 지향하는 가치에 따라 생애의 방향을 결정하고 있으며, 부모와 긴밀한 관계를 유지한다. 부모의 과업을 물려받거나, 일찍 결혼하여 안정된 가정을 꾸려 나가는 청년들에게서 가장 흔히 발견된다. 이들은 청년기를 매우 안정적으로 보내는 것 같으나, 성인기에 뒤늦게 정체성 위기를 경험하는 경우도 적지 않다.

예 : 자기에게 맞는 길인지 곰곰이 생각하지 않고 단지 어머니의 뒤를 따라 의사가 됨.

3 정체감 유예(identity moratorlium)

삶의 목표와 가치에 대해 회의하고 대인들을 탐색하나 여전히 불확실한 상태에 머물러 구체적인 과업에 관여하지 못하는 상태를 뜻한다. 이 지위에 속하는 청년들은 가장 적극적으로 정체성을 탐색한다. 유예기의 청년들은 안정감이 없으나, 많은 경우 시간이 흐르면서 정체성을 확립하게 된다. 흔히 부모와 또래관계에 있어서 애증이 교차하며, 자신이 몸담고 있는 상황에서 긍정적인 요소보다는 부정적인 요소에 민감하고 잘 식별해 낸다. Erikson과 Marcia에 의하면 정체성 유예는 정체성 성취에 도달하기 위해 필요한 과도기적 단계이므로 혼미나 상실보다는 앞선 단계이다.

예 : 자기 발견을 희망하며 이 종교 저 종교를 찾아다녔지만 처음보다 자기 이해가 더 깊어졌다는 느낌은 없음.

4 정체감 확립(identity achievement)

이 단계는 네 개의 정체성 지위 중 가장 앞선 단계이다. Erikson 이론에서 설명한 바와 같이 정체성이 성취된 청년들은 삶의 목표, 가치, 직업, 인간관계 등에서 위기를 경험하고 대안을 탐색했으므로 확고한 개인적 정체성을 갖게 된다. 부모를 포함한 인간관계에 있어서 현실적으로 안정되어 있으며, 자아존중감이 높다.

예 : 깊이 생각한 후에 의사가 되기로 결심함. 의사가 되면 사람들을 도울 수도 있고 재능을 발휘할 수도 있으며 게다가 부유하게 살 수 있음.

2) 대인관계의 발달

(1) 부모와의 관계

1 심리적 이유

부모에 의존해서 생활해 오다가 청년기에 들어서면서 독립된 인간으로서 자기의 의지하에 행동하게 된다. 즉, 심리적 이유(離乳)가 일어난다.

2 반항

청년은 여태까지와는 달리 부모를 절대시하지 않고 비판적으로 대하고 부모의 간섭, 강제, 몰이해에 대해서 반항적으로 대한다.

3 새로운 부모 · 자식 관계

청년기 후기에는, 부모에 대한 객관적 인식이 깊어지면서 독립된 인격체로서의 새로운 부모 · 자식간의 애정관계가 생긴다.

(2) 교사와의 관계

1 교사에의 반항

청년기에는 교사에 대한 신뢰가 얕아지며, 교사에게 허세적인 반항을 시도하거나 자기주장을 위한 영웅적 반항이 나타난다. 권위주의적인 교사나, 모욕을 주거나 빈정거리는 교사에게는 특히 반항한다. 청년기 초기에는 자유의 속박 때문에 반항하지만 중기 이후부터는 비판적 반항이 많아진다.

2 신뢰받는 교사

대체로 명랑한 성격, 공평한 태도, 풍부한 교양과 학식, 청년에 대한 이해심,

열성적인 지도 등의 특성을 지닌 교사일수록 신뢰와 존경을 받는다.

(3) 교우관계

이 시기는 A. Gesell이나 또는 C. Bühler가 말하는 부정기(the period of negativism)에 해당되는 바, 자아의식이나 독립의 욕구가 강하면 강할수록 친구들과 협조가 잘 안 되며, 혼자서 독서하거나 백일몽에 빠지는 등 모든 것에 대해 회의적 · 비판적이다. 고독감이 강해지면 자신의 속마음을 다 털어놓고 서로간에 이야기를 하면서 서로 이해하고 공감할 수 있는 친구를 찾게 되지만 이와 같은 친구는 여간해서 구하지 못한다. 자아가 확립되면서부터는 목적에 따라서 다른 우인 집단을 구성하게 된다.

E. B. Hurlock은 청년기의 집단을 친밀성의 정도에 따라 친구(chums), 짝패(cliques), 떼거리(crowds)의 세 가지 종류로 나누고 있는 바 이 중 3~4명의 배타적인 소집단으로서 흥미나 능력이 비슷한 청년(이성 포함)의 모임인 짝패가 많이 나타난다.

3) 사회적 역할의 발달

(1) 성 역할

인간은 남자 · 여자라는 생물학적 숙명을 지니고 태어나지만 남자답다 여자답다라는 심리학적인 성을 결정하는 요소는, M. Mead의 연구에 의하면 생물학적인 요소보다는 사회 · 문화적 환경에 의해서 더 규정되고 있다(표 8-1 참조).

표 8-1

New Guinea 3부족의 문화성(Mead, 1935)

부족명	거주지역	문화적 특징	남녀관계	육아법	성격특성
Arapesh	산지	여성적 · 협동적 사회, 남녀노소 차별적음	성적 갈등이 없다. 가족간에 애정적 · 상호의존적 결합	남녀 다 같이 애기보기, 어린이에 관대 · 우애적	자기 주장이 없다. 비공격적 · 협동적 · 애정적 · 가정적 · 온화 · 친절
Mundugumor	하천	남성적, 식인습관, 호전적, 공격적	공격적인 남녀의 결혼이 이상, 남녀간에 권력투쟁	아이에게 무관심, 거부적, 아이들에게 잔혹한 체벌	강한 주장(특히 여성) 소유욕 · 지도성 강함 공격적, 잔혹, 비협동적
Tchambuli	호수	우월적 · 지배적인 여성과 무책임적 · 의존적 남성과의 결혼, 성적으로도 남성이 종속적	남녀의 역할이 우리 사회와 정반대, 여성이 생산적 노동에 종사, 경제권 장악, 남성은 미술, 공예, 제사에 종사	심한 교육은 없다. 1세부터 양육은 아버지가 한다. 아동기 이후는 통제 가함	여성은 공격적 · 지배적 · 활발 · 쾌활, 남성은 여성에 비해 열등감을 갖고 음울하고 의심이 많다.

성 역할이란 사람이 속해 있는 사회나 집단 속에서 생물학적인 각각의 성에 대해서 그 시대의 사회가 기대하는 태도나 행동양식을 뜻한다. 청년기 이전까지는 성 역할의 학습이 주로 부모나 교사에 의해서 이루어져 왔으나 청년기에 들어오면 수동적 입장에서 벗어나 본인 스스로의 주체적 학습에 입각해서 성 역할 행동을 습득하게 된다.

유아기에는 성차를 인식하게 되고 외계와의 교섭을 통해서 아동기가 끝날 때까지는 성 역할 행동이나 성 역할관이 몸에 배게 된다. 그러나 청년기에는 그때까지 형성된 것을 주체적으로 재구성하여 새로운 성 역할 · 정체감을 확립해 나가게 된다.

(2) 도덕의식

자아의식이 발달하기 시작하면서 기성의 도덕이나 관습에 의문을 갖게 되고 도덕적 판단의 기초가 튼튼하지 못하여 현실에서 유리된 이상적 도덕을 추구하거나 시대의 영향을 입어 본질에서 벗어나기도 한다. 그 결과 모순된 행동을 나타내기도 하고 반도덕적인 행동의 경향을 나타내거나 자기의 이상에 반하여 안이한 생활을 추구하기도 한다. 그 후, 경험을 쌓아감에 따라 사회에 있어서의 자기의 입장이나 위치를 이해하게 되면서 자주적 · 자율적인 행동을 취하면서 그 판단이 사회의 일반적 규준에 합치된다.

이와 같이 아동기의 도덕적 행동은 어디까지나 타율적인 것이지만, 청년기의 도덕은 자율적인 데 그 특징이 있다.

(3) 직업의식

청년이 자기의 적성이나 직업관에 합치되는 직업을 선택하여 거기에 적응해 나가는 일은 청년의 사회참여를 성공적으로 이끌어 나가는 요인 가운데 가장 중요한 것이다. 직업의식의 발달을 D. C. Miller와 W. H. Form 그리고 D. E. Super는 5단계로 나누고 있는 바, 그 내용은 다음과 같다.

1 성장단계(0~14세)

가정과 학교에서 이상상(理想像)과 동일시를 통해 자아 개념을 발전시켜 나간다.

① **공상기**(4~10세) : 요구와 공상이 현저하다. 공상상의 역할수행이 이루어진다.

② **흥미기**(11~12세) : 흥미가 희망과 활동의 결정요인이 된다.

③ **능력기**(13~14세) : 능력에 중점을 두고, 직업의 필수요건을 고려하게 된다.

2 탐색단계(15~24세)

자기 탐색, 직업적 역할의 탐색 등이 학교나 여가생활, 파트 타임의 일을 통해서 행해진다.

① **잠정기**(15~17세) : 요구 · 흥미 · 가치 · 기회 등 모든 것을 고려하고 선택이 시도된다.

② **이행기**(18~21세) : 청년이 노동시장이나 직업훈련을 통해, 자아개념을 수정함

에 따라 현실적 고려에 중점을 둔다.

③ **시행기**(22~24세) : 적당한 일거리가 발견되고 시작되는 일거리를 생애의 일거리로 판단하고 시행한다.

[3] 확립단계(25~44세)

적절한 분야를 깨닫고 영속적인 직업으로 삼고 노력한다.

① **시험기**(25~30세) : 적절하다고 생각하여 시작한 일거리의 분야가 불만족일 수도 있다. 그 결과 조금씩 이동이 생기며 생애적 일거리가 잡히게 된다. 또는 전혀 관계가 없었던 일거리를 생애적 직업으로 삼게 된다.

② **안정기**(31~44세) : 경력을 쌓으면서 직업의 세계에 안주하고 지위확보를 위해 노력한다.

[4] 유지단계(45~64세)

직업의 세계에서 지위를 자리잡고, 관심은 그것을 유지하는 일에 집중한다. 새로운 분야는 거의 개척되지 않는다.

[5] 쇠퇴단계(65세 이상)

신체적 · 정신적 쇠퇴에 따라 직업활동의 능률이 오르지 않아 일을 그만두게 된다. 참가자의 입장에서 방관자로 변한다.

이와 같은 직업의식의 발달단계에 있어서는 청년기는 탐색단계에 해당되며, E. Geinzberg에 의하면, 청년기는 ① 직업선택의 방향이 확대되고, ② 직업에 대한 지식이 증가되고, ③ 직업에 대한 흥미의 일관성이 증가되고, ④ 직업선택에 관련된 특성이 결정화(結晶化)되며, ⑤ 직업에 대한 선택이 차츰 현명하게 이루어지게끔 직업의식이 발달한다.

4) 청년비행

(1) 비행의 개념

청년비행의 개념은 아직 명확히 규정되어 있지는 않으나 일반적으로 살인 · 강도 등의 범죄, 태학(怠學), 방랑 등의 모든 불량행위를 포함한다. 법률적으로는 ① 형법에 저촉되는 행위(범법행위)와 ② 예방의 입장에서 형법에 저촉될 우려가 있는 행위(우범행위) 등을 비행으로 보고 있다. 그 밖에 학교교육이나 사회복지의 입장에서 넓은 의미로, 방임되고 있는 소년이나 보호를 필요로 하는 소년도 그 대상이 된다.

(2) 비행의 내용과 경향

1 범법행위

절도, 사기, 횡령, 강도, 공갈, 협박, 폭행, 상해, 강간, 주거침입, 방화, 도로교통법 위반, 마약 각성제 취체법 위반, 총포, 도검류 등 소지취체법 위반 등이 포함된다.

2 우범행위

난폭, 흉기소지, 가출, 태학, 금전낭비, 부녀유혹, 장난, 불순이성교제, 음주, 끽연, 불량교우, 불량단체 가입, 유흥장 배회, 불건전 오락 등이 포함된다.

3 최근 경향

날로 증가추세를 보이고 있으며 최근에는 흉폭화(강도, 부녀 폭행 등), 집단화, 중산층화, 저연령화, 도시화, 재범증가 및 재산범 증가 경향을 나타내고 있다.

(3) 비행의 요인

1 일반적 이론

유아기 가정의 인간관계의 장애가 비행의 주요인으로 고찰되는 W. Healy와 A. F. Broner의 정서장애설, 가정의 양육태도가 주원인이라는 R. L. Jenkins의 이론, 자아 정체감의 혼란이 그 원인이 되거나 배경이 되고 있는 E. H. Erikson의 자아 정체감설, 비행을 중산계급과 하층계급간의 문화적 갈등으로 생각하는 A. K. Cohen의 비행 부차문화론(副次文化論) 또는 C. Lombloso의 선천적 범죄자설, H. H. Goddard의 범죄자 정신박약설 등도 있다.

2 구체적 원인

첫째, 심신발달의 불균형에 따른 정서적 불안정성이나 열등감의 보상을 들 수 있다.

둘째, 현대 가정의 애정적 · 교육적 기능의 저하나 감퇴 또는 결손가정 내지 빈곤을 들 수 있다.

셋째, 교통수단의 발달 및 도시화 현상으로 필연적으로 야기되는 기동성 및 생활권의 확대를 들 수 있다.

넷째, 저속한 매스컴 문화의 보급과 소비적 · 향락적 사회 분위기를 들 수 있다.

다섯째, 청년들에게 응분의 사회참여의 기회를 베풀지 않는데서 오는 반발과 폭력문화, 유희문화로 대표되는 왜곡된 청년문화에 기인될 수도 있다.

여섯째, 전통적으로 내려온 가치관과 서구적 가치관의 갈등에서 오는 동요를 들 수 있다.

일곱째, 사회적 · 경제적 불평등과 차별에서 오는 계층갈등의 심각성에 기인됨을 들 수 있다.

여덟째, 현 학교제도의 모순에서 오는 교육의 역기능과 학교 환경을 들 수 있다.

끝으로, 현대 산업사회에 있어서의 Anomie 현상(불신주의, 배금주의 사상, 패배주의적

의식, 반항주의적 태도, 무사안일주의적인 적당주의, 목적을 위하여 수단을 가리지 않는 극단적 이기주의 등)을 들 수 있다.

6. 행동장애

1) 등교거부증

(1) 등교거부증의 개념

등교거부란 본인은 학교에 가야 한다고 생각하면서도 계속적 또는 간헐적으로 결석을 하는 상태를 말하나 비행, 태만, 가정형편, 심신장애 등에 의한 결석과는 구별된다. 주로 청년 전기에 많다.

주증상은, 아침에 등교시간이 가까워지면 정신적으로 불안정하게 되며 두통, 복통, 구토 등을 호소하는 수가 많으며, 오후가 되면 차분해지는 경향이 있다. 등교거부의 시작은 학년이나 학기 초 또는 병에 의한 장기결석 후에 나타나는 수가 많다.

가정환경은 대체로 경제적으로 안정되어 있으며 형제수가 적은 핵가족에서 많이 나타나며, 본인의 특징은 자기 중심적이며 자주성의 발달이 지체되고 있음이 특징적이다. 등교거부 학생의 부친은 내성적, 비사회적 성격의 소유자가 많고 특히 가정에 무관심한 자가 많다. 모자관계는 과보호 내지 지배적 경향이 강한 경우가 많다.

(2) 등교거부증의 경과

1 초기의 상태

등교거부의 처음에는 두통, 복통 등 신체적 증상을 호소하지만, 의사의 진찰을 받으면 "이상 없다"고 진단되는 수가 많다. 부모는 등교할 것을 설득하거나 강제적이라도 본인은 완고히 거부하게 된다. 결국 부모가 지는 수가 많으며, 몇 개월 계속되기도 한다.

2 폭력의 시기

폭력이 시작되면서 양친에게 물건을 던지거나, 차거나 때리는 등 신체적 폭력과 가구나 식기를 던지고 부수며 유리창을 깨는 등 기물파괴가 자주 생기나 가족 이외의 다른 사람에게는 절대로 하지 않는다.

3 나태한 시기

폭력이 감소되면서 나태한 생활이 눈에 띄게 나타난다. 자기 방에 처박혀 시간을 보내거나 심야에 라디오를 청취하는데 흥미를 갖는 등 주야 역전의 생활이 일어난다. 가족과는 얼굴을 대하기를 피하고 말수도 적어지고 식사도 자기 방에서 혼자하며 외출은 일체 없고 어떠한 주의도 무시하는 수가 많다.

4 회복의 시기

드디어 자기 일은 스스로 하지 않으면 안 되겠다는 자세가 생기기 시작한다. 기상시간이 빨라지고 자기 방의 정리 정돈이 시작된다. 그리고 건강을 위해 체조도 하고 친구에게 전화도 걸며 외출도 빈번해진다.

5 자발적 등교

회복의 시기에 들어서면서 생활이 규칙적으로 이루어지고 가사에도 참가한다. 결국 학교에 대해서도 적극적 관심을 갖게 되고 드디어 자발적으로 등교를 개시하게 된다. 스스로의 결심으로 등교한 경우에는 등교거부의 재발은 없으며, 공부에도 열심히 임하며, 안정된 생활을 보내게 된다.

(3) 치료

등교거부를 보여주는 학생은 대개가 자주성 발달이 늦은 점이 공통적으로 나타난다. 따라서 자주성의 개발이 가장 좋은 치료법이라 하겠다.

2) 자살

자살은 정신적 스트레스가 극도로 높아져 그 궁지를 탈출하기 위한 파국적 기제인 것이다. 욕구불만에 대한 반응으로서 자기 공격성, 갈등상태로부터의 도피 등이 구체적인 심리적 요인이다.

또 정신분열증, 우울증, 대인공포, 무기력증 등의 병태가 그 배경이 되기 쉽다. 자살의 특징의 하나로서 청년기에 많이 일어나지만 특히 고교 후반에 집중되어 있다. 원인으로서는 염세, 실연, 가정불화 등이 주로 많으나 학업실패도 많은 편이다. 청년 중에는 성공률이 낮은 수면제를 자살의 수단으로 선택하는 경향이 있어서 미수로 끝나는 사례도 많다.

K. Menninger에 의하면 절망감, 낙담, 피로 상태에 빠지면 '죽고 싶은 욕구'가 청년기에 많이 일어난다고 하는 반면, E. S. Shneidman은 '죽이고 싶은 욕구', 즉 파괴적 충동이 가장 강한 시기가 청년기라고 말하고 있다.

자살률은 남자가 여자보다 높으며, 남녀는 자살하는 방법도 다르다. 여자는 약물이나 독약의 사용과 같은 수동적인 방법을 택하는 경향이 많은데, 남자는 총기자살이나 목을 매다는 등 능동적인 방법을 택하는 경향이 많다. 그러나 남자든 여자든 화기나 폭약을 사용하면 완전자살이 되는 경우가 많은데 비해, 약물이나 독약을 사용하면 자살기도로 끝나는 경우가 많다. 완전자살을 꽤하는 경우는 남자가 많지만 자살기도는 여자가 훨씬 많다.

자살을 기도하는 청년은 흔히 가정적인 불안정과 불화의 전력을 가지고 있고, 부모로부터 소외되었다는 느낌을 가지게 되어 부모와의 대화가 단절되고 지지를 구할 수도 없는 형편에 놓인 경우가 많다. 이러한 청년들은 다른 사람으로부터 정서적 지지를 얻기 위해 가까워지려고 노력을 하나, 어떤 원인으로 인해 그 관계가 무너져 점진적으로 소외감과 무력감을 키워 온 예가 많다. 자살하겠다는 말 자체도 심각한 문제로 간주해야 한다.

자살을 예측하기란 그리 쉽지 않다. 그러나 관찰자로 하여금 그러한 가능성을 찾을 수 있게 하는 단서는 여러 가지가 있다. 즉, 우울한 기분의 지속, 식사 및 수면의 장애, 학업성적의 저하, 사회적 도피와 타인으로부터의 소외감 증대, 부모나 기타 중요한 사람들과의 대화단절, 과거에 자살하려고 했던 전력이나 사건 등이다.

자살할 가능성이 있거나 과거에 자살을 기도했던 청년은 가능한 한 빨리 치료해야 하며, 오랜 세월 동안 품어온 문제나 갈등뿐 아니라, 청년에게 고통을 주고 있거나 자살을 기도케 한 직접적인 사건과 생활환경도 다 같이 다루어야 한다.

3) 건강염려증

건강염려증(hypochondriasis syndrome, 또는 심기증)은 신체의 기능에 지나친 관심을 나타낸다. 건강염려증을 가진 청년은 자기 몸이 지극히 정상인데도 맥박, 호흡, 소화에 이상이 있다고 생각하거나 코가 조금 막히고 배탈이 나거나 근육에 경련이 일어나는 등 사소한 신체적 이상도 중병이라고 생각한다. 이러한 건강염려증의 증상은 아동기에서도 일어날 수 있지만 청년기에 더 많이 일어난다. 사춘기에는 급격한 신체적 및 성적 변화가 일어나 신체가 관심의 초점이 되기 때문에 놀라운 일은 아니다. 따라서 성인이 신체적 관심을 보이면 비정상적이라 할지 몰라도 청년에게는 지극히 정상적인 현상이다.

그러나 신체에 대한 관심이 지나치고 변화를 거부하면, 그 이면에 심각한 장애가 있다고 볼 수 있다. 젊은이가 심한 불안을 느끼면서 그 원인을 알 수 없을 때 당황을 하게 되고, 때때로 "미치지는 않을까?"하는 공포도 느끼게 된다. 만일 불안의 원인을 알 수 있으면 불가사의한 감정이나 놀라움을 떨쳐버릴 수 있다.

그러나 어떤 청년은 최대 관심의 초점이 신체와 질병이다.

건강염려증을 가진 청년의 불안이 터무니없이 과장되어 있다 하더라도 어느 정도 현실적인 이유를 가질 수도 있다. 많은 청년들은 자기의 신체적 자아가 자기의 새로운 심리적 자아를 담을 수 없는 '만족할 만한 집'이 되지 못하지는 않을까 하고 두려워한다. 즉, 소년은 성적 성숙이 이루어지지 않을까 하고 걱정하고, 소녀는 자기 유방이 너무 크거나 너무 작다고 걱정하는 경우도 있다. 또 소년이나 소녀는 과도하게 자위행위를 한 결과 자기 신체에 영구적인 손상이 생긴 것이 아닌가 하고 두려워하기도 한다. 또 건강염려증을 가진 청년은 자기 자신을 부적합한 인물로 생각하기 때문에 스포츠, 댄싱 같은 어떤 활동을 기피함으로써 체면을 깎이지 않으려고 한다.

건강과 질병에 대해 관심이 많은 가정의 어린이와 청년에게 건강염려증의 증상이 흔하다. 청년의 건강염려증 증상은 부모나 형제를 동일시하거나 모델로 삼아 발생하는 경우가 드물지 않다. 건강염려증을 가진 청년의 증상이 청년기의 정상적인 신체적 관심을 넘어서고 변화를 거부하면 심리적인 도움이 필요하다. 즉, 이러한 증상을 일으키는 문제를 발견해야 한다. 다행히 이러한 문제를 발견하여 청년이 이 문제에 대처해 나가기 시작하면 대개 건강염려증의 증상은 쉽게 사라진다. 그러나 성인의 경우는 건강염려증의 치료가 그리 쉽지 않다.

4) 신경성 식욕부진증

사춘기가 시작될 무렵에는 급격한 신체적·생리적 변화가 많이 일어나기 때문에 많은 청년들이 체중이 정상적인 기준보다 불어나기도 하고 줄어들기도 한다. 그러나 성장이 안정기에 접어들면 대부분의 청년들이 식이요법을 통해 조절한다. 그러나 소수의 청년들은 그렇지 못하다. 예를 들어 어떤 청년들은 계속해서 과식을 하다가 심각한 비만증에 걸린다. 또 어떤 청년들은 병적으로 지나친 식이요법을 하여 심각한, 때로는 생명이 위협받을 정도의 체중감퇴를 보인다. 이것을 신경성 식욕부진증(anorexia nervosa)이라 부르는데 청년기에 가장 많이 볼 수 있고 남자보다 여자에게 더 많이 발생한다.

비만증에 걸린 청년이든 식욕부진증에 걸린 청년이든 자기 목표를 찾아 성취시킬 수 있는 독립적이고 독특한 개인으로서의 분명한 정체의식이 결여된 경우가 많다. 특히 식욕부진증에 걸린 청년은 자기 신체에 대해 왜곡된 신체상(body image)을 가지고 있기 때문에 문제가 많다. 식욕부진증에 걸린 소녀는 중립적인 제3자의 눈으로 볼 때 조금 야위었다 싶은데 살이 너무 찔까봐 항상 두려워한다.

이러한 식욕부진증에 대해서는 아직도 그 원인을 잘 모르고 그 발생도 드물지만, 현재 증가되고 있으며 특히 가난한 가정보다 부유한 가정의 젊은이들에게 더 늘고 있다. 식욕부진에는 생물학적 요인(아마도 뇌하수체 전엽의 기능 손상)도 작용하지만, 무엇보다 심리적인 요인이 크게 작용한다. 자녀가 식욕부진증에 걸린 부모는 자기 자녀가 항상 정상이라고 생각해 왔기 때문에 놀라는 경우가 많다. 식욕부진증에 걸린 청년은 대부분 아동기에 조용하며 고분고분하고 사려성이 있고 명랑하고 칭찬 듣던 아이들이다.

그러나 보다 자세히 살펴보면 그렇지 않다. 식욕부진증에 걸린 대부분의 청년들은 적어도 무의식적으로나마 자기 자신의 삶을 살지 못하도록 방해받아왔고, 자기 자신의 확고한 정체감을 확립시킬 수 없었다고 느끼고 있다. 따라서 여기에 대한 반작용으로 자기 자신의 모든 생활, 특히 자기 자신의 신체를 통제해 보려는 강박관념적인 욕구를 드러낸다. 그리고 성적 정체감이 결여되어 있고 식사하기를 거부하여 월경이 중지되고 제2차 성징이 잘 드러나지 않는다. 이는 무의식적으로 성장을 지연 또는 거부하려는 뜻으로 받아들일 수 있다. 딸이 식욕부진증에 걸린 부모를 연구한 결과, 그 부모들은 아동기에 딸을 엄격하게 통제하고 규제하여, 자기 딸로 하여금 확고한 정체감을 확립시킬 수 없게 하고 자신의 문제를 스스로 결정할 수 있는 능력을 키워 주지 못한 일이 많다는 사실을 발견하였다. 이러한 부모들은 자기 자녀가 어떤 일에서나 완전주의자가 되기를 요구하는 경향이 많다.

5) 청년기 우울증

우울증(depression)은 일반적으로 인생과 장래에 대한 비관, 염세, 주관적인 불행감, 무기력, 자기 무가치감에 젖어 있거나 훌쩍훌쩍 잘 울며 심히 슬퍼하고, 우울해하고, 수줍어하거나 불안해하며, 피해의식 등의 증상을 나타내는 장애로서 사춘기 과정과 청년 후기에 잘 나타난다. 이러한 감정반응의 이상 때문에 사고면에서도 비관적 · 염세적인 것 등의 특징이 나타난다.

청년기 초기에는 남자나 여자나 자기 감정을 솔직하게 드러내기를 꺼리고, 부정적이고 자기 비판적인 태도를 부인하려는 경향을 가지고 있다. 따라서 성인은 우울을 느낄 때와 같이 침울이나 절망 혹은 자기 비하를 드러내지 않는다. 많은 청년들은 자기 마음 속에 깔려 있는 우울한 감정을 권태나 초조, 혹은 몸이 아프다는 호소나 행동 등 여러 가지 가면을 씌운 방어적 감정을 통해 표현한다. 그러나 우울은 청년들 사이에 매우 공통적으로 존재하는 감정이다.

청년기의 우울은 보통 한두 가지의 형태를 취한다. 그 중 하나가 "공허감, 즉 이인증(離人症) 상태(a state of depersonalization)와 비슷한 자기규정(self-definition)"의 결여이다. 우울증을 가진 청년은 자신에 대해 감정이 없고 공허하다고 호소한다. 이러한 청년은 아동기의 자아에서 탈피했지만 아직 그 자리를 성숙한 성인의 자아로 채우지 못했기 때문에 여기서 생긴 공백이 불안을 야기시킨다고 말할 수 있다.

이와 같은 종류의 우울증은 자신이 분신처럼 여기던 사람을 잃어 애도하는 사람의 상태와 비슷하며, 치료하기도 가장 쉽다. 한편 일부 성인이 처한 상황(즉 정신병적인 원인에 의해 공허감이 일어날 수 있다)과는 달리, 청년들이 아무 감정도 가지고 있지 않다기보다 자기 감정에 어떻게 대처하고 평가하고 표현할지 모르고 있기 때문에, 마치 아무 감정도 가지고 있지 않은 것처럼 생각하는 것이다.

청년기의 우울증이 취하는 또 하나의 형태는 보다 흔하고 치료하기 더욱 힘든 것으로서, 오랜 세월을 통해 반복된 패배감(또는 좌절감) 때문에 생긴다. 이러한 형태의 우울증은 자기문제를 해결하고 개인적으로 의미있는 목표를 성취하기 위해 여러 가지 방법으로 노력했으나 성공하지 못한 청년들에게 많이 나타난다. 이러한 노력이 실패하는 이유는 청년이 하고자 하는 일을 다른 사람이 수용하지 않고 이해하지 못하거나, 청년 자신의 능력이 부족하여 목표에 도달할 수 없기 때문이다.

청년들이 자살을 시도하는 이유는 일시적인 충동 때문이 아니라, 오랜 세월 동안 문제해결을 위한 노력이 실패에 기인된 것이 많다. 그러나 이러한 형태의 우울증이 표면에 드러나는 것은 흔히 부모나 친구, 혹은 기타 사랑하는 사람과의 관계가 상실된 때이다.

특히 청년 후기의 우울증은 신경증성 갈등에 기인하는 신경증성 우울증(neurotic depression)으로도 불리운다.

6) Student apathy

대학생들 중에는 남성적 정체감 형성의 혼란이나 갈등에 기인하여, 경쟁심의 결여, 정서적 불안정, 사회적 참여의 결여, 대인관계의 회피, 공허감 등 주로 청년 후기에 나타나는 행동장애로서 P. A. Waltars가 미국 대학생 연구에서 처음으로 명명한 증후군이다.

보통 이런 증상을 보이는 대학생들은 지적으로는 평균 이상의 수준에 있으며, 과거에는 성적이 뛰어난 경력을 갖고 있다. 우승 여부에 과민하여 시험공포, 졸업 공포증을 나타내기도 하며, 자기 전공의 학업분야에 대해서는 무관심하다. 특히 대학진학 동기나 학과선택의 결정이 자기 자신이 아니고 부모나 고등학교 교사에 의해서 결정된 학생의 경우에 많이 나타난다.

7) 사춘기 세신증

사춘기 세신증(Pubertätsmagersucht) 또는 신경성 식욕부진증으로 불리우는 이 장애는 주로 사춘기의 여자에게 많이 나타난다. 주된 증상은 젓가락처럼 바싹 마른 몸매에 심한 식사제한이나 거식(拒食)과, 극도의 체중감소, 무월경, 변비 등이다. 원인은 불명한 점이 많지만, 대체로 바싹 마른 몸매를 아름답다고 보는 심미관을 가지고 있으며 여성적 성숙을 부정하고 혐오한다. 특히 어머니에 대한 적개심 때문에 여성으로서의 성적 정체감을 거부하는 기제로 인해 거식현상이 나타난다.

8) 정신쇠약증

신경쇠약증(neurasthenia)의 징후와 비슷한 신경증적 정신쇠약증(psychasthenia)은 병적인 공포, 불안, 고착관념, 강박 행동, 과도한 죄악감, 우유부단, 지나친 완전주의(perfectionism) 등으로 특정지어지는 심리장애인 바 청년 중기 이후부터 나타난다.

9) 정신분열증

정신분열증(schizophrenia)은 청년 후기에 나타나며, 주증상은, 흔히 볼 수 없는 진기한 사고방식이나 행동양식 특히 기본적 사고 과정의 장애가 특정적이다. 즉, 능동성의 감퇴, 감정 둔화, 자폐적 행동경향, 사고와 행동의 전후 모순, 현실에 냉담 · 무관심 등이 주된 증상이다. 때로는 심하게 위축되어 오래도록 개인적 사고 및 경험에 몰두한다.

또한 정서표현 장애도 있다. 부적절하게 울거나, 웃거나, 화를 내며 다른 사람에 대한 동정이나 연대감이 없으며, 활기 없는 기분이 그 특징을 이룬다. 그러나 청년 후기에 나타나는 정신분열증은 급성기에 일시적으로 나타나는 증상의 정신분열증인 파과형(破瓜型, hebephrenic type)이 많다. 원인으로서는 가족과의 이별, 진학, 직업, 결혼의 실패, 실연 등 지속적인 감정 긴장상태가 중요한 요인으로 작용한다.

10) 불안신경증

급성 불안반응(anxiety reaction)을 보이는 청년은 "마치 자기에게 좋지 않은 일이 막 일어나려는 듯 갑작스러운 공포를 느낀다." 그리고 쉽게 흥분하고 초조해하며,

잘 놀라고, 현기증, 두통, 구토 등의 신체적인 증후를 나타낸다. 또 주의집중 시간도 짧아지고 마음도 산만해진다. 나아가 수면장애가 따르는 것이 보통이기 때문에 쉽게 잠들지 못하고, 수면 시간도 짧고 숙면이 안 되어 뒤치락거리며, 가위눌림이나 몽유가 따르는 수도 있다. 불안반응의 증상은 만성적이고 그 대상이 비교적 불확실한 근심 및 공포를 호소하는 것이다.

불안반응을 나타내는 사람들은 긴장상태에서 안절부절하며 다른 사람들을 무서워하고, 자신의 학업이나 업무수행 능력을 의심하며, 때로는 공포에 시달리는 수도 있다. 그들은 심계항진(palpitation of the heart)에 걸리거나 식은땀을 흘리든가, 또는 어지럽다든가 하는 신체적 증상을 호소하기도 한다.

이와 같은 급성 불안반응을 겪고 있는 청년은 그 원인을 알지 못해 당황하거나, 아니면 외부의 여러 상황이나 사건의 탓으로 돌린다. 그러나 보다 주의깊게 살펴보면 원만하지 못한 부모-자녀 관계, 부모의 지나친 요구, 성이나 공격적 충동에 대한 공포와 죄의식 등, 청년이 의식적으로 알 수 없는 보다 광범위하고 근본적인 요인들과 관련되어 있다.

특정 대상이나 사건에 대하여 불안상태가 유발되는 경우가 있다. 이런 증상을 공포반응(phobic reaction)이라 한다. 공포반응이란 비합리적인 공포를 느끼는 것을 말한다. 가장 흔한 공포반응은 두 가지, 즉 폐소공포증(좁은 공간에 갇히는 것을 두려워하는 것, 이런 공포증 때문에 어떤 사람들은 승강기를 사용하지 못한다)과 고소공포증(높은 곳을 두려워하는 것, 이 공포증 때문에 어떤 사람들은 지붕 위에 올라가지 못한다)이 있다.

11) 노출증

노출증(exhibitionism)은 이미 청년기 이전에서 볼 수 있는 것으로 자기의 성기에 다른 사람들의 관심을 집중시킴으로써 만족을 느끼는 것을 말한다. 원래 신체 전부에 의복을 걸치게 되어 있는 문화사회에서 이미 부분적인 노출을 하고 있는 것은 일종의 노출증의 성질을 띠고 있다. 열대 지방의 흑인사회와 같이 신체의 경우 일부분만을 가리우는 사회에서의 것과는 자연히 그 의의가 다를 것이다.

청년은 자기의 성장에 대하여 커다란 기쁨을 느끼게 되는 나머지 자기의 신체나 성기에 남다른 관심과 민감해지면서 이것을 다른 사람에게 보임으로써 성적인 쾌감을 느끼게 된다.

그러나 또 한편으로는 인간에게는 수치심이 있다. 특히 성기에 대하여 아동기는 비교적 개의치 않고 있으나 남녀 다함께 사춘기가 되면 일반적으로 성기를 감추려고 한다. 아담(Adam)과 이브(Eve)가 지혜의 열매를 먹고 비로소 처음으로 나체를 부끄러워하고 음부를 나뭇잎으로 감추었다는 것은 유명한 이야기지만 여기에 건전한 사회의 윤리가 유지되는 기반이 있다.

그러므로 자기의 신체를 과시하는 것이 성기를 노출하는 형식을 취하여 나타난다든가, 실 한오라기 걸치지 않은 나체를 거리낌없이 본다든가, 나체가 되는 것을 거리낌없이 하는 것은 인간특유의 수치심이 완전히 마비된 증거로서 정상적인 현상이라고 생각할 수 없는 것이다.

제9장

성인 · 중년기의 발달

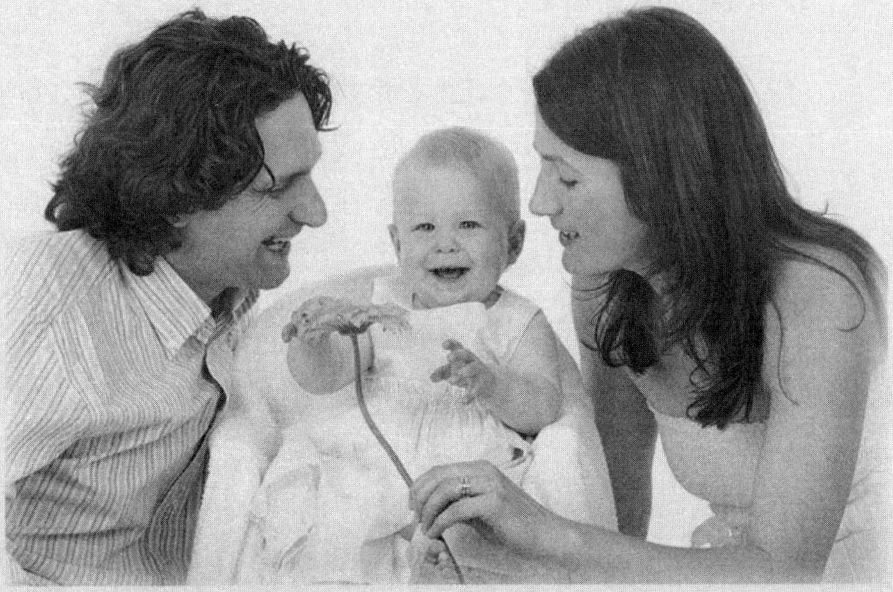

1. 성인 초기의 발달
2. 중년기의 발달
3. 성인 후기의 발달

1. 성인 초기의 발달

1) 성인 초기의 발달

(1) 신체적 성장의 완료

'젊은 남자' 또는 '젊은 여자'라고 말하면 보통 10대 후반 또는 20대 초반에 있는 사람을 생각한다. 실제로 성인 초기는 고등학교를 졸업하고 대학에 입학하는 약 18세, 즉 성인 특권을 행사할 수 있을 때를 기점으로 시작하여 20대를 통해 30대 초반까지를 말한다.

인간은 10대 후반에 신체적 성장이 거의 완료되며, 이 시기에 최상의 신체적 상태를 유지한다. 그들의 성장은 개인적 정체감의 확립, 성인 생활의 시작, 결혼 그리고 부모가 된다는 사실과 같은 심리 · 사회적 변화들을 포함한다.

(2) 자아 정체감의 확립

20대는 특히 성인으로서 개인의 자아를 확립하기 위한 시기이다. 젊은 사람들은 이 시기를 인생의 출발점으로 보아 정체감 확립을 위한 관심을, 주위 세계로부터 의식의 내부로 돌린다(R. Gould, 1995). Kenneth Keniston(1998)은 이 시기를 개별화의 시기로 특징짓고 있다. 이 시기의 핵심적인 일은 진실된 자아에 적합한 것을 찾으면서 개인의 요구와 사회의 요구 사이에 균형을 찾는 것이다. 이 일에 실패한 개인은 사회로부터 소외된다.

이 시기에는 대학, 직업, 결혼과 같은 중요한 일을 선택할 때에 처음으로 그와 같은 중대사를 결정하게 됐다는 사실에 일종의 압박감을 느낀다. 그러나 압박감의 상당한 부분은 그러한 결정들이 뒤집어질 수 없을 것이라는 느낌으로부터 나온다.

비록 이러한 결정이 바뀌어지지 않아도 그것들은 한 개인의 생활양식에 어떤 영향을 미친다. 한 가지 위험은 부모 혹은 동년배의 의식에 지나치게 집착하여 자신의 이익을 충분히 추구하지 못한다는 사실이다. 이것을 Erikson은 주체성의 폐쇄형(foreclosure pattern)이라고 하였으며, G. Sheehy는 감금형(locked-in pattern)이라 하였다. 자신의 목표에 대해 의심도 해보지 않은 채 부친의 선례를 좇는 사람들, 좋은 직업을 찾는데 따르는 고통을 면하기 위해서 보편적인 직업을 택한 사람들은 자신에게 다른 일을 시도해 볼 기회를 제공하지 않은 셈이 된다.

(3) 성인으로서의 유예기간

성인 초기에 있어선 성인기로의 변천을 부당하게 끌며 연장시키는 사람들이 있다. Erikson은 이것을 성인으로서의 유예기간(moratorium)이라고 하였으며 Sheehy는 '일시적 유형'(transient pattern)이라 하였다.

이들은 자신에게 이상적인 직업을 발견하려고 노력하면서 빈번히 직업을 바꾸는 젊은 사람들처럼 성인으로서의 역할을 수행하기 위한 시도를 연장시키는 사람들이다. 그러나 이들은 때로 직업을 못 구하거나 주위 사람들과 원만한 인간관계를 유지하지 못한 젊은이와 같이 부정적인 방법으로 헤매며 혹은 망설이기도 한다.

2) 사랑과 낭만

(1) 낭만적인 사랑

사람들이 사랑이 무엇인지를 인식하는데 거의 어려움을 느끼지 못하는 이유 중의 하나는 낭만적인 사랑에 대해 내려오는 얘기가 널리 퍼져 있다는 것이다. 소설, 시, 노래 또는 영화와 같은 대중문화에는 낭만적인 사람에 대한 어떤 확실한 표시가 나타나기 때문에 우리는 이를 직감적으로 인식한다. 가장 일반적인 사랑에 대한 정의는 눈에 띄는 신체적 매력뿐만 아니라 이성에 대한 강렬한 정서적 유대감과 상대방을 이상화하는 경향이라 말할 수 있다.

서로 비슷하던 또는 그렇지 않던 간에 성인 초기의 대부분의 남녀는 결혼하기 전에 사랑에 빠져야만 한다고 생각한다. 사랑이 관계에 도움을 주는 것이 무엇인지는 확실하지 않다. 호감에 근거한 관계와, 사랑에 근거한 관계에는 서로 비슷한 점은 물론 중요한 차이점도 있다. 사랑에 빠져 있는 커플들은 eye-contact를 하는데 많은 시간을 보낼 뿐만 아니라 결혼의사를 표시하는 데에도 게을리하지 않는다. 또한 더욱더 서로에게 애정적이고 서로를 도우려고 한다.

결과적으로 낭만적인 사람이 무엇이든간에 그것은 강렬한 개인적 사랑의 감정과 파트너간에 미묘한 대화를 나누는 사이가 낭만적 사랑의 특성이라 하겠다.

대개 낭만적인 사랑은 파트너간의 빈번한 상호반응에서 피어나는데, 구애기간이나 결혼 초에 가장 강렬해진다. 그러나 그 이후로는 점차 약해지게 된다. 낭만적인 사랑은 결혼에 대한 한 가지 동인이 된다. 그러나 영속적인 관계를 이끌어갈 수 있는 안정기반은 아니다.

(2) 사랑의 속성

심리학자들은 가끔 낭만적인 사랑의 정서적인 강렬함을, 경험의 무의식적인 면을 인식하게 되는 관점에서 설명한다. C. G. Jung은 사람들이 사랑하게 될 때 남성은 'anima'라고 하는 그 자신의 여성적인 속성에 대한 무의식적인 이미지를 발견하는 것이며, 여성은 'animus'라고 하는 그녀 자신 속에 내재하여 있는 남성적인 속성을 발견하는 것이라고 말했다.

Jung은 인간이 양성의 유전인자를 모두 함께 지니고 태어났기 때문에 이성에 대한 무의식적인 정신적 이미지도 태어날 때부터 갖고 있다고 주장했다. 일반적으로 우리는 그러한 이미지와 비슷한 이성을 만나기 전에는 자기 자신의 또 다른 면을 인식하지 못한다. 이러한 이성을 만나 한눈에 반하게 될 때, "당신은 바로 그 여자를 만났거나 아니면 최소한 당신 모습과 비슷한 여자를 만났으며 곧 그녀에게 사로잡혀 사랑에 빠지게 되었다. 나중에 당신은 그것이 끔찍한 실수였다는

것을 발견할 수도 있다."

낭만적인 사랑은 매우 주관적이며, 예측을 불허하기 때문에 좀더 이성적인 방법에 의해 양립성이 판단되어야 한다고 사람들은 말한다. 그러나 감정을 완전히 무시하는 것은 전적으로 감정에 의존하는 것 만큼이나 큰 실수이다. 왜냐하면 정서는 상대방에 대한 직관적이며 무의식적인 반응에 관한 것을 말해 주기 때문이다. 실제로 우리는 머리를 쓰는 것 만큼이나 감정을 고려할 필요가 있으며 사랑에 대한 현명한 판단을 함에 있어서 정서적인 것과 이성적인 것이 미치는 영향 모두를 고려해야 한다. 이것은 구혼기간과 데이트 기간 동안 친숙해진 부부가 갑작스럽게 결혼에 골인한 부부보다 행복한 결혼생활을 유지하는 확률이 많다는 것을 설명해 주는 이유 중의 하나이다.

남성은 자신의 감정을 조절하는데 있어서 매우 이성적이며, 여성은 매우 정서적이라는 고정관념은 잘못된 것이다. 그리고 J. Coombs와 C. Kenkel(1996)은 여성이 남성보다 컴퓨터가 맺어 주는 배우자를 많이 원하긴 하나 만족은 남자보다 덜 느끼고 있음을 알아냈다. 그 까닭은 아마 여성이 성인기 초기에는 남성보다 낭만적인 유대감을 더 많이 체험하기 때문일 수도 있다. 그러나 결혼기간이 가까워질수록 여성은 남성보다 낭만적인 감정을 잘 억제하고 좀더 현실적인 선택을 하는 경향이 있는데, 그 까닭은 아마도 여성들이 결혼관계에서 더욱 많은 시간과 노력을 들이기 때문일 것이다.

3) 결혼과 행복

(1) 결혼의 목표

사람들은 결혼에 있어서 더욱더 동반자적인 관계(companionship)를 갈구하고 있다. 사람들은 결혼해서 험하고 기복이 많은 세상을 헤쳐 나가는데 위안이 될 수 있는 정서적인 안식처를 기대하고 있다.

특히 결혼은 개인이나 두 사람에게 성장계기를 마련해 주는 원천으로 간주한다.

여기엔 과거보다 결혼생활 이외의 활동 참여에 더 많은 자유가 주어지고 있을 뿐만 아니라 덜 엄하게 규정된 역할을 수행하고 있음이 함축되어 있다.

요즘은 질적인 결혼관계가 결혼의 지속성보다 더욱 중요하게 되었다. 이러한 견해는 개인 행복은 사치라기보다는 당연한 것이라는 믿음이 점차 팽배하고 있음을 부분적으로 반영하는 것이다. 따라서 과거보다 결혼에서 기대하는 바가 많으며, 불행한 결혼은 빨리 끝내고 있다. 이로 인해 결혼계약에 있어서 서로의 기대와 요구를 형식화하게 되었으며, 차이점을 상호 행복을 극대화시킬 수 있는 안목에서 협상하게 되었다.

(2) 결혼상대자의 선정

Freud학파의 심리학자들은 사랑을 자신의 부모와 대체할 수 있는 사람을 발견하는 것이라는 관점에서 설명한다. 어렸을 때는 자신의 부모에 대한 강렬한 애정을 형성하게 되는데 특히 성이 다른 부모에게 그러하다. 그러나 우리가 성장하게 되면 이러한 감정은 많이 사라지게 되는데 이러한 애정을 다른 이성에게 이전하는 것은 자연스러운 것이다. 그래서 가끔은 자기 아버지나 어머니와 닮은 사람과 결혼하게 된다. 다른 심리학자들은 사람들이 형제와 비슷한 파트너를 찾고 있다고 지적한다. 이러한 견해를 뒷받침하는 연구조사에서는 자신의 형제 자매와 비슷한 이성과 결혼한 부부가 그렇지 않은 부부보다 더욱 원만한 결혼생활을 이끌어 가고 있는 것으로 나타났다(W. Toman, 1990).

실제로 대인매력이나 결혼에 관한 많은 문헌이나 책들에 수록된 통계자료에는 사람들이 자기와 비슷한 사람을 좋아하게 된다고 나타나 있다.

서로 비슷한 사람에 대한 매력은 개인적인 특성보다는 사회적인 특성과 밀접한 관련이 있다. 즉, 교육 정도와 사회적 지위, 그리고 인종과 종교면에서 배경이 비슷한 사람을 선택하는 경향이 있다. 예를 들어 국제결혼이 날로 증가하고 있다고 듣고는 있지만 아직까지는 이례적이다. 결혼의 99%는 같은 인종간에 이루어진다. 종교에 있어서도 마찬가지이다. 실제로 유사한 사회적 특성은 성공적인 결혼생활을 점칠 수 있는 믿을 만한 지표라고 볼 수 있다.

태도나 외모 같은 개인적 특성을 비슷하게 지닌 사람끼리 서로 매력을 느낀다는 것은 그 증거가 드물다. 그러나 이를 뒷받침하는 견해도 무시할 수 없다. 일례로 B. I. Murstein(1991)은 외모나 자존심, 성(sex)에 대한 충동과 같은 개인적 특성에 서로 유사점이 많은 커플들이 다른 커플보다 결혼에 더욱더 빨리 접근한다는 것을 발견했다. 물론 어떠한 특성이 두 사람에게 서로 매력적인가 하는 것은 주로 각 개인과 성격의 차이에 달려 있다. 대체로 남성들은 외모나 성적 매력에 근거하여 여성을 선택하는 반면, 여성은 지성이나 자신감 그리고 성공 가능성 정도에 근거하여 남성에게 끌린다고 하겠다.

(3) 결혼과 행복

성인 초기의 부부가 얼마나 행복해질 수 있는가 하는 것은 결혼의 관계적인 측면에 얼마나 만족하는가에 달려 있다. 일례로 미국인의 정신건강에 대한 획기적인 연구조사에서는 결혼생활에서 매우 행복을 느끼는 사람들이 결혼의 관계적인 면을 중요시하는 반면 행복을 느끼지 못하는 사람들은 결혼의 역할관계 또는 상황적인 면을 더 중요시하는 것으로 나타났다.

근본적으로 결혼관계에 행복을 느낄 때는 주위의 일상적인 실망에도 불구하고 행복을 느낄 수 있는 것 같다. 그러나 결혼관계에 행복을 느끼지 못할 때에는 자녀나 일 혹은 물질적인 것에서 행복을 찾는 경향이 있다. 연구조사에 의하면 기혼여성의 세 가지 주요한 행복의 원천은 사랑, 결혼, 배우자의 행복인 반면, 이에 대응되는 남성의 대답은 개인 성장, 사랑, 결혼으로 나타났다.

4) 직업의 선택

(1) 직업의 심리적 기능

사람들은 살기 위해서 일을 한다고 말은 하지만 돈만을 목적으로 일하는 사람은 거의 없다. 직업은 다음과 같은 중요한 심리적 · 사회적 욕구를 충족시켜 준다.

1 개인주체성

사람들은 깨어 있는 대부분의 시간 동안에 하고 있는 것과 그들 자신을 동일시하는 경향이 있다. "나는 대학생입니다." 또는 "회사에서 일하고 있습니다." 또는 "주부입니다." 하면서 자신을 소개하는 것을 종종 들을 수 있을 것이다. 어느 경우에서나 직업은 그 사람이 누구인지를 설명하는 데 도움이 된다.

2 성취와 숙달

사람들은 자신이 무엇인가 성취하고 있다고 느낄 때 열심히 일하게 된다. 이따금 은행원직을 그만 두고 소방수나 경찰관이 되는 활동중심적인 사람의 경우와 같이 좀더 눈에 보이는 결과 때문에 직업을 바꾸기도 할 것이다. 수입과 재산이 많은 사람조차도 일에 소비하는 시간이나 정력을 줄이지는 않을 것이다. 그 까닭은 주로 성취동기와 같은 동기 때문이다(J. Morgan, 1992).

3 지위와 인정

직업의 사회적 지위가 높을수록 사람들은 그러한 직업을 다시 선택하는 경향이 높다. 육체노동자의 62%에 비하여 전문직에 종사하는 사람의 73%는 주저하지 않고 현재 직업과 같은 직업을 다시 선택하겠다고 대답한 것으로 나타났다(D. Yankelovich, 1994). 반면에 실직상태나 사회보장제도에 의지하고 있는 사람들은 직업이 없다는 사실에서 비롯되는 자존심(self-esteem)의 상실로 괴로워한다(L. Goodwin, 1992).

4 타인에 대한 봉사

대부분의 사람들에게 있어서 타인에 대한 봉사는 개인적 성취보다 우선권이 낮지만 일하는 사람의 38%는 '사회적으로 유용한 일'을 자신의 직업에서 추구하고자 한다고 했다(D. Yankelovich, 2004).

주지하다시피 우리가 실감을 하건 또는 그렇지 못하건 간에 직업은 경제적 욕구충족과 아울러 많은 심리적 · 사회적 욕구도 충족시켜 준다.

(2) 알맞은 직업의 선택

1 선택의 단계

Don Super(1999)에 따르면 일생의 직업선택에는 최소한 5단계의 직업발달과제(vocational developmental tasks)가 포함되었다고 한다.

그 첫 번째는 직업선택의 명료화인데, 대개 직업과 대학 사이에서 광범위한 선택을 해야 하는 고등학교 시절에 일어난다. 고등학교나 대학교 시절을 전후하여 두 번째 과제인 직업 프로그램의 특성화에 직면하게 된다.

두 번째는 앞에서의 선택에 근거하여 적당한 직업훈련이라든가 또는 대학에 가서 전공학과를 정하는 것과 같은 좀더 구체적인 선택을 해야 한다.

세 번째는 직업선택의 이행인데, 이것은 적당한 알맞은 직업을 찾는 것이다.

네 번째 과제인 안정화는 성인 초기, 즉 20대 중반에서 30대 초반에 걸쳐 발생한다. 이 단계에서 사람들은 장사 경험이 있는 사람이 세일즈맨이 되기로 결심하는 것과 같이 자신의 능력을 직업의 가장 만족스러운 부분에 집중시키는 경향이 있다. 이것은 일반적으로 직업유형에의 정착이라고 일컬어진다.

다섯 번째 과제는 종합정리화(consolidation)이다. 이것은 대개 자신이 선택한 직업에 대하여 좀더 많은 경험을 쌓고 고참이 되었을 때인 30대 중반 이후에 발생한다.

2 개인적 특성의 고려

자신에게 알맞은 직업선택에 대한 중요성이 점차 높아져 가고 있다. 많은 사람들이 자신이 싫어하거나 적응할 수 없는 직업에 종사하고 있는데, 이는 사회적인 낭비일 뿐만 아니라 심각한 개인적 부적응도 초래하게 된다.

성인기 초기에 있어서 직업 선택시에 고려해야 할 가장 중요한 문제의 하나는 개인적 특성의 고려이다.

훌륭한 출발점은 자신의 흥미, 적성, 능력 등을 검토하는 것으로부터 시작된다. 인간은 각기 서로 다른 개인적 특성, 흥미, 기술과 가치 등이 독특하게 결합되어 있는 존재이다. 자신에 대하여 더 잘 알게 될수록 더욱더 현명한 결정을 할 수 있다.

자신이 가장 흥미를 느끼는 것은 무엇인가? 학교에서는 어느 과목을 가장 좋아하며, 어떠한 과외활동을 더 좋아하는가? 시간제 일에 대해선 어떻게 생각하는가? 자기에게 흥미를 주는 것들이 무엇인지 파악하도록 노력해야 한다. 활동자체인지 아니면 함께 일하는 사람들인지? 자신의 능력에 대해서는 얼마나 알고 있는가? 가장 잘 하는 일은 무엇인가? 또 가장 못하는 일은 무엇인가? 능력을 얼마나 소유하고 있건 또는 그렇지 않건 간에 우리는 오직 한 가지 직업만이 아닌 여러 다른 종류의 일에도 자격이 있다는 것을 인식하는 것이 중요하다. 대부분의 운동이 많은 근육과 기술 가운데 제한된 몇몇 근육과 기술만으로도 가능하듯이 직업도 몇몇 특정한 기술과 특성만을 요구한다. 비결은 바로 자신이 소유하고 있는 특기를 필요로 하는 직업을 발견하는 데 있다.

3 성격과 직업과의 관계성의 고려

다음은 J. L. Holland(1993)의 6가지 성격－직업 유형(personality-occupational types)에 대한 설명이다. 이 설명은 지극히 일반적인 것이기 때문에 누구나 정확하게 꼭 들어맞지는 않을 것이다. 사실상 대부분의 사람의 흥미는 어느 정도 6가지 주제나 유형 모두와 섞여 있다. 어떤 한 주제에 높은 점수를 얻었다고 하더라도 그 주제에 관한 언급 가운데에는 해당되지 않는 것도 있을 것이다.

① R-Theme(realistic) : 이 유형의 극단적인 예로 거칠고 강건하며 실제적이고 건강하며 외모가 험상궂은 사람을 들 수 있다. 이러한 사람들은 신체적으로 훌륭한 기술을 가지고 있지만 이따금 자신의 감정을 전달하거나 자신을 표현하는 데 어려움을 겪기도 한다. 이들은 밖에서 일하는 것을 좋아하고, 도구 특히 큰 기계를 다루며 일하는 것을 좋아한다.

일반적으로 보수적인 정치적 · 경제적 견해를 갖고 있으며 새로운 사상에 대해서는 냉담하다. 그들은 손으로 무엇이든 만들어 내는 것을 좋아한다.

② I–Theme(investigative) : 이 유형의 사람들은 과학이나 과학과 관련이 있는 분야에 종사하고 있는 경향이 있다. 극단적인 예로 과업지향적인 사람을 들 수 있다. 이들은 사람과 함께 일하는 것에 특별한 흥미가 없고, 추상적인 문제를 푸는 것을 좋아하며, 눈에 보이는 세계를 이해하는 것에 대하여 큰 필요를 느낀다. 또한 몸소 행동하기보다는 사색하기를 좋아하며 모호한 도전을 좋아하고 많은 규칙을 필요로 하는 환경을 좋아하지 않는다.

그들은 종종 관습에 벗어난 가치관과 태도를 가지고 있으며, 특히 과학분야에 있어서 창의적이고 창조적이다.

③ A–Theme(artistic) : 이 유형의 극단적인 예는 예술적이고 창의적이며 자기표현의 기회가 많은 예술활동을 좋아하는 사람을 들 수 있다. 이러한 사람들은 고도의 구조적이고 총체적인 신체적 힘을 필요로 하는 문제에는 거의 흥미가 없고 예술적 매개물을 통한 자기표현으로 다룰 수 있는 문제를 더 좋아한다. 일을 혼자 한다는 점에서는 I-Theme과 비슷하나 개인적 표현을 더 많이 필요로 하며, 보통 자신의 의견과 능력에 대해서는 단호하지 못하고 감수성이 예민하며 정서적이다.

이들은 다른 유형의 사람들보다 창의성이 높으며 자신을 가리켜 독립적이고 창의적이며, 진보적이고 표현적이며, 긴장해 있다고 설명한다.

④ S–Theme(social) : 이 유형에 속하는 사람들은 사회적이고 책임감이 강하며 인간적이고 타인의 복지에 관심이 많다.

이들은 보통 자신을 좋게 평하고 또 타인과 잘 어울린다. 또한 다른 사람들이 자신에게 관심을 갖기를 바라며 또 자신이 중심적인 위치에 있을 수 있는 환경을 찾는다. 그리고 다른 사람들과 의논하거나 또는 그들과의 관계를 재조종함으로써 문제를 해결하려고 하며, 육체노동을 필요로 하거나 기계를 다루는 일에는 거의 관심이 없다. 이러한 사람들은 자신을 활달하고 인기가 있으며 성취도가 높고 리더십이 있다고 평한다.

⑤ E–Theme(enterprising) : 이 유형에 속하는 사람들은 언어구사력이 뛰어나

물건을 팔거나 다른 사람을 지배하고 이끄는데 매우 능숙한데, 종종 세일즈분야에 종사하는 경우가 많다.

이들은 정력적이고 열성적이며 모험을 좋아하고 자신감이 강하며 지배적이라고 평한다. 그리고 리더십을 발휘할 수 있는 사회적 과제를 좋아하며, 다른 사람들을 설득하여 자신의 편으로 만드는 것을 즐긴다. 정밀하고 장시간의 지적인 노력을 요하는 일에는 견디지 못하며, 권력과 사회적 지위 그리고 물질적인 부를 좋아하며 사치스러운 분위기에서 일하기를 좋아한다.

⑥ C-Theme(conventional) : 이 유형의 극단적인 예로 구어적으로나 숫자적으로 모두 고도의 질서화된 행동 ― 사무직의 특성 ― 을 좋아하는 사람을 들 수 있다. 이들은 커다란 조직에 잘 적응하지만 리더십을 발휘하지는 않기 때문에 권력에 부응하고 명령계통이 체계적으로 짜여 있는 곳에서 일을 잘한다. 그리고 모호한 상황을 싫어하며 자신이 해야 할 일을 정확하게 알고 싶어한다. 이러한 사람들은 자신을 보수적이며 안정적이고 잘 통제되며 의존적이라고 평한다.

이들은 육체적 기술이나 타인과의 긴밀한 유대관계를 필요로 하는 문제에는 흥미가 없으며, 명확한 일에 있어서는 매우 일을 효과적으로 한다. E-Theme 유형과 같이 이들은 물질적 소유와 지위에 가치를 두고 있다.

5) 성인 초기의 문제

(1) 20대의 도전

성인 초기에는 가족 외의 사람들과 성공적인 친교를 맺는 것은 매우 중요하다. 이 단계에는 자신의 주체성을 촉진시키는 수단으로서 보다, 그들 자신을 위해 사람들과의 교제를 바란다. 친교의 대상이 가족에서 친구로 바뀌어지는 데에는 일종의 모험이 따른다. 더욱이 많은 피상적인 관계는 사람을 더욱 고독하게 만들기 때문에 친교를 맺는 사회생활을 중요시하지 않을 수 없다.

20대에 발생하는 스트레스 원인에는 부모나 친구 또는 직장동료 간의 갈등관계를 참고 견디어야 한다는 데에서 오는 것이 가장 많다.

직장 생활의 인간관계에 있어서의 발전에는, 이 시기에 맺은 훌륭한 지도자(mentor)와의 만족스러운 관계가 결정적으로 영향을 미치기도 한다. 훌륭한 지도자는 개인의 직업에 대한 열망을 지원하고 충족시켜 주며, 다른 사람을 위한 직업역할 모델이 되어 봉사를 한다. 이와 같은 인물과의 만족스러운 관계는 성인 초기의 개인에게 큰 이점이 될 수 있다. 남성들은 그들의 직장에서 남성 지도자를 모시는 경향이 있지만, 반면에 여성들은, 무의식적으로 자신의 역할에 애정관계를 개입시키는 남성 지도자와 일을 하게 되므로 자신의 직업을 위협당하기도 한다.

직장생활에서 뿐만 아니라 개인생활과 가족생활에 있어서 만족스러운 관계를 유지하는 것은 이 시기에 요구되는 하나의 과업이라 하겠다. 남성과 여성은 직업과 결혼에 대해 각기 다르게 중요성을 부여하지만, 이들은 두 가지 영역에 걸친 자신의 감정을 잘 조화시켜야 한다는 공통문제를 갖고 있다. 남성에 있어서 그것은 직장 세계에 있어서의 야심과 진실된 가장으로서의 역할실행 사이에 균형을 이루어야 한다.

성인 초기의 남성들은 그들의 직장에서 출세하기 위하여 많은 시간을 소비한다. 따라서 아내와 가족을 위한 시간을 갖지 못했다는 것 때문에 괴로워한다. 여성에게 있어서 20대는 대학원 진학, 직업선택과 아울러 자녀를 갖기에 가장 이상적인 시기라는 점에서 더욱 어려운 때이다. 결과적으로 많은 여성들은 직업과 결혼을 모두 택하지 못하고 이 두 가지 중 하나를 선택한다. 그러나 30대의 여성들은 직업과 결혼을 성공적으로 결합시킨다. 그 이유를 Gail Sheehy(2007)는 자아정체감 수준이 낮은 상태에서 20대는 결혼과 직업을 통합하려 하기 때문이라고 설명하고 있다.

(2) 30대의 의문

30대 초반에 접어든 인간은 더욱 자기 반성적(self-reflective)으로 된다. 20대에 활기를 돋구었던 꿈같은 계획들은 성인세계에서의 경험으로 대체되며 현재 생활은 전보다 더 복잡하고 모순된 것으로 보인다. 열망과 성취간의 간격은 더 많은 내적 의심을 불러일으키며 이 시기의 사람들은 보편적으로 무언가 부족함을 느낀다. "느리게 울리는 북소리처럼 애매하긴 하나 어떤 새로운 것을 원하는 지속적인 느낌이 자주 생긴다(Sheehy, 2007)."

한편 30대는 시간이 지나가 버리고 만다는 느낌에서 자신을 재평가하게 된다. Roger Gould(1999)는 "약 30대 중반까지는 내가 하길 원하는 일들의 대부분을 할 충분한 시간이 있다고 본다."는 사실에 많은 남녀가 동의하고 있다고 보고하고 있다. 그러나 "너무 늦어서 나의 직업에 어떤 중요한 변화를 일으킬 수 없다."고 생각하는 사람들도 현격히 증가했다고 한다. 결과적으로 20대 후반과 30대 초반의 사람들은 자신의 직업을 바꿀 수 있는 이 시기에 직업을 바꾸는 경향이 있는 것으로 볼 수 있다.

이 시기의 자기의문(self-questioning)은 결혼과 가족에 대한 많은 긴장에서 비롯되며 친밀했던 인간관계에까지도 영향을 미친다. Gould는 20대 후반과 30대 초반의 사람들 중 "나는 나의 배우자가 현 상태대로의 나를 수용해 주길 바라고 있다."라는 진술에 동의하는 사람이 현격히 증가하고 있으며 "나에게 결혼은 좋은 일이었다."라는 진술에 동의하는 사람은 점차 감소하는 경향이 있음을 발견했다. 결과적으로 이 시기에는 많은 불안과 변화가 있어서 부부는 자신의 결혼에 대해 의심하기도 하며 심지어는 이혼하기도 한다. 대체로 30세 이상의 시기는 보다 긴박한 40대를 준비하기 위한 심리적인 변화가 따른다.

2. 중년기의 발달

1) 신체적 변화

보통 우리는 중년기(middle adulthood)하면 40대 혹은 50대의 사람으로 생각하지만 성인 중기는 실제로 평균수명의 중간점인 30대 중반에서 시작하여 60대 초반에 이르는 시기이다.

성인 중기의 가장 명백한 신호는 어떤 신체적 변화이다. 사람들은 특히 40세 이후에 허리둘레와 체중이 느는 경향이 있다. 머리는 희끗희끗해지고 남성들은 대머리가 되기 시작한다. 이러한 변화들은 모든 신체의 체제가 점진적으로 노화하고 있음을 반영하며, 신체적 힘과 원기도 감퇴되어 가고 있음을 암시한다. 이들은 쉽사리 피로해지며 피로와 스트레스를 회복하는 데에도 이전보다 많은 시간이 걸린다.

성인 중기에는 감기나 알레르기 같은 가벼운 병에는 거의 걸리지 않으며 사고도 거의 경험하지 않는다는 점에서 일반적인 건강은 조금 향상되었다고 볼 수도 있다. 그러나 이들은 당뇨병, 심장마비, 뇌일혈, 암과 같은 만성적이고 심각한 성인병에는 이제까지보다 더 잘 걸리게 된다. 결과적으로 이 시기에는 건강 유지에 관해 많은 관심과 주의가 따르게 된다.

2) 지적 기능의 변화

아주 명백한 지능의 변화 중에서도 정신적 반응(mental reaction) 속도가 느려지는 것은 중추신경 체제의 기능이 저하되기 때문이다. 결과적으로, 중년기의 사람들은 빠른 사고를 요구하는 test나 문제를 능숙하게 해결하지 못하지만 어휘, 기억력 또는 문제해결을 요구하는 과업은 잘 수행한다.

많은 일은 개인에 따라 다르다. 예를 들면 R. Verhage(1995)는 우선 첫째로 어떤 test에서 좋은 결과를 보였던 사람들은 낮은 수준의 결과 나타냈던 사람들보다 지적인 일을 오래 지속하는 경향이 있음을 발견했다. 자신의 생활에 만족하지 못하며 열심히 노력하는 사람은 보통사람보다 IQ가 더 높다고 보고한 연구도 있다(M. P. Honzik & J. W. MacFalane, 1990). 현대인은 나이의 증가와 더불어 지능의 감소현상이 적어지는데 이것은 아마도 우리의 현대적 생활방법이 지성을 더 많이 사용하도록 요구하기 때문이라는 사실을 보여주는 연구도 있다(K. W. Schaie et al., 1998).

결과적으로 중년기의 사람은 자신의 느려진 반응 때문에 문제해결에 더 많은 사고와 효율적인 판단력을 갖고 일하게 되는지도 모른다. 보편적으로 어떤 개인의 문제를 의논해 주고 의지의 대상이 되는 사람들의 연령범위가 35세에서 55세에 걸쳐 있다는 것도 중년기의 이러한 특징으로 설명될 수 있는 것 같다.

3) 성적 변화

재생산 능력 상실을 수반하는 생리적 · 신체적 변화, 즉 갱년기 현상은 중년기의 생활위기에 심각하게 작용한다. 사춘기에서 시작된 성에 따른 역할의 변화는 약 40세에 최고점에 도달된다. 이러한 역할변화와 관련하여 생리적 재생산성의 상실은 성에 따른 역할의 차이를 감소시켜 중년기에 있는 사람들을 불안하게 한다. 그러나 이러한 것 역시 인간성장을 위한 새로운 가능성을 제공한다고 본다.

여성에게 가장 의미심장한 갱년기 변화는 여성의 출산능력 상실과 생리현상의 중단을 들 수 있는데 이러한 변화들은 45세에서 55세 사이에 발생한다. 신체적으로는 자궁, 질, 가슴의 위축에서부터 현기증, 두통, 정신질환에 따르는 불편과 같은 여러 가지 징후가 나타난다. 어떤 조사에서는 45세 이상 55세 이하의 여성들 중 약 반이 폐경기에 나타나는 일시적 경험으로 신체적 · 감정적 · 성적 생활에의 역효과를 나타낸다고 보고하고 있다. 그러나 나머지 반은 이러한 징후들을 거의 혹은 전혀 경험하지 않았다고 한다. 이들은 중년기 최악의 결과를 지적하도록 요청받았을 때 4%만이 폐경기를 지적했다. 그러나 이들의 약 반은 "남편을 상실하는 것" 같은 느낌을 지적하여 폐경기의 심리적 효과가 신체적 효과 못지않게 중요함을 시사하고 있다(B. L. Neugarten, 1998).

그러나 이 기간에는 긍정적인 변화들도 발생한다. 예를 들면, 임신에 대한 두려움의 감소는 오히려 성적 반응을 증가시킨다. 한 여성이 폐경기의 변화에 어떻게 적응하는가는 개인에 따라 다르다. B. L. Neugarten(1998)의 조사에 의하면 중년기 여성 조사대상 중의 3/4은 "고민을 예상하고 있다." 또는 "해야 할 아무것도 가지고 있지 않다."고 반응하고 있다.

남성은 폐경기의 여성과 같이 많은 영향을 받지 않지만 이들 또한 '재생산 능력의 상실'이라 정의되는 남성 갱년기를 경험하게 된다. 정력 감퇴, 남성호르몬 분비의 감소, 성욕감퇴 등은 남성 갱년기의 징후가 된다. 그러나 남성은 여성보다 5년 혹은 10년 늦게 갱년기에 도달하며 생리적으로 그 속도 또한 점진적이다(L. E. Troll, 1995).

가장 의미심장한 결과는 심리학적인 것으로 남성은 자신이 남성다움을 상실하고 있음을 느끼며 이에 따라 여러 가지 방법으로 반응하는데 그 중 어떤 사람은 성적 정력 감퇴로 인하여 우울함을 느끼기도 한다. 이들은 아내를 비판적으로 대하며, 성적으로 매력적인 배우자를 가졌으면 하고 바라기도 하며 건강을 유지하고 더 젊게 보이려고 노력한다. 가장 평범한 반응의 하나는, 결혼 외의 일에 몰두하고 젊은 여자와 재혼함으로써 늙어 가는 과정을 부인하려는 시도는 청춘기의 성적 환상을 되찾으려는 최후의 시도이기도 하다.

이러한 변화를 자연스럽게 극복한 남성과 여성은 자신의 생활이 전보다 더 만족스러워졌음을 발견한다. 한 가지 예를 들면, 이 시기의 변화와 걱정은 각 개인으로 하여금 배우자에 대한 필요성과 결혼의 안전을 더 깨닫도록 하는지도 모른다. 사실 이해해 주고 후원해 주는 배우자만큼 혼란에 처해 있는 사람을 도와줄 수 있는 것은 아무도 없다. 실제로 40대 후반이나 50대의 사람들은 부부생활의 만족도에 있어서 20대 부부를 능가함을 보여주고 있다(Gould, 1995).

4) 중년기의 결혼관계

중년기의 결혼관계 유형에 관해 가장 널리 알려진 연구는 J. Cuber와 K. Harroff(2005)가 실시한 연구이다. 10년 이상 결혼생활을 유지하고 있으며 심각하게 이혼을 고려해 본 적이 없는 100쌍의 중년기 부부를 인터뷰한 후 다음과 같은 유형에 따라 관계를 분류하였다.

(1) 습관성 갈등관계

습관성 갈등관계(the conflict-habituated relationship)는 잔소리와 말다툼을 습관적으로 하는 전형적인 부부를 말한다. 이런 습관은 그들에게 생활화되어 있기 때문에 항상 일치점을 찾지 못한다. 그러나 이들의 결합상태를 유지하게 하는 것은 바로 그런 차이점과 갈등에서 비롯되는 자극이며 종종 만족스러운 성생활의 도움을 받기도 한다.

(2) 약화된 관계

약화된 관계(the devitalized relationship)는 한때 사랑에 빠져 섹스를 즐기고 서로 가까운 일치감을 경험했던 부부들에게서 볼 수 있는 특성이다. 그러나 그들은 공허한 결혼생활로 전락하여 단지 자녀나 사회적 지위 때문에 결혼을 유지하게 된다. 흥미롭게도 이러한 부부 중에서 많은 사람들이 특별히 불행하다고 느끼지 않고 있으며 결혼 초기의 재미있던 시절 후에 결혼생활이 무료하고 습관적으로 되는 것은 자연스러운 현상이라고 생각한다. 불행하게도 이 유형이 가장 일반적인 결혼생활의 유형이다.

(3) 수동적 무감동 관계

수동적 무감동 관계(passive congenial relationship)는 처음부터 이러한 관계를 시작했다는 것 이외에는 약화된 관계와 거의 비슷하다. 부부는 종종 결혼을 개인적인 관계라기보다는 사회적 · 경제적 약속으로 생각하여 타산적이고 이성적인 측면에서 결혼을 한 부부들이 여기에 속한다. 약화된 관계에 있는 부부들과 마찬가지로 정서적 관련이 거의 없고 결혼에 있어서 갈등을 거의 일으키지도 않지만 개인적인 만족감도 느끼지 못한다. 실제로 이러한 부부는 상대방에게 서로 개입하기보다는 체념하는 편이다.

위에서 언급한 여러 유형의 결혼관계는 개인관계보다는 역할에 중점을 둔 공리적(utilitarian) 결혼관계 유형에 포함된다. 다음의 두 가지 유형의 결혼관계는 대조적으로 결혼 그 자체를 가장 중요시하는 본질적(intrinsic) 결혼관계의 형태이다.

(4) 절대적 관계

절대적 관계(the vital relationship)는 근본적으로 서로의 개인적 관계로 인하여 결합된 형태의 결혼관계이다. 이러한 유형의 부부는 많은 활동을 서로 공유할 뿐만 아니라 심리적인 욕구의 만족에도 서로서로 많은 관심을 기울인다. 실제로 공유하는 과정은 어떠한 특정한 경우에 있어서나 만족이라는 절차를 밟는다. 이들은 강한 개인 주체성(personal identity)을 지니고 있다. 또 개방적이고 정직한 대화를 나누며 갈등이 있을 때나 매우 중요한 문제일 때도 곧 수습한다. 이 유형은 가장 만족스러운 결혼관계 유형이며, 또한 가장 보기 힘든 유형이다.

(5) 전체적 관계

전체적 관계(the total relationship)는 몇 가지 점을 제외하고는 절대적 관계와 거의 유사하다. 이런 관계에 있는 부부는 일심동체가 되어 있는데, 사적인 경험이나 갈등을 최소화시키고 완전히 하나로 결합되어 있다. 그러나 약화된 관계의 경우와는 달리 동의(agreement)는 보통 평화를 위해서가 아니고 관계 그 자체를 위한 것이다. 이러한 유형의 결혼관계는 극히 드물다. 그렇다면 "이러한 유형의 결혼관계는 어떻게 바람직할 수는 있는가?"라는 질문을 던질 사람이 있을 것이다.

5) 부부간의 적응

(1) 역할 적응

비슷한 배경을 가진 사람과 적응하기는 대개 용이하다. 그러나 이러간 사회적 배경요소와 성공적인 결혼과는 절대적인 통계학적 관계가 있는 것은 아니며, 또한 각 개개의 결혼에 구속력이 있는 것도 아니다.

모든 일이 뜻대로 잘 풀려 나가지 않는 부부가 오히려 아주 원만한 관계를 유지해 나갈 수도 있는 반면에 모든 일이 순조롭게 진행되던 부부가 비참하게 결혼생활에 실패할 수도 있다. 그러나 이러한 일들은 예외에 속한다. 실제로 본인에게 달려 있는 것이 많으며 성격상 어떻게 잘 조화를 이루어 나아가는가 특히, 결혼을 잘 이끌어 가고자 하는 동기와 같은 눈에 보이지 않는 요소가 더욱 중요한 것이다.

중년기 부부들에게는 서로가 각자의 역할에 얼마나 동의하는가 하는 것이 부부간 적응의 중요한 부분이 된다. 예를 들어 부인은 남편이 아이들이나 그녀와 같이 시간을 많이 보내는 게 더 중요하다고 생각하는 반면 남편은 많은 월급을 받기 때문에 자신을 훌륭한 남편이라고 생각할 수 있다. 또 남편은 아내의 수동적인 태도에 불만을 느끼고 있는 반면 아내는 자주 남편의 요구에 응해 주었으므로 남편의 성욕구를 만족시켜 주었다고 생각할 수 있다. 결혼생활에서 만족을 얻기 위해서는 쌍방이 모두 각자 서로 다른 역할에 대하여 합리적으로 기대할 수 있는 것에 대한 이해를 계속 재조정해 나가야 한다.

결혼생활에 대한 상당한 적응은 새로이 등장한 역할에 순응하는 것으로부터 비롯된다. 이 중에서 가장 중요한 것은 서로가 역할을 더 많이 공유하면서 남편과 아내 사이의 각기 다른 역할 기대에 있어서 고도의 유연성을 유지하는 것이다. 예를 들어 많은 여성이 밖에서 일을 하면서 남편의 역할을 공유하고 있으며 반면에 남편은 아이들을 돌보거나 집안 일을 손수 맡아보면서 아내의 역할을 공유하고 있다. 의사결정 또한 더욱더 민주적으로 되어 가고 있다.

또 다른 변화는 아내의 성적 만족에 대한 남편의 책임이 점차 커지고 있으며 그렇게 함으로써 성생활의 긴밀한 상호관계를 확신시켜 주고 있다. 바람직한 대화, 문제점에 대한 토의, 상대방 모두를 위한 치료적이며 보호하는 역할을 포함하는 결혼의 관계적 측면에 대한 중요성 또한 점차 높아가고 있다.

역할을 공유하는 데 있어서 한 가지 어려운 점은 각자가 서로 부가적인 희생

없이 더 많은 보상을 원한다는 것이다. 예를 들어 직장을 가진 아내를 둔 남편이 아내가 직장을 얻기 전에 집에서 하던 일을 계속해 주기를 바라면서 또한 경제적인 부담도 같이 나누어 갖기를 바랄 수도 있다. 마찬가지로 직장에 나가는 아내가 버는 돈은 지출하기를 꺼려하면서 남편에게 집안일을 더 도와주기를 기대할 수도 있다. 때가 되면 각자는 역할을 공유하는 것이 상호조화를 의미한다는 것을 알게 된다.

많은 사람들이 보수적이고 고정된 남편의 역할을 계속 고수하려고 하는데 특히 학력이 낮거나 육체노동을 하는 사람들이 그렇다. 이러한 경우에는 서로간의 친밀성과 민주적인 의사결정 그리고 만족스러운 성생활에 관한 상호관계에 관심이 적어지게 된다. 또한 결혼 외적인 것과 관련이 있는 긴밀한 친족관계를 유지하는 부부는 좀더 보수적인 역할을 추구하는 경향이 있다는 몇몇 증거가 있다. 친척들은 갓 결혼한 젊은 부부의 오락욕구를 충족시켜 줄 뿐만 아니라 막강한 압력을 가할 수도 있기 때문에 그들의 역할을 전통적인 틀에 묶어 놓는 것이다.

(2) 대화와 갈등

부부간의 적응에서 가장 중요한 영역 중의 하나는 배우자와 효과적으로 대화할 수 있는 방법을 배우는 것이다. 행복한 결혼생활을 하고 있는 부부는 그렇지 않은 부부들보다 대화를 많이 할 뿐만 아니라 바람직하게 하고 있다. 그들은 광범위한 범위의 주제에 대해 얘기하며 서로가 들은 것에 대하여 잘 이해하고, 상대방의 감정을 민감하게 고려하면서 비언어적인 표시로 대화를 보충한다.

이와는 대조적으로 불행하게 생활하고 있는 부부는 감정표현을 직접 나타내기보다는 간접적으로 모호하게 나타내며, 명확하고 강력하며 완전하게 자신의 생각을 전달하지 못하고 상대방으로부터 가치있는 반응을 얻어 내지 못하는 등과 같이 그들의 문제를 잘못된 대화로 더욱 그르치는 수가 많다.

대화에서 중요한 것은 갈등의 처리문제이다. 대부분의 부부들은 다양한 방법으로 문제에 대처해 나가는 '관여'(engagement) 스타일 또는 문제를 부정하는 '회피'

(avoidance) 스타일과 같은 일반적인 두 가지 유형으로 갈등을 처리하고 있다(H. L. Rausch, 1995). 표면적으로 이러한 부부들이 경험하는 정서적 공허감(emotional void)이나 공허한 결혼(empty marriage) 생활은 갈등의 장면을 예상하는 것보다 참기가 훨씬 어렵다.

많은 전문가들이 결혼의 성패는 부부간에 갈등이 있는가의 여부가 아니라 그것을 어떻게 다루는가 하는 것에 좌우된다고 믿고 있다. G. Bach(1999)는 많은 부부가 처해 있는 곤경 중의 하나는 "더럽게 싸우는 것(fighting dirty)"이라는 것을 알게 되었는데 그것은 부부간의 친근감을 해칠 뿐만 아니라 결혼 관계 그 자체에 위협이 되기도 한다. 그러나 갈등을 다루는 적절한 훈련을 받은 부부들은 서로간에 소외감을 조장하기보다는 친근감을 촉진하는 방법으로 갈등을 처리한다.

예를 들어 부부간의 갈등을 연구 조사한 보고서(M. A. Strauss, 2005)를 보면 언쟁이 심해질수록 신체적 공격(physical aggression)이 급속도로 증가한다는 것을 알 수 있는데, 이것은 불평불만을 공공연히 떠벌이면 역효과가 나타나는 것도 적지 않다는 점을 암시하고 있다.

많은 부부를 당혹하게 하는 꽤 일반적인 갈등은 친근감 회피를 위한 싸움이다. 이 싸움은 부부 중 한 사람이 또는 둘 모두가 무조건적인 친밀감에 휘말려 들어갔다고 일시적으로 느낄 때 일어나는 경향이 있다. 이 싸움은 부부 사이에 적정거리를 유지하고자 하는 무의식적인 의도를 이룩하는데 도움이 된다. 부부관계의 안락함을 느끼기 위해서는 약간의 거리감이 필요하다는 입장에서 종종 싸움을 시작한다. 흥미로운 것은 이러한 싸움이 아무것도 아닌 사사로운 일에서 시작되며, 특히 사랑의 행위와 같은 만족스러운 경험을 한 후에 발생하기 쉽다는 것이다. 한창 때의 커플은 이러한 싸움을 친근감에 의해 생기는 일시적인 사랑에 대한 위험 신호로 간주하게 되므로 그들은 더욱더 지속적인 친근감을 유지할 수 있게 된다.

(3) 성생활

언쟁은 때때로 잠자리에서 끝나기도 한다. 왜냐하면 결혼생활의 만족과 성생활의 만족과는 깊은 관련이 있기 때문이다. 둘 중에 어느 것이 다른 한쪽에 더 영향을 미치는가를 구별하는 것은 불가능한 것이다. 사실상 한 연구조사에 의하면 10년 후의 결혼생활을 예측하는 데 있어서 두 가지 측면 모두가 똑같이 유효하다는 것이 밝혀졌다(R. A. Dentler & P. Pineo, 2000).

부부간의 가장 일반적인 문제는 성교에 대한 욕구의 차이와 각자 그것에서 얻는 만족감의 차이라고 할 수 있다. 남성은 특징적으로 여성보다 자주 성교를 요구한다. 또한 남성은 여성보다 성교에서 더 많은 만족을 느낀다(E. H. Fisher, 1993). 그리고 만족스러운 성생활을 영위하는 결혼은 그대로 유지가 되는 반면 미온적인 성생활을 영위하는 결혼은 더욱더 냉각되기 쉽다.

(4) 결혼에 대한 행복감

수년간의 동거생활 후에 대부분의 부부는 매일매일 비교해서 느끼지는 못하지만 전반적인 관계가 매우 많이 변하였음을 발견한다.

가장 일반적인 변화 가운데 하나는 결혼에 대한 행복감의 격감인데 특히 결혼한 후 몇 년이 지나면 더욱 그러하다. Gould(1995)는 결혼한 지 몇 년이 지나면 결혼이 좋은 것이라는 생각은 사라지고 상대방이 자기를 한 사람으로서 있는 그대로 받아 주기를 바라는 생각이 간절하게 생기게 된다고 했다.

서로가 원하는 상대방이 아니라 있는 그대로의 상대방으로서의 배우자에 대한 적응은 초기의 결혼생활에서보다 부적합함과 문제점을 더욱 잘 인식하게 해 준다. 그러나 좋은 결혼생활의 부부에게 있어서는 낭만적인 사랑의 손길이 경험과 가치를 공유하는 것에서 얻는 만족의 증가와 함께 깊은 신뢰감과 사랑에 의해 지속적으로 채워진다. 처음에도 언급했듯이 자녀들이 자라서 집을 떠나게 되면 많은 부부가 새로운 차원에서의 행복을 경험하게 된다.

말없이 테이블에 앉아 있는 부부에게 서로 말도 나누지 않고 있으려면 왜 결혼을 해야 하는가 하고 말하는 사람을 본 적이 있는가? 사실 결혼한 지 오래되면 될수록 부부간에 대화가 적어지게 된다. 서로가 할 말을 예상할 수 있기 때문에 그러하다고 생각하는가? 아니면 서로에게 관심이 적어졌기 때문인가?

해가 지남에 따라 배우자에 대한 불쾌한 생각과 함께 서로의 나쁜 점만을 발견하는 것이 늘어가게 된다. 남편은 집안일보다는 직장에 더욱 신경을 쓰게 된다. 자식들이 출가를 하게 되면 아내는 바깥에서 충족감을 얻으려고 한다. 따라서 결혼 후반기에는 결혼의 꿈과 낭만의 문제점과 만족스러운 동반자 관계를 공유하는 것으로 변하게 된다.

(5) 이혼

이론적으로가 아니라 실제로 결혼은 영원히 지속되어야 한다는 생각은 급속히 사라져 가고 있다. 이혼율이 급격하게 상승하고 있음은 이를 시사해 준다고 보겠다.

어떤 이혼에서나 정확한 이유를 가려 낸다는 것은 실제로 불가능할지라도 공식적인 이혼 자료는 참고할 만하다. 이혼을 신청한 600쌍의 상담기록을 비교한 G. Levinger(1992)의 연구조사에 의하면, 남편보다는 아내가 두 배 이상으로 불만을 토로하고 있음이 나타났다. 남편이 아내의 정신적인 학대, 집안과 자녀에 대한 무관심, 불신 그리고 성생활에 대하여 불만을 가지고 있는 반면, 아내는 육체적·정신적인 학대, 돈 그리고 술과 같은 문제 때문에 불만을 가지고 있는 것으로 나타났다. 또한 사회계층에 따라서도 차이가 있다. 하류계층의 부부는 돈과 육체적 문제에 관심이 깊은 반면, 중류계층에 있는 부부는 좀더 심리적이고 정서적인 문제에 관심이 많다.

이혼율의 상승은 불안정한 결혼, 즉 결혼에 대한 기대의 변화를 말해 주고 있다. 오늘날의 부부는 과거보다 결혼에서 기대하는 바가 크다. 특히 고등교육을 받고 전문적인 직업을 가지고 있는 부부에게서 더 두드러지는데 이들은 심리적인 만족감을 추구하는 경향이 있으며 이것을 이루지 못하면 이혼을 하려고 한다. 특히 교육을 많이 받지 못했거나 노동자 계층에 있는 부부의 경우는 불만족스러운 결혼생활을 그대로 유지하려는 경향이 있다.

6) 중년기의 위기

(1) 자아문제

중년기의 사람들은 일종의 위기를 경험하는데 그것은 인생의 반이 지나갔다는 깨달음에서 비롯된다. 이들은 나이에 따르는 변화를 숨기거나 혹은 더 열심히 노력함으로써 보상하려 하지만, 이 나이에 나타나는 어떤 근본적인 변화들을 무시한다는 것은 매우 어렵다.

예를 들면, 부모는 이 시기에 은퇴하고 병이 들어 사망한다. 많은 친구와 벗들 또한 사망한다. 자녀들은 성장해서 가정을 떠나 버리게 되므로 부모로서 자녀를 양육할 때 자신들의 실수를 더욱 깨닫게 된다. 결과적으로 중년기에 속한 많은 사람들은 불유쾌하고 불안해하며 자기의심의 기분을 격렬하게 느낀다.

인생의 반이 지나갔다는 깨달음은 이 나이의 사람들로 하여금 그들 자신에게 인생의 나머지 부분에 하고 싶은 것이 무엇인지 묻도록 한다. 그러한 자아성찰은 직업, 결혼 혹은 대인관계 양상을 변화시킨다. 이것 때문에 중년기 성인은 세계를 더 살기 좋은 곳이 되도록 사회, 국가적인 일에 능동적으로 참여하기도 하고 새로운 흥미를 개발하기도 한다.

Carl Jung은 중년기에는 성인 초기에 무의식으로 남아 있었던 성장을 위한 잠재력이 개발된다고 한다. 따라서 자신과 반대되는 면을 깨닫게 되기도 한다. 예를 들면, 어떤 중년기의 사업가는 타인을 돕는데서 흥미를 느낄 수도 있으며, 어떤 어머니는 그녀의 기술을 개발시키기 위하여 학교로 되돌아가려 할 수도 있다. 이와 같이 중년기는 새로운 이익과 가치를 개발시키려 하는 시기라 볼 수 있기 때문에 그렇게 하지 못함은 부당한 자기 몰두나 침체를 초래하기도 한다.

(2) 직업문제

성인은 보통 자신의 직업에 깊이 몰두하기 때문에 중년기 생활 위기의 많은 원인도 직업에서 느끼는 경향이 있다. 만일 이들이 자신의 야망을 충분히 성취하지 못했다면 지금이야말로 절호의 기회라고 생각하게 된다. 이 시기의 사람들은 직업 목적을 성취하기 위해 자신의 노력을 배가하는데 이것은 스트레스와 심장마비를 유발시키기도 한다. 만약 이들이 현 직업에서 성공할 수 없다고 느낀다면 이들은 지위나 직업을 바꾸려 할지도 모른다. 이미 성공한 사람까지도 계속 성장하려고 노력하지 않으면 침체해질 위험성이 있다. 때로는 승진에 따라 새로운 책임이 요청되기도 하는데 이 때 이윤을 추구하는 사람들은 종전과는 다른 새로운 방식으로 이에 도전한다.

여성들은 자신의 관심(involvement)이 가족과 직업에 초점을 두어야 한다는 점에서 남성들과 다르게 중년 생활의 위기를 맞는다. 가장 공통된 양상은 20대에 결혼한 여성들 사이에서 보여진다. 이들의 자녀는 학교에 다니며 남편은 직장에서 오랜 시간을 보낸다. 남편과 자녀를 돌보는데 결혼생활 가운데 많은 시간을 보낸 이들은 주부로서의 역할에서 계발되지 않은 능력을 사용하며 다른 방식으로 자신을 충족시킬 필요성을 느낀다. 이들은 자신의 생활을 재평가하기 시작한다. 따라서 30대 중반에 들어선 여성들은 가정 외의 일들, 즉 여성의 대학원 진학, 사회진출 등으로 특징지을 수 있게 된다.

그러나 가정 밖의 직업에서 생활을 보낸 여성들은 중년기의 생활위기를 다르게 경험한다. 이러한 여성들은 자주 모성적인 측면을 나타내려는 필요성을 느껴 독신녀(single-mother)의 양자 결연은 35세와 40세 사이에 최고점에 도달한다. 다른 여성들은 너무 늦기 전에 그들 자신의 자녀들을 가질 필요성을 느끼게 된다.

(3) 건강문제

중년기에는 만성 성인병으로 건강상 위기를 맞는 사람이 많다. 성인병 중 몇 가지 중요한 사례를 들어보면 다음과 같다.

1 고혈압

고혈압이란 혈압이 지속적으로 정상수준보다 높은 상태를 말한다. 고혈압이 있어도 몇 년간은 증상 없이 지낼 수 있으며 증상으로 피로감, 어지러움, 신경과민, 불면, 허약감, 두통 등이 나타날 수 있다. 고혈압은 치료하지 않으면 중풍, 협심증, 심근경색증, 심부전증 등 합병증을 초래할 수 있다.

2 당뇨병

당뇨병이란 인슐린의 결핍으로 인하여 혈당이 정상보다 높은 상태로 유지되는 병으로 물을 많이 마시거나, 음식을 많이 먹게 되거나, 소변을 자주 보게 되는 증상 등이 있을 수 있다.

3 고지질혈증

고지질혈증이란 동맥경화증 및 심장질환의 발생률을 높이는 콜레스테롤 등의 지방질 성분이 혈액 내에 많은 상태이다. 고지질혈증 자체로 인한 증상은 거의 없지만 콜레스테롤이 1% 증가하게 되면 심혈관계 질환의 위험률이 2% 증가하게 된다.

4 만성 간염

간기능검사 및 간조직 소견상 간염이 좋아지지 않고 6개월 이상 계속되는 경우를 말한다. 드물게 증상이 없을 수도 있으나 대개 피로감, 복부불쾌감, 식욕부진, 잇몸출혈, 코피, 월경이상, 성욕감퇴, 소변 색깔의 변화, 황달 등의 증상이 있을 수 있다. B형 만성 간염의 경우는 약 40% 정도에서 간경화 등으로 진행될 수 있다.

5 위염 및 위궤양

위의 점막이 손상된 상태를 위염이라고 하며 그 손상의 정도가 근육층까지

이를 때 궤양이라고 한다. 그리고 궤양의 부위에 따라서 위궤양, 십이지장궤양으로 나뉘게 된다. 증상으로는 상복부통증, 식욕부진, 소화장애, 구역질 및 배가 더부룩하고 가스가 찬 느낌 등이 있을 수 있다. 이러한 위염, 소화성 궤양의 원인은 여러 가지가 있지만 대개의 경우는 과다한 위산분비, 과다한 흡연, 일상생활의 스트레스 및 약물 등에 의해 생길 수 있다.

3. 성인 후기의 발달

1) 노화현상의 유발

50대 중반부터 시작하여 60대 중반에 이르는 성인 후기 시절에는 노화현상이 생기는 것이 발달 특성의 하나라 하겠다.

노화현상이 유발되는데 관해서는 여러 가지 구구한 의견들이 있다. 그 중에서 노화란 외계에 적응하는 능력, 즉 adaptation energy의 소모에 의하여 야기된다는 주장이 많이 받아들여지고 있다. 스트레스를 계속받게 되면 생체는 더 반응을 못하게 되고 노화되고 만다는 것이다.

노화과정은 점진적으로 나타나는 것이므로 종합적으로 본다면 연령의 증가에 따라 전체적으로 기능이 저하되는 상태이고, 연령은 전체 기능 저하의 정도를 표시하는 어느 정도의 척도가 되는 것이라고 말할 수 있다. 그러나 나이를 먹었다는 것이 곧 정서적인 균형에서나 정신건강 전체가 병적으로 쇠퇴했다는 것을 의미하는 것은 아니다. 단지 주변에서 받는 신체적 · 심리사회적 및 사회경제적 스트레스들을 견디는 힘이 적어진 것이고, 이런 스트레스들의 누적된 영향이 생체 기능에 방해가 되어 병적인 노화현상의 증상들을 나타내는 것이라고 보는 것이 옳을 것이다.

2) 신체적 변화

나이를 먹어감에 따라서 노화로 인한 여러 가지 신체적인 변화를 보게 된다. 우선 여러 가지 감각기관의 예민도가 저하되어 시각 · 청각 · 미각 · 후각 등의 지각이 둔화되는 것은 흔히 보는 현상이고 현저한 변화 중의 하나는 운동능력과 근력의 저하일 것이다. 전반적인 근위축도 있고 근활동의 민감도가 현저히 떨어진다. 그 밖에 배의 퇴행성 변화, 피부의 건조, 혈관벽의 탄력성 감소 등은 모두 생리적인 현상들로 볼 수 있을 것이다.

신경계통에는 노화와 더불어 생리적으로도 신경세포수가 감소하며 다소를 막론하고 뇌, 특히 대뇌피질에 위축이 나타나고 뇌조직의 회전(convolution)은 좁아지고 구(溝, sulcus)는 넓어지며 측뇌실은 확대되고 회백질은 검은색을 나타낸다. 뇌혈관들도 모두 탄력성이 감소되어 다소를 막론하고 동맥경화 과정이 진행되며 분류(粉瘤) 형성이 현저히 나타날 때도 있다. 경화가 특히 뇌저동맥에서 소동맥으로 파급되어 심하면 혈류도 저해를 받는다.

기타 내장기관들의 기능도 전반적으로 쇠퇴하고 심장병 · 고혈압 · 당뇨병 · 녹내장 등의 질환들이 발생하기 쉽게 되는 것은 모두 흔히 보는 현상들이다. 노인들은 이러한 제한 내에서도 그런대로 기능을 해 가고 있는 것이 보통이나 그러다가도 어떤 질병이나 수술 · 사고 등이 생기면 대상부전을 일으켜 기능의 장애를 나타낸다.

그리고 성기능이나 성감도 훨씬 감소하고 있다. 성인 후기에는 만성병과 사망이 증가하는데 사망의 가장 큰 비율은 심장과 순환기 계통의 질환에서 나타난다.

3) 지적 기능과 정서적 변화

안정성 있고 심리적으로 잘 성숙된 인격의 소유자도 나이를 먹어감에 따라서 언젠가는 차차 여러 가지 변화를 나타내게 마련이다. 그런 것이 때로는 다소 신체적인 변화와 관련이 있을 수도 있지만 실제로 대개는 심리적인 변화이다.

성인 후기에 이르러서는 차차 자기가 늙어 가고 있음을 자각하게 된다. 점점 나이를 먹어 갈수록 자기 모습도 달라져 가고 머리도 희어지며 체력이 감퇴되었음을 완연히 느낀다. 동시에 지적 활동도 저하되어 가고 있음을 우연한 기회에 느끼기 시작하게 되고, 옛적 젊었을 때가 즐겁게 회상되고 늙어 가고 있는데 대해 그저 초조하고 불안한 생각이 든다.

기억력의 감퇴도 현저하게 느끼기 시작하는 변화 중의 하나이다. 대개 오래된 옛날 일에 관해서는 잘 기억이 나지만 최근 일에 관해서는 잘 잊어버리고 기억이 안 나는 것이 많아진다. 같은 이야기를 몇 번씩 되풀이하기를 잘하고 옛적 이야기를 많이 한다든지 물건을 잃어버리기를 잘 하는 것 등도 기억장애와 관계있을 때가 많다.

새로운 것을 배우는 학습 능력도 점점 감소되고 융통성이 없어져 감으로써 완고하게 되고 새로운 것을 받아들이기가 힘들며 옛날에 얽매여 변화에 저항하는 경향이 생긴다. 그리고 대체로 지나치게 보수적이며 내향성이 증가하고 고집이 세어져 독단적으로 되기가 쉽다. 흥미권도 좁아질 뿐 아니라 모든 일에 의욕과 열성이 줄게 되고 주변의 모든 일들에 불평과 불만이 많아져 비관적이고 체념적인 생각을 많이 하게 된다. 이럴 때 본래 인격상에 신경증적인 문제가 있었던 사람들은 그러한 성격 특성이 더욱 확대되어 심하게 나타나는 수도 있다. 반면에 전부터 적응이 잘 되어 있던 사람은 감퇴된 능률을 잘 보상하여 노인으로서의 침착성 · 지혜 · 판단 등의 좋은 점을 돋보이게 나타낼 수도 있다.

노인들은 고독감을 쉽게 느끼게 되어 있다. 근래와 같이 전통적인 가족제도가 붕괴되어 가고 핵가족화되어 가고 있는 상태하에선 성장한 자녀들은 모두 독립해 나가고 더구나 도시생활과 같은 서로의 유대가 없어지고 서로가 의지하고 마음의 유대를 가지고 살아갈 수 있는 여건이 안 되어 있는 환경에서는 항상 고독하고 쓸쓸한 감을 면하기가 힘들다고 할 수 있다. 거기에다 의존심의 대상이었던 배우자나 집안 사람들, 또 사회적 유대를 맺어 주던 벗과 주위의 친지들의 죽음은 고독감과 쓸쓸함을 한층 더 심하게 할 것이며 자연히 자기 자신의 죽음에 대한 불안감을 증대시킨다.

배우자와의 사별 이후 노인의 정신장애가 급격히 악화한다는 연구보고들이 많이 있다. 우리 사회에서는 특히 남자의 경우 직업을 가지고 있나 없나도 사회적 · 경제적 · 심리적인 면에서 관련성이 깊다. 직장에서의 은퇴와 이에 따르는 사회적 지위와 위신의 하락 그리고 권력의 감퇴와 그에 수반되는 경제적 타격 등은 노인들에게 사회적 소외감과 고독감을 더욱 강하게 느끼게 할 것이고 거기에 수반되는 죽음의 압박에 대한 불안과 공포를 가져오게 된다.

스트레스를 주는 여러 가지 일들은 적절히 대처하면 노인들에게서도 별 큰 탈 없이 넘어갈 수 있다. 그러나 우울감을 초래할 때도 있고 때로는 심하면 흥분 · 착란 · 정신병적 사고들을 보일 때도 있다. 무력감 · 실패감, 자존심과 자신감의 손상 등은 화 · 분노 등을 일으키고 적대적인 감을 주는 주위에 대한 불만과 더불어 우울은 더욱 심해진다.

일시적으로나마 분노를 터뜨리고 나면 결과적으로 죄의식을 느끼고 보복에 대한 현실적인 공포감 또 자기 자신 더욱 쓸모가 없어진 것 같은 감을 느낌으로써 우울은 더욱 심해질 수 있다. 노년에 있어서의 우울증은 흔히 있는 것이나 절대로 등한시하고 가볍게 생각해서는 안 된다.

4) 은퇴

성인 후기에 일어나는 직업에서의 정년 은퇴는 특히 남성에겐 중요한 사건이다. 그 이유는 여성은 가정에서 익숙해진 일을 계속할 수 있지만, 남성은 자신이 하던 중요한 활동을 중단해야 하기 때문이다.

은퇴에 대한 사람의 태도에 대한 연구에 의하면, 기꺼이 은퇴한 사람은 마지못해 은퇴한 사람보다 잘 적응한다. 일반적으로 높은 교육수준, 높은 경제적 지위를 지닌 사람은 기꺼이 은퇴한다(G. F. Streib & C. J. Schneider, 1991).

한 사람의 은퇴가 자발적인가, 강제적인가의 여부도 생활에 주요한 차이를 가져오는데, 강요에 의해 예기치 않게 은퇴를 하는 것은 스트레스 유발요인 40개

중에서 9번째의 순위를 차지하고 있다(K. Shapiro, 1997)는 연구결과는 우리의 주목을 끌기에 충분하다. 65세에 강제로 은퇴를 해야 한다는 정책은 아직도 일할 수 있는 능력이 있고 일하기를 원하는 사람의 노동력 낭비일 뿐 아니라 노인의 실업률을 증가시킴으로 사회적으로 큰 손실을 가져올 수도 있다. 최근의 정년퇴직제를 철폐하는 법률상의 변화가 강제 은퇴를 많이 감소시킨다는 점에서 바람직하게 보는 이유도 여기에 있다.

성격 특징 역시 사람의 은퇴에 영향을 미치는데 성격 유형과 은퇴의 성패에 관한 연구결과는 성공적으로 은퇴한 집단을 셋으로 나누어 볼 수 있다. 이 중 첫째 집단은 은퇴를 품위 있고 태연히 극복하는 성숙도를 지닌 사람들을 말하며, 두 번째 집단은 책임감에서 벗어난 자유로움을 느끼며 자신의 소극적인 필요를 충족시킬 기회를 환영하는 사람을 말한다. 세 번째 집단은 활동을 계속함으로써 신체쇠퇴에 대한 공포를 피하려는 사람들을 들 수 있다.

한편 실패적으로 은퇴하는 사람은 두 가지 유형이 있는데 자신의 실패에 대해 타인을 비난하는 집단과 만족스럽지 못했던 직업을 가졌던 자신을 비난하는 집단을 들 수 있다. 이러한 성격 유형이 사람의 일생을 통해 직장생활에 계속 영향을 주고 있다는 사실은, 우리로 하여금 여가활동, 직업선택, 일에 대한 태도 등을 통해 평상시에 은퇴를 준비해야 함을 시사한다.

5) 배우자와의 사별

성인 후기에 이르러서는 배우자와의 사별이 많이 나타나기 시작한다.

사랑하는 사람이 죽음으로 사별을 경험하는 것은 대단히 슬픈 일이다. 사별로 인한 슬픔은 사람이 죽은 후에 격렬해진다. 실제 사별은 우리가 경험할 수 있는 것 중 가장 강렬한 경험 중 하나이며, 그것은 우리에게 감정적 · 신체적 · 정신적으로 영향을 미친다.

비탄에 잠긴 개인들은 죽어 가고 있는 사람과 유사한 감정을 느낀다. 처음 얼마 동안은 강한 슬픔에 압도되어 충격과 의혹의 상태에 빠진다. 그때 사별을 당한 사람은 상실에 대한 분노와 고인의 생존시, 고인을 위해 더 잘해 주지 못한 것에 대한 죄책감을 느끼기 시작한다. 아이러니컬하게도 인간관계가 친밀하면 친밀할수록 비탄은 더 크다. 고독과 우울한 감정은 보편적인 현상이며 문상객들이 모두 가버리고 난 후의 얼마간은 감정이 더 격렬해진다.

슬픈 감정을 표현하는 것은 어색한 일이지만 편안한 감정을 주는 사람과 그 감정을 함께 나누는 것은 대단히 의미가 있다. 이와 같이 비탄의 감정을 표현해 버리지 않으면, 비탄을 겪는 과정은 지연된다. 남성이 슬픈 감정을 오래도록 느끼는 것은 남성은 강하고 감정을 쉽사리 표현해서는 안 된다는 문화적인 제재로 비탄의 감정을 표현하지 않기 때문이다.

사별 후의 격렬한 감정은 신체에도 영향을 미친다. 비탄에 잠긴 인간은 다양한 아픔과 고통, 식욕부진, 특히 불면증을 호소하는 경향이 있다. 이들은 자주 몸의 이상을 느끼고 의사를 찾지만, 이들이 호소하는 징후는 비탄에 잠긴 사람이면 누구나 겪는 징후일 뿐이다. 감정을 억누르면 억누를수록, 그 반응은 과도하게 육체에 나타난다. 사별 후에 상당한 우울증으로 오래 고통을 받는 사람은 그 다음 해에도 극도로 불균형된 건강으로 신체가 약화됨을 경험한다(P. E. Bornstein, 1993).

고인에 관한 기억을 올바르게 표현하는 데에는 시간이 걸린다. 보통 고인에 관한 부정적인 일은 잊어버리며 긍정적인 일만 기억하는 경향이 있다. 이것은 인간의 무의식이 인간으로 하여금 부정적인 기억들을 잊어버리게 억누르며 긍정적인 일들만 기억하도록 하기 때문이다. 이와 같이 이상화시키려는 현상은 새로운 관계형성을 방해할 뿐만 아니라 비탄의 감정을 지연시킬 수도 있다. 예를 들면, 미망인을 대상으로 한 연구에서 H. Z. Lopata(1993)는 대상자 중 43%는 1년 이내에 죽음을 잊어버린 반면, 대상자의 20%는 남편과의 사별을 결코 잊지 못한다고 보고하였다.

실제로 남편과 아내는 배우자의 상실에 대해 다소 다르게 반응하는 경향이 있다. I. O. Glick(2004)는 남편과 사별한 여성은 버림을 받은 것 같이 느껴지며 자포자기하는 경향이 있는 반면에, 아내와 사별한 남성은 수족을 상실한 것 같이 느낀다고 하였다. 이와 같은 반응은 결혼이 각 파트너에게 주는 의미가 달랐던

점과 연관이 있다고 본다. 즉, 부인은 수입원과 보호자로 남편을 보는 경향이 있는 반면, 남편은 사업을 위해 자신의 능력을 보좌하는 사람으로 부인을 간주한다. 결과적으로, 부인은 일을 함으로 비탄을 잊는 경향이 있는 반면에 남편이 영위하는 사업은 더욱 혼란되는 사례가 많다.

6) 행동장애

성인 후기에는 젊은 성인기에 볼 수 있는 여러 행동장애들이 모두 나타날 수 있다는 것이 사실이다. 정신분열증 · 조울증을 위시해서 각종 우울증, 신경증적 장애, 알코올이나 약물 의존 등 모두 볼 수 있으나 이런 것들은 대개 젊었을 때 시작되었던 것이 그대로 계속되고 있거나 혹은 재발되어 나타나는 것이고 처음부터 새로 시작되는 일은 드물다.

성인 후기에 흔히 보는 것은 역시 만성뇌증후군이고 단순한 우울증이 아마 가장 흔히 보는 장애일 것이다. 적응력의 감퇴와 여러 가지 불리한 심리사회적 및 사회경제적 요소들은 노인들을 쉽게 우울증으로 이끌게 된다.

노인들은 사소한 말에도 즉각 화와 짜증을 잘 내고 불평이 많고 말다툼하기도 잘하며 거부적으로 되고 때로는 흥분 · 무욕상태를 나타낼 때도 있다.

(1) 기질성뇌증우군

급성이든 만성이든 기질성뇌증후군(organic brain syndrome)이라 함은 뇌조직의 손상이나 기능장애로 정신작용에 결함이 나타나는 것을 말한다. 대개 지남력 상실(disorientation) · 지적 기능감퇴 · 기억장애 · 판단력 감퇴 · 이해력 저하 · 정서불안정증 등 가지각색으로 나타나는 것이 보통이다.

성인 후기에는 많이 발병하는 일차적 변성성치매(prima degenerative dementia, presenile onset)는 퇴행성 지적 장애의 대표적인 예이다(DSM-Ⅲ 분류).

(2) 정신분열증

성인 후기의 정신분열증(schizophrenia)에서는 사고와 기분과 행동의 장애가 특히 심할 때가 많고 환각 · 망상 · 현실시험 능력감소 등도 흔히 나타난다.

이들은 대개 이제까지 정신분열병이 계속되고 있으면서도 그저 그런대로 별 큰 탈없이 지내 왔거나 이제까지 증상이 표면화되지 않아 모르고 있다가 새삼스럽게 악화되어 발견된 사람들인 경우가 많다.

(3) 정동장애

정동장애(affective disorders)가 성인 후기에는 비교적 급속히 시작되어 진행하는 수가 많다.

우울증은 약하게 경과하여 모르고 지내는 수도 있으나 느지막이 발병하는 때는 대개 심한 경우가 많다. 마음에 상처를 입는 일들, 예컨대 가족이나 측근자 중에 사망하는 사람이 생겼을 때, 자녀들과의 이별, 은퇴나 직장의 상실, 자기 자신이나 혹은 배우자의 신병 등이 대개 계기가 된다.

조증상태나 경조증상태는 우울증에 비하면 훨씬 덜 빈번하지만 단기간의 우울상태에 뒤이어 오는 수가 많다. 대개 적대적이고 의심이 많아져 측근의 가까운 사람들을 심하게 의심하고 비난하는 경우가 흔하다.

(4) 신경증적 장애

성인 후기의 장애로서 신경증적 장애(neurotic disorder)는 비교적 눈에 띄고 정신병보다 그 빈도도 훨씬 많은 편이나 별로 주의를 기울이지 않고 지내는 경향이 있다. 건강염려증(hypochondriasis)이 특히 흔히 보는 종류이고 노골적인 단순한 불안상태(anxiety state), 히스테리성 전환(conversion)으로 사소한 신체증상의 과장 등을 보일 때가 있다. 공포증이나 강박증 같은 것은 젊어서부터 나타나던 것이 성인 후기에까지 그대로 계속되어 오는 것도 있다.

제10장

노년기의 발달

1. 신체적 기능의 변화
2. 지적 기능의 발달
3. 적응행동 양식의 변화
4. 행동장애

1. 신체적 기능의 변화

1) 노화현상

(1) 노화의 개념

모든 생명에는 노화(senescence) 과정을 거쳐서 유전적으로 정해진 수명을 다하게 된다. 노화는 엄격한 의미에서 한 개체가 성숙기를 지나서 연령이 증가함에 따라 정상 생리 기능이 점차적으로 저하되어 초래되는 내인성 현상을 뜻하는 것이고 영양실조라든지 질병에 의한 것은 대상에 넣지 않는다. 따라서 노화란 시간이 흐름에 따라 생리적 기능이 저하됨을 의미하며 이의 대표적인 질환이 Hutchinson-Gilford 증후군이다. 예컨대, 14세의 아동이 모발이 빠지고 피부의 노화, 피하정맥의 두드러짐, 피하조직이 얇아짐, 안면과 전신피부의 노화 등이 보이는 질환이다. 즉, 시간연령에 비해 개체의 노화가 촉진되는 질환으로 조기노화증의 일종이다. 이들은 물질의 대사 이상으로 수명 단축이 근본적인 원인이 되며 생리적 변화가 다각적인 양상으로 나타나게 되고 유전자 이상이 추정되기도 한다.

(2) 노화의 요인

생물의 수명은 국한되어 있고 각 종간의 최대수명이 결정되어 있다는 것이 사실이므로 노화라는 현상도 어떤 유전자들이 제어하고 있음이 사실이고 이러한 결과에 의해 수명이 결정된다고 볼 수 있다. 그러나 노화와 수명을 혼동해서는 안 되며 노화 요인에 대한 가설로는 체세포 돌연변이설, 대사산물원인설, 면역기능파괴예정설, 노화프로그램설, 내분비설, 신경전달물질설 등 다양하다.

이 중 노화의 프로그램설이란 노화의 과정으로 특정한 일련의 노화 유전자가 있어 이들의 발현이 억제되고 있다가 시간의 흐름에 따라 발현되어 노화가 진행된다는 가설이다. 이들은 생물의 발생과정을 엄밀히 추적, 관찰하여 이러한 현상들을 노화에 적용시키려고 하였으며, 이는 A. Weismann 등의 노화의 적응학설과도 일맥상통한다고 볼 수 있다.

그러나 최근에는 이러한 노화를 주도하는 일련의 유전자군이 있으리라는 가설을 부인하는 학자들이 많이 등장하고 있다. 실험적인 사실로 자연계에는 노화 이전에 사망하는 종류들도 있어 노화의 유전자가 발동하기 이전에 자연계의 진화의 압력으로 사망하는 것으로 해석되어 비적응학설로 평가할 수 있으나 광의의 노화에 포함시킬 수 있겠다.

특정의 노화 유전자가 존재한다는 가설에 대한 간접적인 증거를 살펴보면 다음과 같다.

① 각 동물의 최대수명이 정해져 있고 자손에 유전한다.

② 진화함에 따라 동물의 최대수명의 연장이 확인되는 바 이는 어떤 유전자군이 최대수명을 규정하고 있다.

③ Hutchinson-Gilford 증후군과 같은 노화가 촉진되는 유전병이 있고 실제 유전되며 이들의 수명은 단축된다.

④ 생물의 발생과 성숙과정은 확실히 프로그램되어 있으며 life cycle을 비교하여 보면 노화의 과정도 알 수 있다.

⑤ 각 동물마다 체세포의 분열횟수가 한정되어 있음이 실험실에서의 체세포 배양으로 확인되고 있고 유전적 조로증 환자에서 채취한 체세포의 분열횟수는 정상인에 비해 확실히 적다.

⑤ 일부 동물에서 '프로그램 사망'이 예견된 시간에 일어남이 관찰되었다.

이상과 같은 결과로 유추하면 노화의 프로그램설이 뒷받침되고 있고, 노화의 속도 역시 개체마다의 고유한 수치를 가지고 있다. 연령과 사망확률을 비교해 보면 성적 성숙기에 가장 사망확률이 낮으며 40대 이후 증가하는 양상을 보인다.

(3) 성공적인 노화

성공적인 노화와 관련해 성공적인 노화 개념은 1950년대에 관심을 끌기 시작해 1980년대에 와서 대중화되면서 학제간 연구분야로 자리잡게 되었다. 특히 1986년 이후 세계노년학회를 중심으로 Ryff(1984), Baltes & Baltes(1990), Rowe & Kahn(1998), Fisher와 Spernchet(1999), Bengtson(2009) 등의 많은 학자들이 성공적 노화의 개념과 영향 변인들에 대한 연구를 진행해 왔다. 국내에서도 1990년대 후반부터 현재까지 한국 노인을 대상으로 한 성공적 노화 및 장수 담론들이 생산되어 왔다. 성공적 노화비결은 늙어서 와상노인(臥床老人, 누워 지내는 노인)의 신세를 피하고 자신의 사회적 유통기간을 연장하는 것이 우아하게 늙어 가는 길이라고 말한다.

이와 관련해 급격한 사회변동 속에 고령화 시대에 대응할 수 있는 노화에 대한 새로운 관점으로 성공적 노화이론들이 개발되어 왔다. 이를테면 사회참여 및 생산적 노화(productive aging), 활동적 노화(active aging), 역량강화모델(empowerment model), 그리고 인간발달, 임상, 정신건강 등의 성공적 통합모델, 연령에 따른 손실과 발달적 유연성을 기초로 한 선택적 적정화모델(SOC), 생물심리사회－영성모델(biopsychosocial-spiritual model, BPSS) 등이 대표적 성공적 노화 모델들이다.

이러한 성공적 노화(successful ageing) 개념은 고도의 산업사회가 진전되면서 당뇨병, 고관절염 등 다양한 질병과 장애가 늘어나면서 노화와 관련된 연구가 활발해졌다. 특히 노인들에게 공통으로 나타나는 다양한 문제들을 노년학 입장에서 연구가 이뤄지게 되었는데 미국을 중심으로 노화와 관련한 전문지들이 발간되면서 성공적인 노화 및 건강한 노후 생활이 현대인들에게 있어서 최대의 관심 영역이 되었다.

이들 전문지에서 거론되는 성공적 노화란 단지 병이 없는 상태로 나이가 들어가는 것 만이 아니고 인간으로서 존귀와 품위를 가지고 신체적 · 정신적 · 사회적 건강을 누리면서 살아가는 것을 주요 내용으로 하고 있다. 성공적인 노화는 학제

구분을 넘는 연구대상으로써 생물학, 심리학, 사회학적 측면에서 전 생애에 걸쳐 일어나는 사회와 개인 간의 상호 관계를 성찰하는 종합적인 연구대상이 되었다.

비슷한 맥락에서 웰에이징(well ageing)은 노화 현상을 자연스럽게 받아들이고 품위 있게 건강하게 노년을 맞이하는 것을 뜻한다. 앞으로 다가올 100세 시대를 맞이하기 위해서는 나이 듦을 피하려 하기보다는 자연스럽게 받아들이고 제대로 이해하자는 것이다. 이러한 성공적인 노화연구는 노인들이 사회에 부담을 주는 의존적 집단이라는 인식에서 탈피해 자율적인 존재로 보는 전환을 가져왔고, 나아가 노인들에 대한 부정적인 낙인을 제거하는데 도움이 되었다.

2) 신체적 기능의 변화

(1) 세포 · 체액 및 지방조직의 변화

노화되면서 세포수는 30% 정도 감소되는데 감소의 주원인은 신생세포수가 감소하고 사멸세포수가 증가하며 그 대신 기능이 없는 결합조식과 지방조직이 증가하기 때문이다.

또 총 체액량은 노화에 의해 약 6% 정도 감소되는데 이것은 세포수의 감소와 체조직 중 가장 수분량이 적은 지방조직이 근육, 내장 및 주위 조직에 현저히 증가하기 때문이다. 그러나 피하지방의 경우에는 복부와 둔부를 제외한 대부분의 조직에서 감소현상을 보인다.

(2) 피부계의 변화

노화되면서 표피층의 상피 세포수 감소, 진피층의 결합조직 약화 및 피하조직의 탄력성 감소로 그 두께가 얇아지고 반투명해지며 주름지게 되는데 특히 안면근과 같이 많이 사용되는 근육에서 현저하게 나타난다.

또한, 피지선(sebaceous gland)의 기능저하로 피지의 배출이 적어져서 일반적으로 건조해지고 얇아지며 정맥이 두드러지게 보인다.

노화되면서 손톱, 발톱의 성장이 느려지고 Ca^{++} 침착으로 노란색을 띠며 광택이 소실되고 모발상실이 두드러지게 나타나는데 이러한 체모분포의 변화로 머리카락이나 치모가 적어지고 남자는 얼굴의 털이 감소되며, 여자는 뺨이나 윗입술에 털이 나기도 한다.

(3) 근육계의 변화

노화되면서 근육은 점진적으로 근섬유의 감소를 나타내며 60세 이후에는 이 현상이 현저하게 나타나 근수축력이 감소되고 운동범위가 축소되며 노화에 의해 운동뉴런이 근섬유만큼 감소되지 않아 일정한 일을 하기 위해 동원해야 하는 운동단위가 커져서 일을 할 때 힘들게 인식되고 쉽게 피로를 느끼게 된다.

(4) 골격계의 변화

노인이 되면 척추 사이에 있는 디스크(disc)가 구부러지는 경향(kyphosis)이 있어 전체적으로 젊을 때보다 키가 작아진다. 또 노인에게는 골다공증(osteoporosis)이 흔한 골격의 병인데 조골세포를 자극하는 작용을 하는 호르몬인 에스트로겐의 분비가 50대 이후에는 감소되므로 노년여성에게 특히 많이 생기며 정도의 차이는 있어도 대부분이 몇몇 관절의 통증을 호소하는데 이것은 관절의 연골이 서서히 파괴되어 가고 연골주위의 골조직이 비대해지기 때문이다.

(5) 혈액과 면역계의 변화

혈액량은 약 80세가 될 때까지 일정하게 유지되며 적혈구의 수나 혈색소 농도는 65세 이후부터 약간 감소한다. 골수의 조혈능력은 노화되면서 감소되지만 위기에 대처할 만큼의 능력은 유지된다. 혈소판은 일생 동안 변화가 없으며 노화에 의한 알부민 생성능력의 감소로 혈장단백질 농도가 약간 감소된다.

또한, 백혈구 중 임파구의 기능인 면역반응은 노화에 의해 뚜렷이 저하되어

그 결과 암과 여러 감염성 질환에 대해 취약성이 증가된다.

(6) 심장과 혈관계의 변화

노화에 의해 심장무게의 변화는 나타나지 않으나 심근이 위축되고 일부분 교원섬유로 대치되고 비후해지며 섬유화된다.

따라서 좌심실에서 박출해 내는 혈액의 양이 나이가 들어감에 따라 감소하나 노인기에서는 신체적인 활동이 적어지므로 일상생활을 영위하는 데는 별 지장을 받지 않지만 자극이나 긴장에 이겨낼 능력은 저하된다.

(7) 호흡기계 변화

노화에 의해 호흡근이 약화되고 운동 단위가 감소되기 때문에 얕게 호흡하게 되고 호흡횟수도 감소된다. 분시 환기량이 줄며, 폐활량과 최대 환기량도 감소된다. 이러한 변화는 노인의 일상적인 생활에는 별 지장을 가져오지 않으나 신체적인 질환이나 정신적으로 긴장이 오면 젊은 사람에 비해 견디는 힘이 적어진다.

(8) 비뇨기계 변화

신장의 기본 단위인 네프론(nephron)의 수가 적어져서 신장무게가 감소한다.

또 심박출량의 감소로 신장으로 가는 혈류 또한 감소하여 사구체와 요관의 기능이 저하된다.

그 결과로 노인이 뇨검사에서 약간의 단백뇨(1+정도의 proteinuria)가 나타나는 것은 비정상이 아니다. 노화에 의해 방광근육도 약화되어 저장용량이 감소되고 잔뇨량이 증가되며 배뇨반사의 조절상태로 빈뇨, 실금 및 뇨정체가 초래된다.

특히 남성의 경우 전립선 비대증으로 인한 고통을 호소하는 수가 많다. 전립선은 방광 바로 아래에 위치하며 크기는 밤톨만 하고 요도를 둘러싸고 있는 남자에게만 있는 기관이다. 나이가 들면서 커지게 되는데, 비대해진 전립선이 요도를 압박해 요도가 좁아져 소변보는 것에 대한 여러 가지 증상이 나타나는 증상을 전립선비대증이라고 한다.

전립선비대증 증상으로는 소변 줄기가 가는 세뇨가 가장 증상점수가 높았고, 취침 중 소변 때문에 일어나게 되는 야뇨, 자주 소변을 보게 되는 빈뇨, 배뇨 중 소변 줄기가 끊어지는 요중단 등의 순서로 불편함이 따른다. 이러한 증상은 숙면을 방해해 늘 피곤하고 소변 후에도 개운한 느낌이 들지 않아 발생하는 불쾌감, 자주 화장실을 가게 되면서 생기는 심리적 부담감 등으로 삶의 질에 영향을 미친다.

(9) 소화기계 변화

노인의 치아는 오랫동안 사용하여 많이 저작하는 부분이 닳아져서 가지런하지 않고 경사가 지며 치아상실이 발생한다.

또 노화되면서 위운동이 감소되어 위배출 시간이 지연되며 대장운동의 감소와 배변반사의 조절장애로 변비가 흔히 유발된다.

특히, 노령에서는 외항문 괄약근의 긴장도 상실로 흔히 실금하게 된다.

(10) 내분비계 변화

인체기능을 통합적으로 조절하는 호르몬을 분비하는 내분비선의 기능은 노화에 의해 별로 감소되지 않으나 표적기관의 호르몬에 대한 감수성은 일반적으로 다소 감소된다.

또 호르몬 분비에 관여하는 뇌하수체(pituitary gland)의 위축으로 전체 내분비계가 영향을 받게 된다. 갑상선의 기능 저하로 hypothyroidism과 같은 증상을 나타내 피부가 건조해지고 기초대사율이 낮아지며 머리털이 가늘어지는 것은 노인의 정상적인 변화이다.

(11) 신경계의 변화

노년기 이후에는 매년 평균 1%씩 뉴런수의 감소가 일어나고 뇌의 무게도 20세와 90세를 비교해 볼 때 10~20% 정도 감소한다. 그러나 노인은 최근 것보다 오래된 것에 대한 기억력이 좋아서 건강한 노인에 있어서는 그 전부터 해 온 일 같은 것의 순서라든가 복잡한 일이더라도 여전히 기억할 수 있다. 또, 노인의 신경은 전도속도(nerve conduction velocity)가 저하되어 어떤 감각을 받아들여 평가하고 행위로 옮길 때까지의 시간이 많이 걸리게 된다. 이 반응시간이 길어지는 것이 일상생활에는 장애가 될 수 없으나 위급한 경우를 당하면 노인에게 불리한 조건을 야기시킨다.

(12) 감각기관의 변화

1 체성감각

피부, 내장, 근육 및 관절에 위치하는 체성감각 수용기는 노화로 인해 그 수가 감소된다. 따라서 촉각, 압각, 냉각, 온각 및 위치와 속도 변화감의 감수성이 감소되어 자극에 대한 반응력이 느려지게 된다.

2 특수감각

특수감각 수용기의 노화는 대개 20대 초에 시작되어 연령증가와 함께 거의 직선적으로 감소하는 현상을 보인다.

① **시각** : 노화되면서 누선분비의 감소로 안구가 건조해지고, 동공의 크기와 홍채근육의 조절력 감소로 어두운 곳에 들어갔을 때 암순응이 늦게 일어난다.

또, 수정체의 탄력성 감소로 가까운 곳을 볼 때 수정체 두께의 조절력이 약화되어 노안이 된다.

② **청각 및 평형각** : 노화되면서 고막의 탄력성이 감소되고 이소골의 관절이

변형되며 청세포수의 감소와 청각 중추뉴런의 감소가 초래되어 청력이 감소된다. 따라서, 노인성 난청(presbycusis)이 오게 되며 특히 고주파음을 잘못 들어서 의사소통이 어렵게 된다.

③ **미각** : 노화되면서 혀에 위치하는 미뢰의 수가 감소하고 그 감수성이 저하되며 미각 중추뉴런의 수가 감소되기 때문에 미각감퇴가 일어나므로 노인이 되면 음식의 맛이 없음을 호소하게 되며 노인 스스로 음식을 준비할 때는 맵고 짜게 자극성 있게 하는 경향을 보인다.

④ **후각** : 노화되면서 비강점막의 후세포 수와 후각 중추뉴런수의 감소로 후각감퇴가 오게 되는데 특히 미각의 감퇴와 후각 감퇴를 가속화시키게 된다.

(13) 성기능의 변화

노화가 시작되는 생식생리의 특징은 여성의 경우 두드러지게 폐경으로 나타난다. 월경의 중지는 뇌하수체에서는 난포자극 호르몬이 계속 분비되나 난소가 이에 대해 반응하지 못하므로 난소로부터 분비되는 에스트로겐의 분비를 저하시킨다. 성적 욕망이나 성반응을 유발시키는 안드로겐 호르몬 분비도 저하된다.

2. 지적 기능의 발달

1) 지능의 변화

Wechsler형 지능검사의 경우, 언어성 지능은 연령증가에 따른 별다른 쇠퇴가 없으나, 동작성 지능은 상당히 많이 감퇴한다. 또한 R. B. Cattell과 J. L. Horn(1986)이 분류한 유동성 지능(流動性 知能)에서도 연령증가에 따른 변화가 달리 나타난다. 즉, 경험과 학습에 의존되는 결정화된 지능은 60대까지도 그대로 지속되지만, 경험이나 학습과 크게 관계 없이 생태적으로 갖고 나온 유동성 지능의 경우 30대 이후부터 약간씩 감퇴하기 시작하여 노년기에는 많은 쇠퇴를 보이고 있다.

2) 기억능력의 변화

노화가 깊어질수록 주어진 여러 가지 자료를 분류, 조직하는 능력(categorization과 organization)은 감퇴한다. 이것은 젊은이에 비해 노인은 학습이나 기억에 대한 동기가 떨어지고 관심을 덜 보이며, 신체적 건강상태의 악화 등 여러 가지 요인이 작용하고 있기 때문이다. 특히 기억의 단계에 있어서 부호화 과정과 인출단계에서 그 기능이 저하되기 때문이다.

즉, 노인들은 젊은이에 비해 기억과 관련된 단서가 너무 지나치게 많기 때문에 부호화에 지장을 가져온다. 노인은 이미 70여 년간 살아오면서 수많은 사건들이 기억과 관련되어 불분명하게 되고 또한 혼란을 초래하게 되지만, 이에 비해 젊은이는 기억단서의 수효가 적고 분명하므로 기억의 부호화 과정에서 어려움이 적다.

그리고, 인출단계에서는 노인이 될수록 이미 저장되어 있는 기억재료를 다시 인출해 내는데 어려움을 겪는다. 그 가운데서도 특히 언어능력이 약한 노인집단일수록 기억재료를 조직 · 분류하는 능력이 떨어지므로 나중에 인출하기가 어렵게 된다.

3) 사고의 변화

노화에 따른 사고의 변화로서는 이른바 편집(paranoid), 또는, 보통 이야기하는 망상(妄想) 등은 중요한 증세의 하나이다. 이는 노인들이 경험하는 상실(loss)의 증가에 따른 불안(insecurity)감이 시력이나 청력 등의 감소와 곁들여 투사(projection)의 모습으로 나타나는 현상이라고도 말할 수 있다. 가볍게는 주위의 젊은이들의 말이나 행동을 곡해하는 데서부터, 심하면 아예 자기를 없애 버리는 강한 피해의식으로까지 발전하게 된다.

예를 들어 과부와 외며느리와의 사이에 누적되어 온 시기와 질투는 시어머니로 하여금 일정한 노화현상이 나타나면서부터 아들, 며느리의 자기에 대한 태도에 필요 이상의 신경을 쓰게 된다. 그러는 가운데 자기의 청력의 저하는 고려하지 않은 채, 아들 며느리간의 대화의 목소리가 점점 가늘어진다고 믿게 되고, 나아가서는 그들은 대화를 하다가도 시어머니인 자기가 나타나면 아예 대화를 끊어 버린다고 단정한다. 그러면서 그것은 필경 자기가 들어서는 안 되는 말일 것이고, 그렇다면 필경 그 말은 자기를 제거해 버리려는 음모일 것으로 단정하기까지 한다. 그러다 보니 아침밥의 맛이 아무래도 이상한 것 같고, 무슨 약 냄새 비슷한 것을 맡은 것 같이 느껴지게 된다. "혹시 나를 없애 버리는 게 아닌가" 하는 생각에 미치자, 그는 그 후 "밥에 독약이 들어 있다"면서 한사코 거식하게도 된다.

3. 적응행동 양식의 변화

1) 성격의 변화

(1) 우울증 경향의 증가

노령에 따른 여러 가지 스트레스, 가족관계의 변화, 경제적 수입의 감소, 사회적 역할의 상실, 신체적 건강수준의 하락 그리고 사회적 고립 등으로 인하여 우울증 경향이 증가한다. 그러나 노년기의 우울증 경향과 그 정도는 개인이 가진 적응능력과 관련이 있다.

(2) 내향성 및 수동성의 증가

노화에 따른 모든 문제를 내면적으로 깊이 고려하여 처리하며 외부지향적인 적극성이 줄어든다. 뿐만 아니라, 환경을 조절하는 자아적응 양식(ego style)에 있어서도 능동적인 조절보다는 수동적 조절이거나 신비적 조절 형태를 취하여 일의 성패를 우연에 내맡겨 버리는 경향이 있다. 그러나 이러한 환경조절 양식은 단순한 연령증가에만 의존하는 것이 아니라 자녀양육 책임 등과 관련을 맺고 있어, 아직 양육할 자녀가 어리면 자기 자신이 노인이 되었다 하더라도 여전히 능동적 조절의 특성을 지니고 있다는 최근의 연구도 있다.

(3) 성 역할(性役割) 지각의 변화

노년기에 이르러서는, 남성은 여성적 특성(유친성, 양육동기, 동정심)에 있어서 증가를 보이고, 여성은 남성적 특성(공격성, 자아중심적 경향 그리고 권위주의적 동기 등)에 있어서 증가를 보인다.

2) 태도의 변화

(1) 경직성의 증가

최근에 편리하고 효율적인 기구나 방법이 개발되었음에도 불구하고 비효율적인 예전의 방법을 고집하는 경향이 증가한다.

(2) 조심성의 증가

노인은 젊은이에 비해 모든 사물의 판단과 행동수행에 있어 매우 조심스러워진다. 그 이유는 크게 세 가지로 나누어 볼 수가 있다.

첫째, 노인은 자기의지에 의하여 작업의 속도나 양보다 정확성이나 질을 중요시하므로 조심스럽게 행동한다는 동기가설(動機假說)이 있고 둘째, 시각 · 청각 등 감각 · 지각능력의 결과가설(結果假說)이 있다.

그리하여 이들은 어떤 질문(예 : 라디오 퀴즈 문항)에 대하여 "정답을 말하기"보다는 "오답(誤答)을 말하지 않기"에 더욱 관심을 보이며 여론조사의 경우, 질문이 애매한 경우 '모르겠다' 혹은 '무응답'의 경향이 늘어난다. 이것은 일반적으로 위험을 무릅쓰고라도 훌륭한 업적을 달성하기보다는 대과(大過) 없이 임기를 마치려는 식의 무사안일과 소극적 자세를 나타내게 된다.

(3) 친근한 사물에 대한 애착심

노인이 될수록 자기가 오랫동안 사용해 오던 친근한 사물에 대한 애착심이 커진다. 이는 기나긴 세월 동안 살아오면서 세상은 많이 변했지만 자기 자신과 주변은 변하지 않고 일정성을 유지(maintenance of orientation)하고 있다는 안도감을 갖기 위한 것이다.

3) 기본적 적응기제

(1) 증세의 신체화(somatization)

우리는 많은 노인들 중에서 신체 여러 부분의 통증이나 불편을 호소하는 예를 보게 된다. 그리고 그 호소의 정도에 도무지 신빙성이 가지 않는 경우도 경험한다. 이와 같은 노인들의 다양한 신체 호소는 주의사람 특히 자식들로 하여금 생리적으로나 해부학적으로 이해하기 어려운 것이므로 주위로부터 '엄살'이니 하여 무시당하는 예마저 보게 된다.

그러나, 실은 그들의 아픔이란 다름 아닌 노인들의 무의식에서 갈구(渴求)되는 배우자나 자식들의 무관심을 탓하는, 즉 자기에게 보다 더 관심과 주의를 기울여 달라는 강한 하소연(cry for help)인 때가 많다는 점을 유의해야 한다. 그럼에도 배우자나 자식들이 이해를 못하고 방심하거나, 그들의 호소가 무시되는 경우, 노인의 심적 불만은 증세의 악화나 장기화를 가져오기 쉽다.

(2) 우울의 형태로 나타난 투사(projection)

노인들 중에는 가끔 아무렇지도 않은 일을 가지고 노여워하거나, 남을 원망하는 경우를 볼 수 있으며, 또 빤히 그런 것을 가지고 그렇지 않다고 아예 부인해 버리는 경우도 가끔 볼 수 있는가 하면, 도대체 모든 것에 흥미를 느끼지 못하면서 주위 젊은이들이 "요새 어떻습니까" 하는 인사말에도 "뭐 나야 인제 쓸모가 있나, 그저 죽는 날만 기다리는 거지" 하면서 스스로 주위와의 접촉을 두절시킨 채, 암암리에 자살의 외향을 암시하는 경우마저도 있다.

4) 노년기의 적응유형

(1) 바람직한 적응형태

노년기에 와서 지나온 일생과 현재의 생활에 만족하며 살아가는 것을 '성공적인 노화(sucessful aging)'라고 부른다.

성공적인 노화를 맞이하기 위한 전략으로서 두 가지를 생각할 수 있는데 그 하나는, 노년기에 이르러서는 복잡한 사회적 연결을 끊고 책임과 의무에서 벗어나 조용하게 은거하는 것이 완숙한 노년기를 보내는 방법이라는 이론으로서 이른바 사회적 유리설(社會的 游離說 : social disengagement theory)이다. 이에 반하여, 활동설(activity theory)은 은둔생활의 노인보다는 계속적으로 활동하여 직업과 사회활동에 관여하는 노인이 생활만족도와 사기가 높다고 주장하고 있다.

그런데 B. L. Neugarten(1994)은 노년기의 심리적 적응형태는 일생 동안 유지되어 온 성격 특성과 현재의 활동의 정도 그리고 이에 대한 생활만족도라는 세 가지 요소에 의하여 결정된다고 주장하고 있다.

(2) 노화과정에 따른 적응유형

S. Reichard, F. Livson 및 P. G. Peterson 등의 연구(Aging and Personality, 2012)에 의하면 노화과정에 따른 적응유형을 다섯 가지로 나누어 볼 수 있다.

1 성숙형(matured)

특이한 신경증 증세가 없이 노년기에 접어들어 자아통합을 이루고 왕성하게 활동하는 노인이다.

2 은둔형(rocking-chairman)

무거운 사회적 책임을 벗어던진 데 대하여 홀가분하게 생각하고 조용히 은거하면서 생활만족을 느끼는 노인이다.

3 무장형(armored)

노화에 대한 불안감을 방어하기 위해 사회적 활동을 계속하고 특히 청·장년기의 신체적 활력을 그대로 유지하려는 노인이다.

4 분노형(angry man)

인생의 목표를 달성하지 못한 데 대하여 비통해 하며 그 원인과 책임이 시대와 타인에게 있다고 보면서 화를 내는 노인이다.

5 자학형(the self-haters)

인생의 실패에 대하여 비통해 하지만, 그 원인을 타인이 아니라 자기 자신에게 돌리는 노인이다.

이상과 같은 노화에 대한 5가지 적응유형에서 볼 때 성숙형과 무장형은 활동성과 생활만족도가 높은 노인이며, 은둔형은 사회적으로 유리되어 있으면서도 성공적으로 노화된 경우다. 그러므로 성공적인 노화를 단순히 사회유리나 활동의 정도에만 근거를 두고 논의할 수는 없는 것이다.

그리고 분노형과 자학형은 개인의 부적응은 물론 가족관계 내에서의 갈등 등으로 말미암아 정신치료, 카운셀링 등 정신건강 관계의 보살핌이 필요한 노인들이다.

(3) 죽음을 맞이하는 태도

[1] 죽음에 대한 태도

늙어감에 따라 자신의 죽음에 관해 생각하는 기회가 많아지므로 고령자일수록 죽음의 공포를 느낀다는 것은 자연스러운 현상이라고 본다. 살 만큼 산 사람들은 앞으로 자신이 살 수 있는 시간이 조금밖에 남지 않았다고 느낀다. 이 때에 친구의 사망, 신체적 조건의 변화는 사망에 관해 생각하게 한다. 젊은 사람이 치명적인 병에 걸렸을 경우 죽음에 대한 공포는 상당히 증가하지만 노인기에는 그와 같이 죽음에 대한 공포는 증가하지 않는다(R. Kastenbaum, 1997).

각 연령집단에 따라 죽음은 무엇을 의미하는가를 조사한 연구에서 Kurt W. Back(1991)은 45세 이상의 사람들에겐 별 차이가 없음을 발견했다. 그러나 성에 따라서는 차이가 있어 여성은 남성보다 죽음을 더 수용하고 있었다. 즉, 여성은 자비로운 어머니나 이해심 많은 의사의 수중에 있는 것처럼 죽음을 평화스러운 경험으로 간주하는 한편, 남성은 마치 피묻은 손을 지니고 이빨을 드러낸 도살자나 교수형 집행인과 직면해 있는 것처럼 죽음을 적대적인 것으로 보는 경향이 짙었다.

종교의 유무에 따라 내세에 대한 믿음은 다르다(E. S. Shneidman, 1991). 그러나 종교적 신념이 죽음의 공포에 어떻게 영향을 미치는가에 관해서 일치된 연구는 없지만 종교를 지닌 사람이 종교를 안 가진 사람보다 죽음의 공포를 적게 갖고 있다고 한다(C. T. O'Reilly, 1998). 대단히 보수적이고 신앙심 깊은 사람은 죽음을 평온하게 맞이한다(D. O. Moberg, 1995). R. A. Kalish(1999)도 독실한 신앙인과 무신

론자는 신앙이 깊지 않은 종교인보다 죽음에 대한 공포를 덜 갖고 있음을 발견했다. 이러한 연구는 사람으로 하여금 평온하게 죽음에 직면하도록 도와주는 것이 종교 그 자체의 영향이라기보다 죽음에 대한 신념의 확실성이라는 점을 시사한다.

자신의 죽음을 수용하는 태도를 불건전하다거나 숙명론자 같다고 할 수는 없다. 오히려 이것은 인간의 본질을 수용하는 것이다. 자신이 영원히 살 수 없음을 깨닫는 것은 이것을 깨닫지 못하는 것보다 더 현명하게 시간을 보내도록 도울지 모른다. 사실 우리가 죽음으로부터 배우는 가장 큰 교훈은 "살아라, 그리하여 신이여 나는 나의 삶을 이렇게 낭비하였습니다.라고 말하지 않도록 하라"는 말과 같을지도 모른다.

2 죽음을 맞이하는 태도

미국 Chicago 대학부속 병원 내의 500명의 중환자를 대상으로 한 정신과 의사인 Kübler Ross의 연구(2009)에 의하면, 죽음에는 몇 가지 단계가 있음을 시사하고 있다.

첫 번째 단계는, "아냐, 그럴리 없어"라고 하며 죽는다는 사실을 '부인'한다. 이것은 사람으로 하여금 죽음에 관련된 심각한 감정으로부터 보호해 주며 어려운 시기에 대처할 수 있는 시간을 제공해 준다. 이 단계 말에 가면 사람은 죽음에 관해 말하려는 징후를 보인다. 이 단계에서 친구나 전문가는 죽어가는 사람이 요청할 때 간간히 죽음에 관해 말해 줌으로써 적응할 수 있도록 도와주어야 한다.

두 번째 단계에 들어서면 "왜 내가 죽어야 하나?"라는 '분노'의 감정이 생긴다. 건강하게 사는 타인을 보면 시기, 질투, 분노의 감정이 생겨 주위의 가까운 사람들에게 이러한 감정을 표현한다. 이 때에 주위 사람들은 임종환자의 표현에 비판하지 않도록 하여야 하며 이런 감정을 표현하도록 돕는 것도 중요하다.

세 번째 단계는, "내가 죽어가고 있음을 알고 있다. 그러나……" 하고 말하는 시기로 어떤 불가사의한 힘과 '타협'하고자 한다. "의사, 가족과 잘 협력하여 노력한다면 아마도 신은 딸이 졸업하고 아들이 결혼할 때까지 살게 해 줄 것이다."라고 생각하기도 한다. 일말의 기대를 버리고 "그래, 나는 죽어 가고 있어"라고 죽어가고 있는 현실을 받아들이게 되면 이미 네 번째 단계인 '우울기'에 들어선 것이다. 어떤 의미에서 이 단계의 '우울'은 인간생명을 상실한다는 사실에 대한 자연스러운 반응으로 볼 수 있는 것이기 때문에 죽어가는 사람으로 하여금 슬픈 감정을 표현하고 슬픔에 잠기도록 허용하는 것은 대단히 중요하다. 이 단계에서 주위 사람들이 범할 수 있는 최악의 실수 가운데 하나는, 오히려 이러한 감정을 거부하도록 "기운을 내라"고 말하는 것이다. 전문가뿐만 아니라 가족과 친지는 죽어가는 사람으로 하여금 죽음을 자연적인 현상으로 받아들이도록 돕기 위해서 죽음에 관한 환자의 감정표현을 허용해야 한다.

마지막 단계는, 죽음 그 자체를 '수용'한다. 이 때까지 대부분의 환자는 자신을 타인으로부터 이탈시키려 했고 방문객을 사절해 왔다. 그러나 인간은 홀로 죽기를 원하지 않기 때문에 대부분의 사람은 병원보다 집에서 죽기를 원한다. 특히 환자 주변에 있는 간호인의 존재는 죽음의 고독을 경감시키는데 큰 효과가 있다. 비록 인간이 무의식 상태가 되더라도 타인, 특히 사랑하던 사람의 신체적 존재와 접촉은 계속 안심을 시켜 준다.

죽음의 단계에 대한 Kübler Ross의 이론은 널리 인정받아 왔지만, 어떤 권위자는 다른 이론을 지지하며 이러한 단계를 거부했다. Robert Kastenbaum(1997)은 역할의 개인차를 강조하며, 사람이 죽음에 직면하는 방법이 그들의 생활 형태에 따라 다르다고 말했다. 가장 공통된 두 가지 반응은, 과거의 활동을 체계적으로 정리하며 다가오는 죽음을 수용하는 사람과 판에 박힌 듯 일상생활을 계속하며 임박한 죽음을 맞는 사람들에서 볼 수 있다. 후자의 경우, 죽음은 자신의 삶을 박해하는 것으로 나타난다.

4. 행동장애

1) 노년기 우울증

젊은이들의 우울증은 식욕감퇴나 불면증과 같은 뚜렷한 증세가 전경(前景)에 나타나는 데 반하여, 노인들의 우울증은 이런 증세보다는 근거없이 몹쓸 병에 걸렸다고 주장하면서 주위에서 보기에 엉뚱한 주장을 고집한다든가, 생각의 빈곤(poverty)과 전반적인 무망감(無望感)을 앞장 세우는데, 감정의 둔마와 함께 운동기능의 지체(遲滯, retardation)가 뚜렷해진다는 점이다. 이러한 점은 의사로 하여금 쉽게 노인성 치매로 오진하게 한다. 그러나 실상은 이들이 치매를 앓는 것이 아니라, 우울증을 앓는 것으로, 이런 경우를 들어 우울성 가성 치매(depressive pseudodementia)라는 진단이 생기게 된 것이다. 노인성 우울증의 중요 증세와 일반적 특성을 요약하면 다음과 같다.

(1) 중요 증세

① 질병과 경제적 곤궁에 대한 심한 공포
② 기억 장애의 호소
③ 심한 운동기능의 지체
④ 흥미 상실
⑤ 자신과 자기일의 태만(self-neglect)

(2) 일반적 특성

① 기분의 저조와 흥미 상실

② 식욕 감퇴와 체중 감소

③ 불면 또는 수면과다

④ 심인성 운동계 흥분 또는 지체

⑤ 에너지의 상실(피로감)

⑥ 자기 가치관의 상실

⑦ 사고 능력이나 집중력의 감퇴

⑧ 죽음이나 자살을 반복해서 생각함

2) 노년기(노인성) 치매증

흔히 노년기 치매(senile dementia)라고 하면, 보통 노망(老妄)이라고도 일컫는 원발성 치매(Prima dementia)를 말한다. 그리고 이 중에는 병리학적 소견에 따라 뇌의 위축이 주로 전두엽과 측두엽에 뚜렷하게 나타나는 초로기(初老期)의 픽크씨(A. Pick)병이나 비타민 결핍 또는 그 후 slow virus 등의 감염으로도 발생한다는 Creuzfeldt-Jakob병도 포함시키고 있고, 일반적으로는 Alzheimer병으로 통칭되기도 한다.

이 병의 원인에 대해서는 아직 확정적인 것이 없으므로 치료도 불가능하다.

뇌의 퇴행성질환 중의 하나인 이 병의 특징은 천천히 그러나 지속적으로 진전하는 지능의 저하에 이어 기억, 지남력의 장애가 따르게 되며, 이어서 말을 할 수 없는 실어증(失語症, aphasia)과, 물체를 알아차리지 못하는 실인증(失認症, agnosia) 등이 나타나며, 말기에 가서는 대소변을 가리지 못하는 비참한 상태에까지 이르러서 주위에 엄청난 부담을 주는 불치병이다. 근래에 세계 여러 나라에서 이 병의 원인 규명을 위해 막대한 연구비를 쓰고 있으나, 별로 이렇다 할 결과를 얻지 못하고 있다. 그러므로 인구의 증가는 이 병의 증가를 동반하게 되었고, 따라서 가정적으로나 사회적으로 큰 문제로 야기되고 있는 것이 현실이다.

알츠하이머병(Alzheimer's disease)으로 알려지고 있는 노인성 치매질환은 노인인구가 급증하고 있는 현재, 최대의 노화질환일 뿐만 아니라, 21세기에는 인류가 당면할 최대의 보건문제로 등장하고 있다. 이미 미국에서는 1999년 현재로 400만 명의 환자에 사망률의 제4위를 점하고 있으며, 2000년대 중반까지는 1500만 명의 환자가 발생되리라 예견되고 있다. 현재 서구사회에서는 65세 이상 인구의 약 10%, 80세 이상 인구의 약 40~50%에서 알츠하이머병이 발생되고 있으며, 이웃 일본에서도 혈관성 치매에 비해 해마다 알츠하이머병 발생 빈도가 증가하고 있어 크나큰 사회문제를 야기하고 있다. 우리나라에서도 앞으로 평균수명이 증가할수록 이 병이 큰 사회적 문제를 야기하리라고 예상되고 있으며, 인간이 태초부터 갈망하던 장수에 가장 큰 도전이 되고 있다.

3) 다발 경색성 치매증

다발 경색성 치매증(multi-infarct dementia)은 일명 혈관성 치매(vascular dementia)라고도 하며, 전체 치매환자의 20~30%에 이른다. 그 주요 증세는 다음과 같다.

① 단계적 또는 돌발적으로 나타나며,

② 크건 작건간에 중풍 증세를 동반한다.

③ 그 중에서도 가벼운 편측 또는 양측 운동 마비, 언어장애가 오는데 이 장애는 완전 또는 어느 정도의 회복이 가능하다.

다발 경색성 치매의 병리는 오랜 고혈압을 앓는 노인들에게서 생기는 뇌의 모세관과 미세혈관의 경화로 인하여 생기는 것으로 이 점은 과거에는 간과하였던 것이다.

4) 파킨슨(Parkinson)병

이 병은 여자보다 남자에게 더 많고 60~80세 사이에 발병하는 율이 많다. 파킨슨병은 뇌의 흑질(substantia nigra)에 분포하는 도파민의 신경세포가 점차 소실되어 발생하며 안정떨림, 경직, 운동완만(운동느림) 및 자세 불안정성이 특징적으로 나타나는 신경계의 만성 진행성 퇴행성 질환이다. 파킨슨병 환자는 60세 이상에서 인구의 약 3% 정도로 추정된다.

도파민은 뇌의 기저핵에 작용하여 몸이 원하는 대로 정교하게 움직일 수 있도록 하는 중요한 신경전달계 물질로 파킨슨병에서는 도파민의 부족으로 인하여 움직임의 장애가 나타나게 된다.

파킨슨병 환자들 중 약 5%의 환자만이 유전성 질환이고 90% 이상은 모두 특발성이다. 아직 파킨슨병에 잘 걸리게 되는 위험요인으로 정확하게 밝혀진 사항은 없다.

주요 증상은 다음과 같다.

(1) 떨림(진전)

가장 눈에 잘 띄는 증상으로 주로 편한 자세로 앉아 있거나 누워 있을 때 나타나고, 손이나 다리를 쓰거나 움직일 때 사라진다. 이런 이유로 파킨슨병 환자에게서 나타나는 손떨림을 안정시 진전이라고 한다.

(2) 경직

근육의 뻣뻣함을 의미하며, 피킨슨병의 초기에는 관절염으로 오인되기도 한다. 파킨슨병이 진행함에 따라 경직은 근육이 조이거나 당기는 느낌, 또는 근육의 통증으로 느껴지기도 한다. 부위에 따라 어떤 환자는 허리의 통증을 호소하고 어떤 환자는 두통을 호소하며 어떤 환자는 다리의 통증과 저린 증상을 호소한다.

(3) 서동

몸의 행동이 느려지는 증상이다. 단추를 끼우거나 글씨를 쓰는 작업과 같이 미세한 움직임들이 점점 어둔해진다. 또한 눈의 깜박임, 얼굴의 표정, 삼키는 것, 걸을 때의 팔의 움직임, 자세변경 등의 동작의 횟수와 크기가 감소한다. 많은 경우에 환자 본인은 잘 알지 못하는 경우가 많고 주위 사람들에게 지적을 받아 처음 알게 되는 경우도 있다.

(4) 자세불안정

몸의 자세를 유지하지 못하고 넘어지는 것을 의미한다. 파킨슨병의 초기에는 드문 현상이지만, 병이 진행하면 많은 환자들에게서 나타난다.

(5) 구부정한 자세

목, 허리, 팔꿈치, 무릎 관절이 구부정하게 구부러진 자세가 되는 것을 말한다.

(6) 보행동결

걷기 시작할 때, 걷는 도중, 또는 걷다가 돌 때 발이 땅에서 떨어지지 않아서 발걸음을 옮기지 못하는 현상을 일컫는다. 이는 많은 환자들이 무척 괴로워하는 증상이며, 진행된 파킨슨병 환자에게서 관찰되는 현상이다.

(7) 우울증

50% 정도의 파킨슨병 환자에게서 나타난다. 우울증으로 인하여 파킨슨병에 대한 치료 의욕이 떨어지기도 하며, 약에 대한 순응도도 떨어져 전체적인 삶의 질 악화를 가져온다.

(8) 수면장애

많은 파킨슨병 환자들이 호소하는 증상이다. 잠에 들기가 힘든 경우가 많으며, 많은 환자들이 수면 중에 심한 잠꼬대를 하거나 헛손질과 헛발질을 하는 경우도 있다.

(9) 배뇨장애

주로 소변을 자주 보는 빈뇨가 흔하다. 빈뇨가 야간에 발생하는 경우는 수면을 방해하기 때문에 무척 괴로운 증상에 속한다.

(10) 치매

전체 파킨슨병 환자의 약 40%에 동반된다. 파킨슨병 환자에서의 치매는 알츠하이머병에서 나타나는 치매와 그 양상이 다르며, 적절한 약물 요법으로 도움을 받을 수 있다.

제 3 부

발달이론

제11장

발단단계이론

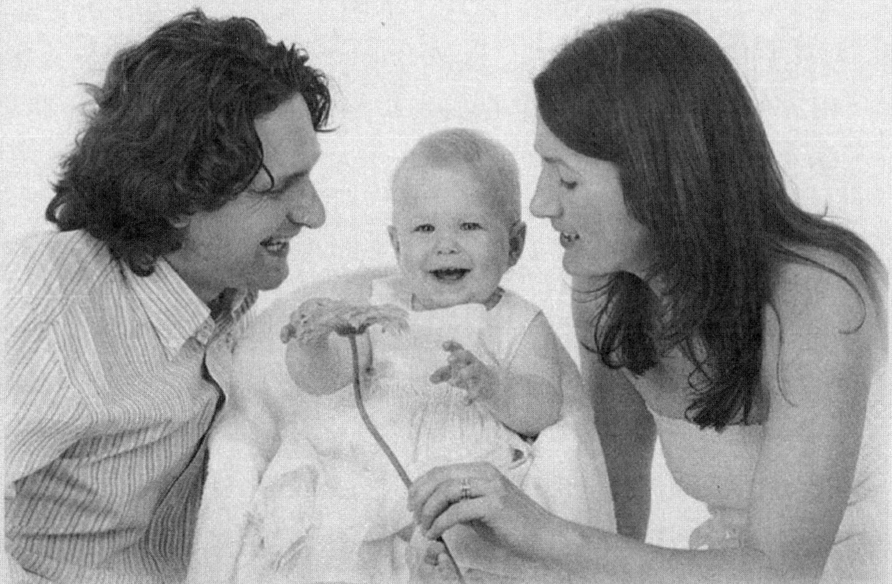

1. Freud의 성격발달 단계설
2. Erikson의 삶의 8단계설
3. Piaget의 인지발달 단계설
4. Vygotsky의 언어와 사고의 발달단계설
5. Kohlberg의 도덕발달 단계설

1. Freud의 성격발달 단계설

Sigmund Freud(1856~1937)는 체코슬로바키아 모라비아의 프라이부르크라는 곳에서 유태인 부모슬하에서 태어나 1939년 런던에서 사망했다. 1881년 비엔나 대학에서 M. D. 학위를 받고, Ernst Brücke의 지도하에 생리학을 공부하였다. 1874년에 출판된 「생리학강의」라는 그의 저서에서 "살아있는 유기체는 화학과 물리학의 법칙이 적용되는 하나의 역동체제"라는 견해에 Freud는 매료되었다(Hall, 1954). 1876년부터 15년간 Freud는 신경학자로서 연구하였다. 그는 프랑스에서 히스테리아와 기타 정신질환을 치료하기 위해 최면술을 사용했던 Jean Charcot와 처음으로 연구하였다. 여기서 Freud는 자유연상을 개발하였는데 이것이 나중에 정신분석의 기본기술로 발전되었다.

Freud 정신분석학에서는 인간을 비합리적이고 결정론적인 존재로 가정한다. 그는 인간의 행동이란 기본적인 생물학적 충동과 본능을 만족시키려고 하는 욕망에 의하여 동기화되는 것으로 본다. 또한 출생에서부터 5세 사이의 어린시절에 경험한 무의식 속에 잠재해 있는 심리성적(psychosexual)인 사건들에 의하여 결정되는 존재로 보고 있다.

1) 심리성욕 단계

발달에 관한 Freud 이론은 두 가지 조건을 전제로 하고 있다. 첫째는 유전학적인 접근방법으로서 성인의 성격은 유아기의 여러 가지 경험에 의해 형성된다는 것이다. 두 번째는 성에너지(libido)의 상당량은 출생시에 이미 나타나며 이것은 일련의 심리성욕(psychosexual) 단계를 거쳐서 발달해 가는데 이 단계는 개체의 본능적 과정에 그 뿌리를 박고 있다는 것이다.

Freud는 네 가지 보편적 심리성욕 발달단계가 있고 이것이 성격형성에 결정적 영향을 준다고 가정하였는데, 즉 구강기 · 항문기 · 남근기 그리고 생식기이다. 잠재기는 정상적으로 6~7세와 사춘기 초반 사이에 나타나며 이 단계는 발달의 일반적 모형에 포함시키기는 하였지만, 기술적으로 보자면 단계는 아니라고 Freud는 말하였다. 발달의 첫 세 단계는 출생시부터 5세 사이에 일어나고 이것은 전 생식기라고 부르는데 그 이유는 성기부위가 성격형성에 중요한 역할을 담당하지 않기 때문이다. 네 번째 단계는 사춘기의 초기에 나타난다. 각 단계는 자극을 주면 리비도적인 에너지(libidinal energy)를 방출하게 하는 그러한 신체부위에 따라 명명한 것이다.

각 단계는 모두 일차적 성적 부위라는 특징이 있으며, 그 부위는 성적흥분이 가장 민감한 곳으로 외부와 내부의 피부가 접하는 신체부분이다. 예를 들어서 입술은 종아리나 손등보다 자극에 더 민감하다. Freud는 점막이 더 많이 돌출해 있으면 있을수록 감각적 희열에 더 예민하다고 말했다. 남녀의 성기, 유방, 항문은 성적 부위로 간주된다.

'심리성욕'이란 용어는, 인간발달의 중요한 요소는 성적 충동인 바 이것은 초기 발달시에 여러 성적 부위를 거쳐 가며 진행한다는 것을 강조한다. 이 이론에 의하면, 어떤 특정한 발달단계 시기에 신체의 어떤 부위는 유쾌한 긴장을 가져다 줄 어떤 대상이나 활동을 추구하게 된다. 심리성욕 발달은 생물학적으로 결정된 발달단계이며, 그 발달순서와 특징은 문화유산이 어떻든 간에 모든 사람에게 공통적으로 나타난다. 각 단계에서 개인이 어떤 사회적 경험을 하느냐 하는 것은 그가 그 단계에서 얻는 태도와 특성 · 가치관의 형식으로 영원한 어떤 흔적을 남겨 놓게 된다.

Freud는 이러한 공식의 논리성을 두 가지 요소로 설명하였는데, 즉 좌절(frustration)과 방임(overindulge)이다. 좌절이란 아동의 심리성욕 욕구(젖을 빠는 것, 물어뜯는 것, 씹는 것)가 양육자에 의하여 방해받게 되어 바로 만족할 수 없게 되는 것을 말한다. 방임은 부모가 아동에게 내적 욕구를 이겨 나가도록 하는 훈련을 거의 시키지 않고, 따라서 의존심과 열등감을 조장시키는 것을 나타낸다. Freud는

좌절을 갖는 아동이나 혹은 방임에 빠진 아동이나 그 결과는 리비도(libido)의 과투자(over investment)로 나타날 것이라고 보았다. 이 과투자는 그 강도에 따라서 나중에 성인기에 이 경험이 발생한 심리성욕 단계와 연관되어 잔여행동(특질, 태도)의 형태로 나타난다.

정신분석학 이론에서 이와 관련된 개념은 퇴행(regression), 즉 심리성욕 발달의 초기단계로 되돌아가는 것과 이 시기에 적합한 유아행동을 나타내는 것이다. 예를 들면 심히 불안한 상태에 처한 성인이 퇴행을 해서 눈물을 흘리거나, 엄지손가락을 빨거나, '독한 술'을 마실 것이다. 퇴행은 사실 Freud가 말한 '고착'(fixation, 초기 심리성욕 단계에 주저앉는)의 한 특별한 예이다. Freud학파는 퇴행과 고착이 서로 보충적인 것으로 보았다. 즉, 퇴행의 가능성은 주로 고착의 강도에 좌우된다(O. Fenichel, 1985). 고착은 어떤 발달단계에 있었던 문제가 잘 해결되지 못했던 것을 반영한다. 예를 들어서 8세의 어린이가 계속해서 손가락을 물어뜯는 것은 구강기에 고착되어 있다는 것을 나타내며, 에너지는 그 초기 발달단계에 적합한 활동에 과투자된다. 개체가 그의 심리성욕상의 갈등문제를 잘 해결하지 못하면 못할수록 후에 정서적인 혹은 육체적인 긴장을 유발하며, 그는 퇴행을 하기가 더 쉽다. 모든 개인의 성격구조는 이렇듯 그가 도달한 또는 그가 고착해 버린 심리성욕 단계의 개념으로 설명할 수 있다. 후에 언급하겠지만 성인의 여러 성격형태는 각 심리성욕 발달단계와 연관이 있다.

2) 구강기

심리성욕 발달기의 하나인 구강기(oral stage)는 생후 1년 동안 발달하는데, 이 시기에 유아는 그의 생존을 전적으로 타인에게 의존하며 본능적인 만족을 얻는 유일한 수단이 바로 이 의존이다. 이 시기에 구강은 특히 생물학적인 충동과 동시에 유쾌한 감각을 해소시키는 신체의 일부가 된다. 유아는 젖을 빨므로써 영양을 공급받으며, 배고픔의 충동을 만족시키며, 동시에 입을 움직여 기쁨을 얻는다. 이러한 이유 때문에, 구강부는—즉, 입술, 혀와 기타 연관된 구조들—유아의 활동과 관심의 초점이 된다.

이러한 구강부는 그들이 사회적 환경 또는 물리적 환경과 접촉하는 일차적인 수단이 되며 대부분의 성적 에너지를 포함하고 있다. 사실상, Freud는 구강은 일생을 통해서 중요한 성감대로 존재하게 된다고 믿었다. 성인에게 있어서도 이러한 행동의 흔적이 남아 있는데, 예를 들어서 껌을 씹는 행위, 손톱을 물어뜯는 행위, 키스, 과식 등에서 나타나며, Freud학파는 이러한 사실들이 리비도가 구강부위에 부착되어 있다는 증거가 된다고 주장한다.

쾌락과 성욕은 Freud의 발달이론에서는 서로 혼합되어서 나타난다. 이 점에서 성욕이란 유아에 있어서는 음식물의 섭취와 관련된 흥분 상태를 말한다. 따라서 처음으로 만족을 주는 대상은 어머니의 젖이나 우유병이며, 처음으로 긴장 감소를 경험하게 되는 신체부위는 구강이 된다. 젖을 빠는 것과 음식물을 삼키는 것은 나중에 성적 만족의 원형이 된다. 구강 의존 시기의 유아의 중심과업은 다른 사람과 관련하여 의존, 신뢰, 신용, 독립심 등의 일반적인 태도를 확립하는 것이다. 처음에는 유아가 자기 자신의 육체와 어머니의 젖(영양의 근원)을 구별할 수 없기 때문에 젖을 빠는 도중에 배고픔의 만족과 애정의 표현이 혼동된다.

이러한 혼동은 유아의 이기주의를 나타낸다. 그러다가 언젠가는 어머니의 가슴은 애정의 대상으로서의 가치를 상실하게 되고 그것은 유아 자신의 신체의 일부로 대치된다. 그래서 유아는 자기의 엄지손가락이나 혀를 빨게 되고, 이렇게 하여 어머니의 보호 부족에서 생기는 긴장을 감소시킨다.

구강기는 이유와 함께 끝나며, 정신분석학 이론에서는 거의 모든 유아가 어머니 젖가슴을 떠나고 그에 따르는 즐거움을 포기할 때 여러 가지 어려움을 갖는다는 가정을 한다. 이 어려움이 클수록 더욱 많은 리비도가 구강기에 집중되며, 다음 단계의 갈등을 해소하는 데 필요한 리비도가 부족하게 된다.

Freud는 유아에게 너무 과도하거나 혹은 불충분한 양의 자극이 주어지면 구강 수동적(oral-passive) 성격 형태가 된다고 주장하였다. 이러한 성격의 소유자는 세상일에 낙관적이며 타인과 신뢰의존적(trusting dependent) 관계를 가지며, 타인이 자신의 '어머니'가 되어 주기를 바라며, 모든 것을 희생하더라도 인정을 받으려고 한다. 이러한 사람이 심리적으로 적응해 가는 양식은 수동적이고 미숙하며, 과도한 의타심과 잘 속는 등의 성격특징을 갖게 된다. 생애 첫해의 마지막 후반기에 구강기의 2차 단계가 시작된다. 즉, 구강 공격적(oral aggressive) 또는 구강 가학적(oral sadistic) 단계이다. 유아에게 치아가 생기기 시작하면서 물어뜯거나 씹음으로써 어머니의 부재나 만족의 지연으로 생긴 불만을 표현한다. 이런 유아는 침뱉기와 같은 공격적인 행동을 취하여 구강의 만족을 성취한다. 성인이 갖는 구강 가학적 단계에의 고착은 논쟁적이고, 신랄하게 비꼬며, 주위의 사물들에 대해서 비꼬는 양상으로 나타나며 또 이러한 성격을 가진 사람은 자신에게 필요할 때까지 타인을 이용하거나 지배한다.

3) 항문기

2세에서 3세 사이에서는 리비도 에너지의 초점이 구강에서 항문으로 옮겨 간다. 유아는 대변의 배출과 보유에서 상당한 만족을 얻으며 점차로 대장운동을 지연시켜서 이러한 만족을 증진시키는 방법을 알게 된다(즉, 대장이나 괄약근에 압력을 가해서). 이러한 대장이나 방광의 조절은 신경근육학적인 성장의 결과이나 Freud는 부모에 의해 시행되는 대소변가리기 훈련은 나중에 성격발달에 특수한 효과를 나타낸다고 주장하였다. 대소변가리기의 시작과 함께 아이들은 이드(id)의 요구(즉각적인 배변에서 오는 기쁨)와 부모에 의해서 부과되는 사회적인 제지(배출 욕구에 대한 자기 조절)를 분간하는 것을 배워야 한다. 사실상 Freud는 이러한 자기 통제와 지배는 항문기(anal stage)에서 출발한다고 주장하였다.

Freud는 부모가 대·소변 가리기에서 필연적으로 생기는 욕구불만을 다루는 두 가지 방법이 있음을 발견하였다. 만약에 부모가 거칠거나 강압적이면, 아이들은 대변을 참게 되어 변비가 되며 이러한 억제 경향이 심해지면 다른 행동에까지 일반화되어 항문적 보유(anal-retentive) 성격이 된다. 성인에게 이런 성격이 나타나면 고집이 세고 인색하며 복종적이고, 시간을 엄수하며, 지나치게 청결하거나 혹은 지나치게 불결한 경향이 있다. 이것은 또 혼란과 모호함을 참거나 명확한 구분을 할 수 없는 것 등과 같은 '추방(expulsion)'의 원형이 된다.

그 반대로 만약 부모가 아이를 달래서 정기적으로 대장운동을 하게 하고 대변을 본 후 칭찬해 주며 목욕을 시키는 경우, 아동은 이런 행동에 즐거움을 느끼고 후에 항문적 공격(anal-aggressive) 성격을 갖게 된다. 이 단계에 고착되면 잔인하고 파괴적이며, 난폭하고 적개심을 나타낸다. 이러한 사람은 애인과의 관계에서 상대방을 근본적으로 소유의 대상으로 간주하는 경향이 있다.

4) 남근기

4세부터 5세 사이에서는 아동의 리비도적인 관심은 새로운 성감대인 생식기로 옮겨 간다. 이 남근(男根) 심리성욕 발달기에 아동들은 자신의 성기를 자세히 관찰하고, 자위행위를 하며, 출생과 성에 대한 관심을 나타내는 것을 관찰할 수 있다. 비록 아동의 성인의 성욕에 대한 인식이 대체로 부정확하고, 모호하며 또한 아직 정립되지 않았지만 Freud는 대부분의 어린이들은 그들의 부모가 생각하는 것보다 더욱 명확히 성관계를 알고 있다고 믿는다. 그들은 부모들의 성교를 목격할 수도 있고, 또는 부모의 대화나 다른 어린이들의 이야기를 통해 그런 원초적인 관계를 상상할 수도 있을 것이다. 또 Freud는 대개의 어린이가 성교를 어머니에 대한 아버지의 공격으로 보고 있다고 생각했다. Freud의 이 단계에 대한 설명은 많은 오해와 논쟁의 근원이 되고 있음을 강조할 필요가 있다. 더구나 대부분의 부모들은 4세 어린이가 성에 대해서 알고 있다는 것을 수긍하지 않는다.

남근기(phallic stage)의 두드러진 갈등은 Freud가 명명한 오이디푸스 콤플렉스(Oedipus complex : 여자아이들에게 있어서는 엘렉트라 콤플렉스, Electra complex)이다. Freud는 이 콤플렉스의 설명을 Sophocles(495~406 BC)가 쓴 그리스의 비극인 오이디푸스 왕에서 빌려 왔는데, 이 비극에서는 테베(Thebe)의 왕인 오이디푸스가 그의 아버지를 살해하고 그의 어머니와 간음하게 된다. 오이디푸스가 그의 죄를 깨닫고는 자신의 눈을 찔러 멀게 함으로써 자신을 벌하게 된다.

Freud는 오이디푸스 콤플렉스 이야기는 그리스 신화이긴 하지만 이 비극은 인간의 가장 큰 정신적 갈등을 상징적으로 표현한 것이라고 보고 있다. 사실상, 이 신화는 아동이 이성의 부모를 소유하고 싶은 욕망과 동시에 동성의 부모를 적대시하려는 무의식을 표현한다. 그러나 남자아이들은 실제로는 아버지를 살해하지도, 어머니와 간음하지도 않지만, Freud는 어린아이들의 무의식 속에는 이 두 가지 욕망이 있다고 믿었다. 또한 Freud는 이러한 오이디푸스적 갈등의 뒷받침을 원시사회에서의 근친간의 결혼이나 씨족 내의 어떤 의식에서 찾고 있다.

오이디푸스 갈등의 발생과 해결은 남녀간에 약간의 차이가 있다. 남아의 첫 사랑의 대상은 어머니 혹은 어머니를 대신할 만한 사람이다. 어머니는 유아가 태어나서부터 만족의 근원이고, 남아들은 출생 이래 그의 어머니를 소유하고 싶어 하며, 그가 관찰한 바 성인들이 성적 감정을 표현하는 식으로 자신도 어머니에게 그의 감정을 표현한다. 예를 들어, 그는 자신의 성기를 어머니에게 자랑스럽게 보임으로써 그의 어머니를 유혹하려 한다. 이러한 행동은 자기 아버지의 역할을 탐내는 것으로 볼 수 있다. 왜냐하면, 아동은 그의 아버지를 자기의 성적인 만족감을 방해하는 경쟁자로 생각하기 때문이다. 그래서 아버지는 아들의 중요한 경쟁자나 적이 된다. 아이들은 아버지와 자기를 비교할 때 어렴풋이 열등감을 느낀다(누구의 성기가 더 큰가?). 또 자신의 어머니에 대한 로맨틱한 감정을 아버지가 인정하거나, 가만히 놔두려 하지 않을 것이라고 생각한다. 이러한 경쟁심이 어린이로 하여금 아버지가 자기를 해칠 것 같다는 공포심을 갖게 한다. 더욱 자세히 말하면, 아이는 그의 아버지가 자신의 성기를 잘라 버리려 한다고 믿게 된다. 이러한 아버지의 보복에 대한 두려움은 거세불안(castration anxiety)이라고 일컫는데, 이 때문에 어린이는 어머니와 성적 관계를 갖고 싶어하는 욕망을 포기하게 된다.

5세에서 7세 사이의 어린이는 어머니에 대한 성적 욕망을 억압하고 아버지와 동일시하기 시작함으로써 이러한 오이디푸스 갈등은 해결된다. 아버지와의 동일시 과정을 '공격자와의 동일시'라고 하며 아동은 동일시를 통해 가치관, 도덕, 태도나 성에 관련된 행동 등 남자란 어떤 것이라는 것을 묘사하는 모든 것을 배우게 된다. Freud는 더 나아가서 이러한 아버지에 대한 동일시가 아동으로 하여금 이제는 그가 어머니가 아버지와의 관계에서 중요하게 생각하는 속성을 자기도 소유했기 때문에 아버지를 대리하여 어머니를 사랑의 대상으로 간직할 수 있게 된다고 보았다. 사회적 규범의 측면에서 볼 때 아동이 오이디푸스를 해소했다는 것보다는 아동이 그의 부모의 행동기준과 금기를 자신의 것으로 내면화했다는 것이 더 중요하다. Freud는 바로 이 특이한 동일시가 아동의 초자아(super-ego)의 발달을 초래한다고 생각했는데, 즉 초자아는 오이디푸스 갈등의 해결에서 나온 것이라고 볼 수 있다.

Freud 이론에서 남아의 오이디푸스 갈등에 해당되는 여아의 것은 엘렉트라 콤플렉스(Electra complex)이다. 남아처럼 여아의 최초의 사랑의 대상도 어머니이다. 그러나 여아가 남근기로 접어들면서, 자신은 아버지나 남자 형제처럼 음경이 없다는 것을 깨닫게 된다. 여아가 이런 해부학적 발견을 함과 동시에 그녀는 음경을 갖고 싶어하게 된다. Freud는 이를 '남근선망'(penis envy)이라고 했는데 이는 어떤 면에서 보면 정신적으로 남아의 거세공포와 맞먹는 것이라고 할 수 있다(Freud가 여성해방론자들의 비난의 대상이 됨은 당연하다). 그 후로 여아는 어머니가 아무런 이유 없이 자신의 남근을 빼앗아간 것에 대해 또는 자신의 어떤 잘못에 대한 벌로 자기의 남근을 빼앗은 것에 대해 어머니에게 공개적으로 적개심을 가지게 된다. Freud는 때때로 여아들이 자신의 결함 때문에 자기가 여성임을 비관하게 된다고 말하고 있다. 동시에 여아는 그녀의 아버지가 부러운 기관을 가지고 있기 때문에 아버지를 소유하고 싶어한다. 여아가 남근을 갖는 것은 불가능하다고 믿게 되면 남근에 대처할 만한 다른 대상의 성적 쾌감을 찾게 된다. 성적인 만족은 음핵(clitoris)에 집중되고 또, 5세부터 7세 사이의 여아에게서는 음핵에 대한 자위가 때로는 자기의 음핵이 남근이 되는 것 같은 남성적 환상을 가지고 행해지게 된다.

대부분의 학자들은 Freud의 엘렉트라(Electra) 갈등의 해결에 대한 설명이 확실하지 않다는 것을 동의한다. 그 이유 중의 하나는 어머니가 가족 내에서 아버지처럼 막강한 힘을 갖지 못하기 때문에 아버지만큼 위협적인 존재가 되지는 못한다는 것이다. 또 다른 이유는 여아는 본래 남근을 가지지 않았기 때문에 남아가 거세를 근친상간의 욕망에 대한 보복이라고 느끼는 것 만큼 느끼지 못하기 때문이다.

후자의 이유 때문에 Freud는 여성은 성인기 때 강박적인 도덕 감정을 덜 가지게 된다고 주장한다. 우리가 이러한 문제를 어떻게 해석하든 간에 Freud는 여아의 어머니에 대한 적개심과 아버지에 대한 동경이 서서히 변화를 가져오게 되며, 어머니와 동일시하려는 행동이 여자의 행동을 지배하게 된다고 기술하고 있다. 어떤 여자들은 그녀의 첫 아이로 남아를 갖기를 원하는데, 이런 현상을 Freud학파에서는 '남근대치' 또는 여성의 반대(contrary)로의 해방이라고 해석하고 있다.

오이디푸스 갈등은 생물학적인 원인이며 모든 인간에게 나타난다는 Freud의 학설에 대해 많은 비평이 대두되어 왔다. 사실상, 오이디푸스 콤플렉스는 모든 인간에게 나타나는 것이 아니며, 어떠한 문화권에 있어서는 남아와 아버지의 갈등은 아버지의 가족 내에서의 세력에 기인하며, 성적인 질투 때문이 아니라는 비교문화적(cross-cultural) 증거가 있다. 게다가 여성옹호론자들은 Freud의 여성에 대한 견해는 광신적일 뿐만 아니라 불합리하다고까지 생각하고 있다. 신Freud학파의 선구자인 Karen Horney는 Freud의 남근선망에 대한 해석(인체구조는 운명이라는)이 여성의 심리에 영향을 미치는 사회 · 문화적 요인이 되지는 않는다고 말하였다. Horney와 다른 사람들은 말하기를, 진정으로 여성이 선망하는 것은 성취지향적인 그리고 경쟁적 사회에서 남성에게 주어진 지위라는 것이다. 이러한 논의는 Alfred Adler도 강조하였다.

남근기에 고착된 성인 남자는 대부분 경솔하며, 과장되고, 야심적이다. 남근기형은 성공하려고 아주 노력하여(노력은 이성의 부모에 대한 승리를 의미한다) 항상 그들의 강함과 남자다움을 나타내려고 노력한다. 이러한 남성들은 남들에게 자신이 '진정한 남자'임을 확신시키려고 한다. Freud는 여성이 남근기에 고착된 경우 성관계에 있어서는 순진하고 결백해 보이지만, 난잡하고 유혹적이며 경박한 기질을 갖는다고 언급했다. 또 어떤 여성들은 이런 기질 대신 아주 자기 주장적이어서 남성을 능가하고자 노력한다고 Freud는 보았다. 그는 미해결된 오이디푸스 문제는 나중에 신경증의 근원이 된다고 생각하였으며, 특히 남성의 성적 무기력과 여성의 불감증의 근원이 된다고 주장하였다.

5) 잠복기

6세부터 7세 사이와 청년기가 시작하는 시기에 아동은 비교적 성적인 수면상태에 속하게 된다. 이 시기에 리비도는 승화되어 무성적 활동인 지적인 관심, 운동 그리고 친구간의 우정으로 전환된다. 이러한 잠복기(latency period)는 마지막 심리성욕 단계에서 일어나게 될 중요한 성장을 준비하는 시기로 보여진다. Freud에 의하면, 이러한 성적 관심의 저하는 순전히 생리학적인 현상이라고 간주된다. 잠복기에는 이렇듯 새로운 성감대가 나타나지 않고, 성적 본능이 수면 상태에 있기 때문에 심리성욕 단계라고 불리울 자격이 없다. Freud는 이 잠복기에서 일어나는 발달 과정에 관해서는 별로 관심을 쏟지 않았는 바 이 시기가 이전 단계를 모두 합한 시간만큼 아동의 긴 생애기간임에도 불구하고 이 시기에 관심이 없었다는 것은 이상한 일이다. 아동들에게 이 시기가 일종의 휴식기인 것처럼 성격이론가들도 잠깐 휴식한 것 같다.

6) 생식기

사춘기의 발달과 함께 이성에 대한 관심과 인식이 증가되며, 성적 그리고 공격적 충동이 다시 나타난다. 생식기(genital stage : 사춘기로부터 죽을 때까지)의 첫 단계는, 유기체의 생화학적(biochemical)이며 심리학적인 변화에 의해서 초래된다. 즉, 생식기관이 성숙하고, 내분비기관이 호르몬을 분비함으로써 2차 성특징이 나타난다(남자에게는 턱수염이 나고, 여자들은 가슴이 발달). 이러한 변화들은 청년기의 흥분 상태와 성적인 활동의 증가에 영향을 미친다. 즉, 생식기는 성적인 충동의 가장 완전한 만족을 추구하려는 특징이 있다.

Freud학파의 관점에서 본다면, 모든 인간은 사춘기 초기에 '동성애(homosexual)'의 시기를 거치게 된다. 새로이 분출된 성 에너지는 동성의 사람에게로 향하는데(선생님이나 이웃사람 또는 친구) 오이디푸스 갈등의 해결에서와 같은 방법으로 일어난다. 이 시기의 명백한 동성애 행위가 결코 모든 사람이 경험하는 것은 아니지만 소년기에는 동성인 친구와 다니기를 더 좋아한다고 Freud는 믿었다. 그러나 점차적으로 성적 에너지의 대상이 이성으로 옮겨 가게 되고, 구애가 시작된다. 청년 초기에는 홀딱 반하는 경향이 강해 쉽게 결혼 상대를 선택하게 되며 가정을 꾸미게 한다.

생식기적 성격을 통해 정신분석학 이론에서는 이상적 성격유형을 설명한다. 이런 성격의 사람은 사회－성적(social-sexual) 인간관계가 원만하고 책임감이 잘 발달되었기 때문에 이성과의 사랑이 만족스럽다.

이상의 단계별 성격발달의 특징을 요약하면 〈표 11-1〉과 같다.

표 11-1

Freud의 발달단계

단계(연령)	쾌감의 분위 및 원천	성 격 발 달
구강기 (oral stage)	입술 : 젖빨기, 먹는 것, 손가락 빨기, 치아발생 후 씹는 것	· 구강 수동적 성격 · 구강 공격적 · 가학적 성격
항문기 (anal stage)	항문근육 : 대변의 배설과 보류	· 항문 보유적 성격 · 항문 공격적 성격
남근기 (phallic stage)	생식기의 자극	· 오이디푸스 콤플렉스 · 엘렉트라 콤플렉스 · 초자아(양심) 발달
잠복기 (latency stage)	성적 흥미나 관심이 일시적으로 억압됨. 외계에서 쾌락 추구	사회성의 발달과 일상생활에 적응하기 위한 지식, 기능을 습득하는 데 열중
생식기 (genital stage)	생식기관의 성숙	· 이성적 관계가 원만 · 책임감 발달 · 이타적인 태도 발달 · 이상적 성격 발달

2. Erikson의 삶의 8단계설

E. H. Erikson(1902~1994)은 1936년에서 1939년까지는 예일대학교 의과대학 정신과에 재직하였으며, 1942년에는 버클리에 있는 캘리포니아대학 심리학교수로 있었다. 바로 여기서 유명한 아동지도에 관한 종단적 연구에 참여했다. 잇달아 그는 저술을 통해 정신분석가로서의 직업적 정체(professional identity)를 확립하고자 세심한 임상적 관찰과 사고로 바쁜 나날을 보내게 되었다. 1950년 그의 첫 저서 「아동기와 사회」(Childhood and Society)가 출판(1963년 증보 재판)되었으며 이 책은 그를 미국의 정신분석 및 아동 심리학의 대변자로 인정하게끔 만들었다.

1) 성숙의 점성원칙

Erikson은 Freud의 정신분석을 발전시켜 자아정체감(identity)을 중심으로 한 자아 발달이론을 전개하였다. 그는 성숙의 점성원칙(漸成原則, epigenetic principle)에 의해서 인생주기(life cycle)를 8개의 발달단계로 나누고, 각 단계에는 사회환경이 각 개인에게 어떠한 정신적인 요구를 나타낸다고 가정하고 있다. 이러한 사회적 요구에 적응하기 위해서 개인 내에 생기는 심리적 긴장상태가 심리 · 사회적(psycho-social) 위기이다. 발달의 '점성적 개념(epigenetic conception)'이란 (epi는 '위에 upon', genetic은 '출현 emergence'를 의미) 인생주기의 각 단계는 이 단계가 우세하게 출현되는 최적의 시간(즉, 극적인 시기)이 있고 그리고 모든 단계가 계획대로 전개될 때 완전한 기능을 하는 성격이 형성됨을 암시한다. 더욱이 Erikson은 각각의 정신사회적 단계는 생리적 성숙과 그 단계에 있는 개인에게 부과된 사회적 요구로부터 유발된 개인 생애의 전환기(turning point), 즉 위기를 수반한다고 가정했다. 다시 말하면, 인간 생활주기의 8단계 각각은 발달과업, 즉 각 특정시기에서 해결되어야 할 사회발달 문제의 단계적 특수성을 나타낸다. 성격이 상이한 요소는 이러한 과업이나 위기가 어떤 식으로 해결되는가 하는 그 방법에 의해 결정된다. 성장과 인간관계 영역의 확장은 그로 인해 각 단계의 자아 기능이 상처받을 가능성이 커지기 때문에 갈등은 Erikson이론에서 핵심적인 부분이 된다. 그는 동시에 위기란 "재앙의 위협이 아니고 전환점이므로, 따라서 세대적 힘(generational strength)과 부적응의 개체 발생적(ontogenetic) 근원"임을 함축한다고 말했다.

공간적 차원으로 볼 때, 각각의 심리사회적 위기는 긍정적 요소와 부정적 요소를 다 포함한다. 만약 갈등이 처음부터 만족스럽게 해결되면(즉 인간이 자아 성취의 과거를 가지면), 긍정적 요소(예를 들어 기본신뢰, 자율성)는 점차 성장 · 발달하는 자아 속에 스며들어 보다 건전한 발달이 보장된다.

반대로, 만약 갈등이 계속되거나 처음에 불만스런 양상으로 해결되면, 자아 발달은 손상을 받고 부정적 요소(예를 들면 불신, 수치, 의심)가 자아 속에 많이 통합된다. 이론적으로 정의된 여러 가지 갈등이 발달계열 속에 출현하지만 그렇다고 해서 초기의 성취나 실패가 영구 불변하는 것은 아니다. 각 단계에서 획득된 자아 자질은 새로운 내적 갈등이나 변화양상에 둔감하지는 않다. 그러나 주요한 점은 인간은 다음 발달단계를 잘 적응하고 건전한 양상으로 진행하려면 각 위기를 적절하게 해결해 나가야 한다는 것이다.

Erikson의 점성원칙적인 성숙에 대한 신념은 그의 생활주기의 심리사회적 위기에 관한 도표를 보면 분명히 알 수 있다(그림 11-1 참조). 이 도식은 연대적 순서로 배열된 위계로서 8가지 발달단계를 나타내고 있다. 도표의 대각선상의 네모는 각 위기를 성공적으로 처리해서 생긴 심리사회적 능력(strength) 혹은 덕성과 동시에 연속되는 매 단계의 긍정적 요소나 부정적 요소를 다 포함하고 있다. 점성원칙과 일치하게끔 각 단계는 전 단계의 심리사회적 갈등의 해결과 통합을 토대로 세워진다. 그러나 Erikson은 모든 갈등은 생후 초기에서부터 어떤 형태로 나타난다고 주장한다. Erikson은 매 위기마다 연관된 심리사회적 건강과 대응되는 병적 증상이 일어날 가능성이 있는 조건을 묘사했다.

Erikson은 이 8단계를 인간발달의 보편적 양상으로 간주하지만 그는 개인이 각 단계의 문제를 처리하는 방법과 이 문제에 대한 가능한 해결책은 문화적 차이가 있음을 또한 가정했다.

개인이 다음 단계에 발달해 가려면 이러한 위기를 잘 극복해 나가야 한다는 것이다. 각 발달단계에 있어선 이와 같은 위기를 긍정적으로 달한 경우와 부정적으로 달한 경우를 대응시켜 다음과 같이 나타내고 있다.

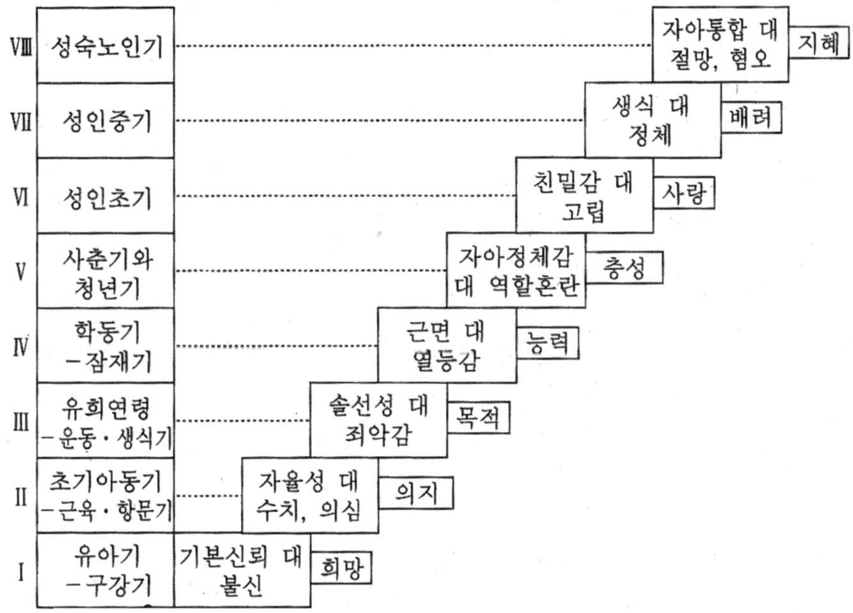

[그림 11-1] Erikson의 심리사회발달 8단계의 점성적 도표

2) 인간발달의 여덟 단계

(1) 영아기(신뢰 대 불신 : 희망)

한 살까지를 말한다. 기본적 신뢰감이 불신감보다 더 많이 체험되지 않으면 장차 타인과 원만하며 지속적인 인간관계를 수립할 수 없게 된다. 기본 신뢰감 발달에 심한 결함을 나타내는 행동적 결과는 아기의 경우 급성 우울증이고, 어른

은 편집증(paranoia)이다. 신뢰 대 불신의 갈등을 성공적으로 해결하여 얻어진 심리·사회적 능력 또는 덕목(virtures)을 Erikson은 '희망'이라고 본다.

(2) 유아기 초기(자율성 대 수치와 의심 : 의지)

2~3세에 해당한다. 배설훈련을 통해서 자기의 행동을 통제할 것을 배워가지만, 실패할 때에는 자기의 능력에 의혹을 품거나 수치심을 갖게 된다.

무관심한 부모 슬하에서 자란 아동일수록 자율성 발달을 침해당하기 쉽다. 그 결과 자기 부적절감, 무기력, 자기 의심(self-doubt)의 심리·사회적 태도가 생긴다. 어른이 되면 강박적 행동, 피해망상에 사로잡힌 편집증을 나타내기 쉽다.

(3) 유아기(주도성 대 죄악감 : 목적)

유희 연령인 학령전 아동이 마지막으로 경험하는 심리·사회적 갈등이다. 사회생활을 확대해 가면서 놀이나 학습을 통해 자발적인 행동이나 양심이 발달되는데, 실패하게 되면 죄의식을 갖게 된다. 지속적인 죄의식은 소극성, 불감증으로 발전된다.

(4) 학동기(근면성 대 열등감 : 능력)

약 6세부터 11세까지가 학동기이다. 아동이 학교에 다니면서 문화적 유산을 이해하기 시작할 때 근면성(sense of industry)이 발달한다. 이 때 아동의 자아 정체감(self-identity)은 열심히 공부해서 훌륭한 사람이 되자가 된다. 근면성이란 인간관계적 능력감, 즉 자신감을 나타낸다.

(5) 청년기(자아 정체감 대 자아 정체감의 혼란 : 충성)

12~13세부터 20세까지이다. 아동기부터 싹이 튼 자아 정체감을 통합·재편성

하여 새로운 주체적인 자아 정체감을 확립하는 시기이다. 실패하면 자아 정체감의 혼란이 생긴다. 정체감 위기는 직업을 선택하지 못하거나 무력감, 허무감, 소외감, 부족감을 경험한다. 성실성 · 충성심은 자아 정체감의 적절한 해결을 통해 나타낸다.

(6) 성인기 초기(친밀 대 고독 : 사랑)

20세부터 40세까지이다. 친구나 이성 등의 타인과의 관계에서 우정, 사랑, 성적 친밀성이 과제가 되며 실패하면 고독에 빠진다. 즉 이 시기의 자아 정체감은 다른 사람과 연합하는 능력이다. 친밀감은 성공적인 결혼의 필수요소이다. 친밀한 인간관계를 맺을 수 없으면 사회적 공허감이나 소외감을 느끼게 된다.

(7) 성인기(생식성 대 정체 : 배려)

40세부터 65세까지이다. 생식성(generativity)이란 자기 세대를 대치하는 후세대를 키우고, 지도하는 후세대에 대한 배려를 뜻한다. 좋은 예는, 생산 양육과 자손의 성취에 대한 개인의 만족감이다. 생식에 실패한 사람은 자기 도취(self-absorption) 상태에 빠진 사람으로서 '중년기의 위기', 즉 절망으로 인생이 무의미해지는 느낌이다.

(8) 성숙기(자아통합 대 절망 : 지혜)

점성원칙의 마지막인 이 단계는 인간이 자신의 거의 완성적 노력과 성취에 대해서 반성하는 시기이다. 새로운 심리사회의 위기의 출현보다는 오히려 자아발달이 지금까지의 전 단계의 종합 · 통합 그리고 평가로 나타난다. 자아통합은 모든 관점에서 자신의 인생을 돌이켜 보면서 겸허하게 그러나 확고하게 "나는 만족스럽다"라고 확신하는 지혜나 능력에서 생긴다. 반면 자아통합의 결여나 상실은 되돌릴 수 없는 실패, 희망했었던 것에 대한 끊임없는 미련으로 나타나며 인생을 다 살 수 없다는 후회 속에 절망한다.

3. Piaget의 인지발달 단계설

인지발달이란 추리, 기억, 문제해결을 포함하는 사고유형의 변화를 말한다. Jean Piaget(1896~1980)의 연구 이후 인지발달은 발달심리학의 핵심적인 연구주제가 되었다. 그는 아동의 지적 능력 발달에 관심을 두고 연구하였으며, 파리에 있는 Binet연구소에서 더 나은 검사규준을 만들기 위해 많은 아동에게 지능검사를 실시하였다. 이 과정에서 그는 아동이 잘못된 반응을 하는 이유에 관심이 많았다. 뿐만 아니라 아동의 지능을 측정하는 것보다 아동이 어떻게 자신들의 지능을 사용하는가를 더 중요시하였다. 1921년 제네바로 이주한 후부터 그는 평생을 인지발달 연구에 몰두하였다. 인지발달에 관한 대부분의 아이디어는 자신의 세 자녀를 주의깊게 관찰하면서 얻은 통찰에 근거를 두고 있다.

그의 이론도 역시 발달과정을 어떤 격식에 맞춰 형식적으로 분명하게 구분짓는 것이어서 형식론(formal theory)적 입장을 취하고 있다는 데서 Freud와 흡사하다. 발달을 몇 단계로 구분지어 논했다는 점과 비록 그것이 지적인 측면에 한정되고 있기는 하나, 인간발달을 세밀히 탐구했다는 점에서 관심의 대상이 되고 있다.

Piaget는 신생아가 이 세상에 태어나 생존을 영위하려면 환경에 적응해야 하는데 이러한 적응체제를 schema라고 칭하고, 인간발달이란 바로 이 schema의 변화과정이라고 말하고 있다.

이 과정은 또한 동화(assimilation)와 조정(accomodation)이라는 두 가지의 보충적 과정을 통해서 이루어진다고 했는데 발달단계를 다음과 같이 구분하고 있다.

1) 감각운동기

출생해서 2세까지를 감각운동기라 하는데 이 시기의 유아는 거의 외부자극과 그에 대응하는 아주 단순한 schema만을 갖는다.

이 시기에서는 유아들이 언어나 어떤 상징을 제대로 사용하지 못하고 있기 때문에 이 단계의 행동은 언어 이전 단계(preverbal stage)의 행동으로 보고 있다.

Piaget는 이 시기를 다시 6단계로 나누고 있다.

(1) 반사기(0~1개월)

이 시기는 선천적인 반사작용을 하는 시기이다. 이 때에는 주로 영아가 젖꼭지를 빠는 것과 같은 타고난 반사행동을 한다.

(2) 1차적 순환반응기(1~3개월)

이 시기는 젖빨기 운동, 주먹펴고 쥐기의 반복운동 등 의도성이나 목적성이 없는 단순행동을 재미로 반복하는 것이 특징이다. 따라서 이 시기에는 반사작용과 반응의 협응(coordination)이 이루어진다.

(3) 2차적 순환반응기(3~6개월)

이 시기에는 유익하고 흥미있는 결과를 가져오는 반응을 반복하게 된다. 즉, 영아들이 자기 행동의 결과를 예견하게 되고 흥미 있는 결과가 나타나는 반응을 의도적으로 반복할 수 있게 된다.

(4) 2차적 반응협응기(6~10개월)

이 시기의 영아들은 간단한 문제를 해결하기 시작한다. 즉 장애물 제거나 물건을 이용할 수 있게 된다.

(5) 3차적 순환반응기(10~18개월)

이 시기엔 활발한 시행착오적 경향을 나타내기 시작한다.

(6) 정신적 결합기(18~24개월)

이 시기엔 상상력과 관념적 작용을 통해 목표를 달성할 수 있도록 새로운 수단을 구안하는 시기로서 탐색적 사고의 출발이라고 볼 수 있다.

2) 전조작적 사고기

전조작적 사고기(2~7세) 동안의 아동은 근본적으로 감각운동적 양식(model)으로 기능을 수행할 수 있는 사람으로부터 개념적 · 상징적 양식으로 기능을 수행할 수 있는 사람으로 진화한다. 그러므로 아동은 사건을 점점 내적으로 표상할 수 있게 되며, 행동을 지향하는 데 있어 직접적으로 감각운동 활동에 의존하는 바가 적어진다. 그러나 이 시기를 전조작적 사고기라고 부르는 이유는 어린이가 정신적 표상에 의한 사고가 가능하기는 하나 아직 개념적 조작능력이 충분히 발달하지 못했기 때문이다.

전조작적 사고기는 연역적 · 귀납적인 추리를 못하고 비약적인 추리를 한다. 이 시기에 언어가 빠른 속도로 획득되어진다. 더구나 초반기의 행동이 대부분 자기 중심적이고 비사회적이었지만 발달이 계속됨에 따라 이러한 특징은 점점 덜 지배적으로 되어 6~7세에 이르면 그들의 회화는 거의 의사소통적이며 사회적으로 된다.

전조작적 사고는 감각운동적 사고를 거쳐 진보한 것인데 아직 여러 측면에서 제한적이다. 이 때의 아동은 조작을 가역(可逆)할 수 없으며, 변환을 추구할 수도 없다. 즉, 지각은 중심화(centration) 경향을 가지며 사고는 자기 중심적이다. 이러한 특징들은 느리고 구체적인 동시에 제한적인 사고를 하게 만든다.

이 단계의 사고특징은 자기중심성, 중심화, 비가역성, 비전환성 등이며 이들로 인하여 논리성이 결여된 사고를 하게 되는 것이다.

양의 보존개념에 관한 실험에서 어린이에게 똑같은 높이로 물을 채운 A_1과 A_2의 두 컵을 보여주고서, 두 개의 컵에 같은 양의 물이 들어 있느냐고 물어 보면 대부분 그렇다고 대답한다. 다음에 실험자가 A_2의 물을 높이가 더 낮고 밑면적은 더 넓은 컵 P로 옮겨 붓는다. 그리고 나서, 물의 양이 여전히 같은지를 물어 보면 전조작적 사고 수준의 어린이는 양이 같다는 것을 알지 못하여, 물의 높이나 넓이 중 어느 한 가지 차원에 얽매여서 보존개념을 획득하지 못한다. 이것은 어린이가 논리적으로 사고하지 못하고 직관적으로 사고하기 때문이다.

수 보존개념에 대한 실험에서는 어린이들 앞에 한 무더기의 달걀을 놓아둔 다음, 다른 한편에 놓인 달걀 컵에 하나씩 담을 수 있을 만큼의 달걀들을 집어 내라고 했다. 전조작적 사고기의 어린이들은 달걀의 개수나 밀도를 무시하고 다만 컵과 달걀을 늘어놓은 길이만 똑같게 했다. 이것도 마찬가지로 직관적 사고를 하기 때문에 보존에 실패하는 것이다.

자아 중심성에 관한 실험에서는 어린이 앞에 모양이 각기 다른 세 개의 산을 왼쪽, 가운데, 오른쪽에 배열해 놓고 어린이를 탁자의 한쪽편에 앉게 하고 그와 반대되는 산의 배치모형을 보고 있는 인형을 놓고서 피험자인 어린이와 인형을 서로 마주보게끔 앉혔다. 그리고 나서 어린이 자신이 보는 것과 인형이 보는 것이 같은 가를 물었다. 이 단계에 있는 어린이들은 자기가 앉아 있는 곳에서 보는 것과 인형의 자리에서 보는 것이 다르다는 것을 이해하지 못하므로, 자기에게 보이는 대로의 산의 배치를 이야기한다. 이것은 타인의 관점을 이해하는 능력이 아직 획득되지 않음을 보여주는 것이다.

또한 이 시기의 아동의 언어와 사회적 행동은 거의가 자기 중심적이다. 그래서 그는 남의 앞에서도 자신과 이야기를 나누며 남의 이야기는 들을려고 하지도 않는다. 그의 언어행동은 정보교환의 기능을 거의 갖지 않으며 대부분이 비사회적이다.

중심화는 시각적 자극이 있을 때 아동은 그것의 한정된 지각측면에 주의를 고정시키거나 중심화하는 경향을 갖는다. 결국 중심화가 계속되는 한, 어린이는 어떠한 사건의 피상적인 측면만을 동화하는 경향성을 갖는다.

비가역성이란 일단 변형된 상태가 반대 절차를 밟으면 다시 원래 상태로 되돌아 갈 수 있다는 것을 알지 못하는 것을 뜻한다.

비전환성은 어린이가 계속적으로 변화하는 계열적 상해를 관찰하는데 있어서 한 상태가 다른 상태로 변하는 변환보다는 계속적이고 계열적인 상태들의 요소들에만 집중한다. 변환의 과정에 주의를 집중하는 것이 아니라, 변환이 일어나는 순간적인 상태에만 주의를 모으기 때문에 전체 과정을 통합하지 못한다.

이와 같이 전조작적 사고기의 어린이들은 사물을 외관적 · 현상적 · 표면적 특성에 의해 눈에 보이는 그대로 받아들이는 경향이 있다. 사회적 인지도 이와 유사하게 피상적인 경향이 있다.

3) 구체적 조작기

이 시기(7~11세)의 schema는 어느 정도의 논리적 조작을 할 수 있을 정도로 발달한다. 그러므로 개념단계라고도 할 수 있다. 그러나 아직도 구체적인 사항에 한해서만 논리적 조작이 가능하다. 이 시기에는 자기 중심성에서 탈피할 만큼 지능이 발달한다. 따라서 전 단계의 유아들이 사물의 절대적인 속성에 얽매여 사물간의 관계성을 이해할 수 없는데 비해 구체적 조작기의 아동들은 사물의 속성을 다룰 때 그들 사이의 관계성을 고려할 수 있게 된다. 이처럼 구체적 조작기의 아동은 지각에 얽매이지 않고 전 단계의 유아의 지적 활동을 제한했던 여러 가지 인지적 조작을 할 수 있게 된다. 즉, 지각의 중심화를 벗어나서 계속해서 변환을 추구할 수 있으며, 구체적 조작기에서 가장 중요한 조작의 가역성(reversibility)도 획득된다.

구체적 조작기의 사고는 전조작적 사고를 질적으로 능가한다. 그래서 계열화(seriation), 분류화(classification)와 같은 schema들이 나타나며, 인과성, 공간, 속도, 시간 등의 질적으로 개선된 개념이 발달한다.

구체적 조작기란 전논리적(전조작적) 사고와 완전한 논리적 사고 사이의 과도기이다. 보존개념에서 아동은 세 가지 논거에 의해 보존문제를 해결한다. 첫째로, 아동은 두 물컵에서 "물을 더 붓거나 쏟아 내지 않았으므로 물의 양은 같다"고 대답할 수 있다. 이것은 동일성(identity)의 원리이다. 둘째로, "이 컵은 여기가 더 길지만, 저 컵은 여기가 더 넓다. 그래서 물의 양은 같다"라고 말할 수 있다. 이것은 하나의 변화가 다른 변화로 인하여 서로 상쇄된다는 보상의 논리이다. 셋째로, "이것을 전에 있던 컵에다 그대로 다시 부을 수 있기 때문에 두 컵의 양은 같다"라고도 말할 수 있다. 이것은 역조작의 논리이다. 이와 같이 이 단계의 아동이 보존능력이 있다는 것은 구체적 조작기에 들어갔다는 것을 보증하는 것이다. 그리하여 6 · 7세쯤 되면 수보존을, 7 · 8세쯤에는 질량보존을, 11 · 12세쯤에는 부피보존을 할 수 있다. 또한 이 시기에는 전조작적 사고기에서 불가능했던 유목화(類目化) 능력도 획득된다. 이것은 대상과 대상간의 공통점과 차이점 및 관련성을 이해함으로써 비로소 가능해진다.

4) 형식적 조작기

지적 발달의 최종단계인 이 시기(11세 이후)에는 형식논리적 사고를 전개할 수 있을 만큼 지능이 발달한다. 따라서 추상적 개념을 구사하여 사고를 할 수 있는 시기이다. 즉, 형식적 조작이 발달함으로써 아동이 갖는 질적 가역성은 극대화된다. 구체적 조작기의 아동들이 시간적 · 공간적으로 현재에 진행되고 있는 사실에 대한 논리적 사고를 하는 반면, 형식적 조작기의 청소년은 현실적 세계를 넘어 추상적으로 사고할 수 있게 된다. 즉, 이 시기에 이르러서야 청소년들은 비로소 순전히 상징적 추론이 가능하게 되며, 가설을 세우고 체계적으로 검증하고 추상적 개념을 사용하여 여러 가지 사태를 일반화할 수 있게 된다.

형식적 조작기에 이르러서 가능해지는 사고방식 중에 중요한 것이 조합적 사고(combinational thinking)이다. 이는 하나의 문제에 직면했을 때 모든 가능한 해결책을 논리적으로 모색해 봄으로써, 결국에 가서는 문제해결에 이르는 사고를 말한다.

이러한 조합적 사고가 가능해지면서 형식적 조작기에는 연역적 사고도 가능해진다. 구체적 조작기의 아동이 구체적인 현실에서 출발하여 여러 가지 경험에 의해 일반적 사실에 도달하는 한편, 형식적 조작기에 이르면 일반적 사실에서 출발하여 특정한 사실에 도달할 수 있게 된다.

위에서 설명한 Piaget의 인지발달 단계론을 요약해 보면 〈표 11-2〉와 같다.

표 11-2

Piaget의 인지발달 단계

발달 단계	각 단계의 행동 특징
감각운동기 (0~2세)	· 반사행동의 단계로부터 의도적인 반복행동을 할 수 있는 단계에 이르기까지의 6단계로 세분화된다.
전조작적 사고기 (2~7세)	· 상징어 사용 : 모방, 상징적인 모방, 상징적인 놀이, 말 · 언어 사용과 의사소통이 가능하다. · 자신이 본 것만을 믿으려고 한다. · 사물의 단일차원에서 직관적으로 분류, 자기 중심성의 사고 때문에 그 자신의 관점만으로 사물을 보려고 한다. · 비가역성 : 가역적 사고는 아직 불가능하다.
구체적 조작기 (7~11세)	· 동작으로 생각했던 것을 머리로 생각할 수 있음. · 논리적 사고 · 가역성 획득 · 언어의 복잡화 · 사고의 사회화, 보존성, 이행성 분류 및 서열개념 획득 · 길이, 양, 무게, 수의 항상성을 믿게 된다. · 많고 적음의 순서에 따라 배열할 수 있다.
형식적 조작기 (11세 이후)	추상적 사고와 개념의 이해, 사물의 인과관계 터득, 가설검증 능력, 추리력 · 적용력이 발달

이상은 J. Piaget의 지적 발달단계인데 한편, Piaget가 강조하고 있는 도덕적 행동의 발달단계는 다음과 같이 다섯 단계로 구분하고 있다.

첫째로, 습관의 단계(habit level)이며 자기 만족을 위하여 자기가 하고 싶은 것만 하는 시기로서 대체적으로 4세경까지 해당된다.

둘째로, 성인의 요구에 합치하는 단계(conformity to adult requirement)이며 자기

뿐만 아니라 성인이 바람직하다고 생각하는 행동규범에 일치하려는 시기로서 대체적으로 5~7세에 해당된다.

셋째로, 친구와의 평등관계와 상호적응의 단계(mutural adjustment of equals)이며 부모와의 종적 관계에서 발전하여 친구와의 횡적 관계를 점차 이해하기 시작하고 상호협동하며 행동하는 시기로서 대체적으로 8~9세에 해당한다.

넷째로, 행동의 동기를 이해하는 단계(appreciation of underlying motives)이며 행동의 옳고 그름을 판단함에 있어서 결과적 행동뿐만 아니라 그 행동 이면에 숨어있는 동기를 고려하여 선악의 판단을 하는 동기존중의 단계로서 대체적으로 10~14세에 해당한다.

다섯째로, 규칙 · 원리 · 이상을 체계로 삼는 단계(condification of rules principle and ideals)이며 행위는 원리원칙에 입각하고 이상을 추구하는 시기로서 대체적으로 15세 이후에 해당한다.

4. Vygotsky의 언어와 사고의 발달단계설

Piaget는 유아가 혼자서 세계에 대한 폭넓은 이해를 구성하는 작은 과학자라고 설명한 반면, Vygotsky는 유아의 지식, 생각, 태도는 타인과의 상호작용을 통하여 발달한다고 주장하며, 특히 언어가 인지발달에 결정적이라고 주장한다. 즉, 언어는 생각을 표현하고 질문하는 방법을 제공하며 또한 사고활동에 있어서 범주와 개념을 제공한다고 보고 있다.

Vygotsky는 인지발달은 유아들이 자기문화 속의 성인들이나 유능한 또래들과의 대화와 상호작용을 통하여 일어난다고 믿었다. 아동들은 보존개념이나 분류기술 같은 인지적 조작을 세상에서 홀로 배우는 것이 아니라 가족구성원, 교사 그리고 또래들에게 도움을 받는다.

1) 언어의 발달단계

(1) 원시적 또는 자연적 단계(primitive or natural stage)

L. S. Vygotsky(1896~1934)는 이 단계는 출생부터 만 2세경까지 계속되며 세 가지의 비지적 언어기능(nonintellectual speech functions)으로 특징지어진다고 보았다. 맨 처음으로 나타나는 것은 고통이나 좌절로 인한 울음이나 만족을 나타내는 목청의 울림과 같이 정서적 해방(emotional release)을 표현하는 소리다. 그 다음에 나타나는 것은 빠르게는 생후 2개월경부터 볼 수 있는 것으로, 기존의 정서적 반응에 타인의 모습이나 목소리에 대한 사회적 반응(social reaction)으로 해석될 수 있는 소리들이 추가되는 것이다. 세 번째로 들 수 있는 비지적 언어는 대상과 욕구에 대한 대용으로 기능하는 최초의 단어들(first words)의 출현이다. 이러한 최초의 단어들은 기본적으로 부모나 형제가 어떠한 대상들을 그에 해당하는 단어와 빈번하게 짝지어 주는 조건반사에 의해 학습된다.

(2) 순수심리적 단계(native psychology stage)

이 단계의 아동은 언어가 상징적 기능을 지닌다는 사실을 발견하고 사물이 이름에 대한 계속적인 질문을 통해 이러한 발견을 표현하게 된다. 아동은 대상이나 행동을 명명하는데 있어서 더 이상 타인의 의해 단순히 조건화되는 것이 아니고 스스로 활발하게 이러한 정보를 추구한다. 결과적으로 아동의 어휘는 급격히 증가한다. 이 단계의 아동은 자기의 주변세계를 인식하고 자신이 바라는 바를 달성하기 위한 수단으로 대상을 하나의 도구로서 사용하는 실제적 지능(practical intelligence)을 나타내기 시작한다. 그러나 아동이 적절한 문법적 구조의 언어들을 사용하기는 하지만 그 문법적 구조가 수행하는 내면적 기능은 인식하지 못한다는 점에서 아직은 순수 또는 순진(native)하다고 할 수 있는 것이다.

(3) 자기중심적 언어의 단계(egocentric speech stage)

이러한 유형의 언어는 취학전의 유치원 아동에게서 많이 나타나는데, 특히 놀이 장면에서 발견된다. 이러한 자기중심적 언어는 아동이 주변에 다른 사람이 존재하는가의 여부와 관계없이 자신이 활동하는 것에 대해 독백을 하는 형태로 나타난다. 이것은 다른 사람이 아닌 바로 자기 자신만을 향한 것이기 때문에 누구로부터의 반응도 필요하지 않은 것이다.

이러한 현상에 대한 해석은 연구자에 따라 다양하다. 일부에서는 이를 사고과정에서 나타나는 긴장을 완화하는 것이거나 아직은 미숙한 사고에 병행하여 나타나는 부산물 정도로 파악한다. 그러나 Vygotsky는 자기중심적 언어를 사고의 중요한 새로운 도구라고 간주한다. 아동은 단지 말하는 것에 대해 생각할 뿐만 아니라 자신에게 말하는 것이 다음에 무엇을 생각할 것인가에 영향을 미치며 이렇게 말하는 것과 생각하는 것은 개념적 또는 언어적 사고를 산출하는데 함께 상호작용하는 것이다.

이 가설을 검증하기 위하여 Vygotsky는 어린 아동이 놀고 있는 동안에 문제가 일어나도록 상황을 설정하였다. 예를 들면, 그림을 그리는 과제를 부여하고, 그때 연필이 없거나 또는 종이가 너무 작거나 너무 크거나 하는 문제를 고의로 일으키는 것이다. 그 결과 아동이 이러한 곤란한 상황에 직면했을 때 자기중심적 언어는 곤란한 상황에 직면하지 않았을 때의 그것과는 2배의 양이 되었다. 이것으로부터 Vygotsky는 자기중심적 언어를 다음과 같이 해석하고 있다. 자기중심적 언어는 긴장으로부터 해방하는 것이고, 활동의 부속물일 뿐만 아니라 문제에 대한 해결책을 탐색하고 고찰하는 가운데 이루어지는 올바른 의미에서의 사고에 대한 중요한 도구인 것이다.

(4) 내적 언어의 단계(ingrowth stage)

Vygotsky는 자기중심적 언어는 단지 7세 정도에서 소멸해 버리는 것이 아니라는 사실에 동의하고 있다. 자기중심적 언어는 소멸하는 것이 아니고, 오히려 감소하는 것으로 그것은 발달의 네 번째 단계, 즉 내적 언어의 단계로 향하는 준비단계라는 것이다. 아동은 머리 속에서 말을 하지 않고 언어를 조작하는 것을 학습한다. 여기서 문제해결을 위한 내적 기호를 사용한, 논리적 기억이라는 수단을 사용하여 사고를 하는 것이다. 이 단계 이후에는 사람은 개념적 사고 또는 언어적 사고의 도구로서 내적 언어와 외적 언어 모두 사용하게 되는 것이다. 그러므로 아동의 언어는 출생으로부터 7~8세 정도까지의 4단계를 지나서 발달한다. 그 과정은 비지적 또는 비사고적 언어로부터 순수하고 자기중심적 언어로 발달하고, 개념적 사고 속에서 불가분으로 연결지어져 내적 언어화되어 간다.

2) 사고의 발달단계

Vygotsky는 블록 해결과제 실험을 통해서 다음과 같은 개념적 사고의 발달단계를 제시하고 있다.

(1) 비조직적 군집단계 가운데서의 사고

아동은 우연적인 지각상의 연계에 따라 사물을 집단에 소속시킨다.

1 하위단계 1(시행착오에 의한 집단분류)

이 시기에 아동은 집단을 무작위로 형성한다.

2 하위단계 2(지각상의 조직화)

시간적 · 공간적으로 우연히 동시에 일어난 사물을 집단으로 분류하여 그 집단에 이름을 붙이는 단계다.

3 하위단계 3(군집의 수정)

처음에는 제멋대로 지각상 조직화에 다른 집단분류를 한다. 그 후 그 집단 분리

방법에 불만을 가지고 집단 내의 요소를 여러 가지로 이행시켜 집단분류의 수정을 행한다. 그러나 본질적인 변화는 없다.

(2) 복합적 사고단계

아동의 마음 속에서 개개의 사물은 주관적인 인상에 의해서만이 아니고, 사물간에 실제로 존재하는 연계에 따라 연결지어지는 시기다. 이는 자기중심적 사고로부터 이탈하여 객관적 사고로 향하는 것이다. 복합체에 있어서 사고는 집단의 구성체에 의한 결합은 어느 정도 구체적인 사실에 적합한 것이고 추상적 · 논리적인 것은 아니다. 이 시기의 사고과정은 다음과 같이 5단계로 이루어진다.

1 하위단계 1(연합적 복합성의 단계)

사물의 색깔, 형, 근접성 등과 같은 아동이 관심을 가진 요소에 의해 사고하는 단계다.

2 하위단계 2(집합적 복합성의 단계)

사물은 유사성보다는 대비로 분류된다. 예를 들면, 각각의 색을 가진 사물들을 모아 집단으로 분류하고, 그것에 이름을 붙이는 단계다.

3 하위단계 3(연쇄적 복합성의 단계)

이웃한 것으로 의미있는 어떤 관련을 가지고 점차로 연합적으로 사물을 선택한다. 예를 들면, 굵고 푸른 사물과 굵고 붉은 사물을 연합하고, 다음으로 붉고 낮은 둥근 사물을 가지고, 둥근 황색 가운데의 사물과 연합한다고 하는 것과 같은 것이다.

4 하위단계 4(확산적 복합성의 단계)

사물을 분류할 때 사물 개개의 요소를 결합하는 속성에 유동성이 있는데, 예를 들면, 삼각형을 모은 후 사다리꼴도 같이 함께 섞는 것과 같은 경우다. 이 경우에 사다리꼴의 각은 아동에게 있어서 삼각형의 각과 같이 받아들여진다.

5 하위단계 5(유사 개념적 복합성의 단계)

참다운 개념적 사고에 따른 집단적 분류라고 생각되나 아동은 이 시기에 집단에 붙인 명칭을 설명하라고 하면 집단 분리에 사용된 조건을 합리적으로 설명할 수 없다. 이러한 유사 개념적 사고는 복합적 사고로부터 참다운 개념적 사고로의 이행기를 나타낸다.

(3) 개념적 사고단계

이 시기에 아동은 정확히 추상하던 특징을 새롭게 통합해 사고한다. 여기서의 통합은 안정되고, 마음 가운데 안착되고, 사고의 주된 도구가 된다. 아동은 자기의 통합, 분석의 개념으로 사물을 보아간다. 그러나 청년기에 들어가서 개념적 사고는 불안정하고, 언어만의 상황보다도 사물을 지시하고 있는 구체적 상황으로부터 더욱 일관성이 있다.

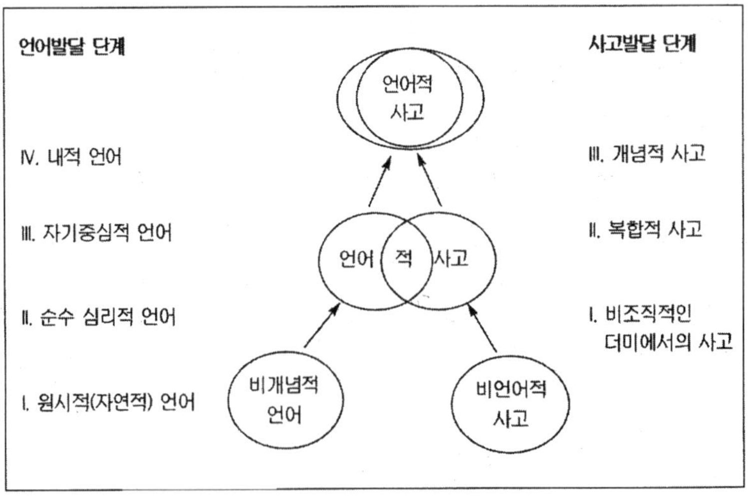

[그림 11-2] 사고와 언어의 일반적인 발달단계

[그림 11-2]의 사고와 언어의 일반적인 발달단계를 도식화한 것이기는 하지만 이 두 개의 원의 관계는 실제로는 훨씬 복잡하다고 할 수 있으며, Vygotsky 역시 이 두 개의 원의 관계가 명확하게 밝혀진 것은 아니라는 점을 인정하고 있다. 그러면서도 Vygotsky는 사고와 언어가 서로 평행하게 발달해 가는 것은 아니며 그들 두 개의 성장곡선은 교차하고 또 교차한다. 그들은 일직선을 이루며 서로 나란히 나가기도 하고, 또 때로는 서로 일치되기도 하지만 결국은 언제나 다시 떨어지게 된다.

3) 근접달달영역(ZPD)

Vygotsky의 가장 탁월한 업적 중의 하나는 근접발달영역(ZPD: the zone of proximal development)에 대한 주장이다. 근접발달 영역이 아동 스스로의 독립적인 문제해결이 가능한 실제적 발달수준과 성인의 도움을 받아 해결할 수 있는 잠재적 발달수준과의 차이라고 할 수 있다.

성인들은 종종 직면한 문제에 대해 사고함으로써 아동들을 도와 준다. 예컨대, 성인들이 퀴즈를 풀거나 산수 계산을 할 때 아동을 도와 준다(조력행위). 그러나 아무리 명료하게 설명한다 하더라도 아동의 능력밖에 있는 문제들이 있다. 그러므로 그는 아동이 혼자서는 해결할 수 없지만 성인이나 뛰어난 동료와 함께 학습하면 성공할 수 있는 영역이 있다는 것이다. 이러한 영역을 그는 근접발달영역(근접발달대: zone of proximal development: ZPD)이라고 불렀다.

근접발달영역에 위치하는 아동에게는 구조화를 형성할 수 있는 단서를 제공하거나, 세부사항과 단계를 기억할 수 있도록 조력하고, 꾸준히 시도하도록 격려하는 도움이 필요하다.

Vygotsky는 인지발달이 아동과 성인 또는 뛰어난 아동들과의 상호작용을 통해서 발달된다고 보았다. 그들은 아동이 지적으로 성장하는 데 필요한 요소를 지원하는 안내자 또는 교사의 역할을 할 수 있다. 이러한 힌트와 조언은 아동들이 결국 도움 없이 과제를 수행할 수 있을 때까지 도움을 준다. 구체적 예를 들면,

유치원생들은 부모로부터 도움을 받아 이야기를 서술할 수 있다. 이런 도움은 유치원생이 그것을 받아 적고 내용에 단어를 모방하여 보여줌으로 부모들이 엮어내는 이야기를 포함할 것이다. 이 이야기 작문과제는 유치원생의 근접발달영역에 있다.

이러한 도움(조력)을 그는 지적 발판(scaffolding, 또는 비계(飛階))라고 하였다. 건축가들은 건물이 서고 나면 단계적으로 발판을 제거한다. 마찬가지로 과제를 지니고 있는 아동을 조력하는 성인이나 연령이 높은 아동은 단계적으로 조언과 힌트를 없앤다. 아동이 실패하지 않도록 충분한 지지와 도움을 제공할 것이지만 결국 아동이 독립적으로 수행할 수 있을 때는 도움을 제거할 것이다. 그러므로 교사는 학생의 능력을 평가한 후, 학생들에게 문제해결 능력이 없다면 그들을 근접발달영역 내에 존재하도록 조절하는 것이 필요하다.

Vygotsky의 근접발달 지역에 대한 의미는 효과적인 학습을 위해서는 아동 자신이 이해에 도달해야 하면서 다른 아동들이나 교사의 지원이 가능한 상황에 놓여 있어야 함을 뜻한다. 때로는 가장 좋은 교사는 그 문제를 막 이해한 다른 아동이 될 수도 있다. 그 아동은 바로 학습자의 근접발달 지역에 위치하고 있기 때문이다.

Vygotsky에 의하면 발달의 어떤 주어진 시점에서 아동이 해결할 수 있도록 가까이 근접된 어떤 문제들이 있다. 근접발달 지역은 어린이가 혼자서는 문제를 해결할 수 없지만, 성인의 안내나 더 앞선 친구들과 협력하면 성공할 수 있는 지역을 의미한다.

물론 Vygotsky의 근접발달영역의 개념은 하나의 가정에서 출발하고 있다. 일부에서는 이 개념이 매우 모호하다고 비판을 하고 있다. 특히 교사들은 학생의 잠재적 수준을 어떻게 파악하여 지도를 해야 되는가 하는 의문을 제기하고 있다. 여기에 대하여 Vygotsky는 서로 다른 교수 활동이 제공되었을 때 서로 다른 근접발달영역이 형성된다고 주장하고 있다.

인지발달과 학습에 있어서 사회 문화적 성질을 강조하는 Vygotsky이론은 교육과 관련하여 중요한 시사점을 제공한다.

Vygotsky의 관점에서는 수업이 발달에 선행하는 것이 바람직한다. 즉, 수업은 근접발달 영역에 작용하여 아동들의 잠재적인 능력을 깨우치도록 하는 것이다. 따라서 교사는 아동들의 인지발달을 이끌기 위해서는, 아동의 근접발달 영역을 찾아 내야 할 것이다. 아동의 능력을 최대한 개발하기 위해서는 높은 수준의 복잡한 내용을 보다 체계적으로 가르쳐 아동들을 이끌어야 한다고 한다. 이러한 도움을 주는 과정은 현재의 수준을 바탕으로 하여 이해의 틀을 지탱하는 발판(scaffolding)을 제공하는 것으로 보는 것이다.

Vygotsky의 관점에서 보면 아동의 인지세계는 사회제도, 관습, 문화적 유산과 관련되어 있다. 따라서 인지발달은 이러한 세계를 이해하여 나가는 과정이다. Vygotsky의 근접발달영역이론이 교육의 실제에 대한 시사점은 다음과 같다.

첫째, 학교는 학생의 인지발달에 중요한 영향을 줄 수 있다. 그는 인지발달에 대한 충분한 이해가 교수활동의 성패를 좌우한다고 보았다. Vygotsky에 의하면 아동에게 현재의 능력을 넘어서는 과제를 부여하고 조언과 도움을 줌으로써 그들의 지적발달을 촉진시키는 것이 교사의 역할이다.

둘째, 효과적인 교수는 근접발달영역 안에서 이루어진다. 근접발달 영역의 개념을 교육현장에 적용시키기 위하여 교사들이 학생들의 내적 발달과정을 분석한다면 수업은 인지발달을 촉진시킬 수 있는 수단이 될 것이다. 아동이 누군가의 도움을 받아 과제를 수행할 수 있다면 언젠가는 혼자서도 할 수 있을 것이기 때문이다.

셋째, 바람직한 교수활동은 현재의 발달수준보다 조금 앞선 내용을 가르침으로써 발달을 주도하는 것이다. 즉, 가르치는 것이란 학생들에게 완전하고 정확한 이해의 틀을 받쳐주는 발판을 제공할 수 있는 것임을 말한다.

5. Kohlberg의 도덕발달 단계설

Piaget학파의 전통을 이은 대표적인 연구들 중의 하나는 Lawrence Kohlberg

(1927~1981)의 연구이다. Kohlberg는 도덕발달에 초점을 맞추어 Piaget의 초기 연구를 월등히 능가하는 도덕적 사고에 관한 단계이론을 제시하였다.

처음에는 임상심리학자가 되려고 하였으나, 결국 그는 Piaget에 흥미를 갖게 되어 도덕적 문제에 대해 아동들이나 청년들과 면담하기 시작했다. 그 결과를 박사학위 논문(1958)으로 제출하여 그의 새로운 단계이론이 탄생된 것이다. Kohlberg는 시카고대학교에서 가르쳤으며(1962~1968), 1968년 이래 정년까지 하버드대학교에 재직하였다.

1) Heinz의 딜레마

Kohlberg는 도덕적 딜레마에 대해 아동과 청년을 대상으로 면담했다.

Kohlberg의 주요 표집은 시카고에 사는 중류 및 하류 계층의 소년 72명으로 구성되었다. 그들의 연령은 10, 13, 16세였다. 후에 그는 더 어린 아동, 비행소년, 다른 도시 출신의 소년 소녀, 다른 나라 출신의 소년 소녀들을 더 첨가시켰다.

기본면담은 다음과 같은 일련의 딜레마들로 구성된다.

'Heinz가 약을 훔치다'

유럽의 어느 마을에, 특수한 종류의 암으로 거의 죽음에 임박한 여인이 있었다. 의사들의 생각으로는 여인을 구할 수 있는 약이 한 가지 있었는데, 그것은 라디움의 일종으로서 같은 마을에 사는 한 약사가 최근에 발견해 낸 것이다. 그 약은 원가가 비싼데다가 약사가 원가의 열 배나 되는 값을 요구하고 있었다. 그는 라디움 제조에 200달러를 들이고는 조그만 약 한 알에 2,000달러를 요구했다. 앓고 있는 여인의 남편인 Heinz는 자신이 알고 있는 모든 사람에게 찾아가 돈을 빌리려고 했으나, 약값의 절반밖에 안 되는 1,000달러 밖에 빌릴 수 없었다. 그는 약사에게 찾아가, 아내가 죽어 가고 있으니 약을 싸게 팔거나 아니면 후에 갚게 해 달라고 부탁했다. 그러나 약사는, "안됩니다. 나는 이 약을 발견했고 이것으로 돈을 벌려고 합니다"라고 말했다. 그래서 Heinz는 절망한 나머지 약방을 부수고 들어가 자기 아내를 위해 약을 훔쳤다. 과연 이 남편은 그처럼 행동해야만 했는가?

Kohlberg의 관심은 피험자가 이 딜레마에 대해 '예' 또는 '아니오'라 대답하는 데에 있지 않았다. 면담자는 왜 피험자가 'Heinz는 약을 훔쳐야만 했다' 혹은 '훔치지 말았어야 했다'고 생각하는지를 알고 싶어했다. 그리고 난 후 면담계획에 따라 아동들의 추론을 이해하는 데 도움이 될만한 새로운 질문을 하였다. 예를 들면 Heinz가 약을 훔칠 권리가 있는지, 그가 약사의 권리를 침해했는지, Heinz가 붙잡힌다면 재판관은 어떠한 선고를 내릴 것인지 등에 대해 아동들에게 더 묻는다. 다시 말하자면, 대답의 저변에 깔린 추론에 주된 관심을 둔다. 면담자는 더 많은 이야기를 제시해서 피험자의 도덕적 사고에 대한 좋은 표집을 얻으려 한다.

Kohlberg는 일단 여러 가지 반응들을 단계별로 분류하고 나서, 자신의 분류가 신뢰로운지를 알아보고자 했다. 특히, 다른 사람들도 아동들의 원래 대답에 자기와 같은 점수를 줄지 알고자 했다. 다른 판단자들에게 반응표집에 대해 독립적으로 점수를 매기도록 한 다음, 모든 평정자들이 동의한 정도를 계산한 이러한 절차를 평정자간 신뢰도(interrater reliability)라 한다.

2) 도덕판단의 6단계

(1) 제1수준 : 전인습적 도덕성

[1] 1단계 : 복종과 처벌 지향

Kohlberg의 1단계는, 도덕적 사고에 대한 Piaget의 첫 번째 단계와 비슷하다. 아동들은, 의심할 여지없이 복종해야 하는 고정불변의 규율은 강한 권위자가 내려준 것이라고 추측한다.

Heinz 딜레마에서, 아동의 전형적인 응답은 Heinz가 약을 훔치는 것은 나쁘다는 것이다. 그 이유를 물으면, "법에 어긋나니까요" 또는 "훔치는 것은 나쁘니까요"라고 그것이 전부인 양 말한다. 더 상세히 물어 보면, 훔치는 것은 "벌받을 것이기 때문에" 나쁘다고 대답하는 것에서 알 수 있듯이, 대체로 이들은 오로지 수반되는 결과에만 비추어 반응한다.

1단계에 있는 아동들의 대다수가 Heinz의 도둑질에 대해 반대하긴 하지만, 그 행동을 지지하면서도 여전히 1단계의 추론을 전개하는 것이 가능하다. 이를테면, 아동은 “Heinz가 처음에는 부탁을 했고, 또한 큰 물건을 훔친 것도 아니기 때문에 훔치는 것이 괜찮다. 그래서 그는 벌을 받지 않을 것이다”라고 말할 수 있다. 비록 아동이 Heinz의 행동에 동의한다고 해도 논리는 여전히 1단계에 머문다. 즉, 권위자가 허용한다든가 처벌하는 것에 관심을 기울인다.

② 2단계 : 상대적 쾌락주의

이 단계에서 아동은 규율을 더 이상 고정적이거나 절대적인 것으로 생각하지 않는다. 아동은 어떤 문제이든 한 가지 이상의 측면이 있음을 알게 되며, 따라서 상대적이 된다. 2단계 아동들은 흔히 사물을 “모든 것이 우리가 어떻게 보는가에 달려 있다”고 하거나 혹은 “사람에 따라 다르다. Heinz는 아내를 구하기 위해 훔치는 것이 정당하다고 생각할 수 있으나, 약사는 그르다고 생각할 수 있다.”라고 말한다. 모든 것이 상대적이기 때문에 궁극적으로는 각자의 욕구와 쾌락에 따라, 즉 쾌락주의적으로 결정한다. 2단계의 응답자들은 Heinz가 아내를 사랑한다거나 필요로 한다면 약을 훔칠 수 있지만, 더 젊거나 예쁜 다른 여성과 결혼하기를 원한다면 훔칠 필요가 없다고 대답할 수도 있다.

Kohlberg의 제2단계는 Piaget의 두 번째 단계와 비슷하다. 두 경우 모두에는 새로운 상대주의가 있다. 그러나 Kohlberg의 몇몇 사례에서는 Piaget의 원래 이론에서는 나타나지 않았던 비도덕적 냉소주의를 볼 수 있다.

(2) 제2수준 : 인습적 도덕성

① 3단계 : 착한 소년/착한 소녀 지향

이 시기에는 십대에 들어서는 아동들은 ‘착한’ 사람이 행해야 하는 것에 비추어 반응한다. 착함(善)은 동기와 감정면에서 정의된다. 소년들은 Heinz가 “생명을 구하려고 애썼다”, “아내를 사랑했다”, “절망한 것이 도둑질을 하게 된 단 하나의 이유이다"라는 것을 강조한다. 반대로, 약사의 동기는 "나쁘다", 즉 약사는 "탐욕스럽다", "이익만 보려 한다", "자신에만 관심이 있고 다른 생명에는 무관심하다"고 말한다. 때때로 소년들은 약사에 대해 몹시 성을 내면서, 약사를 감옥에 보내야만 한다고 말하기도 한다.

13세된 Don의 전형적인 3단계 반응은 다음과 같다.

> 부당한 값을 요구하여 누군가를 죽게 내버려 두는 것은 불공평한 약사의 잘못이다. Heinz는 아내를 사랑했고 그녀를 구하고자 했다. 나는 누구라도 그러리라고 생각한다. Heinz가 감옥에 가리라고는 생각하지 않는다. 재판관은 모든 측면을 살펴보고 약사가 너무나 많은 돈을 요구했다는 것을 알게 될 것이다.

우리는 Don이 등장인물의 성격특질과 동기에 따라 문제들을 정의하고 있음을 본다. 그는 사랑하는 남편, 공정하지 못한 약사 그리고 이해성있는 재판관에 대해 말한다. 그의 대답은 '인습적 도덕성'이라고 이름 붙일 만하다. 왜냐하면, 인습적 도덕성은 공동체의 성원이라면 누구라도 위에서 표현된 그러한 태도를 가질 것－Heinz의 입장에서는 그가 한 일을 정당하다고－이라고 가정되기 때문이다.

② 4단계 : 사회질서 및 권위의 유지

3단계의 반응자는 공동체의 인정에 대한 이미지를 갖고 있다. 올바른 행동이란 착하고 이해성 있는 모든 사람들이 인정하는 선의의 행동으로 이루어져 있다. 4단계에서의 젊은이는 일반적인 사회의 질서에 대해 보다 광범위하게 사고한다. 그리고 사회질서가 유지되도록 법에 복종하는 데 그 역점을 둔다. Heinz 이야기에 대한 반응에서 젊은이들은 대체로 Heinz에게 동정적이긴 하나 그렇다고 그 도둑질을 용서하지는 않는다. 우리 모두가 그럴 만한 이유가 있을 때마다 법을 어기기 시작한다면, 사회는 어떻게 되겠는가? 그 결과는 혼란상태일 것이다.

Heinz 이야기에서(다른 딜레마와 비교해서) 순수한 4단계의 추론을 발견하기가 다소 어려운 이유는, 이 단계에서 대부분의 사람들이 생명을 구해야 하는 중요성을 느끼고 있기 때문이다. 여기가 빈번히 여러 단계가 섞여서 나타나는 지점이다.

예를 들면, 우리는 3, 4단계의 사고가 혼합되어 나타나는 것을 볼 수 있다. 응답자는, “Heinz가 아내를 사랑했으나 매우 곤궁한 상태에 있었기 때문에 약을 훔칠 수밖에 없었지만(3단계), 그는 또한 약사에게 가서 약값을 치루고 감옥에 가야만 한다. 왜냐하면, 법은 사회조직의 결정적 요소로서 존중되어야만 하기 때문이다(4단계)”라고 말한다.

(3) 제3수준 : 후인습적 도덕성

1 5단계 : 민주적으로 용인된 법

4단계의 반응은 상당히 엄격한 ‘법과 질서’의 태도를 취했다. 법과 사회적 질서에의 집착은 일종의 다소 동결된 속성을 갖는다. 반면 5단계에서는 법을 보다 유동적인 것으로 파악한다. 법이란 사람들이 화목하게 살아가기 위해 공동체가 동의한 장치이다. 만약 법이 사람들이 필요로 하는 바를 충족시키지 못한다고 느껴지면, 상호 동의와 민주적인 절차를 통해서 언제든지 변경시킬 수 있다.

부언하면, 5단계의 응답자는 개인적인 가치가 법보다 더 상위에 있음을 어렴풋이 인식하고 있다. 이러한 가치는 자유 · 정의 · 행복의 추구 등을 포함하고 있다. 누구든지 이 법이 자신의 개인적인 가치에 아무 소용이 없다고 느낀다면, 다른 사람들을 설득시켜 법을 개정할 권리가 있다. 하지만 5단계에 있는 사람이 ‘시민의 불복종’을 옹호하는 사람은 아니다. 이들은, 시민들이 보다 높은 윤리적 원칙의 문제를 내세우면서 법을 어기는 것을 옹호하지는 않는다. 개인은 법을 변경시킬 권리는 갖고 있으나 질서있고 민주적인 절차에 따라 법을 변경시켜야만 하기 때문이다.

2 6단계 : 보편적 원리

6단계에서는 법을 초월하는 어떤 추상적이고 보편적인 원리에 대한보다 명확한 개념화가 이루어진다. 이러한 원리들은 모든 사람에 대한 정당성과 존엄성을 포함한다. 6단계에 있는 사람들은 사회질서의 중요성을 인식하고 있으나, 또한 질서정연한 사회라고 해서 모두가 보다 중요한 원리들을 실현시키고 있는 것은 아니라는 것도 깨닫는다.

Heinz 이야기에 대한 반응에서, 6단계의 피험자들은 Heinz가 아내를 구하기 위해 도둑질한 법적 권리는 없지만 보다 상위의 도덕적 권리를 갖고 있다고 말한다. 왜냐하면, 모든 개인은 절대적 가치를 갖고 있고, 모든 생명은 고유한 가치를 갖고 있기 때문이다.

이 원리는 보편적이며 모두에게 적용된다. 만일 어떤 사람이 각 개인은 절대적 가치를 갖는다고 주장하면서 돌아서서는, 이 사람은 가치있고 저 사람은 가치없다고 말할 수는 없다. 그러므로 우리는 사랑하는 사람뿐만 아니라 어떤 사람이라도 구제할 의무를 가지게 된다. 우리는 언제나 그렇게 할 수는 없지만 그렇게 할 의무는 있는 것이다.

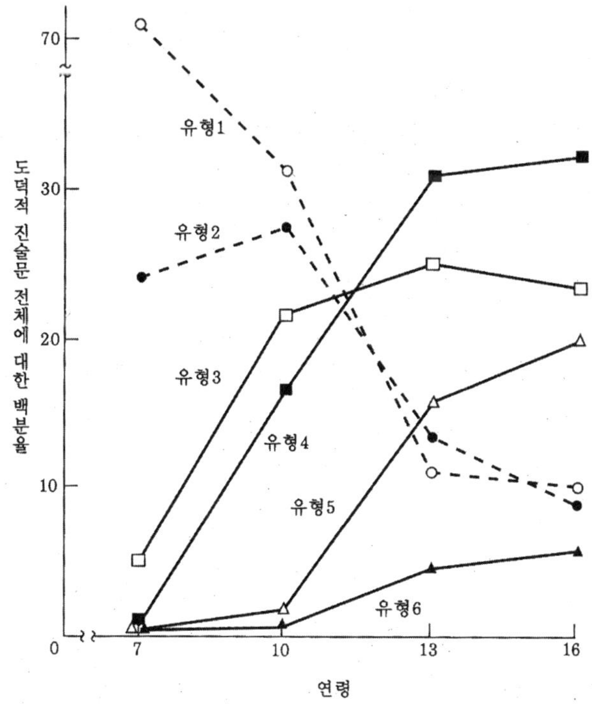

[그림 11-3] 네 연령에 있어서의 도덕판단의 여섯가지 유형

보편적인 윤리적 원리를 수립하기는 어렵기 때문에, 6단계의 사고에 도달한 사람은 드물다. 보편적 원리들의 발견은 Gandhi, Jesus, Socrates, Martin Luter King, Kant 등과 같은 위대한 도덕가, 종교 지도자, 철인들의 목표가 되어 왔다.

제12장

Gesell의 성숙이론

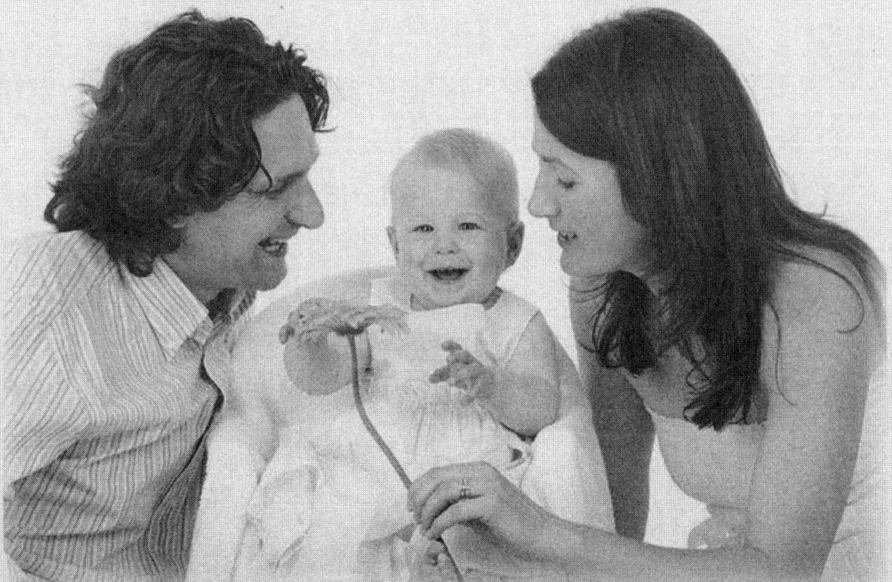

1. 발달의 원리
2. 성장패턴과 과정

아동발달 연구에 가장 철저하게 발생학적 모델을 적용시킨 사람은 Arnold Gesell(1880~1961)이었다.

그는 꾸준한 관찰을 통하여 아동발달을 연구하였다. 그는 신경생리 과정에 대한 지식을 증진시키기 위해서, 이미 박사학위를 받았고 심리학자로서 충실히 활동하고 있었던 30세에 새로이 의과대학에 들어갔다.

그 후 아동발달 연구기관인 Yale Clinic에서 50대의 Gesell과 그의 동료들은 아동의 운동신경 발달에 관한 엄청나게 광범위하고도 세부적이 연구를 시작하였다.

이들이 발전시킨 행동규준은 너무나 완벽해서 아직까지도 소아과 의사와 심리학자들을 위한 기본 정보자료로 사용되고 있다. 또한 Gesell은 유아지능에 대한 초기 검사들 중의 하나를 발전시켰으며 처음으로 광범위한 필름 관찰을 했던 연구자들 중의 한 사람이다.

Gesell은 아동양육에 대한 글을 쓰면서, 아동중심 접근법을 주장하였으며 1940년대에 가장 알려졌던 소아과 의사였다.

1. 발달의 원리

1) 성숙의 개념

인간의 성은 하나의 작은 단세포로 시작된다. 이 세포는 스스로 자궁벽에 붙어서 매우 빠르게 분열, 증식한다. 배(胚, embryo)가 점점 분열하면서 세포는 유기체의 상이한 부분을 형성하기 위하여 항상 질서있게 순서적으로 모이게 된다. 예를 들어, 심장은 항상 첫 번째로 발달하고 기능하는 기관이다. 그리고 나서 곧 세포는 급속히 중추신경계(뇌와 척수)를 형성하기 시작하며, 팔과 다리 같은 부위는 그 후에 발달하기 시작한다. 머리는 얼마 동안은 다른 부분에 비하여 상당히 크다.

수태 후 8주에 이르면 획기적인 일이 발생한다. 즉, 운동신경의 활동이 시작된다. 머리와 몸통이 조금씩 움직이는 이 시점에서의 배를 태아(fetus)라 하며 운동신경계의 활동 역시 정해진 순서대로 나타난다.

태내발달은 주로 각 세포의 핵에 포함되어 있는 화학물질, 즉 유전자에 의해 통제된다. 유전자는 유기체의 형태와 행동유형이 순서적으로 나타나도록 주도하며 그 방향을 정하나, 명확한 역할은 아직도 수수께끼이다. 유전자가 단독으로 작용하지는 않는데, 유전자는 핵 외부의 세포질로부터 어떤 단서를 받는 것으로 보인다. 당시에는 알려지지 않은 것들이 많았으나, Gesell은 유전자가 발달과정을 방향짓는 기제(機制)에 대한 일반적인 명칭을 '성숙'이라고 명명하였다.

성숙은 환경의 역할과는 구별된다. 구체적으로 말하면, 태내발달에 있어서 태아가 모체로부터 받는 산소, 체온 같은 내적 환경 측면은 성숙과 구별된다는 것을 의미한다. 이러한 환경적 요인들은 적절한 성장을 유지시켜 주기는 하지만 구조와 행동유형을 순서적으로 전개하는 데에는 직접적인 역할을 하지 못한다. 이러한 일은 성숙기제의 역할이다.

2) 발달의 기본법칙

출생 후에도, 발달의 방향은 특수한 순서로 진행되도록 성숙에 의해서 지속적으로 지시받는다. 예를 들어, 출생 전의 태아 초기에 머리가 발달하는 것과 마찬가지로 출생 후의 발달 초기에도 머리가 먼저 발달하게 된다. 처음에 아기는 자신의 혀와 입술을 통제하게 되며, 그리고 나서 눈 운동에 대한 통제를 하게 되고, 다음에는 목, 어깨, 팔, 손, 손가락, 몸통, 다리, 발 등의 순서로 통제할 수 있게 된다. 즉, 태내발달과 출생 후 발달 모두가 머리에서 발쪽(cephalocaudal)으로의 발달 경향이 있다.

아기들은 성장함에 따라 특정한 순서로 자신들의 능력을 지속적으로 발달시켜 간다. 예를 들어, 서기 전에 앉으며, 걷기 전에 서게 된다. 이러한 능력들은 신경계의 성장과 함께 발달하는데, 이 신경계의 성장은 유전자에 의해 중재된다.

물론, 아동들은 발달하는 속도에 있어서 차이가 난다. 모두가 같은 연령에 서고 걷는 것이 아니다. 그러나 모두가 같은 순서를 거쳐 발달한다. 더욱이 Gesell의 견해에 의하면, 성장속도에 있어서의 개인차도 주로 내적 유전기제에 의해 통제된다.

출생 후의 발달에 있어서 성숙은 외적 환경의 영향과는 명백히 구별된다. 특히 성숙은 교육이나 연습의 효과와는 대조된다. 어떤 기술이 성숙에 의해 좌우된다면, 그 기술을 성숙상의 스케줄보다 앞서 가르치려고 노력할 필요가 없다. 즉, 아동의 신경계가 충분히 성숙하게 되어 준비가 완료된 후에야 앉고 걷고 말하게 될 것이다. 어떤 순간에 이르면, 아동들은 자신들의 내적 충동에 의해서 과제를 쉽게 숙달하기 시작할 것이다. 그 때까지는 교육이 별 가치가 없을 것이다.

이와 같은 성숙론적 입장에 관한 증거는 일란성 쌍생아 연구에서 나왔다. 예를 들어 Gesell은 쌍생아 중 한 명에게 계단오르기, 블록쌓기, 어휘, 손의 협응 등의 활동을 연습시켰다. 그 결과 훈련받은 한 명은 다른 한 명보다 별 연습없이 곧 이를 잘 하게 되었는데, 그 시기는 대략 여러 가지 과제를 수행할 수 있다고 여겨지는 연령 쯤에서 그렇게 수행하였다. 그렇다면, 어떤 일을 할 수 있게 되는 준비성을 결정짓는 내적 시간표가 있으며 조기훈련의 이점은 비교적 일시적인 것이라고 보여진다. 조기자극에 대한 의문점은 논쟁의 여지가 많으나, 발달이 주로 내적 성숙요인에 의해 좌우된다면 성숙 스케줄에 앞서 교육한다는 것은 거의 효과가 없을 것으로 보인다.

그렇다고 하여 Gesell이 환경을 경시했다는 의미는 아니다. 그는 유기체에게 손상이 있을 때 볼 수 있는 바와 같이 환경조건은 정상적인 성장을 위해 필요하다는 것을 지적하였다. 예를 들어, 자라나는 태아가 심한 산소부족으로 고생하게 되면, 이 시기에 가장 빨리 성장하는 기관이 심각하게 손상을 입게 될 것이다. 이와 같이, 어떤 기관이 급속하게 성장하는 시기를 그 기관의 '결정적 시기(critical period)'라고 한다.

이와 마찬가지로 정상적인 출생 후의 발달에서도 어떤 환경조건은 필요하다.

예를 들어, 주위의 자극이나 양육에 있어서 매우 낙후된 환경에서 자라는 아동들은 제대로 발달할 수 없다. 이들의 운동발달 또는 사회성 발달은 적어도 더 많은 자극이 제공되기 전까지는 정상적인 아동들의 발달보다 뒤지게 된다. 따라서 아동들의 잠재력을 적절하게 실현시키기 위해서는 그들에게 적절한 환경이 필요하다. 그러나 “환경요인이 성장을 유지, 변화, 수정”할 수는 있지만, “발달의 기본적인 진행과정을 생성”하지는 못한다. 즉, 이 진행과정들은 내적 성숙으로부터 나오는 것이다.

2. 성장패턴과 과정

1) 패턴연구

Gesell은 성장을 연구할 때에는 양적인 형태로 측정하는 것이 아니라 패턴을 조사해야 한다고 주장했다. 패턴이란, 뚜렷한 모양이나 형태를 갖고 있는 것이면 어느 것이나 될 수 있다. 예를 들어, 눈깜박거리기와 같은 것이다. 그러나 가장 중요한 것은 패턴화 과정(patterning process)으로서, 이 과정에 의해서 행위들은 체제화된다.

패턴화 과정에 대한 좋은 예는 아기들의 시각에서 볼 수 있다. 예를 들어, 출생 시 아기의 눈은 목표를 향하지 못하고 주위를 두리번거리는 경향이 있으나 몇 시간 지나지 않아서도 자신의 눈을 고정시킬 수 있으며, 잠시 동안 대상을 응시할 수 있게 된다. 이와 같은 일이 가능한 이유는 눈을 움직이는 작은 근육과 뇌에 있는 신경흥분간에 새로이 패턴화된 연결이 이루어졌기 때문이다.

1개월쯤 되면, 아기들은 자기 앞에서 움직이는 고리를 주목할 수 있고, 다음에는 90도 정도의 고(弧, arc)를 눈으로 추적할 수 있다. 이러한 능력은 새로운 조직화,

즉 눈을 움직이는 근육과 머리를 움직이는 보다 큰 근육간에 새로운 조직화가 이루어졌음을 의미한다.

아기가 눈의 움직임과 손의 움직임을 조직화할 때, 즉 아기가 자신의 손에 잡고 있는 것을 응시할 때, 조직화는 계속적으로 광범위해진다. 4개월쯤 되면, 아기는 보통 딸랑이를 손에 잡는 동시에 그것을 응시할 수 있게 된다. "이것은 중요한 성장결과이다." 그 의미는 눈과 손이 함께 작용하고 보다 효과적인 협응을 하게 된다는 것이다. 정신적 성장은 인치와 파운드로 측정할 수 없다. 따라서 그것은 패턴에 의해서 평가되어야 한다는 것이다.

그러나 손과 눈의 협응(hand-eye coordination)이 4개월경에 완전히 된다는 것은 결코 아니다. 얼마 동안은 눈이 우세할 것이다. 예를 들어, 4개월된 아기는 보통 1인치 입방체나 심지어 작은 사탕알까지도 눈으로 포착(pick up)할 수 있게 된다. 즉, 그는 의도적으로 입방체나 사탕알에 초점을 맞추고, 약간 다른 각도에서 그것을 볼 수 있다. 그러나 아직 손으로 잡지는 못한다. 아기는 마치 입방체를 잡으려고 생각하는 듯이 입방체를 보고 다음에는 자기 손을 보기는 하나 쉽게 잡지는 못한다. 신경계가 아직 충분히 성장하지 못했기 때문이다. 보통 6개월이 되어야 아기들은 미숙하나마 손바닥을 사용하여 작은 사탕알을 잡을 수 있게 된다. 위에서 본 바와 같이 손과 눈 협응은 천천히 발달한다. 즉, 점차적으로 더욱 조직화되면서 좀더 분화되거나 세련된 움직임을 포함하게 된다.

2) 성장의 원리

(1) 상호교류의 원리

인간은 양측적으로 되어 있다. 즉, 두 반구로 된 뇌, 두 눈, 두 손, 두 다리 등으로 되어 있다. '상호적 교류'(reciprocal interweaving)란 양측이 점차적으로 효과적인 체제화가 되어 가는 과정을 말한다. 예를 들어 손 사용의 발달에 있어서, 아기는 처음에는 한 손을 사용하다가 다음에는 두 손을 함께 그런 후에는 다시 다른 한 손을, 그리고 다시 두 손을 함께 쓰게 되며, 결국 어느 한 손을 더 우세하게 사용할 때까지 이 과정을 계속한다. 이렇게 선후가 이리저리 바뀌는 속성을 섞어 짜기에 비유하여 상호적 교류라는 용어를 쓴다. Gesell은 상호적 교류 원리가 광범위한 행동에 적용된다고 보았으며, 여기에는 엎드리는 행동(기기와 걷기), 시각적인 행동 그리고 아동의 그림그리기와 같은 행동패턴이 포함된다고 믿었다.

(2) 기능적 비대칭의 원리

Gesell은 인간의 시각이 물체를 정면에서가 아니라 약간 비스듬한 위치에서 접하게 될 때 가장 효과적으로 기능한다는 것을 관찰한 후 측면에서 대처하는 이러한 경향성을 '기능적 비대칭 원리'(functional asymmetry)라 하고, 한 손, 한 발, 한 눈 등 한쪽만의 우세성을 이 원리하에 포함시켰다.

유아의 비대칭적 경향성은 Gesell이 인간에게서 발견한 경직성 목반사에서 볼 수 있다. Gesell은 아기들이 머리를 한쪽 방향으로 돌리고 눕기를 좋아한다는 것과, 그들이 그렇게 할 때 자동적으로 경직성 목반사 자세—머리가 돌려진 방향으로 한 팔을 내밀고 다른 한 팔은 머리 뒤에 구부리는 자세—를 취하는 데 주목하였다. 이 경직성 목반사 자세는 마치 펜싱의 기본자세처럼 보인다. Gesell은 이 반사의 적응가치에 관하여 여러 가지 의견을 내놓았는데, 아마도 가장 흥미있는 의견으로는 이 자세가 손과 눈의 협응을 촉진시킨다는 것이다. 이 경직성 목반사는 생후 첫 3개월간 우세하다가 새로운 신경계의 발달과 함께 사라지게 된다.

(3) 자기규제의 원리

모든 성장에는 상당한 정도의 자기규제(self-regulation)가 있다. 이 자기규제 원리는 우리가 아동들에게 너무 일찍이 많은 것을 가르치려는 시도에 대하여 아동들이 저항할 때 작용한다. 아동들이 학습하는 데 있어서 다양한 환경적 압력에 너무 의존하게 되면, 유기체의 통합은 위협받게 될 것이다. 또한 자기규제된 성장의 원리는 다른 방식으로도 표현된다. 유아기의 자기규제는 아기들이 자신의 수유주기나 수면주기 그리고 깨어 있는 상태의 주기 등을 규제하는 능력의 토대를 이루고 있다.

Gesell은 부모가 아기들로 하여금 스스로 놀거나 자고 싶을 때를 결정하도록 허용하면, 아기들은 점차로 하루당 수유량을 덜 요구하게 되며 또한 낮 동안에 깨어 있는 시간이 보다 길어진다는 것을 보여 주었다. 이에는 많은 유동성이 있기는 하지만 아기들은 점차 안정된 패턴으로 나아가게 된다. 이에 덧붙여서 수유에 있어서는, 아기로 하여금 수유시간을 자유롭게 선택하도록 했을 때, 시간이 지남에 따라서 균형된 음식량을 섭취한다는 증거가 있다. 아마도 내적인 '신체의 지혜'가 있는 것 같다.

또한, 이상한 일이지만 자기규제의 기제는 유동적인 성장의 본질의 기저를 이루기도 한다. 아동들은 새로운 영역 안으로 급격히 들어오며, 다음에는 부분적으로 물러서다가 다시 앞으로 더 나아가기 전에 자신의 진행과정을 견고하게 한다. 예를 들어, 기고 걷는 과정에 들어와서도 서너 번 정도는 부분적으로 물러서다가 다시 앞으로 더 나아가기 전에 자신의 진행과정을 견고하게 한다. 즉, 기고 걷는 과정에 들어와서도 서너 번 정도는 부분적으로 그 이전의 단계로 되돌아가곤 한다. 이와 마찬가지로, 아기들이 낮 동안의 수면량을 점차 줄여 갈 때에도 마치 너무 급속하게 진행되지 못하도록 하는 어떤 것이 그들 내면에 있는 것처럼 반복적으로 수면을 덜 취하거나 더 취하거나 한다.

이러한 유동적인 성장특성은 아동의 정서발달을 포함한 모든 영역에서 나타난다. 예를 들어, 2년 6개월 된 아동은 새로운 발달과 씨름하며 불균형 상태에 있게 된다. 그들은 저항하면서 자기 스스로가 선택하기를 원하지만, 아직 그렇게 하기에는 문제가 있다.

3세된 아동은 잠시 동안이나마 이러한 문제를 해결한다. 그들은 좀더 자기규제가 되어 있는 것이다. 4세 아동은 다시 앞으로 나아간다. 그들은 거리낌이 없고, 시비를 좋아하며, 말다툼을 좋아한다. 모든 발달은 이와 같이 안정과 불안정의 시기를 주기적으로 거치면서 진행된다. 새로운 방식의 활동을 하고자 할 때 긴장이 야기되지만, 아동은 그것이 재안정되기 전에는 결코 너무 멀리 나아가지는 않는다. 본성은 아동의 과도한 성장을 방지한다.

3) 개성

Gesell은 개개 아동의 독특성을 강력하게 믿고 있었다. 그러나 불행하게도 그의 입장은 자신의 발견들을 요약하는 방식 때문에 애매해졌다. 예를 들어, 그가 2세, 2세 6개월, 3세 등의 연령에 관하여 쓴 글을 보면, 마치 우리로 하여금 각 연령의 모든 아동이 똑같은 방식으로 행동하는 것처럼 생각하도록 썼다. 그 자신은 연령 규준을 간편한 방식으로서만 사용하는 것이라고 경고했지만, 각 연령에서 나타나는 개인적 변이의 실제적인 정도에 관해서는 결코 지적하지 않았다. 그래서 그의 글에서는 종종 개성(individuality)에 관한 것이 누락되어 있다.

위에서 언급했듯이 Gesell의 실제적인 입장은, 정상적인 아동은 모두가 동일한 순서를 거치지만 그 성장속도는 상이하다는 것이다. 또한 성장속도가 기질이나 성격상의 차이와 관계가 있을 것이라고 시사하였다. 한 흥미있는 논의에서 3명의 가상적인 아동, 즉 느리게 자라는 아동, 빠르게 자라는 아동, 불규칙하게 자라는 아동을 제시하고, 다양한 개인적 성향에 있어서 각 성장유형이 어떻게 나타나는지를 시사했다. 예를 들어, 느리게 성장하는 아동 A는 일반적으로 느리고, 조심성이 있으며, 기다릴 줄 알고, 고른 기질을 갖고 있으며, 대개 생의 문제에 관해 현명할 것이라고 하였다. 빠르게 자라는 아동 B는 반응이 빠르고, 쾌활하며 즐거워하고, 어떤 일에 돌연이 나서서 접근하며, 대개는 총명하고 영리할 것이라고 하였으며, 불규칙적으로 자라는 아동 C는 어떤 때는 너무 조심스럽고, 어떤 때는 너무 느리며, 자주 기분에 좌우되고, 기다릴 때 조심스럽고, 순간적으로 번쩍이는 총명함도 보일 것이라고 하였다. Gesell은 각기의 개인적인 기질과 성장유형은 그 문화에 대하여 상이한 요구를 할 것이며, 따라서 문화는 각 아동의 독특성에 맞춰 나가야 한다고 믿었다.

제13장

Lorenz의 각인이론

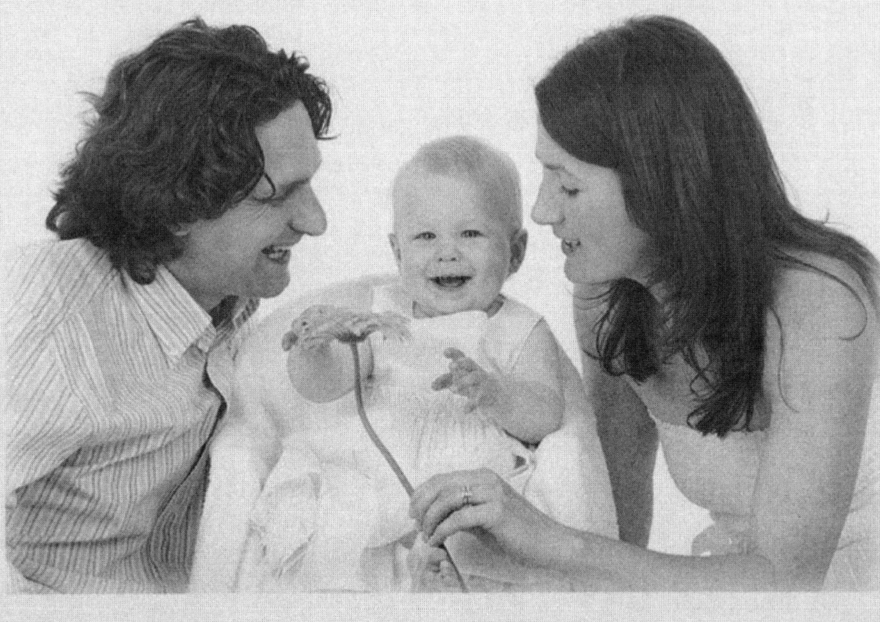

1. 본능적 행동
2. 각인

1974년도 노벨상 수상자인 Konrad Lorenz(1903~1989)는 종종 현대 동물행동학의 아버지로 불리운다. 그는 1903년 오스트리아에서 의사의 아들로 태어나 의과대학을 이수한 후에 다시 비인대학에서 동물학을 연구하여 이 분야의 박사학위를 획득하였고, 1903년대 초에 동물행동학에 대한 그의 연구를 시작하였다. 그때 그는 신체적 특징뿐만 아니라 동물의 본능적 행동패턴에서도 진화가 이루어진다는 것을 확신하였다.

1. 본능적 행동

1) 방법론적 입장

동물행동학자들은 동물의 행동을 자연환경 속에서 연구할 때에만 동물의 행동을 이해할 수 있다고 확신한다. 이러한 방법에 의해서만 우리는 동물의 행동패턴이 전개되는 것을 관찰할 수 있으며, 이러한 행동패턴이 종의 적응에 어떤 역할을 하는가를 알 수 있다는 것이다.

예를 들어, 새가 특정한 장소에 둥지를 트는 행동은 그 종이 그렇게 함으로써 어떻게 자연환경에서 천적으로부터 자신을 방어하는지를 살펴보지 않는 한 이해하기 어렵다. 그러므로 오로지 실험실에서 동물을 연구하는 심리학자들은 커다란 오류를 범할 여지가 있다고 할 수 있다. 왜냐하면 우리에 갇힌 상태에서는 많은 종들이 번식조차 할 수 없으며, 따라서 그들의 둥우리틀기나 짝짓기, 영토 싸움, 유친행동 등을 관찰할 기회를 가질 수 없기 때문이다.

동물행동학자는 어떤 새로운 종을 연구할 때, 첫 단계로 단순히 그 종을 가능한 한 잘 알려고 노력한다. 다시 말해서 '자연적 관찰(naturalistic observation)'을 행한다. 그는 동물의 특징적인 행동을 관찰하고, 그런 다음 다른 종의 특징과 비교한다.

일단 기술된 자료들이 많이 모아진 후에야 비로소 동물행동학자들은 그들의 생각을 검증하는 실험을 하거나 일반 법칙을 수립하려고 시도한다.

2) 본능적 행동

동물행동학자들은 본능에 흥미를 갖는다. 일상적으로 우리는 별 생각없이, 학습되지 않은 행동은 모두 '본능적' 또는 '본능'이라고 말한다. 그러나 동물행동학자들에게 있어서 본능이란, 학습되지 않은 특별한 부류의 행동을 뜻한다.

우선 본능은 특수한 외적 자극에 의해 유발된다. 예를 들어, 닭의 구조행동을 보자. 얼핏보기에 암탉은 병아리가 위험에 처해 있을 때는 언제나 그러한 반응을 하는 것처럼 보이나, 엄밀히 조사해 본 바에 의면 암탉은 실제로 매우 특수한 자극, 즉 병아리가 부르짖는 소리에 반응하는 것으로 밝혀졌다.

병아리를 기둥에 묶고 불투명한 장막 뒤에 숨겼을 때, 암탉은 병아리의 외침소리를 듣고서야 전과 마찬가지로 병아리를 구조하려고 하였다. 다음에는 장막을 치우고 버둥대는 병아리를 유리로 된 방음상자 안에 집어 넣었다. 따라서 어미닭은 고통에 차 있는 병아리를 볼 수는 있지만 소리는 들을 수 없었는데, 이 때 어미닭은 병아리를 본체 만체 하였다. 어미닭은 구조행동을 보이기에 앞서 특수한 부르짖음 소리를 필요로 한다.

마찬가지로, 세 갈래 가시고기의 수컷들은 특수한 자극에 의해 싸우려는 경향을 보인다. 봄이 되면, 자란 수컷은 영토를 차지하여 둥우리를 틀고 암컷을 유혹한다. 이 수컷은 또한 배위에 붉은 반점을 발달시킨다. 다른 가시고기가 그의 영토에 들어왔을 때, 침입자 배에 있는 특수한 자극, 즉 붉은 반점이 있느냐 없느냐에 따라 싸우거나 싸우지 않거나 한다.

만약 산란기에 있는 암컷이 자신의 영토에 들어오면 수컷의 행동은 달라진다. 수컷이 암컷을 향해 움직일 때, 암컷은 볼록한 배를 내보이며 몸을 위로 뒤집는다. 이 자극은 수컷으로 하여금 지그재그 춤을 추게 하는데, 이 춤은 암컷이 접근해도 좋다는 신호가 된다. 암컷이 접근하면 수컷은 둥지로 되돌아가는데, 둥지에서 다시 한번 암컷에게 들어오라는 신호를 보낸다. 이처럼 복잡한 의식은 알이 부화될 때까지 계속되는데, 의식의 각 부분은 특수한 유발자극(誘發刺戟, releasing stimuls)에 의해 좌우된다.

특수한 유발자극은 어미에 대한 새끼들의 반응도 결정한다. 예를 들면, 새끼 꿩은 어미의 경고 소리를 들었을 때만 은신처로 달려간다. 또, 새끼 갈가마귀도 어미가 일정한 각도와 속도로 이륙할 때만 어미의 뒤를 따른다.

본능은 또한 종특유(種特有, species-specific)의 것이기도 하다. 이 말은, 어떤 특정한 행동패턴은 어떤 특수한 종의 구성원에게서만 찾아볼 수 있다는 뜻이다. 이러한 행동들은 대개 어떤 고정된 반응패턴, 즉 판에 박힌 운동요소를 포함하고 있다. 예를 들어, 싸우려는 자세나 구애행동, 추종 행동양식 등은 언제나 고정된 어떤 일면을 갖고 있다.

그러나 본능의 모든 부분이 다 고정적인 것은 아니다. 예컨대, 송골매는 먹이를 찾을 때 자유비행을 한다. 그들이 탐색하는 데에는 엄격한 패턴이 없다. 그들은 과거경험에 따라 먹이가 있음직한 여러 지역을 회전비행한다. 그러나 일단 먹이를 발견하면, 판에 박힌 행동을 하는데, 급강하에서부터 먹이를 낚아채는 데 이르기까지 고정된 반응패턴을 보여 준다.

앞에서 언급하였듯이, 본능은 학습되지 않은 다른 형태의 행동과는 구별된다. 이를테면, 본능은 배고픔과 같은 일반적 추동과는 구별되는데, 그 이유는 배고픔과 같은 추동은 많은 종에서 발견되는 것이기 때문이다(따라서 그것은 종특유의 것이 아니다). 본능은 또한 반사와도 구별된다. 본능에는 반사도 들어 있지만, 때로 반사보다 더욱 복잡하다. 예를 들면, 가시고기의 지그재그 춤은 여러 가지 반사들로 이루어져 있다. 또한 반사에는 특수한 외적 유발자극이 없다. 눈을 깜빡이는 것과 같은 반사는 바람이나 소리, 먼지, 밝은 빛 등 여러 가지 자극에 의해 유발될 수 있다.

2. 각 인

1) 각인과 결정적 시기

특수한 유발자극에 대한 동물의 반응은 생리적이거나 선천적인 경우가 많다. 그러나 사회적 본능을 유발하는 자극의 중요한 측면들은 생의 초기의 민감한 시기 동안에 획득되어지는 경우도 많이 있다. 예컨대 많은 종류의 조류와 포유류의 새끼들은 그들의 어미에게 추종반응을 보인다. 이는, 새끼들이 특정한 시기에 보고 따르는 최초의 대상이 바로 어미였기 때문이다. 거위 새끼들을 어미 거위 대신에 Lorenz가 키웠더니, 거위 새끼들은 어미 거위를 무시한 채 Lorenz를 어미로 여기고 그가 가는 곳마다 열심히 줄지어 따라다녔다. Lorenz에 의하면 거위 새끼는 그에게 각인하였다. 즉 거위 새끼들은 생의 초기에 그를 애착의 대상으로 삼아 그에 대한 '각인(刻印, imprinting)'을 형성하였다.

[그림 13-1] 각인현상

비록 Lorenz가 각인을 관찰한 최초의 사람은 아니지만, 그는 각인이 결정적 시기 동안에 일어난다는 것을 최초로 말한 사람이다. 각인은, 어린 동물이 일단 생후 초기의 특정한 시기동안 어떤 대상에 노출되어 그 뒤를 따르게 되면 그 대상에 애착하게 되는 것을 의미한다. 만약, 결정적 시기 이전이나 이후에 대상에 노출되면 애착은 형성되지 않는다. 일단 결정적 시기가 경과해 버리면, 그 동물로

하여금 다른 대상에게 애착하도록 유도하는 것이 불가능해진다.

2) 각인의 대상과 범위

Lorenz는 각인되는 대상의 범위가 종에 따라서 각기 다르다는 것을 발견하였다. 기러기 새끼는 움직이는 것이면 어떤 것이나 각인하는 것 같다(몇 마리는 움직이는 보트에도 각인하였다). 반대로 물오리 새끼들은 보다 까다로워서, Lorenz가 움직여 다닐 때 어떤 높이 이하로 몸을 구부리고 꽥꽥거리는 소리를 지를때만 그에게 각인하였다. 다시 말해서, 오리 새끼는 적절한 양친의 어떤 측면, 즉 양친은 움직여야 하며, 키가 어느 정도여야 하고, 어떤 소리를 질러야 한다는 것에 대한 타고난 도식을 가지고 있다. 따라서 각인이란 시각적 패턴의 그 나머지 부분을 채우는 것이라고 하겠다.

각인은 새끼의 추종반응뿐 아니라, 그 이후의 사회적 행동도 결정지을 수 있다. 특히 초기 각인은 후의 성적(性的) 취향에 영향을 미칠 수 있다. Lorenz가 체험한 바에 의하면, 그의 이웃이 갈가마귀 한 마리를 길렀는데, 역시 개별적인 경험에서 인간에게 각인된 그 갈가마귀는 성적 성숙기에 이르렀을 때 Lorenz에게 구애해 왔다. 그 새는 전형적인 갈가마귀의 의식을 통해 Lorenz를 유혹하였으며 그의 입에다 벌레를 집어 넣으려 하였다. 그가 입을 다물자 이번에는 귀에다 지렁이를 집어 넣으려고 하였다. 이 새는 생의 초기에 오직 인간에게만 노출되었던 까닭에 성적 대상으로 인간에게 초점을 두었던 것이다. 성적 각인의 결정적 시기는 어미를 따르는 각인과는 시기적으로 다르지만, 역시 매우 초기에 나타나며 실제의 성행동이 나타나기 전까지 지속된다.

지금까지 우리들은 사회적 애착, 즉 양친애착과 성애착의 형성에 대해 논의해 왔다. 각인과 같은 방식의 과정은 또한 영토나 먹이, 혹은 노래에 대한 학습 등 그 밖의 다른 종류의 학습에 대해서도 영향을 미칠 수 있다. 예를 들어, 흰줄머리 참새의 우짖는 소리는 항상 일정한 기본구조를 가지지만, 세부적인 면에 있어서는 지리적 위치에 따라 각기 다르다. 이렇게 세부적인 것들은 초기의 결정적 시기

동안 새가 듣는 노래 소리에 의해 결정된다.

그럼에도 불구하고, 각인에 관한 대부분의 연구는 사회적 애착의 형성, 특히 초기의 추종반응에 초점을 두고 있다. 이러한 연구들 중에서는 Lorenz의 초기 이론에 대해 의문을 제기하는 것도 있다. 처음에 Lorenz는 양친에게 각인하는 것은 항상 초개체적인 것이라고 주장했다. 즉, 특수한 종인 양친에게 각인하는 것이지 개별적인 어미에게 각인하는 것은 아니라고 생각했다.

그러나, 다른 동물행동학자들은 어떤 종들은 개별적인 어미에게 각인하는 것을 관찰하였다. 그 후 Lorenz도 자신의 관점을 수정하였는데, 이를테면 거위 새끼는 먼저 한 종에게 고착을 한 다음 개별적인 어미에게 각인한다고 생각하였다. 이 모든 것은 출생 후 이틀간에 발생한다.

다른 연구들, 특히 실험실에서 실시된 연구들은 각인이 완전히 불변적이라는 Lorenz의 가설에 의문을 제기해 왔다. 어떤 새들은 각인된 것과는 다른 대상에 대해서도 추종반응을 학습할 수 있었다. 하지만 이러한 학습은 최초의 학습에 비해 속도가 느리며, 새는 처음 각인된 대상을 더 좋아하는 것 같았다.

비록 인간이 어떤 종에 있어서는 매우 이른 시기에 신속하게 일어나는 과정이긴 하지만, 침팬지 같은 영장류를 포함하는 광범위한 종에 있어서는 어떤 다른 형태의 각인이 나타난다. 침팬지 새끼는 출생 후 3, 4개월이 지난 뒤에야 비로소 함께 있는 다른 침팬지에게 관심을 보이기 시작한다. 이 때에 침팬지들은 어미에 대한 뚜렷한 애착을 보이며 다른 침팬지에 대해서는 경계하게 된다. 이 시기 후에 새끼들은 더욱 어미 곁에 머무르고, 수시로 어미에게 되돌아오곤 하며, 만약 어미가 떠난다는 어떤 신호를 보이면 새끼들은 달려들어 어미에게 올라타곤 한다. 이렇게 새끼 침팬지들은 생의 특정 시기 동안 특별한 대상에게 확실한 애착을 하게 된다.

제14장

Bowlby의 애착이론

1. 애착행동의 유형과 과정
2. 애착의 단계
3. 수용시설 양육의 영향

John Bowlby(1907~1990)는 런던에서 출생하였고, 1936년에 그는 수용시설에서 키워진 아동들의 장애에 대해 관심을 가지게 되어, 탁아소와 고아원에서 자란 아동들이 흔히 타인과 친밀하고 지속적인 관계를 형성하지 못하는 등 여러 가지 정서적인 문제를 나타내는 것을 발견하였다.

Bowlby에게는 그러한 아동들이 생의 초기에 어머니에 대한 확고한 애착을 형성할 기회를 놓쳐 버렸기 때문에 사랑을 할 수 없는 것으로 보였다. 또 정상적인 가정에서 성장했으나 장기간의 분리를 경험한 아동들도 유사한 징후를 보인다는 것도 관찰하였다. 이러한 아동들은 너무 충격을 받아서 영원히 인간적 유대를 밀접하게 형성할 수 없는 것처럼 보였다. 이러한 관찰 결과, Bowlby는 어머니와 아기간의 관계에 대해 세심한 주의를 기울이지 않고는 발달을 이해할 수 없다는 확신을 갖게 되었다. 이러한 유대가 어떻게 형성되는가? 이러한 유대형성이 얼마나 중요하기에 만약 그것이 방해받으면 그토록 심각한 결과가 초래되는 것일까? 이러한 의문에 대한 해답을 찾기 위해 Bowlby는 동물행동학을 연구하게 되었다.

1. 애착행동의 유형과 과정

Bowlby에 의하면, 인간행동은 '적응 환경', 즉 인간행동이 진화해 온 기본 환경을 고려함으로써만이 이해될 수 있다고 한다. 인류역사의 대부분 동안, 인간은 아마도 소집단으로 이동해 다니며 식량을 찾고 가끔 강력한 약탈자로부터의 공격을 감수해야 했다. 위협을 받았을 때, 인간은 다른 영장류 집단과 마찬가지로 약탈자를 쫓아 내고, 병자와 어린 아이를 보호하기 위해서는 협동해야 했을 것이다. 이러한 보호를 받기 위해서 아동은 항상 양친과 가까이 있도록 하는 기제가 필요하게 되었다. 아동들은 애착행동들(attachment behavior), 즉 양육자와 가까이 있도록 하는 몸짓과 신호들을 발달시켜 왔음에 틀림없다.

하나의 명백한 신호는 아기의 울음이다. 울음은 고통스런 부르짖음이다. 아기는 고통스럽거나 놀랐을 때 소리쳐 울게 되며, 이에 양친은 달려와서 무엇이 잘못되었는가를 보게 된다. 또다른 애착행동은 아기의 미소이다. 아기가 양친의 눈을 향해 미소질 때 양친은 아기에 대해 사랑을 느끼며 아기와 가까이 있기를 좋아한다. 이 밖의 다른 애착행동으로는 옹알이, 잡기, 빨기, 따라다니기 등이 있다.

Bowlby는 아동의 애착행동이 다음과 같은 과정을 거쳐 발달한다고 주장하고 있다. 처음에는, 아기의 사회적 반응을 구별하기 어렵다. 예를 들어, 아기는 어떠한 얼굴에 대해서도 미소를 지으며, 누구라도 떠나가 버리기만 해도 울게 된다. 그러나 생후 약 3개월에서 6개월 사이에는 그들의 반응을 몇몇 익숙한 사람에게만 한정하며, 특정한 사람만을 특히 좋아하게 된다. 이렇게 되면 아기들은 낯선 사람에 대해서는 경계를 하게 된다. 이러한 배타적인 애착의 형성은 다른 종의 각인과정과 유사하다.

그 후, 아기는 보다 활동적이 되어 이리저리 기어다니게 되고 애착대상을 가까이 있게 하는데 좀더 적극적인 역할을 하게 된다. 아기는 부모가 어디에 있는지를 지켜보며, 만약 부모가 갑자기 떠난다는 눈치를 보이게 되면 뒤따라 가려는 반응을 하게 된다.

Bowlby의 주장을 전체적으로 보면, 그는 애착행동들(울음이나 미소 추종행동과 같음)을 '본능적'인 것으로 이야기하고 있다. 그러나, 그는 본능이라는 용어를 의도적으로 융통성 있는 의미로 사용한다. 그는 이러한 행동들이 기본적으로 생래적인 것이고, 종의 거의 모든 개체에 있어 매우 전형적인 패턴을 가지며, 그 종을 위한 적응적 가치를 지닌다고 말하고 있다. Bowlby는 편리할 때는 유발자극에 관해 언급했지만, 각각의 행동패턴이 어떻게 특수한 외적 자극에 의해 유발되는가를 보여주려고는 하지 않았다.

2. 애착의 단계

1) 1단계

1단계(0~3개월)는 인간에 대한 비변별적(indiscriminate) 반응성의 단계이다. 생후 처음 몇 달 동안 아기는 사람에 대해 다양한 반응을 보인다. 그러나 이 반응은 비선택적이다. 아기는 대부분의 사람에게 아주 비슷하게 반응한다.

출생 직후 아기는 사람의 목소리를 듣고 싶어하며, 사람의 얼굴을 보고 싶어 한다. 예를 들어 최근 한 연구에서, 출생한 지 10분된 아기는 다른 시각적 자극보다 사람의 얼굴을 더 좋아한다는 것이 밝혀졌다. 아기는 흐트러진 얼굴이나 빈 종이보다는 정확한 얼굴 모습 쪽을 따라 그들의 머리를 더 많이 움직였다. Bowlby와 같은 동물행동학자들은 이러한 선호가, 가장 강한 애착행동 중의 하나인 사회적 미소를 유발시키는 시각적 패턴에 대한 유전적인 성향을 시사한다고 받아들이고 있다.

처음 3주 동안 아기는 보통 잠에 빠지려 할 때 때때로 눈을 감은 채로 미소를 짓는다. 이러한 미소는 아직 사회적인 것은 아니다. 이것은 사람을 향해서 하는 것이 아니다. 약 3주경에는 사람의 목소리를 듣고 미소짓기 시작한다. 이를 사회적인 미소라고 할 수는 있지만 아직도 뚜렷한 것은 아니다.

약 5주 초쯤에는 매우 강렬한 사회적 미소가 시작된다. 사람의 얼굴모습을 보고 행복하게 그리고 활짝 미소짓는다. 또한, 이러한 미소는 눈 마주치기를 포함한다. 사람들은 이러한 시각적 미소가 시작되리라는 것을 미리 짐작할 수 있다. 4주쯤 아기는 조사하듯 의도적으로 얼굴을 빤히 쳐다보기 시작한다. 그리고 나서 유아는 함빡 웃음을 터뜨리게 된다. 이 때가 종종 부모에게는 흥분된 순간이다. 부모들은 이제 아기의 사랑에 대한 '증거'를 가지게 된 것이다. 아기가 눈을 깊이 쳐다보다가 웃음짓는 모습을 바라보는 것만으로도 가슴 속으로부터 사랑스럽다는 감정이 솟아나게 된다.

실제로 3개월이 될 때까지 아기의 미소는 어떤 개인적 선호를 보이지 않는다. 아기는 어떠한 모습의 얼굴－비록 종이 위에 그려진 얼굴일지라도－이라도 그것을 보고 미소짓는다. 중요한 조건은 그 얼굴이 완전하게 정면으로 제시되어야 한다는 것이다. 옆모습은 그다지 효과가 없다. 목소리와 쓰다듬기 역시 이 단계에서는 미소를 짓게 하는 유발인자로서는 비교적 약하다. 이상과 같이 아기의 사회적 미소는 매우 특수한 시각적 자극에 의해 유발되는 것 같다.

Bowlby의 견해로는, 미소는 돌보는 이를 가까이 있도록 하기 때문에 애착을 증진시키는 것이다. 아기가 미소지을 때, 돌보는 이는 즐거이 아기와 함께 있으려 한다. 돌보는 이는 아기에게 미소를 지어주고 말을 건네고, 토닥거리기도 하며 안아 올려 주기도 한다. 미소는 그 자체로서 사랑을 주고 돌봐 주는 상호작용－아기가 건강하게 생존할 수 있는 기회를 높여 주는 행동－을 촉진시키는 유발자인 것이다.

아기가 얼굴을 보고 미소짓기 시작할 때쯤 되면 또한 옹알이가 시작된다. 아기는 주로 사람의 목소리를 듣거나 얼굴을 보았을 때 옹알거리는데, 특히 사람의 얼굴을 보았을 때 그러하다. 미소와 같이 옹알이도 처음에는 비선택적이다. 아기는 주위에 있는 사람이 누구이건 가리지 않고 옹알거린다. 아기의 옹아리는 돌보는 이를 즐겁게 하며, 돌보는 이로 하여금 되받아 이야기하게끔 한다. "미소와 같이 옹알이도 아기와 어머니간에 사회적 상호작용을 증진시킴으로써 어머니가 유아 가까이에 있게끔 하는 기능을 가진 사회적 유발자극인 것이다."

울음 역시 돌보는 이와 아기를 가까이 붙어 있게 한다. 울음은 고통스런 부르짖음과 같다. 이것은 아기가 도움이 필요하다는 신호이다. 아기는 고통스럽거나, 배고프거나, 춥거나, 불편할 때 울게 된다. 그들은 자신들이 쳐다보고 있던 사람이 시야에서 사라져 버릴 때에도 울게 된다. 생후 첫주에는, 사라지는 사람이 누구인가 하는 것은 문제가 안 된다. 마찬가지로, 아기는 안아서 흔들어 주거나 자신들의 요구에 주의를 기울이는 사람들이 누구인가는 상관하지 않는다.

아기는 붙잡는 행동에 의해서도 부모와 가까이 있을 수 있다. 신생아는 두 가지의 붙잡는 반응을 갖추고 있다. 한 가지는 파악반사(grasping reflex)이다. 열린 손바닥에 어떤 물건이 닿았을 때, 그 손을 자동적으로 꽉 쥐게 된다. 다른 한 가지는 모로반사인데, 이것은 큰 소리에 놀라거나 혹은 갑자기 지탱하는 힘을 잃었을 때 나타난다. 이 때의 반응은 팔을 짝 펼쳤다가 도로 가슴 주변으로 가져오는 것이다. 이 행동은 마치 어떤 것을 껴안으려는 듯이 보인다. 오래 전부터 Bowlby는 이러한 반사가 아기를 돌보는 양친을 붙잡으려고 하는 것으로 생각하였다. 예컨대, 만약 아기의 위험을 보고 어머니가 갑자기 달려갈 때, 아기는 손으로 어머니의 아무 부분이라도 붙잡아야만 한다. 그리고 만약 아기가 붙잡는 것을 놓쳤다면, 아기는 다시 어머니를 껴안아야 할 것이다.

아기는 또한 입으로 더듬거나, 빠는 반사를 갖추고 있다. 뺨이 닿았을 때는 자동적으로 머리를 자극이 온 쪽으로 돌리며, 입에 어떤 것이 닿을 때까지 '더듬어' 찾는다. 물론 더듬기반사와 빨기반사는 아기가 보다 용이하게 젖을 먹을 수 있도록 해 준다. 하지만 Bowlby는 이들 반사가 아기와 어머니간의 상호작용을 가져오기 때문에 이들을 또한 애착패턴으로 간주하고 있다.

2) 2단계

2단계(3~6개월)는 낯익은 사람에게 초점맞추기 단계이다. 약 3개월초부터 아기의 행동은 변한다. 그 하나로, 모로반사 · 쥐기반사 · 더듬기반사를 포함하여 많은 반사들이 사라진다. 그러나 Bowlby에 있어 보다 중요한 것은 아기의 사회적 반응이 좀더 선택적으로 시작된다는 점이다. 3~6개월 사이에 아기는 차츰차츰 낯익은 사람을 보고서야 미소를 짓는다. 낯선 사람을 볼 때는 단순히 응시하기만 한다. 옹알이에서 보다 선택적으로 된다. 4~5개월된 아기는 자신들이 알고 있는 사람이 있을 때만 옹알거린다. 또한 이 무렵부터 아기는 낯익은 사람이 달래야만 울음을 잘 그친다.

5개월쯤에는 마침내 사람에게 손을 뻗쳐 머리카락 등 신체의 일부분을 만지고 붙잡기 시작한다. 그러나 이것 역시 아기가 그 사람을 알고 있을 때에만 그렇게 한다.

이와 같이 이 단계에서 아기는 주로 낯익은 사람에게만 반응한다. 그들은 보통 두세 사람을 좋아하며, 그 중에서도 특히 어느 한 사람을 좋아한다. 이 사람이 가까이 있을 때는 잘 웃고 잘 옹알거린다. 주요 애착 인물은 보통 어머니가 되지만, 아버지나 다른 돌보는 이가 될 수도 있다. 아기들의 신호에 가장 잘 반응해 주고, 아기들과 가장 잘 놀아주는 사람에게 강한 애착을 발달시키는 것 같다.

3) 3단계

3단계(6개월~3세)는 능동적 접근 추구의 단계이다. 약 6개월경에 아기는 애착인물이 있고 없음에 깊은 관심을 보이는데, 종종 애착인물이 떠나려 하면 울기 시작한다. 초기에는 쳐다보고 있던 누군가가 떠나기만 해도 운다. 그러나 이제 아기가 당황하게 되는 경우는 주로 애착인물 한 사람이 떠날 때이다.

그러나, 아기는 울거나 무력하게 기다리기만 하지는 않는다. 7개월경에는 보통 기어다닐 수 있으며, 그 때문에 떠나가는 양친을 능동적으로 뒤따라갈 수 있게 된다. 이 때부터 아기의 행동은 목표수정 체계를 구축하기 시작한다. 즉, 양친이 어디에 있는지를 지켜보다가 만약 떠나려하면 재빨리 뒤따라가서 양친과 다시 가까이 있게 될 때까지 자신의 움직임을 수정하고 적응한다. 아기가 다시 양친 가까이 있게 되면, 이들은 전형적으로 두 팔을 뻗쳐 안아 달라는 몸짓을 하기도 한다. 안아 주면 다시 마음을 가라앉힌다.

아기는 또한 새로운 방식으로 소리쳐 부르기 시작한다. 그리고 부르는 것 역시 목표수정의 특성을 지닌다. 즉, 양친의 위치와 움직임에 따라 달리 소리쳐 부른다. 만약 양친이 멀리 떠나간다면, 다급하게 소리쳐 불러댄다. 만약 가까이 있거나 가까이 오고 있다면 보다 여유 있게 부른다.

이러한 행동체계에서, 애착대상이 떠나는 것은 아기들로 하여금 접근 추구를 활성화시키는 자극으로 간주된다. 양친이 천천히 그리고 조용히 떠날 때보다는 갑자기 떠날 때, 또는 익숙하지 않은 환경에 놓여 있을 때, 아기들은 다시 양친과 가까이 있으려고 더 큰 노력을 경주할 것이다. 다른 유발자극으로는, 큰 소리나 갑작스런 어둠과 같이 아기를 놀라게 하는 사건들을 들 수 있다.

아기는 애착인물을 향하여 다가갈 뿐만 아니라 종종 그들로부터 멀어져 가기도 한다. 이것은 특히 아기들이 돌보는 이를 탐색하기 위한 출발점으로 삼을 때 분명히 나타난다. 만약, 한두 살 먹은 아기가 어머니와 공원이나 놀이터에 갔을 때, 아기는 대개 잠시 동안 어머니와 가까이 붙어 있다가 과감하게 탐색을 하러 나선다. 하지만 수시로 되돌아보며 어머니와 시선이나 미소를 교환한다. 심지어 모험을 하기 위해 앞으로 더 나아가기 전에 어머니에게 다시 되돌아올 때도 있다. 이렇듯 아기는 어머니와 계속해서 가까이 있다는 것을 자신에게 확인시키기 위하여 짧은 접촉을 시도해 본다. 만약 어머니가 반응하지 않거나 혹은 떠난다고 위협하면, 아기는 보다 다급한 전략을 쓰거나 찰싹 매달리는 작전을 쓰게 된다.

Bowlby는, 양친과 접촉을 유지하는 아동의 능력이 발달하긴 하지만 적어도 3세까지는 불완전하게 남아 있다는 점을 강조하고 있다. 3세가 되어서야 아동은 비로소 양친과 함께 걸을 때 양친에 보조를 맞추기 위해 아동 자신의 움직임을 조절할 수 있게 된다. 다른 동물들과 마찬가지로 인간도 목표수정 체계가 완전히 발달하는 데에는 한 동안의 시간이 걸린다.

이 단계 동안 애착은 점점 더 강해지고 배타적으로 된다. 애착의 강도는 양친이 떠나갈 때 아기가 우는 정도로 알 수 있다. 이것은 때로 격리불안(separation anxiety)이라고 불리운다. 관찰자는 또한, 어머니가 잠깐 사라졌다가 나타날 때 어머니를 맞이하며 기뻐하는 정도에도 주목하였다. 어머니가 되돌아왔을 때, 아기는 보통 미소를 지으며 가까이가서 안기려 하며, 어머니 팔에 안길 때 즐거워서 까르르 웃게 된다. 어머니도 역시 재결합에 대해 행복해 한다.

아기의 애착의 새로운 배타성은 7~8개월경에 가장 명백하게 나타나는데, 이때 아기는 낯선 사람에 대해 두려움을 보인다. 낯선 사람을 보았을 때, 아기의 반응은 약간 경계를 하는 것에서부터 울음을 터뜨리기까지 다양하다. 보통, 아프거나 혹은 낯선 환경에 처했을 때는 보다 강한 반응이 나타난다. 낯선 사람에게 겁을 먹을 때 아기는 양친에게 매달리는데, 만약 양친이 그때 아기를 낯선 사람에게 건네주려고 한다면 더욱 더 바싹 매달릴 것이다.

4) 4단계

4단계(3세에서 아동기 말까지)는 동반자 행동의 단계이다. 2세 혹은 3세 이전에 아기들은 오로지 돌보는 이와 가까이 있으려는 데만 관심을 기울인다. 아기들은 돌보는 이의 계획이나 목표는 생각하지 않는다. 2세 아기에게는 양친이 "우유를 빌려 오기 위해 잠깐 옆집에 간다"는 사실은 무의미하다. 아동은 단순히 함께 가기만을 원한다. 이에 비하여 3세 아동은 그러한 계획을 어느 정도 이해하며, 양친이 없는 동안 양친의 행동을 상상할 수도 있다. 따라서 아동은 양친이 떠나는 것을 보다 기꺼이 허용하게 된다. 아동은 동반자와 같은 관계로 행동하기 시작한다.

Bowlby는 4단계의 애착행동에 관해서는 별로 알려진 것이 없다는 사실을 인정하고 있다. 또한 그는 4단계 이후의 행동에 관해서도 거의 언급하지 않았다. 그럼에도 불구하고, Bowlby는 애착이 여전히 중요한 역할을 한다고 생각하고 있다. 청년들은 양친의 지배로부터 벗어나지만 그들은 양친 대신 누군가에게 애착을 형성하게 된다. 성인들은 스스로가 독립적이라고 생각하지만, 위기가 닥쳐오면 사랑하는 사람과 가까이 있으려 한다. 노인들은 자신들이 점점 더 젊은 세대에게 의존해야 한다는 것을 알게 된다.

3. 수용시설 양육의 영향

1) 각인으로서의 애착

각인은 동물의 새끼들이 사회적으로 반응해야 할 대상을 학습하는 과정이다.

새끼들은 처음에 광범위한 대상들을 기꺼이 뒤따르려 하지만, 이러한 범위는 급격히 좁혀진다. 각인 시기의 끝 무렵에, 새끼는 단 하나의 대상－대개 어미－에 애착하게 된다. 그 후에는 공포반응으로 인해 새로운 애착을 형성하는 것이 매우 어렵게 된다.

인간에게서도, 비록 매우 느리게 발달하긴 하지만, 유사한 과정을 관찰할 수 있다. 생후 첫 몇 주 동안 아기는 움직이면서 능동적으로 대상을 뒤따를 수가 없다. 그러나 아기들은 사람들에게 직접적인 사회적 반응을 보인다. 아기는 미소 짓고, 옹알이를 하고, 붙잡으며, 우는 등의 행동을 한다. 처음에는 그들 중의 아무에게나 이러한 반응을 보이지만, 6개월경에는 그 대상이 몇몇의 친숙한 사람으로 국한되며, 결국에는 어느 한 사람에게 애착하게 된다. 이 때 아기들은 낯선 사람에 대해 공포를 보인다. 동물의 경우와 마찬가지로, 낯선 사람에 대한 공포는 새로운 애착을 형성할 가능성을 감소시켜 버린다. 그 후 아기들은 주요 애착대상이 어디에 있는지에 대해 예민하게 신경을 쓰며, 그 사람과 가까이 있기 위해서 목표수정 추종체계를 발달시킨다.

2) 시설적 결핍의 영향

Bowlby는 수용시설에서 자란 많은 아동들이 커서도 깊은 애착을 형성하지 못하는 데 충격을 받았었다. 그는 이러한 사람을 '애정없는 인물'이라고 불렀다. 그러한 사람들은 타인을 단지 자신의 목적을 위해서만 이용하고, 타인과 사랑하는 지속적인 유대를 형성할 수 없는 것 같다. 아마 이러한 사람은 어렸을 때 어떤 인물에 '각인'할 기회, 즉 타인과 애정적 관계를 형성할 기회가 없었을 것이다. 어렸을 때 타인과 밀접한 유대관계를 맺는 능력을 발달시킬 수 없었던 까닭에 이들은 성인이 되어서도 깊은 인간관계를 맺지 못한다.

수용시설의 형편을 살펴보면, 대부분의 경우 밀접한 유대관계를 형성하는 데 부적절해 보인다. 대개 간호사 몇 사람이 아기들을 돌보는데, 이들은 아기의 신체적인 욕구를 충족시켜 주기는 하지만, 그들과 어울려 놀아줄 만큼 한가하지는 않다. 아기가 울 때 돌봐 주고, 웃을 때 함께 웃어주고, 옹알거릴 때 말을 받아 주고, 안아달라고 할 때 안아서 들어올려 줄 사람이 아무도 없을 때도 흔히 있다. 따라서 아기는 어떤 특정한 사람과 강한 유대관계를 형성하기가 어렵게 된다.

만약 수용시설 결핍의 영향이 '각인의 실패'로 설명될 수 있다면, 그러한 영향이 회복될 수 없는 결정적 시기가 있을 것이다. 그러나 연구자들은 그러한 결정적 시기의 정확한 연령을 꼭 집어 내는데 어려움을 겪었다. Bowlby가 시사하는 바에 따르면 다른 종들과 마찬가지로 결정적 시기는 공포반응이 시작될 무렵에 끝난다고 한다. 이것은 결정적 시기의 종결이 8~9개월경이라는 뜻인데, 이 연령에는 거의 대부분의 아기들이 낯선 사람에 대한 공포뿐만 아니라 어머니로부터 분리되는 데 대해서도 공포를 보여 준다. 사실, 이 시기가 어떤 사회적 행동의 적절한 발달을 위한 종결점이라는 증거도 있다. 특히, 이 시기까지 인간적 상호작용이 부족한 아기는 언어발달에 있어 영구적인 장애를 보여 준다. 그러나 치료를 위한 활동에 의해 18~24개월까지의 대부분의 사회적 장애는 보상될 수 있는 것 같다. 한 견해에 의하면, 수용시설에 의한 결핍은 유아를 '냉장고' 안에 들여놓는 것 같아서, 사회적 성장을 느리게 하고 애착에 대한 결정적이고 민감한 시기를 생후 2년까지 연장시킨다. 이후에도 인간적 상호작용이 부족한 아기는 결코 정상적으로 발달할 수 없을 것이다.

3) 격리작용의 영향

Bowlby는 '각인의 실패'에 대해서도 관심을 가지고 있었지만, 아기가 애착을 형성한 후 애착대상과의 분리로 인해 고통을 겪는 경우에 더 흥미를 가지고 있었다. 예를 들어, 아기가 신체적인 병으로 인해 몇 주간 병원에 입원해야 하는 경우를 생각해 보자.

Bowlby에 의하면 격리의 영향은 다음과 같은 과정을 거친다. 첫째, 아기는 반항한다. 울고, 고함치며 어떠한 형태의 돌봄이건 모두 거절한다. 둘째로, 절망의 시기를 거친다. 아기는 조용해지고 행동을 철회하며, 무기력해지고 깊은 슬픔의 상태에 빠진 것처럼 보인다. 마지막으로 분리상태에 들어선다. 이 시기 동안 아동은 좀 활발하며, 간호사나 다른 사람의 보호를 받아들이기도 한다. 병원 의료진들은 아기가 회복되었다고 생각할 수도 있다. 그러나, 모든게 좋아진 것은 아니다. 어머니가 되돌아왔을 때, 아기는 그녀를 알아보지 못하는 것 같다. 아기는 어머니를 외면하고 그녀에 대한 모든 흥미를 상실한 것처럼 행동한다.

다행히, 대부분의 아기들은 몇 주 후 어머니와의 유대를 재형성한다. 그러나 언제나 그러한 것은 아니다. 만약 격리가 지속되고, 다른 돌보는 이들까지 상실하게 된다면, 아기는 모든 사람과의 유대를 포기하게 될 수도 있다. 그 결과는 더 이상 타인을 깊이 좋아하지 못하는 '애정없는 인물'이 되는 것이다.

격리의 영향은 역시 아기의 연령에 따라 다양하다. 격리는 6개월과 1년 사이에, 즉 아동이 애착을 형성한 직후에 가장 심각한 영향을 미치는 것 같다. 반대로, Bowlby의 네 번째 단계인 3~4세 이후의 격리는 덜 영향을 미치는 것 같다. 이 때의 아동은 어머니가 없어도 잘 견딜 수 있으며, 그에 대한 이유도 이해할 수 있기 때문이다.

제15장

Jung의 성인기이론

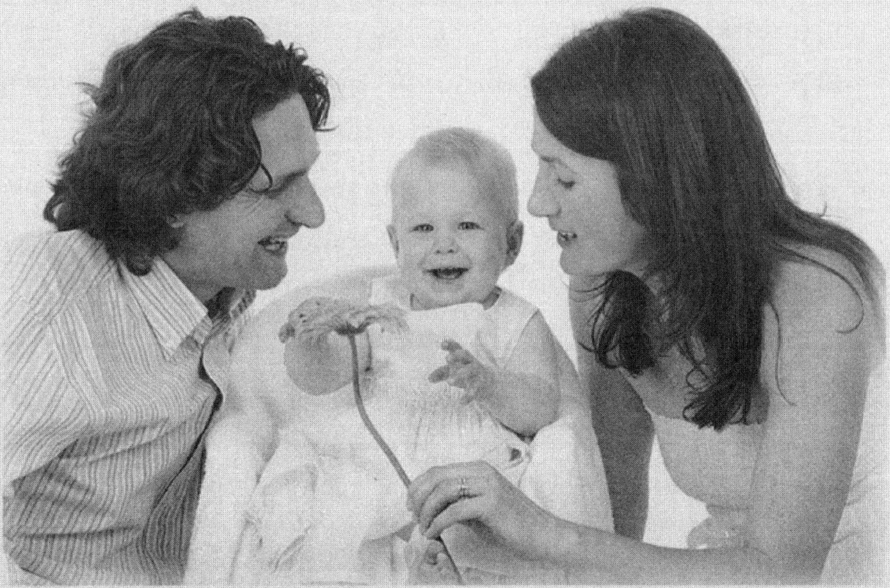

1. 생의 전환기
2. 중년기의 위기
3. 노년기

성인기의 발달에 대해 관심을 둔 이론가는 거의 없었다. 그 중에서 Erikson을 두드러진 예외로 들 수 있고, 또 하나의 예외는 C. G. Jung(1875~1961)으로서 그의 정신분석이론은 주로 성인기와 노년기를 다루고 있다.

Jung은 스위스의 동북부에 있는 Kesswil에서 태어나 Zurich에서 정신과의로 개업하던 중 Freud는 Jung을 아들처럼 대하였으며 자신의 후계자로 삼으려고 했던 적도 있었지만 Freud가 모든 무의식적 사건을 성적 추동으로 환원시키려 하는 것을 그는 반대하였다. Jung은 무의식이 종교적 · 정신적 욕구를 포함해서 여러 종류의 욕구들을 지니고 있다고 보았던 것이다. 1912년 Jung은 자신의 독자적인 견해를 펴나가기로 결심하고 1913년, 마침내 두 사람은 결별하였다.

Jung은 무의식과 그 상징들에 대한 탐구를 그의 나머지 생애 동안 중심적인 과제로 삼았다. 그는 꿈과 환상을 꾸준히 탐색하였고, 또한 여러 문화의 신화와 예술을 폭넓게 연구하면서 이들 속에서 보편적이고 무의식적인 갈망과 긴장의 표현을 발견하려 하였다.

1. 생의 전반기

성격은 생의 전반기와 후반기에서 각기 다른 방향으로 발달한다. 전반기는 35~40세까지로, 외적으로 팽창하는 시기이며, 성숙의 힘에 인도되어 자아가 발달하고 외부 세계에 대처하는 역량이 발휘된다. 젊은 사람들은 다른 사람들과 어울리게 되며, 가능한 한 사회의 보상을 많이 얻으려고 노력한다. 그들은 경력을 쌓고 가정을 이루며, 사회적 성공을 얻기 위해 온 힘을 기울인다. 그러기 위해서 대체로 남자는 남성적인, 그리고 여자는 여성적인 특질과 역할을 발달시킬 필요가 있다.

이 시기 동안에는 어느 정도의 일방성이 필요하고 심지어 그것이 가치있기까지하다. 왜냐하면, 젊은이는 외부 세계를 정복하는데 자신을 바칠 필요가 있기 때문이다. 이 시기의 과제는 외적 환경의 요구에 확고하고 단호하게 대처하는 것이기 때문에, 젊은 사람들이 자기회의, 환상, 내적 본질 등에 지나치게 사로잡혀 있는 것은 별로 유익하지 못하다. 우리가 상상할 수 있는 바와 같이, 내향적인 사람보다는 외향적인 사람이 이 시기를 보다 순조롭게 보낸다.

2. 중년의 위기

1) 정신적 변화

40세경에는 정신상의 변환이 있게 되어, 한때 그처럼 영원한 것으로 보이던 목표와 야망들이 이제는 그 의미를 잃게 됨을 느끼고, 마치 뭔가 결정적인 것이 빠진 것 같이 불완전함과 우울함과 침체감을 종종 느낀다. Jung은, 사회적으로 상당히 성공한 사람들조차도 이러한 현상을 보임을 관찰했다. 왜냐하면, “사회가 보상한 성취들은 성격의 어떤 측면을 축소시킨 대가로 얻어진 것이기 때문이며, 경험했어야 할 인생의 많은 — 너무도 많은 — 측면들이 어두운 광에 있는 잿빛 기억 속에 묻혀 있기 때문이다.”

이러한 위기에서 정신 그 자체가 벗어날 출구를 제공한다. 정신은 인간으로 하여금 내면으로 전환하여 생의 의미를 음미하도록 촉구한다. 이러한 내면으로의 전환은, 억압되고 잊혀진 자기의 모든 측면들이 자라나서 아우성치고 있는 영역이 무의식에 의해 촉발된다. 무의식은, 정신적인 균형과 조화를 이루기 위해 이 억압된 측면들이 인식될 것을 요구한다.

2) 꿈에 대한 접근

무의식은 주로 꿈을 통해 우리에게 이야기한다. 예를 들어, 우울해진 나머지 자신의 생을 무의미하다고 느끼는 어떤 남자는 분석 초기에 다음과 같은 꿈을 꾸었다.

> "나는, 좁고 꾸불꾸불한 길들이 나 있는 도시의 중간에 서 있었다. 어디로 돌아나가야 될지 몰라 난감해 하고 있었는데, 갑자기 한 번도 본 적이 없는 젊고 신비로운 한 여성이 손으로 나가는 방향을 가리키고 있는 것을 보았다. 아주 이상한 꿈이었다."

이 꿈의 메시지는, 그가 곤경에서 빠져 나오기 위해서는 그의 anima(젊고 신비로운 여성)에 주목해야 한다는 것이다. 왜냐하면, 그는 여태껏 자신의 그러한 측면을 등한시해 왔기 때문이다. 성인들이 자신의 생을 되돌아보고 무의식적 메시지에 귀를 기울일 때, 조만간 완전성과 중심성의 상징인 자기의 이미지와 만나게 된다. 예를 들면, 사업에서 크게 성공한 어떤 중년 남자가 점차 고조되는 긴장과 자살을 기도할 정도의 심한 우울을 경험하고 있던 어느 날, 수마가 그를 덮쳐서 심연의 가장자리로 데려가는 꿈을 꾸었다. 그런 다음, 수마는 그를 구출해 주고 그에게 드릴을 주었는데, 지구의 중심을 파는데 그 드릴을 쓰라는 것이라고 생각되었다. Jung의 해석에 의하면, 꿈의 중심 인물인 수마는, 의식적인 자아가 용인할 수 없는 무의식 안에 있는 요소, 곧 파괴적인 충동을 반영하고 있기 때문에, 맨 처음의 이 수마는 악했다. 하지만 이러한 악마가 나중에 조력자로 변했다는 것은 이 사람이 전체성을 갖고 자신의 진정한 중심을 찾기 위해서는 자기 자신의 부정적인 측면에 직면해야 함을 말해 주는 것이다.

꿈이 계속되면서 이 남자는, 네모난 탁자를 중심으로 모여 앉아 회의가 진행되고 있는 어떤 밀실에 있는 자신을 발견했다. 화려한 차림의 기사와 시장이 사회를 보고 있었다. 그런데 불량해 보이는 한 소년과 탁발승으로 보이는 더럽고 누추한 차림의 다른 한 사람이 이 남자를 탁자로 인도하였다. 그들은 이 남자를 탁자에

앉힌 후 그에게 역겨운 음식 약간을 주었는데, 그는 어쨌든 그 음식을 먹었다. 그리고는 갖고 있던 드릴을 땅에다 꽂았더니 드릴 주위로 꽃들이 자라나고 드릴은 꽃이 만개한 나무로 변했다.

Jung식의 분석에 따르면, 화려한 기사와 시장은 이 남자가 경영자로서 의식적으로 실현해 오던 영웅적이고 권위적인 성격 측면들을 반영한다. 한편 불량소년과 누더기를 입은 탁발승은 무시되고 비하되어 온 자기의 측면들을 나타내는 것으로 그가 지금까지 억압해 온 요소들이다. 특히 이 남자는 자신의 종교적인 성향을 유약하고 도피적인 것으로, 다시 말해서 그의 사나이다운 면모를 좀먹는 경향으로 간주해 왔다. 그런데, 정작 그를 정신적 통일성의 상징인 정방형의 테이블로 인도한 것은 탁발승과 불량 소년 — 억압된 음영인물 — 이다. 거기서 그는 — 성격의 억압된 부분을 들여다보길 좋아하는 사람은 아무도 없으므로 — 혐오스러운 음식을 먹는다. 하지만, 그는 그러는 가운데 새로운 성장(만개의 나무)이 나타나는 것을 보게 된다.

Freud는 꿈을 왜곡과 가장의 최종 산물로 보지만, 반대로 Jung은 꿈이 상당히 직접적으로 무의식적 의미를 나타낸다고 보고 있다. 앞서 인용된 꿈에서, 불량소년과 탁발승은 문자 그대로 성격의 불량한 측면과 종교적인 측면에 대한 상징으로 해석된다. Freud는 꿈의 원천인 무의식을 기본 충동과 욕망의 도가니로 보았으나, Jung에 있어서의 무의식은 본성의 일부로서, 앞서 인용된 꿈이 예시하듯이, 현재의 교착 상태에서 벗어날 수 있도록 우리를 인도하는 창조적인 힘이 될 수 있는 것이다.

꿈은, 우리가 자기의 어떤 측면들을 소홀히 해 왔으며 따라서 앞으로 어떤 측면과 접촉해야 하는지를 우리에게 말해 준다. 그렇다고 우리들이 우리 내부의 사악한 경향에 따라 살아가야 한다는 뜻은 아니다. 단지 그러한 경향들에 대해 알아야만 그것들을 통제할 수 있는 적절한 방법을 모색할 수 있다는 뜻이다.

3) 태도의 변화

건강과 성장—자기의 도달할 수 없는 목표—에 이르는 길을 개체화라고 한다. 어느 정도의 정신적 균형을 이루는 것뿐만 아니라, 대중문화의 목적이나 가치에 대한 일상적인 동조로부터 벗어나는 것도 개체화에 속한다. 즉, 자신의 개체적 방식을 발견하는 것을 의미하는 것이다. 각 개인의 진정한 본성은 보편적인 원형과 합치되는 점도 있지만, 그것은 또한 발견되어져야 할 잠재력과 독특한 경험에도 근거를 두고 있다.

이렇듯 생의 중반은 정신의 변환에 의해 두드러진다. 우리들은 외부세계를 정복하는데 쏟았던 에너지를 돌려서 내적 자기에 초점을 맞추도록 자극받으며 지금까지 실현되지 않은 채 방치되어 있던 잠재력에 대해 배우기 위해 귀를 기울이려는 내적 충동을 느낀다. 그리고, 이미 절반이 지나가 버린 생의 의미에 대해서도 의문을 제기하기 시작한다.

중년기부터 사람들은 점차 내면세계에 초점을 두기 시작하지만, 중년기 성인들은 아직도 자신의 외적 상황을 변화시킬 수 있는 에너지와 자원을 갖고 있다. 중년기의 성인들은 오랫동안 소홀히 해 왔던 계획과 흥미를 갖게 되고, 심지어는 이해하기 어려운 직업적인 변화를 꾀하는 경우도 종종 있다.

Jung이 관찰한 바에 의하면, 남녀 모두 자신의 상반되는 성적 측면에 대해 표현하기 시작하여 남자들은 여성적인 측면을, 그리고 여자들은 남성적인 측면을 나타낸다는 것이다. 남자들은 공격적인 야망을 덜 갖고, 대인 관계에 더 큰 관심을 기울이기 시작한다. 어느 선배는 저자에게 "당신도 나이가 듦에 따라 성취보다는 우정을 훨씬 더 소중히 여기게 될 겁니다."라고 말한 적이 있다. 반면에, 여성은 보다 공격적이고 독립적이 된다. 예를 들어 어떤 남자가 가업에 흥미를 잃었을 때, 그 아내는 그것을 기꺼이 인계받으려 한다. 남자와 마찬가지로 여자도 나이를 먹음에 따라 점차 내부지향적이 되지만, 공격적인 활동을 향한 열망이 이러한 일반적인 내적 방향을 일시적으로 상쇄시키거나 저지한다.

중년기에서의 변화는 결혼 생활에 문제를 초래할 수도 있다. 아내는 자기 나름대로의 사고적인 면을 발달시키려고 노력하기 때문에, 남편의 지적인 겸손에 싫증을 느낀다. 한편, 남편은 아내가 자신을 정서적으로 어린애 취급하는 데 반감을 느낀다. 그는 더 이상 자신의 변덕스런 기분에 따라 진정되거나 제멋대로 행동하는 사람이 되길 원치 않으며, 보다 성숙된 방식으로 감정과 인간관계의 영역을 탐색하고 싶어한다. 이러한 변화는 결혼 생활의 평형을 깨뜨릴 수 있다.

후반기 생에서의 성숙이 긴장과 어려움을 낳는다 하더라도, 성인이 생의 전반기에 가졌던 가치와 목표에 그냥 매달려 있게 되면 가장 큰 실패를 경험하게 된다. 이를테면, 중년 여인이 젊은 시절의 신체적 매력을 유지하기 위해 애쓴다거나, 중년 남성이 과거에 운동경기에서 상 받았던 일을 늘상 이야기하는 경우다. 인간은 자기의 무시되어 온 측면과 과감히 직면할 때만이 비로소 발전할 수 있기 때문에, 이러한 사람들은 더 이상 발달하지 못한다.

3. 노년기

Jung은 "사람들이 나이를 먹고 명상과 반성을 많이 하게 됨에 따라, 자연적으로 내적 이미지가 전에 없이 큰 비중을 차지하게 된다"고 말하였다. 사람들은 쌓아둔 기억들을 "노년기에 마음의 눈 앞에다 펼치기 시작한다." 노인은 죽음 앞에서 생의 본질을 이해하려고 애쓴다.

Jung은 내세에 대해 아무런 이미지도 갖고 있지 않은 사람들은 죽음을 건전한 방식으로 직면할 수 없다고 믿었다. 만약 "내가 2주 내에 내 머리 위에 무너져 내릴 집에 살고 있다면, 그 생각 때문에 나의 모든 생명기능은 상당히 손상될 것이다. 그러나 그와 반대로, 내 자신이 안전하다고 느낀다면, 거기서 정상적이고 편안하게 살 수 있다." Jung은, 노인에게 내세에 대한 생각을 가지라고 충고하는 것이 단순히 인위적인 진정제를 처방한 것이라고는 생각하지 않았다. 왜냐하면 무의식 자체는 죽음이 가까워 옴에 따라 내부에서 솟아나오는 영원에 대한 원형을 갖고 있기 때문이다.

Jung은 내세에 대한 원형적 이미지가 과연 타당한 것인가는 말할 수 없었지만, 그것을 정신기능의 중요한 부분이라고 믿었기 때문에 이에 대한 어떤 모습을 얻으려고 노력했다. 그는 원형적 이미지에 대한 이해를 하는데 있어 주로 자신의 마지막 꿈과 죽음을 앞둔 사람들의 꿈에 근거를 두고 있다. 그의 견해에서 영원에 대한 원형적 이미지는 쾌락주의적인 낙원의 이미지가 아니다. 대신에, 그는 새로 죽은 사람들로부터 생의 의미에 대한 정보를 얻으려고 넋을 잃고 강의에 귀를 기울이는 청중을 사자(死者)의 영혼에 비유하였다. 명백히, 사자들은 죽음의 순간에 그들이 알고 있었던 것밖에 모른다. "따라서 그들은 사람들로부터 지식을 얻기 위해 생으로 침투해 들어오려고 애쓴다. 우리들이 그들에게 또 운명의 신에게 어떤 대답을 하는지 들으려고 기다리면서, 우리의 등 뒤에 그들이 바로 서 있는 듯한 느낌을 나는 자주 갖는다." 그들은 생전에 얻지 못했던 자각을 죽어서라도 얻으려고 계속 노력하고 있다는 것이다.

Jung의 견해에서는 이와 같이, 사후의 생도 생 그 자체의 연속이다. 사자도 노인과 마찬가지로, 존재에 대한 물음과 계속 씨름한다. 그들은 생을 완전하게 만들고 또 거기에 의미를 부여하는 것이 무엇인지 궁금해 한다. 그들은, Erikson의 표현을 빌리면, 통합을 추구한다는 것이다. 이러한 물음이 계속된다고 보는 Jung의 관점은, 무의식을 유한한 생 이상으로 연장하여 우주의 긴장에 참여하는 그 무엇으로 보는 그의 이론과 잘 부합된다.

제16장

학습이론

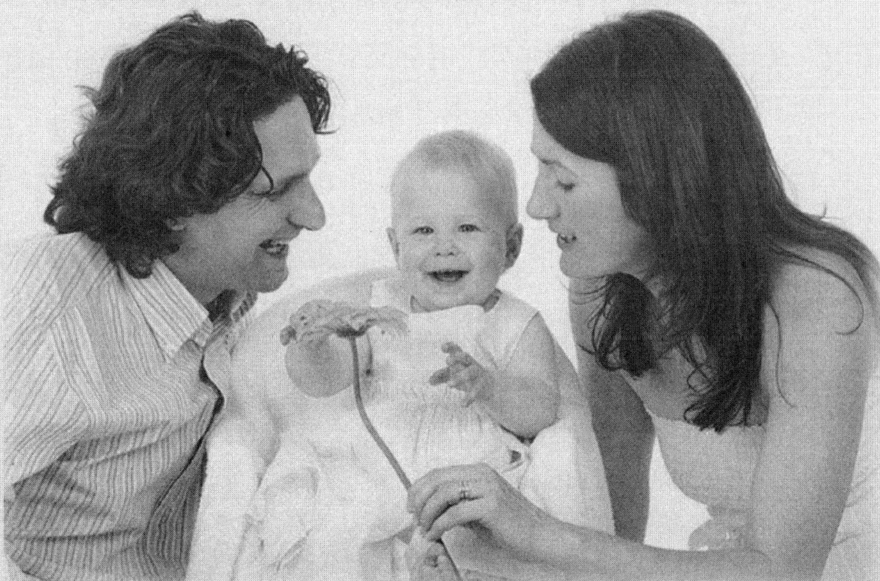

1. Pavlov의 고전적 조건형성
2. Watson의 정서의 조건형성
3. Skinner의 조작적 조건형성

1. Pavlov의 고전적 조건형성

현대 학습이론의 아버지는 러시아 출신의 Ivan Petrovich Pavlov(1849~1936)이다. 오랫동안 그는 생리적인 연구에 전념하였으며, 1904년에는 소화계통에 관한 연구로 노벨상을 받았다. 50세가 된 Pavlov가 그의 유명한 연구인, 조건반사에 대한 연구를 시작한 것은 상을 타기 바로 직전이었다.

1) 고전적 조건형성 모형

개를 어두운 방에서 함부로 날뛰지 못하도록 하는 장치에 매어 놓고 나서 전등을 켠다. 30초가 지난 후에는 음식을 개의 입에 넣어 주어 타액분비 반사를 유발한다. 이러한 절차를 몇 차례 반복하는데, 불빛이 켜질 때마다 음식을 준다. 한참 후에, 처음에는 타액분비와 아무런 관계가 없었던 불빛만으로도 타액분비 반응을 일으키게 된다. 이 개는 불빛에 대해 반응하도록 조건형성된 것이다.

Pavlov의 용어로 말하면 음식을 제시하는 것을 무조건 자극(US : unconditional stimulus)이라 한다. 즉, 동물로 하여금 음식에 대해 침을 분비하도록 조건형성시킬 필요가 없다. 이에 반해 불빛은 조건 자극(CS : conditional stimulus)이다. 즉, 침을 분비하도록 하려면 조건형성이 필요하다. 음식에 대해 침을 분비하는 것을 무조건 반사(UR : unconditional reflex), 불빛에 대해 침을 분비하는 것을 조건 반사(CR : conditional reflex)라 하며, 이러한 과정을 고전적 조건형성이라 부른다.

이 실험에서 독자들이 주목해야 할 점은, CS가 US보다 먼저 주어진다는 것이다. 즉, Pavlov는 음식을 제시하기 전에 불빛을 먼저 주었다. 그가 제기한 의문점 중의 하나는, 이것이 조건형성시키는데 가장 좋은 순서인가 하는 것이었다. 그와 그의 제자들은 위에 말한 순서가 맞다는 것을 발견하였다. CS가 US 후에 주어지면 조건형성이 되기가 상당히 어렵다. 최근의 연구들은 CS가 US보다 0.5초 가량 먼저 주어졌을 때 조건형성이 가장 잘 이루어진다는 사실을 시사해 주고 있다.

2) 소거

조건형성이 한 번 이루어졌다고 해서 조건자극이 계속해서 영원히 작용하는 것은 아니다. 예를 들면 Pavlov는, 비록 불빛을 타액분비를 위한 CS로 만들 수는 있으나 만약 음식 없이 불빛만 몇 번 제시하면 불빛은 그 효과를 잃기 시작한다는 사실을 발견했다. 침의 분비량은 점점 적어져 마침내는 전혀 분비되지 않는다. 이 때가 바로 소거(extinction)가 일어난 때인 것이다.

또한, 비록 조건 반사가 소거된 것처럼 보이지만, 보통 자발적 회복(spontaneous recovery) 현상도 있다는 사실을 발견했다. 예를 들면, 한 실험에서 개로 하여금 음식을 보는 것만으로, 즉 CS에 침을 분비하도록 훈련시켰다(전에는 음식이 입 안에 있을 때만 침을 분비하였다). 다음에는 CS만을 3분 간격으로 6번 주었는데, 6번째에는 이미 침을 분비하지 않았다. 따라서 반응은 소거된 것처럼 보였다. 그러나, 실험이 중단된 2시간 후에 CS만을 주었는데도 다시 상당량의 침을 분비하였다. 따라서 이 반응은 자발적으로 회복된 것이다. 만일 CS와 US를 주기적으로 다시 짝지어 주지 않으면서 이 반응을 계속 소거시키기만 한다면 이 자발적 회복 효과도 사라질 것이다.

3) 자극일반화와 변별

(1) 자극일반화

비록 하나의 반사가 단 하나의 자극에만 조건형성될지라도, 그 특정 자극만이 그 반사를 유발하는 것은 아니다. 반응은 더 이상의 조건형성을 시키지 않더라도 비슷한 자극들에 대해 자극일반화(stimulus generalization)되는 것 같다.

예를 들면, 어떤 음조의 종소리에 침을 분비하도록 조건형성된 개는 다른 음조의 종소리에도 또한 반응한다. 유사한 자극이 반응을 생성해 내는 능력은 원래의 CS와 유사한 정도에 따라 다르다. Pavlov는, 그 자신이 확연(擴延, irradiation)이라고 명명한 기저 생리적 과정 때문에 자극일반화가 일어난다고 믿었다. 최초의 자극은 뇌의 특정 부위를 흥분시키고, 이것은 다시 대뇌의 다른 부위에 확연 또는 확산된다는 것이다.

(2) 변별

처음의 일반화는 차차 분화과정으로 대치된다. 예를 들면, 만일 다른 음조의 종을 계속 울린다면(음식은 주지 않고), 개는 원래의 CS에 가장 가까운 음조에만 국한하여 좀더 선택적으로 반응하게 된다. 또한, 한 음조의 소리에는 음식을 주고 다른 음조에는 음식을 주지 않음으로써 능동적으로 변별(discrimination)을 일으킬 수도 있다. 이를 자극변별 형상이라 부른다.

4) 고차적 조건현성

Pavlov는 일단 개를 CS에 확고하게 조건형성시키면 이 CS만을 가지고 또다른 중성자극에 연결시켜 조건형성시킬 수 있다는 것을 보여 주었다.

예를 들면, 한 실험에서 Pavlov의 제자는 개로 하여금 종소리에 침을 분비하도록 훈련시킨 다음, 종소리만 검은 사각형과 짝을 지어 제시했다. 많은 시행 후에는 검은 사각형만으로도 타액분비 반응을 일으켰다. 이것을 2차 조건형성이라 한다. Pavlov는 3차 조건형성(higher order conditioning)도 어떤 경우에는 가능하다는 사실을 알았으나 그 이상은 하지 못했다.

2. Watson의 정서의 조건형성

Pavlov식 원리를 심리학 주류의 일부로 만드는 데 가장 큰 공헌을 한 사람은 John B. Watson(1878~1958)이다.

1913년에 Watson은, 「행동주의 입장에서 본 심리학」이라는 선언문을 발표함으로써 심리학에 큰 영향을 미쳤다. Watson은 이 논문에서, 과학으로서의 심리학에는 내성법에 의한 의식의 연구가 들어설 자리가 없다고 주장했다. 심리학은 "의식 · 정신상태 · 마음 · 만족 · 내성적으로 검증 가능한 상상 등과 같은 용어들"을 버려야 하며, 그 대신에 "행동의 예언과 통제"를 심리학의 목표로 삼아야 한다고 주장했다.

특히, 심리학은 자극 · 반응 · 습관형성만을 연구해야 하며, 이렇게 함으로써 심리학은 다른 자연과학과 마찬가지로 과학이 될 수 있다고 주장했다.

1년 후에 그는 조건 반사에 대한 Pavlov와 러시아 사람들의 연구를 읽고 Pavlov식 조건형성을 사고의 초석으로 삼았다. 그리하여 1918년에는, 어린 아동에 대한 연구를 시작하여 발달의 문제에 학습원리를 적용시킨 최초의 주요한 심리학자가 되었다.

1) 환경론적 입장

Watson이 비록 생리적인 반응을 연구했다고는 하지만, 그는 기본적으로 환경론자였다. 그의 저서 「행동주의」에서 그는 다음과 같은 유명한 제안을 하였다.

> "나에게 12명의 건강한 유아들과, 그들을 키울 잘 형성된 나 자신만의 특수한 세계를 제공해 준다면, 나는 그들 중 아무라도 택하여 훈련시켜 내가 원하는 유형의 전문가

—그들의 재능이나 기호, 성향, 능력, 소질, 그리고 인종에 관계 없이 의사나 법률가, 예술가, 상인, 장관뿐만 아니라 거지, 도둑에 이르기까지—로 만들 수 있다고 장담할 수 있다."

2) 정서의 조건형성

(1) 조건자극과 정서반응

Watson의 주요 관심사 중의 하나는 정서의 조건형성이었다. 그의 주장에 의하면, 출생 직후에는 학습되지 않은 세 가지 정서반응—즉 공포, 분노, 사랑—만이 있다고 한다. 사실, 우리가 관찰할 수 있는 것이라곤 세 가지의 서로 다른 신체반응뿐이나 그것들을 간략히 정서라고 부르는 것이다.

1 공포

Watson에 의하면 공포를 느낀 유아는 갑자기 움찔거리거나 깜짝 놀라고, 숨을 가쁘게 쉬며, 주먹을 꼭 쥐고, 눈을 꽉 감거나 뒹굴고, 우는 등의 행동을 한다. 공포를 일으키는 무조건 자극은 단 두 가지 뿐이다. 하나는 갑작스런 소음이고, 다른 하나는 신체를 지탱하는 힘을 상실할 때(아기의 머리가 갑자기 뒤로 젖혀지는 경우처럼)이다. 좀더 나이든 아동들은 낯선 사람, 쥐, 개, 어둠 등과 같은 다양한 종류의 것들도 무서워한다. 그러므로 공포반응을 일으키는 대부분의 자극은 학습된 것임에 틀림없다. 예를 들면, 어린 소년이 뱀을 무서워하는 것은 그가 뱀을 볼 때마다 비명 소리에 놀랐기 때문이다. 즉, 뱀이 조건 자극이 된 것이다.

2 분노

분노란, 처음에는 학습되지 않은 반응으로서 신체동작을 구속하는데 대한 반응이다. 예를 들어, 만약 2세 된 여아를 붙들어서 가고 싶은 곳으로 못가게 하면, 그녀는 소리를 지르고 몸을 경직시키기 시작한다. 길 한가운데서 막대기처럼 뻣뻣하게 주저앉아 버린 채 얼굴이 새파랗게 질릴 때까지 고함지른다. 비록 분노가 처음에는 한 상황-강제로 붙잡혀 있는-에 대한 반응이지만 나중에는 다른 여러 상황에서도 나타난다. 즉, 아동들은 세수를 하라거나, 변기에 앉으라거나, 옷을 벗으라거나, 목욕을 하라는 등의 말을 들을 때에도 화를 내게 된다. 이와 같은 명령들은, 그러한 상황과 신체적 구속 사이에 연합이 되기 때문에 분노를 일으키게 된다. 예를 들면, 옷을 벗으라는 말에 아동은 화를 내는데, 이는 이 명령이 처음에 강제로 붙잡혀 있던 상황과 연합되기 때문이다.

3 사랑

사랑이란, 처음에는 피부를 쓰다듬거나, 간지럽히거나, 가볍게 흔들거나, 톡톡 건드림으로써 자동적으로 일어나는 반응이다. 이 때 아기는 미소짓거나, 소리내어 웃거나, 즐거운 소리를 내기도 하며, 우리가 보기에 다정하고 유순하며 상냥한 반응들을 한다. 비록 Watson이 Freud의 이론을 빌려온 것은 아니지만, 그런 반응들은 "특히 젖꼭지, 입술, 성기와 같은 소위 성감대라고 부를 수 있는 부위를 자극함으로써 유발하기 쉽다"는 것에 주목하였다.

유아는, 처음에는 어떤 특정인에게 애정을 느끼지 않지만 곧 애정을 느끼도록 조건형성된다. 엄마의 얼굴은 흔히 아기 자신을 톡톡 건드려 주거나, 흔들어 주거나, 간지럽혀 주는 행동과 함께 나타나므로, 엄마의 얼굴은 그 자체로서 엄마에 대해 좋은 감정을 일으키는 조건 자극이 되는 것이다. 후에는, 어떤 식으로건 엄마와 연합된 사람들이면 모두 이와 같은 반응을 일으키게 된다. 그러므로, 타인에 대한 부드럽거나 긍정적인 감정은 2차 조건형성을 통해 학습되어진다.

(2) 공포 조건형성의 실험

사실, 정서에 관한 Watson의 대부분의 글들은 매우 사색적이었으며 게다가 비체계적인 사색이었다. 그의 말에 따르면 세 가지의 기본정서는 다른 여러 자극에도 연합되며, "이러한 반응들과 이것들의 변형들에 덧붙여진 것들이 매우 많다"고 말하였다. 그러나 이 이후의 정서발달이 어떻게 발생하는지에 관해서는 거의 언급하지 않고 있다. Watson의 독특한 점은 그가 한 실험연구인데, 그의 주요 실험은 Albert라고 불리우는 11개월된 유아의 공포 조건형성에 대한 것이다.

Watson은 Albert가 흰쥐에 대해 공포를 갖도록 조건형성시킬 수 있는지 알아보고자 했다. 실험의 시초에 Albert는 그러한 공포를 보이지 않았다. 그 후, 네 번에 걸쳐 쥐를 보여주면서 그와 동시에 Albert의 머리 뒤에서 막대기를 세게 두드려 놀라는 반응을 일으켰다. 다섯 번째 시행에서, Albert는 쥐만 보고도 얼굴을 찡그리고 울면서 움츠렸다. 즉, 그는 쥐를 두려워하도록 조건형성된 것이다. 보다 충분하게 하기 위해서 다시 두 번 더 쥐와 큰 소리를 함께 제시하고, 다음 시행에서는 쥐만 제시했더니 Albert는 울면서 되도록 빨리 먼 곳으로 기어가려고 애썼다.

며칠이 지난 후에 Watson은 자극일반화에 대해 조사했다. 그들은, Albert가 여러 사물들을 갖고 놀지만 털이 난 것은 모두 무서워하는 것을 발견했다. 즉, Albert는 토끼나 개, 털코트, 면화솜, 산타할아버지 가면 등을 볼 때마다 안달하면서 울었다. 그런데, 전에는 이러한 것들을 무서워해 본 적이 없었다. 따라서 Albert의 공포는 털이 있는 모든 대상에 일반화된 것이다.

3. Skinner의 조작적 조건형성

B. F. Skinner(1905~1990)는 펜실바니아의 Susquehanna의 조그만 마을에서 태어났다. Skinner도 Watson처럼 엄격한 행동주의자이다. 그는 심리학이 애매한 정신상태(목표, 욕구, 목적 등과 같은)를 나타내는 용어를 써서는 안 되며, 그대신 명백한 외형적 행동의 연구에만 한정되어야 한다고 믿었다. 이에 덧붙여 Skinner는 Watson과 마찬가지로 환경론자이다. 즉, Skinner도 유기체가 유전적 자질을 갖고 태어난다는 것을 인정하지만, 그는 주로 환경이 어떻게 행동을 통제하는지에

관하여 관심을 가졌다. 1948년에는 자신의 조건형성 원리에 기초하여 이상사회를 묘사한 「Walden Two」라는 소설을 출판했다.

1) 조작적 행동

Watson과는 대조적으로, Skinner가 연구한 조건형성의 주요 모델은 Pavlov식 조건형성이 아니다. Skinner의 말에 의하면, Pavlov가 연구한 조건형성은 반응적 행동에 관한 것이다. 이러한 행동은 이미 알려진 자극에 의해 자동적으로 유발되는 반응이다. 예를 들면, 음식섭취는 자동적으로 타액분비를 유발하며, 큰 소리의 소음은 자동적으로 놀라는 반응을 유발한다. 대부분의 반응적 행동들은 대개 단순한 반응들이다.

Skinner가 가장 흥미를 느낀 두 번째 부류의 행동은 조작적 행동이라 불리운다. 조작적 행동에서는, Pavlov의 개처럼 동물을 우리 안에서 묶어 놓지 않고 자유롭게 움직이게 하여 환경에 대해 '조작을 하도록' 한다. 예를 들면, Thorndike가 행한 초기 실험에서 퍼즐상자 안에 있는 고양이는 냄새를 맡거나 발톱으로 할켜보고 높이 뛰기도 하다가 우연히 걸쇠를 당기는 반응을 하게 되며, 이로 인해 음식을 얻어 먹게 된다.

따라서 이러한 성공적인 반응은 다시 일어날 가능성이 커진다. 이러한 경우, 이 반응을 자동적으로 유발한 사전 자극을 언제나 찾아볼 수는 없다. 오히려 동물은 반응을 방출하고, 그 중 어떤 반응들은 유리한 결과를 가져오기 때문에 미래에도 일어날 가능성이 더 많아진다. Skinner의 용어로 말하면, 행동은 그 행동 뒤에 나타나는 강화자극에 의해 통제된다.

조작적 조건형성을 연구하기 위해서, Skinner는 'Skinner상자'라 불리우는 장치를 만들었다. 이것은 작은 상자인데, 이 안에서 동물은 마음껏 돌아다닐 수 있도록 되어 있다. 한쪽 구석에는 지렛대가 있고, 이것을 누르면 자동적으로 먹이조각이나 물이 나온다. 쥐와 같은 동물은 처음에는 이리저리 돌아다니다가 마침내 지렛대를 누르게 되고, 그럼으로써 보상을 받게 된다. 시간이 흐름에 따라 동물은 지렛대를 더 자주 누른다. Skinner에 의하면, 가장 중요한 학습의 척도는 반응률이다. 즉, 반응이 강화되면 반응의 발생률은 증가한다. Skinner의 장치에서, 지렛대를 누르는 것은 자동적으로 그래프에 기록되므로 실험자가 장시간 동안 그 옆에 있을 필요가 없다. 그 자료는 학습곡선으로 나타나기 때문이다.

Skinner는 조작적 행동이 반응적 행동에 비해 인간생활에서 훨씬 더 중요한 역할을 한다고 믿고 있다. 이를 닦거나 차를 운전하거나 책을 읽을 때, 우리의 행동이 특정 자극에 의해 자동적으로 유발되는 것은 아니다. 예를 들어, 밝은 불빛이 자동적으로 눈을 깜박이게 하는 것과는 달리 책을 단지 쳐다보는 것만으로 독서반응이 유발되는 것은 아니다.

우리는 과거에 경험한 독서의 결과에 따라 책을 읽을 수도 있고, 읽지 않을 수도 있다. 만약 책을 읽음으로써 좋은 성적과 같은 보상을 받았다면, 우리는 그러한 행동을 할 가능성이 더 커진다. 즉, 행동은 그 행동의 결과에 의해 결정된다.

2) 조건형성의 원리

(1) 강화와 소거의 원리

Skinner학파 학자들은 많은 실험을 통해, 유아기에서부터 시작하여 인간의 행동은 강화자극에 의해 통제될 수 있다는 것을 보여 주었다. 예를 들면, 유아들은 빨아서 달콤한 액체를 먹게 되면, 달콤하지 않은 액체를 빠는 것보다 빠는 반응률을 증가시킨다. 이와 마찬가지로, 유아의 미소나 발성률도 그 행동에 대해 실험자가 미소를 짓거나, 토닥거려 준다거나, 주의를 기울여 주는 등의 보상과 관련시킴으로써 증가시킬 수 있다.

이와 같은 실험에서, 실험자는 여러 가지 다른 종류의 강화물들을 다루게 된다. 음식이나 고통제거 같은 강화물들은 1차 강화물이며, 이들은 '자연적인' 강화속성을 갖고 있다. 이와는 달리, 성인의 미소나 칭찬 또는 주의를 기울여 주는 것 같은 강화자극을 조건형성된 강화물이라 한다. 이들의 효과는 1차 강화물과의 빈번한 연합에 의해서 나타나는 것이다.

조작적 행동도 반응적 행동과 마찬가지로 소거되기 쉽다. 예를 들면, 아동들은 "단지 주의를 끌기 위해서" 어떤 짓들을 하기 때문에, 지나치게 울거나 격렬한 투정을 하는 것과 같은 바람직하지 않은 행동들은 그러한 일이 발생할 때마다 주의를 기울여 주지 않고 계속 내버려 둠으로써 소거시킬 수 있다.

한편, 분명히 소거된 것처럼 보이는 조작적 행동도 자발적 회복을 보일 수 있다. 예를 들면, 주의를 기울여 주지 않음으로써 소거되었던 격렬한 투정은 새로운 상황에 놓여지게 되면 다시 또 나타나기 시작한다. 그러므로 이러한 행동은 더 소거되어져야 한다.

(2) 즉시강화의 원리

강화의 즉각성은 Skinner는, 반응에 대해서 즉시 강화해 줄 때 그 반응률이 가장 높아진다는 것을 발견하였다. 예를 들면, 쥐는 지렛대를 누르고 나서 그 즉시 먹이알을 받아 먹게 될 때에만 지렛대를 누르는 율이 높아진다. 이 원리는 아동양육에 있어서 중요한 것이다. 예를 들면, 만약 어떤 아버지가 그의 아들이 슬리퍼를 갖다 줄 때마다 즉시 기쁨을 표시하면, 이 아이는 다음 날도 그 행동을 반복할 것이다. 그러나, 만약 아버지가 무엇인가에 정신을 빼앗겨서 아들의 행동을 강화하는 것을 한동안 연기했다면, 이 아이의 행동은 증가되지 않을 것이다. 사실, 강화되는 것은 강화받는 순간의 행동이다. 예를 들면, 만약 강화받는 순간에 아들이 벽돌을 쌓고 있었다면, 강화되는 것은 슬리퍼를 가져다 주는 행동이 아니라 벽돌을 쌓는 행동이다.

(3) 변별자극의 원리

변별자극은 우리는 조작적 조건형성이, 반응을 일으키는 처음 자극을 염두에 두지 않고서도 설명될 수 있다고 말했다. 이것은 사실이지만, 그렇다고 하여 이와 같은 자극들이 중요하지 않다는 뜻은 아니다. 반응에 선행하는 자극은 그 반응에 대한 상당한 통제력을 가질 수도 있다.

예를 들면, Skinner는 비둘기가 목을 뻗칠 때마다 강화를 주었다. 이때 Skinner는, 비둘기가 목을 뻗치도록 한 처음 자극에 대해 전혀 아는 바가 없었다. 그는 단지 비둘기가 그러한 반응을 방출하기를 기다려서 강화를 주었을 뿐이다. 그러나 다음에는, 신호불빛이 켜졌을 때만 그 반응에 대해 강화를 주었다. 몇 번 그렇게 한 후에, 비둘기는 불빛이 꺼졌을 때보다는 켜졌을 때 더 자주 목을 뻗쳤다. 즉, 불빛은 변별자극이 된 것이다. 불빛은 행동에 대한 강화가 주어지는 때를 나타내기 때문에 그 행동을 통제하게 된 것이다.

Skinner는 일상의 행동이 어떻게 변별자극과 결합되는지를 보여주는 많은 예를 들고 있다. 과수원의 경우, 빨갛게 익은 사과는 달고 그렇지 않은 다른 것들은 시다고 할 때, 빨간색은 따서 먹으면 바람직한 결과가 나온다는 것을 알려주는 자극이 된다. 이와 마찬가지로 어떤 사람이 미소지었을 때 그에게 접근하면 긍정적인 반응을 얻게 되리라는 사실을 우리는 알게 된다. 찡그렸을 때 접근하면 거절과 같은 혐오적인 결과를 얻는다. 이것이 사실인 한, 타인의 얼굴표정은 우리가 그에게 접근할 가능성을 통제하는 변별자극이 된다.

비록 변별자극이 상당한 통제를 하긴 하지만, 이러한 통제가 반응적 조건형성에서처럼 자동적인 것은 아니다. Pavlov의 실험에서는, 먼저 주어진 자극이 반응을 자동적으로 유발한다. 그러나 조작적 조건형성에서는 그러한 자극은 반응이 일어날 가능성을 높게 할 뿐이다.

(4) 일반화의 원리

반응적 조건형성에서처럼 조작적 조건형성에도 자극일반화 과정이 있다. 아버지를 보면 '다다'라고 말하고 엄마나 형제를 보면 그러지 않도록 강화받은 어떤 영아가 있다고 하자. 여기서 아버지는 변별자극인 것이다. 그러나 이 영아가 길거리에서 만난 낯선 어른에게도 '다다'라고 말하는 것은 흔히 있을 수 있는 일이다.

즉, 자극이 일반화된 것이다. 이때 부모는 그 영아가 제대로 구별하도록 가르쳐야 한다. 부모는 이 영아가 아버지를 보고 '다다'라고 말하면 '옳지'라고 말해 주지만, 다른 어른을 보고 그럴 때는 그렇게 해 주지 않는다.

마찬가지로 반응 일반화도 볼 수 있다. 예를 들면, 말을 할 때 어떤 단어의 복수형을 사용하는 것에 대하여 강화받은 아동들은 강화받은 적이 없는 다른 단어의 복수형도 말하곤 한다. 즉, 강화는 특정 반응뿐 아니라 동일한 일반적 부류의 다른 반응에도 영향을 미친다.

(5) 행동조성의 원리

조작적 행동은 실무율(all or nothing)적으로 습득되어지는 것은 아니며, 보통 조금씩 점진적으로 학습된다. Skinner는, 비둘기에게 벽면의 한 지점을 쪼도록 학습시키는 것도 점진적으로 조성(shaping)되어져야 한다는 것을 보여주고 있다. 만약 우리가 비둘기를 상자에 넣고 그 지점을 쫄 때까지 기다린다면, 며칠 또는 몇 주일을 기다려야 될지도 모른다. 오랫동안 비둘기는 그 지점 근처에도 가지 않는다. 그러므로, 우리는 비둘기의 행동을 조성해야 한다. 먼저, 비둘기가 그 지점을 향해 돌아설 때 먹이를 준다. 그러면 이 행동의 빈도가 증가한다. 다음에는 그 방향으로 약간 움직일 때까지 먹이 주는 것을 보류한다. 이렇게 하여 비둘기가 벽면 앞에 다가갈 때까지 계속 강화해 준다. 이렇게 되었을 때 우리는 비둘기의 머리 움직임을 강화할 수 있게 되는데, 처음에는 앞으로 움직이기만 해도 먹이를 주다가 결국에 가서는 실제로 그 지점을 쪼았을 때만 강화한다. 이러한 과정을 통하여 우리는 점차 원하는 반응을 조성한다. 조성은 또한 '점진적 접근법'(method of approximations)이라고도 일컫는데, 이는 원하는 반응에 점점 더 접근할 때마다 강화가 주어지기 때문이다.

우리는 이와 같은 점진적 조성과정으로 여러 가지 기술을 가르친다. 예를 들면, 한 소년에게 야구 방망이를 휘두르는 것을 가르칠 때, 그가 방망이의 손잡이를 올바르게 쥐면 '좋아'라고 말해 준다. 그 다음에는 방망이를 어깨 위의 올바른 위치로 들었을 때 '옳지'라고 말해 준다. 그리고 나서 발자세, 수평으로 휘두르기 등으로 옮겨 가면서 점차적으로 완전한 행동을 조성한다.

(6) 행동연쇄의 원리

비록 행동이 점진적으로 조성된다고는 하지만, 결국은 좀더 길고 통합된 반응연쇄(response chains)로 발달한다. 예를 들어 야구에서의 타격행동을 보면, 방망이를 들고 올바르게 잡고 발자세를 취한 후, 공이 제대로 오는 것을 쳐다보고, 방망이를 휘두르고, 베이스로 달려가는 등의 일련의 행동들이 포함된다. Skinner학파 학자들은 이러한 각 단계를 강화와 자극의 관점에서 보려 했다. 방망이 가까이 가는 것은 그것을 잡는 것으로 강화되고, 이것은 다음 행동, 즉 올바로 잡는 것에 대한 자극이 된다.

일단 손으로 방망이를 잡으면, 올바르게 잡았다는 '느낌'을 갖게 된다. 이 '느낌'이 바로 강화이며 이는 또한 다음 행동, 즉 방망이를 어깨 위로 끌어올리는 행동을 유발한다. 잠시 후에는, 방망이로 공을 바르게 쳤다는 감각이 방망이를 휘두르는 행동을 강화하고 이것이 또한 다음 행동, 즉 베이스로 달려가는 행동을 유발한다. 소년이 좋은 타자가 되면, 이러한 모든 순서는 유연하고 통합된 양식으로 행해진다.

(7) 강화계획의 원리

Skinner는 우리의 일상 행동이 매번 연속적으로 강화되는 경우는 드물고, 대신 간헐적(intermittently)으로 강화된다는 것을 관찰했다. 우리는 스키를 타러 갈 때마다 항상 스키타기에 좋은 눈을 발견하는 것은 아니며, 파티에 갈 때마다 항상 재미있는 것도 아니다. 따라서 Skinner는 여러 가지의 간헐적 강화계획의 효과에 대해 연구했다.

간헐적 강화가 고정간격(fixed interval) 계획에 의해 주어질 경우, 유기체는 특정한 시간이 지난 후의 첫 반응에 대해 강화를 받는다. 예를 들면, 비둘기는 원판을 쫀 후에 먹이를 받으나, 그 다음에 쪼는 행동이 강화를 받으려면 3분을 기다려야 하며, 그 다음에 또다시 3분을 기다려야 하는 과정이 계속된다. 이 계획하에서의 반응률은 대체로 낮다. 높은 반응률은 고정비율(fixed ratio) 계획 때 얻어지는데, 예를 들어 비둘기는 항상 5번씩의 쪼는 반응 후에야 먹이를 받게 된다. 그러나 이 두 가지 계획 모두에서, 반응은 강화 후에 잠시 뜸해진다. 이것은 마치 비둘기가 다음 강화까지는 아직 멀었다는 것을 알고 있는 것 같이 보인다. 학생들은 흔히 학기 말 리포트를 완전히 쓴 직후에 이런 효과를 경험하게 되는데, 이 때는 또다른 숙제를 시작하는 일이 힘들게 된다.

고정계획에 의해 반응이 뜸해지는 것은 강화를 예상할 수 없는 방식으로 변동시키면 피할 수 있다. 변동간격(variable interval) 계획하에서는, 평균적으로 볼 때는 일정 시간 후에 강화가 주어지는 것이지만 그 간격은 여러 가지의 간격으로 되어 있어 일정하지 않다. 변동비율(variable ratio) 계획하에서는 보상을 받기에 필요한 반응의 수를 변동시킨다. 이 두 계획을 적용하면, 유기체는 계속적으로 높은 반응률을 보이는데, 특히 변동비율 계획하에서 그렇다. 보상이 언제 주어질지 모르기 때문에 유기체는 계속적으로 반응하게 된다.

Skinner의 가장 중요한 발견들 중의 하나는, 연속적으로 강화된 행동에 비해 간헐적으로 강화된 행동은 더 소거되기 힘들다는 사실이다. 이것은 많은 아동들의 좋지 않은 행동이 왜 제거되기 어려운가에 대한 이유이기도 하다. 예를 들어, 우리는 아동의 칭얼대며 조르는 행동을 항상 묵살할 수 있을는지는 모르나, 만약 가끔 한 번씩 들어주게 되면 이 아이는 계속 그런 행동을 유지하게 된다.

만약 바람직한 행동을 가르치고자 한다면, 처음에는 연속적인 강화를 주는 것으로 시작하는 것이 가장 효과적이다. 이러한 방식이 행동을 처음 시작하게 하는데 가장 효과적이기 때문이다. 그러나, 그 행동을 또한 오래 지속시키고 싶다면, 어떤 시점에서부터는 간헐적 강화계획으로 바꾸어야 한다.

(8) 벌의 원리

지금까지 우리는 정적(正的, positive) 강화(음식이나, 주의를 기울여주는 것, 칭찬과 같은)

를 통하여 행동을 통제하는 방식에 관해 논의해 왔다. 그러나, 부적(負的) 강화(negative reinforcement)나 또는 벌(punishment)을 통해서도 행동을 통제할 수 있다. 기법상으로 볼 때, 부적 강화와 벌은 다른 것이다. 부적 강화란 혐오자극을 제거하는 것을 말한다. 이러한 방식으로 인해 기본적으로 강화되는 것은 혐오자극으로부터 도피하려는 경향인데, 이러한 예는 물 속에 뛰어들므로써 친구들로부터의 조롱을 피하는 것을 학습하게 되는 소녀에게서 볼 수 있다.

다른 한편, 벌을 줄 때는 그 행동을 강화하려는 것이 아니라 제거하려는 것이다. Skinner의 생각에 따르면, 벌은 "현대 생활에서 가장 보편적인 통제 기법이다. 이러한 유형은 잘 알려져 있다. 만약 어떤 사람이 당신이 원하는 대로 행동하지 않으면, 때려 눕혀라. 아이가 못된 짓을 하면, 두들겨 주어라. 어떤 나라의 국민이 못된 짓을 하면, 폭격해 버려라."

그러나 벌이 항상 효과적으로 작용하는 것은 아니다. 초기 실험에서, Skinner는 쥐가 지렛대를 누를 때마다 벌을 주었더니(지렛대가 뒤로 넘어갔다가 쥐의 다리를 세게 때리도록 하였다), 그 반응이 단지 일시적으로 억제된다는 사실을 발견했다. 결국, 벌은 소거보다 결코 반응을 더 빨리 제거하지 못했다. 이러한 발견은 일상생활에서도 마찬가지다. 부모가 아이를 때리면 한 동안은 잘하지만, 그 아이의 못된 행동은 후에 다시금 나타난다.

Skinner는 벌주는 것을 반대하는데, 벌이 원치 않는 부작용을 유발하기 때문이다. 예를 들면, 학교에서 꾸지람을 들은 아이는 곧 자신을 억제하거나 갈등을 겪는 것처럼 보인다. 아이는 두려운 결과 때문에 공부하는 것과 공부를 피하려는 것 사이에서 갈피를 못잡는다. 이 아이는 공부를 시작했다가는 그만 두거나, 마음이 산란해지고, 서투른 행동을 하게 될지도 모른다.

Skinner는, 아동들을 벌주는 대신에 소거시키려고 노력하는 것이 좋다고 권고한다. "만약 어떤 아동의 행동이 단지 부모를 화나게 함으로써 강화되어 왔다면, 이제 부모가 더 이상 화를 내지 않고 그대로 버려두면, 그 행동은 사라질 것이다."

제17장

Bandura의 사회학습이론

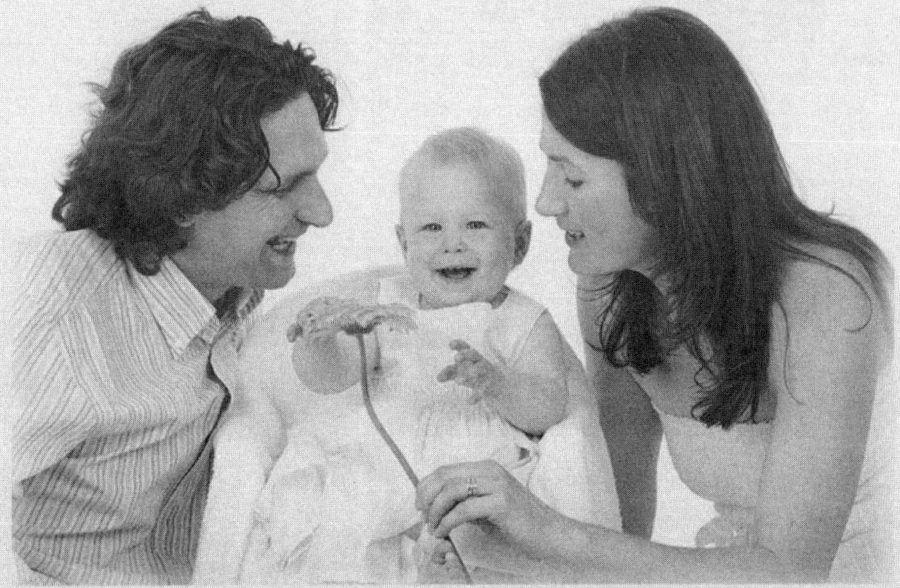

1. 관찰학습
2. 사회화 과정

Albert Bandura는 캐나다의 Alberta 지방에서 1925년에 태어났다. Bandura는, 우리는 사회적 상황 속에서 모방을 통하여 많은 것을 학습한다고 주장했으며, 행동수정의 개척자 중의 한 사람으로 그리고 공격성이론에서 명성을 얻고 있는 학자로 인정받고 있다.

1. 관찰학습

1) 관찰학습과 모델

Skinner이론에서 보면, 학습은 흔히 유기체를 배우기 위해서는 행동해야만 하는 점진적인 과정으로 보인다. 유기체는 반응을 방출하며, 이 반응은 점차로 그 반응의 결과에 의해 조성되어진다. 그러나 Bandura는, 사회적 상황 속에 있는 사람들은 단순히 다른 사람들의 행동을 관찰함으로써 훨씬 더 빨리 학습한다고 주장한다. 예를 들면, 아동들이 새 노래를 배우거나 그들의 부모를 흉내낸 소꿉놀이를 할 때, 이들은 종종 새로운 행동의 긴 계열을 즉각적으로 재현한다. 그들은 단지 관찰만으로 새로운 행동의 큰 부분들을 순식간에 획득하는 것처럼 보인다.

관찰은 또한 새로운 행동이 가져올 가능한 결과도 알려 준다. 즉, 우리는 다른 사람들이 새로운 행동을 시도할 때 어떤 결과가 나타나는지를 보게 된다. Bandura는 이러한 과정을 대리적 강화라고 부른다. 대리적 강화 역시 하나의 인지적 과정이다. 우리는 자신이 어떤 직접적인 행동을 하지 않고도 우리 자신의 행동의 결과에 대해 예상할 수 있다.

우리는 많은 종류의 모델을 통하여—살아있는 모델뿐 아니라 텔레비전을 보건, 책에서 읽는 것과 같은 상징적 모델을 통하여—학습한다. 상징적 모델의 또다른 형태는 언어적 지시인데, 예를 들어 운전교습소에서 강사가 우리에게 운전하는 행동을 묘사할 때와 같은 경우다. 이런 경우, 우리는 강사의 시범과 더불어 언어적 묘사에 의해 알아야 할 대부분의 것들을 배운다. 이것은 참 다행스러운 일이다. 왜냐하면, 만일 전적으로 우리 자신의 행동에 의해서만 운전을 배워야 한다면, 우리들 중 살아남는 사람은 거의 없을 것이기 때문이다.

2) 관찰학습의 4부분 모형

(1) 주의과정

무엇보다 먼저, 모델에 주의를 기울이지 않는다면 모델을 모방할 수 없다. 모델들은 특색이 있으며, 성공이나 명성, 세력, 그리고 다른 매력적인 특성들을 갖추고 있기 때문에 흔히 우리의 주의를 끈다. 특히 텔레비전은 매력 있는 특성들을 갖춘 모델을 성공적으로 제시하여 우리의 생활에 지대한 영향을 준다.

주의는 또한 관찰자의 욕구와 흥미 같은 심리적 특성들에 의해 좌우된다. 그러나 이러한 변인에 대해서는 별로 알려진 것이 없다.

(2) 파지과정

흔히는 모델을 관찰한 후 어느 정도의 시간이 지난 다음에 그 모델을 모방하기 때문에, 모델의 행동을 상징적인 형태로 기억하는 어떤 방식을 가져야만 한다. Bandura는 이러한 상징적 과정을 자극연합(stimulus contigency) ― 즉, 동시에 발생하는 자극들 사이의 연합 ― 이라는 용어로 설명했다. 예를 들면, 한 남자가 새로운 도구인 드릴을 사용하고 있다고 가정해 보자. 우리는 그가 어떻게 끝을 조이고 어떻게 꽂는다 하는 등을 볼 수 있다. 이런 과정이 지난 후에는, 단지 드릴만을 보고도, 연합된 많은 이미지가 떠오르게 되며, 이러한 것들이 우리의 행동을 이끈다.

위의 예에서, 자극들은 모두 시각적이다. 그러나 Bandura의 말에 의하면, 우리는 보통 이러한 자극들을 언어적 부호와 연합시킴으로써 사상들을 기억한다고 한다.

5세 정도나 그 이하의 어린 아동들은, 아직 단어로 사고하는 데에 익숙치 못하므로 아마도 시각적 영상에 매우 많이 의존해야 할 것이다. 이 점이 그들의 모방능력을 제한시킨다. 따라서 이들에게 언어적 부호를 사용하도록 가르침으로써-그들이 모델을 보고 있는 동안에 모델의 행동을 언어적으로 묘사하도록 요구함으로써-모방을 증진시킬 수 있다. 그러나, 이와 같은 지시가 나이가 더 든 아동들-소리를 내지 않고도 자발적으로 언어적 부호화를 할 수 있는 아동들-에게도 도움이 될는지는 분명하지 않다.

언어적 부호화는 언어적 암송과는 구별된다. 암송은 되풀이하여 행동을 묘사하는 것을 포함하는데, 이렇게 함으로써 후에 그 행동을 더 잘 기억할 수 있게 된다. 암송 기법은 대부분의 사람들에게 회상을 증진시켜 주는 것으로 보인다.

(3) 운동재생 과정

행동을 정확하게 재생(reproduction)하려면, 필요한 운동기술을 갖추어야만 한다. 예를 들면, 한 소년이 아버지가 톱을 사용하는 것을 지켜볼 수는 있으나, 신체의 힘과 민첩성이 부족하기 때문에 제대로 모방할 수가 없다. 관찰을 통해서는 단지 새로운 반응패턴(예, 어떻게 나무를 올려 세우고, 어디에 톱을 대는지 등)은 알 수 있게 되지만 새로운 신체적 능력(예, 힘으로 나무를 자르는 것)을 얻지는 못한다. 이러한 신체적 능력에는 신체적 성장과 연습이 있어야 한다.

Bandura는 그 이전의 인지학습 이론가들처럼 새로운 반응의 획득과 수행을 구별하였다. 사람은 하나의 모델을 관찰하여 새로운 지식을 획득할 수는 있으나, 그 반응들을 수행할 수도 있고 혹은 수행하지 않을 수도 있다. 예를 들면, 한 소년이 이웃 사람이 어떤 비속한 말을 사용하는 것을 듣고서, 그러한 새로운 단어들을 배울 수는 있으나 그 단어들을 재생하지는 않을 수도 있다.

수행은 강화와 동기적 변인들에 의해 좌우된다. 즉, 보상을 얻게 될 것 같으면 우리는 실제로 타인을 모방할 것이다. 부분적으로는 과거에 받은 직접적인 강화도 중요하다. 위의 예에서, 만일 그 소년이 과거에 욕설을 하는 것에 대해 존경과 찬사를 받은 적이 있다면, 그는 그 이웃 사람을 모방하려 할 것이다. 반면에, 그러한 행동에 대해 벌을 받았다면, 그 이웃 사람을 모방하는 것을 주저할 것이다.

수행은 또한 대리적 강화 — 모델에게 발생한 결과를 보는 것 — 에 의해서도 영향을 받는다. 만일 그 이웃 사람이 욕설을 했을 때 이에 대해 칭찬받는 것을 본다면, 소년은 그를 모방할 것이다. 만일 그 이웃 사람이 벌받는 것을 본다면, 소년은 모방하려 하지 않을 것이다.

마지막으로, 수행은 자기강화 — 우리가 우리 자신의 행동에 대해 내리는 평가 — 에 의해서도 어느 정도 좌우된다.

(4) 강화

모델을 성공적으로 모방하기 위해서는, ① 모델에 주의를 기울여야 하고, ② 본 것을 상징적인 형태로 저장하는 어떤 방식을 갖추어야 하며, ③ 그 행동을 재생하기 위해 필요한 운동기술을 갖추어야 한다. 이러한 조건들이 갖추어지면, 모델을 어떻게 모방하는지를 알게 될 것이다. 그러나 아직 모방하지 않을 수도 있다. 실제의 수행은, ④ 강화 가능성에 따라 좌우되는데, 그 중의 많은 부분이 대리적 강화이다.

사실, 이 네 가지 요소가 완전히 분리된 것은 아니다. 특히 강화 과정은 주의를 기울이는데 영향을 준다. 예를 들면, 우리는 흔히 강력하고 유능하며 권위 있는 모델에게 주의를 기울인다. 왜냐하면, 열등한 모델보다는 그러한 모델을 모방하는 것이 보다 긍정적인 결과를 가져 온다.

2. 사회화 과정

1) 공격성

앞서 언급한 Bandura의 4부분 모형(4-part model)은 모방학습에 대한 정교한 분석을 제공한다. Bandura의 주요 관심은 사회화 과정—사회가 그 구성원들을 사회적으로 용인되는 방식으로 행동하도록 유도하는 과정—에 있다.

Bandura는, 다른 행동뿐 아니라 공격성의 사회화도 부분적으로는 조작적 조건 형성의 문제라고 믿는다. 예를 들면, 부모나 다른 사회화 주관자는 아동이 사회적으로 적합한 방식(예, 게임이나 사냥에서)으로 공격성을 표현할 때는 보상을 주고, 사회적으로 용인될 수 없는 방식(예, 나이 어린 아이를 때릴 때)으로 공격성을 표현할 때는 벌을 준다.

그러나 사회화 주관자는 또한 다양한 종류의 모델을 제시함으로써 아동들에게 많은 것을 가르치기도 한다. 아동들은 공격적인 모델을 관찰하고, 그 모델이 언제 강화받는지를 주시하며, 이에 따라서 모방한다. Bandura는 몇 가지 실험에서 이러한 과정을 조사해 왔으며, 이 실험들 중의 하나는 현재 하나의 고전으로서 간주되고 있다.

이 연구에서, Bandura는 4세된 아동들에게 각각 한 남자 모델이 약간 새로운 공격적 행동을 하고 있는 영화를 보여 주었다. 이 모델은 Bobo인형을 넘어뜨리고, 그 위에 타고 앉아 "코 한방 먹어라, 퍽!" "누워 있어!" 등과 같이 소리치며 주먹질을 하였다. 각 아동은 세 조건 중의 하나에 배정되었는데, 이 조건들은, 각 아동이 똑같은 영화를 보게 되지만 마지막 부분이 다르게 끝나는 것들이었다.

공격성-보상 조건에서는, 영화 끝장면에 가서 모델이 칭찬을 받고 선물도 받았다. 즉, 다른 어른이 나타나 모델을 '강한 챔피언'이라 불렀고 그에게 초콜릿과

음료수 등을 주었다.

공격성-벌 조건에서는, 모델을 '깡패'라고 욕하고 때려 주어 겁을 먹도록 하였다.

세 번째의 아무 결과도 없는 조건에서는, 모델의 공격적 행동에 대하여 상이나 벌 중 아무것도 주지 않았다.

영화가 끝난 후에, 각 아동은 즉시 Bobo인형과 다른 장난감들이 있는 방으로 안내되었다. 실험자는 일방경을 통하여 아동이 얼마나 자주 모델이 했던 공격적인 행동을 모방하는지 관찰하였다.

그 결과는, 모델이 벌받는 것을 본 아동들은 다른 두 집단의 아동보다 훨씬 덜 모방하였다는 것을 보여 주었다. 이렇듯 대리적 벌은 공격적인 반응의 모방을 감소시켰다. 공격성 보상 집단과 아무 결과도 없는 집단간에는 차이가 없었다. 이러한 결과는 공격성과 같이 전형적으로 금지되는 행동에 있어서 자주 발견된다. "이번에는 나쁜 결과가 나오지 않았다"는 것을 관찰하게 되면, 이는 대리적 보상만큼이나 쉽게 모방을 촉진시킨다.

이 실험에는 또한 첫번 실험과 똑같이 중요한 두 번째 부분이 있다. 실험자는 아동이 있는 방에 들어가서, 각 아동에게 영화에서 본 것을 추가해서 재현한다면 주스와 예쁜 그림딱지를 주겠다고 말했다. 이러한 유인물은 완전히 세 집단간의 차이를 없애버렸다. 모든 아동들은 — 모델이 벌받는 것을 본 아동들을 포함하여 — 똑같은 정도로 모델을 모방했다. 따라서 대리적 벌은 단지 새로운 반응의 수행을 방해했을 따름이지 그 획득을 방해한 것은 아니다. 공격성-벌 조건에 있던 아동들은 새로운 반응들을 학습하였으나, 새로운 유인물이 도입될 때까지는 그 반응들을 재생하려 하지 않았다.

위의 실험에서는 아동들이 새로이 획득한 반응을 수행한 것이지만, 모델들은 또한 이전에 학습한 같은 유목의 행동을 수행하는 데에도 영향을 줄 수 있다. 예를 들어, 한 소년이 폭력 영화를 본 다음 여동생에게 거칠게 행동했다고 하자. 그는 화면에서 본 행동을 실제로 모방한 것은 아니지만, 모델이 하는 것을 보고 이전에 학습한 그와 같은 종류의 행동을 해도 괜찮다고 생각한 것이다. 이런 경우,

그 행동은 탈억제(disinbibited)되었다고 말한다. 모델은 또한 이전에 학습한 행동을 억제시킬 수도 있는데, 이를테면, 교실에서 벌받는 어떤 소년을 본 소녀는 어떤 나쁜 일을 하고자 하는 자신의 충동을 억누르게 될 것이다.

2) 성 역할

사회화되는 동안, 아동들은 자신의 성에 적합한 방식으로 행동하는 것을 배운다. 사회는 소년들에게는 '남성적' 특질을, 소녀들에게는 '여성적' 특질을 발달시키도록 격려한다.

물론 사회학습 이론가들이, 성 특질(sex traits)이 부분적으로는 유전적으로 연결되어 있을 수도 있다는 가능성을 부정하지는 않지만, 그들은 더 많은 것이 특히 사회화 과정과 모방의 역할에 관한 연구로부터 얻어질 것으로 믿는다.

성 역할의 학습에 있어서, 획득과 수행 사이의 구별은 특히 중요하다. 아동들은 관찰을 통하여 흔히 두 성에 관계된 행동을 모두 학습한다. 그러나 보통 그들 자신의 성에 적합한 행동만을 수행하는데, 왜냐하면 그렇게 하도록 강화를 받아왔기 때문이다. 예를 들어, 에스키모 소년들은 소녀들은 그렇지 않은데 비해, 사냥을 하고 눈집을 짓는 것에 대해 어떻게 격려를 받는가를 말해 준다. 따라서 소년들만이 통상 이러한 활동에 참여한다. 그럼에도 불구하고, 소녀들은 소년들이 하는 것을 지켜보다가 비상시에는 소년들만큼 잘 하지는 못하지만 그와 동일한 기술을 수행할 수 있다. 소녀들은 그러한 기술을 연습해 보지 않았기 때문에 소년들만큼 잘 숙련되어 있지는 않지만, 단지 관찰만을 통해서도 그 기술들을 습득한다.

따라서, 사회적 강화는 소년 소녀들이 관찰한 것을 제한하는 것이 아니고 단지 그들이 실행하는 기술의 범위를 제한할 뿐이다. 그러나 얼마 후에 아동들은 이성 모델에 대한 주의깊은 관찰을 멈추게 된다. 예를 들어, 한 소년이 다음과 같이 말하는 것과 같다. "내가 남자애들이 하는 일을 할 때만 사람들이 즐거워하는 것 같다. 그래서 나는 남자애들이 하는 일에만 더 세심한 주의를 기울이려 한다." 이와 같이, 사회적 강화는 심지어 관찰 과정 그 자체까지도 영향을 줄 수 있다.

이러한 가능성에 대한 지지는, 아동들이 특정 모델을 모방한 것에 대해 보상을 받을 때 그들은 그 모델의 후속 행동을 더 잘 기억한다는 것을 보여주는 실험으로부터 나왔다.

3) 자기강화

사람들은 사회화됨에 따라 외적인 보상과 벌에 덜 의존하고 자기규제의 패턴을 확립하게 된다. 즉, 그들 자신의 내적 기준들을 설정하고 거기에 따라 자기 스스로에게 보상과 벌을 준다. 예를 들어 어떤 여성은, 다른 사람들은 허물이라고 생각지도 않는 것을 자신은 도덕적인 허물이라고 스스로 비판한다. 그녀는 자신의 행동이 자신의 기준에 어긋났기 때문에 스스로 처벌하는 것이다.

Bandura는 사람들이 성공과 성취를 위하여 노력할 때, 자신들의 수행에 대해 어떻게 강화해 주는가에 가장 관심이 있었다. 어떤 사람들은 너무 높은 성취 목표를 세우고 그에 도달할 때에만 스스로에게 보상을 준다. 예를 들어 어떤 예술가는, 다른 사람들이 결코 발견하지 못한 흠을 스스로 수정하고 난 후에야 비로소 자신의 작품을 인정하게 되는 반면, 다른 사람들은 덜 완전한 작품에 만족하기도 한다.

어떻게 자기 평가적 기준이 획득되는가? 부분적으로, 이러한 기준은 직접적인 보상과 벌의 산물이라고 Bandura는 믿고 있다. 예를 들어, 부모들이 딸의 점수가 높을 때에만 인정해 주면, 얼마 후에는 그녀도 이 같이 높은 기준을 자기 평가적 기준으로 채택하게 된다.

그러나, Bandura의 초점은 다시 한번 모델의 영향으로 모아지는데, 그는 주요 실험에서 처음으로 이러한 영향에 대해 증명했다. 기본적으로 그 실험의 설계는 다음과 같다. 7~9세 아동들에게 한 모델이 볼링 게임을 하는 것을 보여 주었다. 첫 번째 조건에서, 그 모델은 높은 점수를 얻을 때에만, "나는 이렇게 높은 점수에 대해서만 M&M(과자의 한 종류)을 받을 가치가 있어"라고 말하면서 사탕을 가짐으로써 자신을 보상했다. 점수가 높지 않으면, "그 정도로는 M&M을 받을 가치가 없어"와 같은 자기비판적인 말을 했다. 두 번째 조건에서의 모델은 자기보상에 대한 기준을 보다 낮게 잡았다. 또한 어떠한 모델도 보지 못한 아동들로 이루어진 통제집단도 있었다.

주요 결과로는, 모델을 관찰한 후에 혼자 게임을 할 때, 아동들은 그들에게 노출되었던 모델의 자기보상 패턴을 그대로 채택한다는 것이었다. 어떠한 모델도 보지 못한 통제집단 아동들은 어떤 일관성 있는 기준을 채택하지 않았다. 즉, 그들은 적당하다고 느낄 때마다 보상을 했다. 이렇듯, 모델들은 아동들의 자기평가적 행동에 명백한 영향을 끼친다. 후속연구는 그 내용이 다소 복잡하기는 하지만, 이러한 일반적인 결과와 마찬가지였다.

4) 친사회적 행동

근래에 이르러 희사, 도움, 협동, 이타성 등과 같은 친사회적 행동의 본질과 그 근원에 관해 상당한 관심이 커지고 있다. 사회학습이론가들은, 적당한 모델에의 노출에 의해 친사회적 행동이 쉽게 영향을 받을 수 있다는 것을 보여 줌으로써 이 분야에서 선구적 역할을 해 왔다.

전형적인 연구에서, 7~11세 아동들에게 한 성인 모델이 볼링 게임을 하고서 자신이 받은 상금 중 얼마를 '불우아동기금'에 기부하는 것을 보여 주었다. 그 후 이 아동들도 혼자 이 게임을 하고서는, 이타적인 모델을 보지 못한 통제집단보다 훨씬 더 많은 기부를 했다. 게다가, 그러한 모델을 관찰한 아동들은 두 달이 지난 뒤, 전과 다른 실험자와 함께 전과는 다른 방에 있을 때조차도 더 많은 기부를 했다. 분명히, 관대한 모델에의 비교적 짧은 노출 조차도 아동들의 희사행동에 상당히 영속적인 영향을 준다.

수많은 실험에서, 모델이 아동들의 희사행동 뿐만 아니라 어려움 속에 있는 사람을 돕는 행동, 협동심 그리고 다른 사람들의 감정에 대한 그들의 관심 등에도 영향을 준다는 것을 보여 주었다. 이 영역에서의 실험적 발견은, 부모의 행동이 또한 그 자녀들의 이타성과 연결된다는 결과를 얻는 보다 자연상태에서의 연구에 의해서도 지지되는 것 같다.

제18장

Chomsky의 언어발달이론

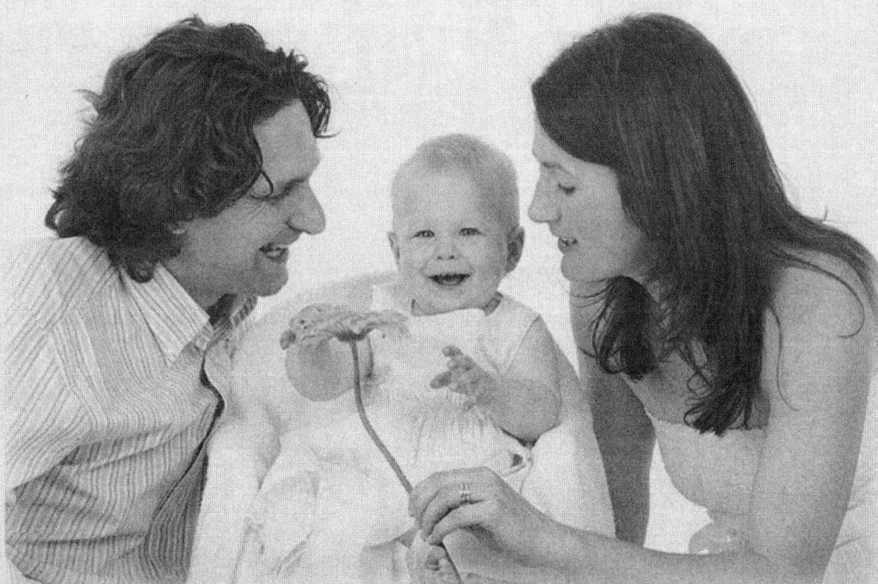

1. 변형규칙
2. 문법과 표현의 발달

Noam Chomsky는 1928년에 필라델피아에서 태어났으며, 펜실바니아 대학에서 언어학 · 수학 · 철학을 공부하였다.

Chomsky의 새로운 이론은 수학과 언어학을 조합한 이론으로서 기존의 다른 이론들과는 상당히 상이하다.

1957년에 Chomsky는 「통사 구조」(Syntactic Structures)라는 책을 출판했는데, 여기에서 그는 문장을 형성하고 변형하기 위해 사용되는 여러 가지 조작들에 관하여 기술하였다. 그 후부터 연구자들은 아동들의 말에서 조작의 종류를 찾으려는 생각을 하게 되었으며, 전적으로 새로운 분야인 발달언어심리학이 출현하게 되었다.

1. 변형규칙

1) 규칙의 중요성

Chomsky 이전에, 아마도 대부분의 사람들은 Brown이 명명한 언어 학습의 '저장소 이론'(storage bin theory)을 신봉하였을 것이다. 아동들은 다른 사람들을 모방하여 그들이 머리 속에 저장하고 있는 수많은 문장들을 획득한다. 그런 다음 아동들은 필요한 경우가 발생하면, 적합한 문장을 찾아 내어 사용하게 된다는 것이다.

Chomsky는 이러한 견해가 옳지 않다는 것을 보여 주었다. 우리는 단순히 고정된 수의 문장들만을 학습하지는 않는다. 왜냐하면, 우리는 일상적으로 새로운 문장들을 창조하기 때문이다. 저자는 이 책을 쓰면서 동일한 단어들을 반복해서 사용하긴 해도, 실제적으로는 매번 새로운 문장을 만들어 낸다. 우리 모두는 말하거나 쓸 때, 이와 똑같은 일을 한다. 이것은, 우리로 하여금 어느 문장이 문법적이며 또 우리가 의도한 의미를 전달하는가를 결정하도록 해 주는 내적 규칙들이 있기 때문에 가능하다. 만일 우리가 이전에 들은 적이 있어 기억하고 있는 문장들만 사용할 수 있다면, 우리의 언어는 심한 제한을 받을 것이다. 우리는 규칙 체계(문법)를 갖고 있기 때문에, 전에 결코 들어본 적이 없는 문장들도 만들어 내고 이해할 수 있는 것이다.

2) 변형규칙

Chomsky는, 우리가 능동적 서술문을 의문문으로 변형할 때와 같이, 변형을 만드는 규칙에 초점을 둔다. 변형규칙은 결코 명백하지는 않다. 다음과 같은 문장들을 단순한 '예', '아니오' 식의 의문문으로 변형시키는 경우를 고려해 보자.

(1) The man is tall – Is the man tall?

The book is on the table – Is the book on the table?
I can go – Can I go?

여기에서의 규칙은, 첫 번째 동사 요소('is', 'can' 등)가 나올 때까지 왼쪽에서 오른쪽으로 읽어 가다가 그러한 요소가 나오면 이것을 문두로 옮기는 것이다. 이것을 가설 1이라 부르자. 이 가설은 이러한 유형을 갖는 거의 모든 문장에 적용될 수 있다. 그러나 다음에 나오는 이와 유사한 문장들에도 가설 1을 적용하면 어떻게 되는지 살펴보라.

(2) The man who is tall is in the room – Is the man who tall is in the room?

가설 1은 비문법적인 의문문을 만들게 된다. 따라서 가설 1은 옳지 않다. 우리는 문장을 올바르게 변형할 때, 문장을 우선 추상구(예, 명사구와 동사구)로 분석한다. 이러한 구들을 '추상적'이라고 부르는 이유는, 그것들의 경계를 구분할 아무것도 없기 때문이다. 우리가 이것들을 아는 것은 직관적이다. 그러면, 앞과 같은 유형의 문장들에서 첫 번째 주 명사구 다음에 첫 번째 동사 요소('is', 'can' 등)를 위치시키고, 그런 다음 바로 이 동사 요소를 문두로 옮겨 보자.

(1)	The man	is	tall
	The book	is	on the table
	I	can	go
(2)	The man who is tall	is	in the room

어떻게 우리는 문장 (2)와 같은 문장들을 올바르게 변형시키는 방법을 배우는가? 그렇게 하는 방법을 우리가 배우는 것 같지는 않으며, 더구나 우리의 지식이 특수한 경험으로부터 얻어지는 것 같지도 않다. 우리는 생의 초기 몇 년이 지난 후에야, 보다 단순한 가설 1과 구조 의존적 규칙 사이에서 선택하도록 강요하는 문장 (2)와 같은 문장을 접하게 된다. 우리의 모든 경험은 보다 단순한 가설 1과 일치할 수도 있다. 하지만 문장 (2)를 접하게 되면, 우리는 주저없이 구조 의존적 규칙을 적용한다.

아마도 아동이 명사구 단위를 아는 것은 어느 정도 조건형성이나 모방을 통하여 학습된 것인지도 모른다. 그러나 아동들은 조건형성이 일어나기 이전에 매우 즉각적으로 이러한 구조들을 만들어 내는 것 같으며, 성인들의 끊어 읽기 패턴을 모방하는 것 같지도 않다. 이러한 점에 관해서는 더 많은 연구가 요구된다. 그러나, 아동이 명사구 단위들, 즉 구조 의존적 문법의 최초 구성블록(building-block)을 아는 능력은 자발적으로 발달하는 듯이 보인다.

더욱이, 모든 언어에 있어서 변형규칙들은 항상 구조 의존적이다. 이론적으로는 여러 가지 다른 체계들을 사용할 수도 있으나, 실제는 그렇지 않다. 즉, 항상 구조 의존적 규칙을 따르고 있다. Chomsky에 의하면, 언어가 인간의 정신에 대한 생물학적인 본질을 부분적으로 반영하고 있기 때문에 이 같은 현상이 가능하다는 것이다. 정신은, 언어적 경험을 구라고 부르는 단위 안으로 구조화하고, 단지 구조 의존적 변형규칙만을 사용하도록 생래적으로 성향지어져 있다고 본다.

3) 언어획득 장치

Chomsky는, 어린 아동들이 복잡한 언어규칙을 숙달하는 놀랄 만한 속도에 대해 되풀이해서 강조한다. 아동들은 모국어의 규칙뿐만 아니라 필요하다면 제2언어의 규칙들도 학습한다. 우리는, 이민 온 사람들의 어린 자녀들이 거리에서 다른 아동들로부터 제2언어를 놀라운 속도로 학습하여 다른 아동들과 마찬가지로 유창하게 새로운 언어를 말하는 것을 흔히 관찰할 수 있다.

Chomsky는 모든 사람의 말 – 성인들의 말도 포함하여 – 에는 잘못이나 실언, 서두가 잘못되는 경우, 불분명한 표현, 단절된 문장 등이 있다는 것을 인정한다. 그러나, 이러한 수행상의 결점은 원래의 유능성에 비하면 아무것도 아니다. 이 유능성은 잘못 구성된 문장과 잘 구성된 문장을 구별해 내는 능력에 의해서 가장 잘 나타난다.

Chomsky에 의하면, 평범한 아동의 언어적 성취를 단지 강화 · 모방 · 자연적 호기심만으로 설명하기에는 너무 미흡하다고 한다. 아동들은 제한된 수의 문장만을 들으며, 그 중에서도 많은 문장들이 잘못 구성되어 있으나, 그럼에도 불구하고 아동들은 무한정한 수의 새로운 문장들을 이해하고 만들어 내는데 있어 고도로 세련된 규칙들을 발달시킨다.

그렇게 하기 위해서, 아동들은 특수한 생래적인 언어획득 장치를 부여받아야만 한다. 다시 말해, 그들로 하여금 가설을 세우고, 규칙성을 찾고, 규칙들, 즉 모두가 특수한 종류(구조 의존적 규칙들)를 형성하도록 촉진시켜 주는 기제를 부여받아야만 한다는 것이다. 인간의 언어획득 장치를 새에 비유하면, 한 새가 여러 가지 노래를 배울 수 있는 것은 생래적으로 어떤 구조에 잘 들어 맞는 도식화된 경향성이 있기 때문이며 이것과 마찬가지이다.

언어획득 장치는, 현 시점에서 단지 개략적인 가설에 지나지 않지만, 아마도 종특유(인간에게서만 발견되는)의 것이며, 신체적으로 정상적인 모든 아동들의 정상적 장치의 일부인 것이다. 언어획득 장치는 보편적인 언어적 조작을 설명하기 위해서는 충분히 구조화되어야 하지만, 너무나 고도로 구조화되어 이 세계에 있는 언어들의 다양성과 불일치해서는 안 된다. 언어획득 장치는 출생시부터 완전히 형성되어 있지는 않지만, 중추신경계가 성숙함에 따라 같이 성장한다.

2. 문법과 표현의 발달

1) 영아기의 언어

(1) 초기 언어

아기들은 태어나자마자 언어에 조율되는 것처럼 보인다. 유아들을 찍은 화면을 자세히 분석해 보면, 유아들은 말에 대한 반응으로 아주 경미한 신체움직임을 보이며, 그들의 움직임은 소리와 단어의 범위에 따라 다르다. 이와 같은 움직임은, 똑똑 두드리는 것과 같은 다른 소리들에 의해서는 나타나지 않았다.

2~3개월이 되면, 유아들은 '바바바', '다다다' 등과 같은 소리를 내면서 옹알이를 시작한다. 초기 옹알이는 세계의 어느 곳을 막론하고 동일한 것처럼 보이는데, 이는 아마도 발달의 초기단계에 있는 음성장치의 본질 때문인 것 같다.

(2) 단일 단어 표현

1세경이 되면, 아기들은 단일 단어로 말하기 시작한다. 많은 연구자들은 아기들이 전체 문장을 표현하기 위한 수단으로 단일 단어들을 사용하려 한다고 믿는다. 예를 들면, '우유'라는 말은 문맥에 따라 "좀더 우유를 먹고 싶어" 혹은 "저기 우유가 있어"라는 의미가 될 수 있다.

(3) 두 단어 표현

생후 1년 6개월 정도가 되면서, 아기들은 두 단어를 함께 묶어 쓰며 그들의 언어는 명백한 구조를 갖추게 된다. 〈표 18-1〉의 표현 6부터 8까지에서, 어떻게 아동들이 행위자 · 행위 · 대상 등을 분리하고 있는지를 주목하라. 그들은 주어－동사－목적어 관계를 형성하는 것처럼 보인다.

표 18-1

전형적인 두 단어 표현

유 형	예
1. 명령(naming)	저 개(that doggie)
2. 반복(repetition)	더 뛰어(more jump)
3. 부정(negation)	공 없어(allgone ball), 안 쌌어(no wet)
4. 소유(possession)	내 차(my truck)
5. 속성(attribution)	큰 애(big boy)
6. 행위자-행위(agent-action)	죠니가 때려(Jonny hit)
7. 행위-대상(action-object)	공 쳐(hit ball)
8. 행위자-대상(agent-object)	엄마 빵(Mommy bread : 엄마가 빵을 자른다는 의미).
9. 의문(question)	아빠 어디(where Daddy)

2) 문법의 발달

대략 2세에서 3세 사이에, 아동들은 문장구조에 대해 보다 명백한 감각을 보인다. 아동이 세 단어를 사용하게 되면, 보통 두 단어 단계에서 함축되었던 부분을 채운다. 때때로 아동이 말 중간에서 표현을 바꿀 때 이러한 일이 일어나는 것을 실제로 볼 수 있다. 예를 들면, "want that… Andrew want that"이라 말하는 경우다. 여기서 보면, 주어－동사－목적어의 순서가 그대로 되어 있다. 영어를 말하는 아동들은 대체로 이와 같은 정확한 단어배열을 따르고 있는데, 아마도 이것이 영어의 심층구조에 필수적인 것이기 때문일 것이다.

아동들이 더 큰 단위로 단어들을 묶는 것도 바로 이 시기 동안에 일어나는데, 앞서 언급한 바와 같이, 특히 명사구에 있어서 그러하다. 그들이 "Put…the red hat…on", 또는 "The red hat…lost" 등과 같이 말을 끊어서 하는 것은 아동들이 몇 단어들이 하나의 단위로 기능하다는 것을 알고 있음을 뜻한다.

덧붙여, 이 시기에는 또한 굴절형(inflections) 또는 접미사를 사용하기 시작한다. 이 때, 아동들은 "I runned", "It goed"나 "She doed it" 등을 말함으로써 과규칙화(overregularize)한다. 이와 유사한 과정은 복수에 대해서도 나타난다('foots', 'mans', 'mouses'). 이러한 과규칙화는 초등학교 때까지 지속되기도 한다.

아동들이 하는 일은 일반적인 규칙들을 찾는 것처럼 보인다. 아동들은, 과거시제를 만드는 규칙은 '-ed'를 단어 끝에 첨가하면 되는 것을 발견하고, 언어는 실제보다 더 일관성이 있다고 가정하면서 그 후에는 모든 경우에 이 규칙을 적용한다. 이와 유사하게, 복수를 만드는 규칙은 's'를 추가하면 된다.

그러나, 아동들은 그들이 듣는 모든 것을 과일반화시키는 것만은 아니다. 영어를 말하는 아동들은 'ing' 어미는 과규칙화하지 않는다. "I making coffee"라고는 말하지만 "I wanting"이라고는 하지 않는다. 아동들은 'make'와 같이 행위를 묘사하는 동사들은 '-ing' 어미를 취하지만 'want'와 같이 상태를 묘사하는 동사들은 그렇지 않다는 규칙을 알기 때문이다. 따라서 아동들의 마음에 있는 최대한의 것은 규칙이며, 아동들은 하나의 규칙을 발견했다고 생각하면 그것을 과규칙화한다.

두 단어 시기와 그 이후 시기에서 아동들은 부정어를 사용한다. 그 예로서, 'no ball', 'no drop mitten', 'get car no' 등을 들 수 있다. 얼마 동안 아동들은 'no'를 문장의 앞이나 뒤에 놓긴 하나 문장 중간에 넣지는 않는다. 이러한 사용법은 다시 한번 심층구조에 대한 무의식적인 이해를 반영하는 것으로 보이는데, 이 심층구조에서 부정어는 문장 바깥쪽에 붙어 있으며, 변형을 하는데 사용되어진다.

3) 변형

약 3세와 6세 사이에, 아동들의 문법은 급속히 매우 복잡해진다. 가장 주목할 만한 것은, 그들이 변형을 만들기 시작한다는 것이다. 예를 들면, "Where can I put it ?"은 본질적으로 "I can put it where"의 변형이다. 아동들이 변형 조작을 급속히 숙달하는 것은 아니다. 전형적으로 그들은, 먼저 "Where I can put it"식의 문장으로 말한다.

where, what은 문장 앞으로 맞게 옮겨 놓지만, 주어와 조동사의 순서를 바꾸는 데는 실패한다. 모방해 보라고 요구했을 때조차도, 주어－조동사 순서 바꾸기는 보통 실패한다. 예를 들면 다음과 같다.

성인 : "아담, 내가 말하는 것을 그대로 따라해 봐. Where can I put them?"

아담 : "Where I can put them?"

아마도 영어권에 있는 아동들은 주어－동사－목적어 순의 단어 배열을 쉽게 변경하지 않으려 하는 것 같다. 이러한 주어－동사－목적어 순서는 아동들이 이제 막 숙달한 심층구조에 기본적인 것이기 때문이다.

특히 잘 연구된 변형으로는 부가의문문 만들기를 들 수 있다. 예를 들면, Chomsky의 피험자인 Adam이 4세 반일 때 1시간 동안 자발적으로 했던 말 가운데 많은 부가의문문이 있었다. 여기에는 다음의 문장들이 포함된다.

Ursula's my sister, isn't she?

I made a mistake, didn't I?

Diandros and me are walking, aren't we?

He can't beat me, can he?

He doesn't know how to do it, does he?

부가된 것들은 문장의 끝부분에 있는 짧은 의문문들이다.

부가의문문을 만들기 위해서는 몇 가지 조작이 필요하다. 무엇보다 먼저, 화자(話者)는 문장의 앞부분에 있는 부정 진술문이나 긍정 진술문을 반대로 바꾸어야 한다. 예를 들어, Adam이 "I made a mistake"라는 긍정 진술문을 말할 때 부가되는 것은 "Didn't I?"라는 부정문이어야 하고, "He can't beat me"라는 부정 진술문을 말할 때 부가되는 것은 "Can he?"라는 긍정문이어야 한다. 또한 Adam은 문장의 주어 "Diandros and me"를 찾아 내어, 적절한 대명사 'we'로 바꾼 다음 부가문에 넣는다. 게다가 부가의문문에서는 적절한 조동사를 사용해야 한다. "I made a mistake, didn't I"라는 문장에서, 조동사 'did'는 첫째 구절에서는 나타나 있지도 않다. Adam은 복잡한 규칙에 따라서 이것을 생각해 내야 하는데, Chomsky가 이러한 규칙을 밝혀 내기 전까지, 우리는 그것에 대해 인식조차 못하고 있었다. 그리고 이러한 것들은 관계되는 조작들의 일부에 불과하다. Adam이 4세나 4세 반 정도에 올바른 부가의문문을 생성해 낼 수 있고 또 이러한 점에 있어서 그가 비범한 것이 아니라는 사실은 정말로 놀랄 만한 것이다.

Adam의 언어 기록에서 흥미로운 측면은, 이러한 문장들의 시간에 따른 빈도 분포이다. Adam은 4세나 4세 반 이전까지는 전혀 부가의문문을 생성하지 않았다. 그러다가 갑자기 부가의문문이 쏟아져 나오게 된 것이다. Adam은 1시간에 32개의 부가의문문을 생성한데 비해, 성인의 평균 빈도는 3~6개 정도이다. 아동들은 반복적인 연습을 통해서 새로운 역량을 견고히 하려는 내적 욕구를 갖는 것처럼 보인다.

4) 보편성

다른 문화권에 있는 아동들은 각기 다른 언어를 학습하게 된다. 그럼에도 불구하고, Chomsky와 그의 추종자들은 여러 가지 다양성 가운데에서도 발달과정에 대한 어떤 보편성이 있다고 믿는다. 어느 곳에 있는 아동이든, 처음에는 단일 단어에서 두 단어 표현으로 넘어가고 다음으로 굴절, 심층구조, 구(句) 구조 단위, 그리고 다른 요소 등에 관한 규칙을 작동시키고 마지막으로 변형생성을 시작하게 된다.

이렇듯, 어느 곳에 있는 아동이든지 표준적 순서로 학습하는 듯이 보이는데,

이 순서는 아마도 관련된 과제들의 복잡성을 반영해 줄 것이다.

게다가, 연구자들은 각각의 일반적인 시기에서 범문화적 유사성도 찾고 있다. 앞서 언급했듯이, 옹알이는 전세계적으로 동일하다. 또한, 어느 곳에 있는 아동이든 같은 종류의 두 단어 표현을 사용하며, 말의 어느 부분을 과일반화하고, 처음에는 부정어도 같은 방식으로 다룬다.

그러나 아동이 변형을 다룰 수 있는 연령쯤 되면, 이들은 언어에 따라 조금씩 다른 규칙들을 학습하게 된다. 그럼에도 불구하고, Chomsky는 보편적 제어장치(universal constraints)가 변형이 가능한 범위를 제한한다고 주장하였다. 우리는 이미 하나의 주요 제어장치에 대해 언급한 바 있다. 즉, 모든 언어는 단지 구조 의존적 규칙만을 사용하는 것 같다. Chomsky는 보편적 제어장치가 학습과정을 촉진시킨다고 하였다.

아동들은 모든 가능한 종류의 변형규칙을 가설화할 필요는 없다. 그들은 어떤 종류의 규칙만을 탐색하도록 생래적으로 성형지어져 있기 때문이다. 그들이 가능한 변형체계 전부에 대해 생각한 후 그 중에서 결정해야 한다면, 그들은 결코 언어를 숙달할 수 없을 것이다.

제19장

Montessori의 민감기이론

1. 민감기
2. 가정에서의 조기 교육론

Maria Montessori(1870~1952)는 26세에 이탈리아 역사상 최초의 여자 의사가 되었다.

Montessori가 맨 처음에 전문적인 관심을 보였던 분야는 정신지체 분야였다. 그녀는 시설에 수용된 지체아들이 놀이나 학습에 굶주려 있는 정도를 보고 깊은 인상을 받았으며, 그는 이들에게 크기가 다른 구멍에 넣을 수 있는 물건, 실을 꿸 수 있는 구슬, 단추나 레이스를 달 수 있는 옷감조각 등 구체적이면서도 유용한 과제들을 주었다. 그녀는 같은 방법으로 읽기와 쓰기를 포함한 더욱 어려운 과제들을 가르치려고 시도했다.

지체아들은 사물을 만지고 느낌으로써 가장 잘 배울 수 있는 것처럼 보였기 때문에, 그녀는 그들이 글자를 따라 손가락을 움직이면서 계속 갖고 놀기를 좋아하는 나무로 된 글자를 주었다. 이런 방법으로 그녀는 많은 지체아들도 같은 연령의 정상아들만큼이나 잘 읽고 쓸 수 있도록 가르쳤다.

1907년, Montessori는 로마시의 한 구역인 San Lorenzo의 빈민가에 살고있는 아동들을 교육하는 책임을 맡았으며, 거기에서 그녀는 50명 이상의 극도로 가난한 아동들, 즉 실업자, 거지, 창녀, 전과자들의 자녀들을 위해서 학교를 설립했다. 'Casa dei Bambini', 즉 '어린이집'이라고 불리는 이 학교에서 Montessori는 자신의 생각과 방법을 계속 발전시켰으며, 이것이 매우 성공적이어서 1913년 경에는 가장 유명한 여성 중의 한 사람이 되었다.

1. 민감기

Montessori 이론에서의 중심요소는 민감기(sensitive period) 개념인데, 이는 결정적 시기와 유사하다. 즉, 민감기는 유전적으로 계획된 기간으로서, 아동들은 특별히 이 기간 동안 어떤 과제를 숙달하고자 노력하고 또 숙달할 수 있게 된다.

예를 들면, 언어획득과 손의 사용을 시작하게 되는 민감기가 있어서 이 기간 동안에 아동은 이러한 능력들을 숙달시키는 데 전력을 다한다. 그리고 만일 아동이, 자연스럽게 그들에게 그렇게 하도록 계획한 바대로 그 시기에 이러한 경험들을 즐기지 못한다면, 그들로 하여금 그러한 경험을 하도록 이끌어준 특별한 민감성은 사라지고 그 결과 발달에 방해적인 효과를 남긴다.

1) 질서에 대한 민감기

주로 생후 처음 3년간에 나타나는 첫 번째 민감기 동안에, 아동들은 질서(order)에 대한 강한 욕구를 갖는다. 아기들은 움직일 수 있게 되자마자 물건들을 제자리에 놓기를 좋아한다. 만일 책이나 펜이 제자리에 있지 않으면, 그들은 단호히 것들을 원래 자리에 갖다 놓는다. 그리고 스스로 움직일 수 없을 정도로 어릴 때조차도 제자리에 있지 않은 무엇인가를 보면 동요한다. 그 한 예로, Montessori는 방문객이 우산을 탁자 위에 놓았을 때 우는 6개월 된 여아에 대한 이야기를 했다. 그 여아는 탁자 위를 보고는 한동안 울다가 어머니가 그 이유를 알아채고서 우산 놓는 자리인 선반 위에 우산을 놓았을 때에야 비로소 조용해졌다.

매우 일반적인 이 반응이 우리에게는 어리석은 것으로 보인다. 왜냐하면, 질서에 대한 성인들의 욕구는 다른 차원에 속하는 것이기 때문이다. 성인들에게 있어서 질서는 어떤 외부적인 즐거움을 제공해 주는 것이지만, 어린 아동들에게 있어서의 질서는 본질적인 것이다. "그것은 동물들이 걸어 다니는 땅이나, 물고기가 헤엄치는 물과 같은 것이다. 생후 1년 동안에 유아들은 그들이 후에 지배해야만 하는 환경으로부터 정향 원리들(principles of orientation)을 도출해 낸다.

2) 세부에 대한 민감기

1세에서 2세 사이의 유아들은 작고 세밀한 것에 그들의 주위를 고정시킨다. 예를 들어 그들은, 우리가 주목하지 못하는 작은 곤충들을 탐지한다. 또는 이들에게 그림을 보여주면, 우리가 중요하게 생각하는 주된 대상은 무시하고 대신 배경에 있는 작은 대상에 초점을 맞추는 것처럼 보인다. 세부(details)에 대한 이러한 관심은 아동의 정신발달에 있어 어떤 변화를 나타내는 것이다. 그들이 처음에는 반짝거리는 물체나 밝은 빛 또는 색깔 등에 이끌렸던 반면에, 이제는 가능한 한 완전하게 그들의 경험을 채우려고 노력한다. 아주 세밀한 것에 대한 어린 아동들의 관심은 성인들을 어리둥절하게 만드는 것이다. 이런 것은, 아동들의 "정신적 특성이 성인들의 그것과는 아주 다르며, 단순히 그 정도에 있어서만 다른 것이 아니고 그 종류에 있어서도 다르다."는 사실에 대한 또다른 증거가 된다.

3) 양손 사용에 대한 민감기

세 번째의 민감기는 손의 사용과 관계된다. 18개월에서 3세 사이의 아동들은 끊임없이 물건을 움켜 잡으려 한다. 그들은 특히 뚜껑을 여닫거나 그릇에 물건들을 집어 넣고, 쏟아 내고, 또다시 가득 채우는 일 등을 즐긴다. 그 다음 2년 동안에는 그들의 동작과 촉감을 세련화시킨다. 예를 들면, 4세 아동은 눈을 감은 채 물체를 만져서 그것을 확인하는 것, 즉 성인보다는 아동들에게 훨씬 더 흥미있는 이러한 게임을 즐긴다.

4) 걷기에 대한 민감기

가장 쉽게 볼 수 있는 민감기는 걷기에 대한 민감기이다. Montessori는, 걷는 법을 배우는 것은 일종의 제2의 탄생이라고 말한다. 즉, 무력한 존재에서 능동적인 존재로 바뀌게 된다. 아기들은 억제할 수 없는 충동에 의해 걷는 것을 시도하게 되며, 걷는 방법을 배울 때 대단한 자부심을 갖는다.

우리는 다른 행동과 마찬가지로, 걷기의 의미가 성인에게 있어서와 아동에게 있어서 서로 다르다는 것을 종종 인식하지 못하고 있다. 우리가 걸을 때는 마음속에 어떤 목적지를 가지고 있다. 즉, 우리는 어딘가로 가고자 한다. 반면에, 아장

아장 걷는 아기들에게는 걷는 그 자체가 목적이다. 예를 들면, 아기들은 반복해서 계단을 오르락 내리락거리기도 한다. 그들은 어디로 가기 위해 걷는 것이 아니다. "자신의 기능을 완전하게 하기 위해서, 그리고 결과적으로 그들 내부의 창조적인 무엇인가에 대한 그들의 목적을 달성하기 위해서 걷는다."

5) 언어에 대한 민감기

다섯 번째의 민감기는 아마도 모든 민감기 중에서 가장 두드러진 것으로 언어의 획득과 관계된다. 놀랄 만한 것은, 아동들이 이와 같이 복잡한 과정을 학습하는 속도이다. 언어를 배우기 위해서는 단지 단어나 그것의 의미 뿐만 아니라, 말의 다양한 부분들을 어떻게 배열해야 하는가를 가르쳐 주는 규칙체계인 문법도 배워야만 한다. 예를 들어, 우리가 "컵이 탁자 위에 있다."라고 말할 때, 우리가 여기에 부여한 의미는 단어들을 나열한 순서에서 나온 것이다. 만일 "위에 컵 책상 있다" 라고 말했다면 그 의미를 파악하기가 어려울 것이다.

문법에 내재하는 규칙들이 너무 알기 어렵고 추상적이어서 언어학자들도 아직 형식적인 방법으로 그것들을 이해하려고 노력하는 중이다. 그러나 아동들은 규칙들에 대해서 많은 생각을 하지 않고도 그 규칙들에 숙달한다. 만일 두 가지 언어에 동시에 노출된다 하더라도 아동들은 두 가지 모두 숙달하게 될 것이다.

언어를 파악하는 아동들의 능력이 이처럼 크기 때문에, Montessori는 아동이 특별한 종류의 언어적 수용력이나 '기제'를 부여받았음에 틀림없다고 결론지었다. 이러한 기제는 나이든 아동이나 성인들의 정신생활에 있는 어떠한 것과도 매우 상이한 것이다. 우리는 외국어를 배울 때, 매우 신경을 써서 시제 · 전치사 · 수식어 등에 관한 규칙을 암기하려고 의식적으로 노력하면서 대단히 힘들여 배우는 데 비하여 어린 아동들은 언어를 무의식적으로 흡수한다.

Montessori의 묘사에 의하면, 아동의 언어획득은 일종의 각인과 매우 유사한 듯이 보인다. 생후 수개월에서 2세 반 또는 3세 사이의 어떤 결정적 시기에, 아동은 환경으로부터 소리 · 단어 · 문법 등을 흡수하기 위한 내적인 준비가 되어 있다. "아동은 이러한 인상들을 그의 마음으로가 아니라 그의 생 자체로서 흡수한다." 소리는 믿을 수 없을 정도로 강한 인상과 정서를 일으킨다. 즉, 소리는 아동의 몸 안에 있는 보이지 않는 섬유들을 작동시키며, 그 소리를 재생시키고자 할 때 이 섬유들은 진동하기 시작한다. 우리 성인들은 그러한 경험이 어떠한 것인지 상상할 수도 없는데, 이 경험이 가능한 경우는, 우리가 교향악에 깊은 감명을 받았을 때 느꼈던 감정을 회상하고 다음에 그보다 몇 배 더 강한 유사한 감정을 상상하려 할 때이다. 언어에 대한 이러한 특별한 민감성은 생후 3년 정도만 유지되고 그 후로는 사라진다.

Montessori는 언어획득이 선천적인 것이며 성숙적 요인에 의해 지배되기 때문에, 아동들은 그들이 성장하는 곳이 어디건 간에 동일한 단계를 거쳐 언어를 발달시킨다고 주장했다. 예를 들면, 모든 아동들은 옹알이 단계에서부터 단어를 말하기 시작하는 단계로 진행해 나가며, 그 다음에는 두 단어 문장을 함께 사용하는 단계에 들어서고 ("남자애 간다") 그 뒤에는 점점 더 복잡한 문장구조를 알게 되는 시기가 뒤따르게 된다.

Montessori는 이런 단계들이 점진적이고 연속적인 방식으로 나타나지는 않는다고 강조했다. 아동은 아무런 진전도 없는 것처럼 보이는 기간을 몇 차례 겪고 난 다음에 새로운 성취를 급격히 증가시킨다. 예를 들면, 아동이 갑자기 많은 새 단어들을 입 밖으로 쏟아 내거나, 또는 접미사나 접두사 등과 같은 언어의 일부분을 구성하는 일단의 규칙들을 갑자기 숙달하게 된다.

약 3세에서 5, 6세 사이의 아동들은 더 이상 무의식적으로 단어나 문법들을 흡수하지는 않지만, 아직도 언어에 대한 일반적 민감기에 있는 것이다. 이 기간 동안 더욱 의식적으로 새로운 문법적 형태를 배우며, 그렇게 하는 데서 커다란 기쁨을 느낀다.

아동은 5~6세가 되어 정규적인 학교에 갈 준비가 되는 시기가 되기 전에 이미 말하는 것을 다 배운다. "이런 모든 일들은 가르치는 사람도 없이 일어난다. 그것은 자발적인 획득인 것이다. 그런데 우리는 아동이 이 모든 것을 스스로 해낸 후에야 이들을 학교에 보내 굉장한 대우를 해 주는 듯이 알파벳을 가르쳐 준다."

또한 우리는, 아동의 뛰어난 성취에 비하면 사소한 것인 그들의 결점에 초점을 맞추는 주제넘은 짓을 한다. 우리는 성인들이 아동 스스로의 학습능력에 대해 과소평가한다는 점을 알아야 한다.

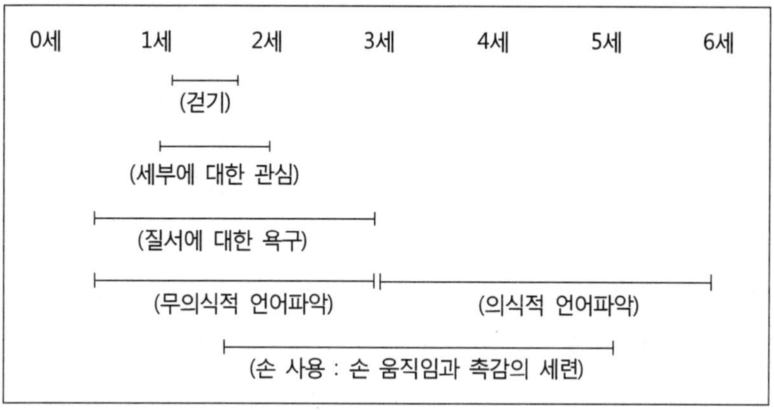

[그림 19-1] 초기의 민감기

2. 가정에서의 조기교육론

이렇듯 여러 민감기에서, 아동들은 어떤 경험들을 독립적으로 숙달하고자 하는 내부의 충동에 의해 이끌린다. 교육의 목적은 이러한 과정을 도와주는 것이다. 아동들은 2세나 3세 정도 되어야 비로소 유아원이나 Montessori학교에 들어갈 수 있기 때문에, 부모와 양육자들이 사실 최초의 교육자인 것이다.

아동심리에 대한 공식적인 지식을 가져야만 도움이 될 수 있는 것은 아니다. 우리가 필요로 하는 것은 어떤 태도이다. 우리는 무엇보다도 독립적으로 숙달하려는 아동의 노력을 존중해야 하기 때문에, 그들의 학습을 지시하는 것이 우리들의 일이 아님을 인식할 필요가 있다. 우리는 아동의 내적 구성력에 대한 믿음을 가져야만 한다. 동시에 우리는 단순히 아동들을 무시하거나 업신여겨서는 안 된다. 우리가 할 수 있는 것은 그들에게 가장 생생한 것들을 학습할 기회를 제공하는 것이다. 우리는 아동의 자발적인 흥미를 지켜보고 그들에게 그러한 흥미를 추구할 기회를 줄 수 있어야 한다.

예를 들어, Montessori는 6개월 된 여아를 유모차에 싣고 정원을 거니는 보모에 대해 이야기했다. 매일매일 아기는 오래된 회색벽에 박혀 있는 하얀 대리석을 보고서 즐거워했다. 이 아기는 돌이 똑같은 장소에 있음을 발견하고 즐거워하는 것이 분명했다. 즉, 이 아기는 세상에서의 질서에 대한 자신의 민감성을 발달시키고 있었다. 어쨌든, 아기의 흥미를 알아차린 보모는 그 때마다 멈춰서서 아기가 그 광경을 바라보도록 해주곤 했다. 그 보모는 자기가 걷는 속도대로 아기를 밀고 다닌 것이 아니라, 아기의 자발적인 흥미가 자기를 이끌어 가도록 했다. 그 보모는 일상적인 의미에서 아기를 가르친 것이 아니라 이상적인 교사로서 행동하고 있었던 것이다. 그녀는 무엇이든지 자발적으로 연결지을 수 있는 기회를 아기에게 주고 있는 것이다.

또 다른 예를 들어 보면, 부모들은 걷기에 대한 민감기에 있는 자녀를 도와줄 수 있다. 어떤 부모들은 아이가 이런 새로운 기술을 익힐 때 아이 뒤를 따라다니는 것을 즐거워한다. 그들은 아이가 놀랄 만큼 긴 거리를 걸어갈 때에도 그 뒤를 따라가면서 아이가 새로운 장면을 탐색하기 위해 걸음을 멈추면 그들도 함께 멈춰 선다. 또한 아이가 계단오르기와 같은 걷기의 새로운 측면도 익힐 수 있는 시간을 준다. 이와 같이 부모는 아이 자신의 리듬을 따르며, 자녀가 이러한 새 기술을 숙달하면서 자랑스러워하는 것을 바라보고 즐거워한다.

그러나 어떤 부모들은, 아동이 자기 스스로 그리고 자기 고유의 방식으로 걷는 것을 익히기 위한 충분한 기회를 주지 못하고 있다. 그들은 아이에게 걷는 법을 가르치려고 애쓰지만, 그러한 훈련은 아마도 아이들에게 자기 자신의 노력이 부적합하다는 느낌을 줄 것이다. 또는 부모들은 걷는다는 것이 아이들에게 의미하는 바를 깨닫지 못하고 있다. 즉, 그들은 아이들도 자기들처럼 어딘가 가려하는 것이라고 추측한다. 그래서 보다 빨리 아이들을 목적지에 데려다 주기 위해서 아이들을 안아서 데려가든지 유모차에 태워 밀고 간다. 또는, 부모들은 아이들이 걸어서 어디로 가게 될까봐 두려워서 아이들 주위에 안전울타리 같은 것을 쳐 놓는다.

물론, 모든 정상아동들은 결국에는 걷는 것을 배우게 된다. 그러나 부모의 반응은 아이들 자신의 내적인 리듬과 독립성에 대한 그들의 느낌에 영향을 준다. 즉, 어떤 경우에는 아이가 중요한 기술을 자기힘으로 숙달하게 되었을 때 자유감과 자신감을 얻게 되나, 또 다른 경우에서는, 자신의 숙달하고자 하는 노력이 부정적 반응을 초래함을 발견하게 되어 그 결과 자신의 내적인 촉발에 관하여는 우물쭈물하면서 억제하게 될 수도 있다. 아동들이 처음 걷기를 배울 방식과 이후의 운동능력, 신체적 매력은 서로 관련된다는 것은 가능한 이야기다.

참고 문헌

강봉규, 발달심리학, 서울 : 정훈출판사, 1998.

강봉규, 심리학요론, 서울 : 정훈출판사, 1999.

강봉규, 심리학의 이해, 서울 : 동문사, 2000.

강봉규, 상담 이론과 실제, 서울 : 교육출판사, 2006.

강봉규, 교육심리학, 서울 : 태영출판사, 2013.

Ambron, S. R., Development, 3rd. ed., New York : Holt, Rinehart and Winston, 2011.

Bach, George R. and Wyden, Peter, The Intimate Enemy. New York : William Morrow and Company, Inc., 1999.

Bandura, A., Social Learning Theory. Englewood Cliffs, N.J. : Prentice-Hall, 1997.

Binger, J. J., Human Development. N.Y. : MaCmillan Publishing, 2011.

Bloom, M., Life Span Development. 2nd ed., N.Y. : MaCmillan Publishing, 2013.

Bowlby, J., Attachment and Loss(vol. I) Attachment. New York : Basic Book, 2009.

Campbell, D. P., Handbook for the Strong Vocational Interest Blank. Stanford, CA : Stanford University Press, 1991.

Cartwright, A., Hocket, L. and Anderson, J. L., Life before Death. London : Routledge & Kegan Paul, 2012.

Chomsky, N., Syntactic Structures. The Hague : Moulton, 1987.

Crain, William C., Theories Development. Englewood Cliffs N.J. : Prentice-Hall, 2010.

Denney, N. W., Handbook of Developmintal Psychology. Englewood Cliffs, N.J. : Prentice-Hall, 2011.

Gesell, A., Infant Development : The Embryology of Early Human Behavior. Westport, Conn : Greenwood Press, 1998.

Glick, Ira O., Weiss, Robert S. and Parkes, C. Murray, The First Year of Bereavement. New York : Wiley, 1994.

Hurlock, E. B., Adolescent Development. New York : McGraw-Hill Book Co., Inc., 1998.

Hyuck, M. & Hoyer, W., Adult Development and Aging. Belmont, CA : Wadsworth Publishing Co., 2014.

Kalish, Richard A., Late Adulthood Perspectives on Human Development. Monterey, CA : Brooks/Cole Publishing Company, 2013.

Kübler-Ross, E., Death : The Final Stage of Growth. Englewood Cliffs N.J. : Prentice-Hall, Inc., 2011.

Llyod, M. A., Adolescence. New Yonc : Harper & Row Publishers, 1985.

Murstein, Bernard I., Theories of Attaction and Love. New York : Springer Publishing Company, Inc., 2013.

Mussen, P. H., Conper, J. J., & Kagan, J., Child Development and Personality. New York : A Herper International Edition, 2005.

Neugarten, Bernice L., "Adult Personality : Toward A Psychology of the Life Cycle," in Bernice Neugarten(ed.), 'Middle Age and Aging. Chicago : University of Chicago Press, 2007.

Piaget, J., The Origins of Intelligence in Children. N.Y. : International Universities Press. 1984.

Purlmutter, C., Adult Development and Aging. N.Y. : Hohn Wiley & Sons, 1985.

Reichard, S., Livson, F. & Peterson, P. G., Aging and Personality. New York : Wiley, 2008.

Schaie, K. W. & Geitz, J., Adult Development and Aging, Boston : Little Brown & Co., 1982.

Troll, Lillian E., Early and Middle Adulthood. Monterey, CA : Brooks/Cole Publishing Company, 2008.

Zarit, S.(ed.), Readings in Aging and Death. 2nd ed., New York : Harper & Row, 2009.

찾아 보기

내용

인명

저자 소개

✍ 강봉규

약력

연세대 문과대학 및 동대학원 졸업(문학석사, 교육학박사)
연세대 교육대학원 전임강사
건국대 대학원, 고려대 대학원, 국민대 대학원, 단국대 대학원, 세종대 대학원, 연세대 대학원, 이화여대 대학원, 한양대 대학원, 경희대 교육대학원, 건국대 교육대학원, 국민대 교육대학원, 단국대 교육대학원, 연세대 교육대학원, 이화여대 교육대학원, 한양대 교육대학원 강사
현재, 가톨릭대학교 의과대학 명예교수

저서

· 심리측정평가(종각출판사, 1984)
· 통계학(형설출판사, 1994)
· 심리학요론(정훈출판사, 1995)
· 교육심리학(형설출판사, 1996)
· 발달심리학(정훈출판사, 1998)
· 심리학의 이해(동문사, 1999)
· 상담이론과 실제(교육출판사, 1999)
· 심리검사의 이론과 기법(동문사, 1999)
· 아동발달(태영출판사, 2003)
· 새로운 심리검사법(태영출판사, 2012) 외 다수

새로운 **인간발달**

초판인쇄 2015년 2월 10일
초판발행 2015년 2월 15일

강
2015. 2.

저 자 강 봉 규
발행인 김 현 태
발행처 태영출판사

주 소 (152-705) 서울 구로구 구로동 104-10 동남오피스텔 201호
전 화 02 · 839-3757, 839-3752
팩 스 02 · 837-3754
등 록 2005년 5월 30일 제12-421호
홈페이지 http://www.taeyeongbook.co.kr
E-mail tys2005@hanmail.net
ISBN 978-89-6302-154-6 93370
정 가 19,000원

NAVER 태영출판사

* 잘못 만들어진 책은 교환해 드립니다.

불법복사는 지적재산권을 훔치는 범죄행위입니다.

저작권법 제97조의 5(권리의 침해죄)에 따라 위반자는 5년 이하의 징역 또는 5천만원 이하의 벌금에 처하거나 이를 병과할 수 있습니다.